蒋介石与希特勒

民国时期中德关系研究

马振犊 戚如高 著

九州出版社 JIUZHOUPRESS｜全国百佳图书出版单位

图书在版编目（CIP）数据

蒋介石与希特勒：民国时期中德关系研究 /
马振犊，戚如高著. —北京：九州出版社，2012.4
  ISBN 978-7-5108-1398-6

  Ⅰ.①蒋… Ⅱ.①马… ②戚… Ⅲ.①中德关系—国
际关系史—研究—中国—民国 Ⅳ.①D829.516

  中国版本图书馆CIP数据核字(2012)第028552号

蒋介石与希特勒——民国时期中德关系研究

作　　者　马振犊　戚如高　著
出版发行　九州出版社
出 版 人　徐尚定
地　　址　北京市西城区阜外大街甲35号（100037）
发行电话　（010）68992190/2/3/5/6
网　　址　www.jiuzhoupress.com
电子信箱　jiuzhou@jiuzhoupress.com
印　　刷　三河市东方印刷有限公司
开　　本　720毫米×1020毫米　16开
印　　张　27.75
字　　数　420千字
版　　次　2012年9月第1版
印　　次　2012年9月第1次印刷
书　　号　ISBN 978-7-5108-1398-6
定　　价　49.00元

目　录

序　言

第七章　友好末途

第八章　中德断交与宣战

附　录

序　言

　　民国时期的中德外交关系，是我国近代对外关系中十分重要而又颇具特色的一章。

　　南京国民政府自 1927 年建立起，直至 1941 年对德断交以后数年之内，与德国魏玛共和国及第三帝国政府之间都保持了友好的关系，尤其在 1933 年纳粹党上台以后，中华民国政府与第三帝国之间出于各自不同的需要，曾保持了十分密切的政治、军事、经济关系。从希特勒、蒋介石直至双方所属军政大员之间都有密切友好的私人交往，德国通过其驻华军事经济顾问及德国政府在华代表，沟通了中德间军事、经济贸易的密切合作。德国政府在国民政府"攘外"与"安内"的军事建设以及军工、交通、教育等方面发挥了极大的影响，提供了十分重要的帮助；而中国则以大量的战略原料供应德方，在其重建经济及重整军备方面，给予了实质性的支持。中德双方在这种合作中得到了巨大的收益。

　　中德间的此种合作，有出自政治上的基本因素。其一是以蒋介石为首的国民党统治集团，对于纳粹组织及铁腕独裁统治方式的极端推崇与效仿；其二是当时中德双方都处于摆脱困境重建国家的相似地位，在思想及心理上产生了共鸣。虽然两国的具体环境及发展基础并不相同，而且，纳粹党人从其法西斯主义"种族理论"出发，对中国这个远东弱国的歧视心理并未消除，德国政府内部在对华态度上也存在较大分歧，但是希特勒出于对华战略原料输入及其全球策略之考虑，在 1941 年以前，德方的对华友好与合作方针始终处于主导的地位。

　　中日战争爆发后，德国政府从其自身利益出发，不愿看到中日两国交战而对其全球霸业产生不利的影响，他们希望日本侵华得利即止，最好能联合中国共同反苏反共，配合德方的全球战略，因而就有了 1938 年陶德曼"调停"中日战争之举。

"调停工作"失败以后，德国被迫在中日之间进行了一次艰难的选择。最后，希特勒从其世界战略需要出发，在日方的压力及要挟之下，终于选择了日本而抛弃了中国。1938年7月，德国政府召回了驻华军事顾问团。1941年7月1日，中德断交，德国正式承认汪伪政权。12月，太平洋战争爆发，中国国民政府对德宣战。然而由于地理等客观因素，中德两国并没有直接交战，更因国民政府与纳粹政权之间并没有什么大宿怨，故而双方在断交宣战之后依旧保持了一定的秘密接触，国民政府对留华德侨之遣送与安置都给予了照顾，而德国与汪伪政权之间的合作也并不愉快，重庆与柏林之间实际上保持了一种"面不和心和"的关系。

令人意外的是，蒋介石在二战后期竟然通过在美国的宋子文和在德国做暗中联系人的齐焌渠道，向德国内部克兰、托马思等反希特勒势力提供了经济支持，资助他们推翻纳粹政权的活动，希望亲华派上台以恢复中德关系。虽未成功，但却成为中德关系史上重要的一页。

战争结束后，纳粹政权灭亡，中国政府显要人物对于一些有"交情"的流亡在华的前纳粹分子，给予了一些庇护。而德方战前与中国合作过的人物，如法肯豪森、克兰等人与中方上层人物都一直保持着友好的信使往来，这种关系甚至一直持续到国民党人退据台湾之后。

总之，南京国民政府与德国（主要是指纳粹德国）的关系是民国外交史上重要的一页，就其合作规模及范围而言，战前的中德关系实可与战后的中美关系相比较，只不过由于当时国际政治等诸多原因及后来的战争关系，中德间的这种友好往来基本处于较为秘密的状态，鲜为人知。

1987年及1988年，两位民主德国的历史学者曾来到中国第二历史档案馆，查阅了部分中德关系档案资料，揭开了我们利用这部分档案进行民国时期中德关系研究的序幕。其后，中国第二历史档案馆、南京大学与原东柏林洪堡大学及西柏林自由大学之间就民国时期中德关系史研究项目的专题合作正式开始。经过两年多的搜集整理，将中国第二历史档案馆收藏的中德关系密档中之重要文件汇编成《中德外交密档（1927~1947）》，并于1994年由广西师范大学出版社正式出版。而其他新发现及尚未发现之资料，仍待进一步发掘整理。

在编纂《中德外交密档(1927~1947)》过程中，我们接触了大量的有关本专题的档案资料，并由此产生了对于民国时期特别是南京国民政府与纳粹德国关系史的研究兴趣。经过不断的努力，我们在编研档案史料的基础上，广泛搜集了保存在德国及台湾的有关中德关系资料，在德国及台湾地区学者的热情帮助下，我们得以集三方资料于一地，为从事中德关系史写作及研究创造了良好的前提。

本书大略具有以下几方面之特点：

其一：资料翔实、全面，在目前可能的范围内已尽量搜集了能够查证引用的资料，尤其是来自海峡两岸的档案史料，这便使书稿具有了独特的优势，再加上德方外交档案之补充校正，使书稿论据更充分、确实。在引用中国第二历史档案馆藏档方面，基本皆出于《中德外交密档(1927 ~ 1947)》一书。

其二：就本专题研究而言，现在国内外学界专门研究此期中德关系之专著并不是很多，过去对于民国时期中德关系史研究，美国哈佛大学柯伟林（William. C. Kirby）教授有其成名之著《德国与中华民国》一书面世，但其主要资料来源，为德文档案资料及美国所存有关情报资料，缺少中文档案为其补充；而在德国方面，以柏林自由大学东亚研究所为中心，延揽多位学者进行了有关中德关系的研究计划，已陆续将中德双边的有关历史资料整理出版；在海峡彼岸，台湾方面在其“总统府机要档案”等藏档中保存有中德关系许多重要文件，其中大部分为中国第二历史档案馆藏档中所缺乏者，台湾史学界有数位已在这一专题研究上有建树的专家，如李思涵教授、傅宝真教授、周惠民教授以及曾经参加过中德外交的一些历史见证人。他们长期以来致力于中德关系研究，发表了一批研究成果，贡献良多。在大陆学界也有吴景平教授、陈仁霞博士等进行了相关的研究，各自出版了高质量的专著。而本书在写作过程中参考了上述诸位的研究成果，可视为是民国时期中德关系研究中的一个阶段性的成果。

其三：不避艰难，曲径探幽，尽力揭示中德关系之谜底是本书又一大特色。民国时期的中德关系，其相当一部分史实并无文字记载，由于当时错综复杂的国际关系，特别是中德日三角之间复杂的互为敌友关系，使中德间交往许多事实经过处于地下状态，既不见诸报刊杂志，也不记载于正史档案，这种隐形历史给今天的研究工作造成了很大困难，但中德关系的历史对两国政治、经济、军事、文化，对当时国际关系都造成了很大影响，有时甚至是决定性的影响，故绝不可忽略不计。我们在撰写书稿时，从档案正史到口述历史、文史资料，举凡有关中德关系资料无不费尽心机搜罗而来，争取最大可能地还原历史的本来面目，穷中德关系之前因后果，溯其史事之来龙去脉，其中对于"中德易货贸易"、"德国军事顾问在华活动"、"德国与中国抗日战争"、"希特勒及其纳粹党之中国观"等重点研究课题进行了详细研讨，力求供给读者们尽可能多的新鲜"食粮"，使人们对于民国外交史上这重要而隐秘的一页有一个初步的整体印象，进而使他们对民国历史上许多有关疑题有一崭新的理解。如果读者们在阅览之后有所收获，那就是我们所希望的，如果有以教正，则更是我们所期盼的。

2007 年 9 月 9 日

希特勒的远东崇拜者 | 第一章

1938年8月13日，上海抗日前线，德式装备的中国中央军第八十七、八十八师官兵，在张治中将军的指挥下，向盘踞在虹口地区的日军发起了猛烈的攻击，"八一三"淞沪抗日战役爆发。

经过正规训练的中国士兵们头戴德式宽沿钢盔，手持德制步枪，身后有德国火炮的支援，他们在马克沁重机枪的掩护下向日军发起了一次又一次的冲击。此时，在中方司令部及各前线指挥所内，有一批高鼻凹目的外国军人，正在紧张地协助中国军官们指挥作战。他们就是来自遥远欧洲的德国军事顾问团成员，总人数曾达71人之多，其负责人为中国军事委员会委员长蒋介石的军事总顾问冯·法肯豪森（Alexander von Falkenhausen）将军。四年后，他回到欧洲战场，担任了德军驻比利时及北法地区陆空军总司令。

与此同时，在中国内地江西山间，挥汗如雨的矿工们正辛苦地劳作着，一车车稀有矿产钨砂，正被源源不断地挖掘出来，运往广州、香港，装上巨轮，驶向德国。

身陷侵略战火浴血奋战中的中国，正与纳粹统治下的德国进行着重要的秘密交易……

七年之后。

1945年4月30日，德国首都柏林笼罩在一片硝烟火海之中。

总理府花园地下室暗堡内，随着一声沉闷的枪声，那位曾经使整个世界为之颤抖的战争狂人、德国元首兼总理阿道夫·希特勒（Adolf Hitler）绝望地倒在血泊中，他用手枪和毒药双管齐下地结束了自己罪恶的生命。几天后，纳粹德国宣布战败投降。

一个星期以后，在遥远的东方，中国战时陪都重庆。

国民政府大礼堂内张灯结彩，一片热烈欢庆景象。反法西斯同盟国中国战区最高司令蒋介石正高举酒杯，向驻华美英苏军事将领及外交官们祝贺打败纳粹及欧战胜利结束。

面对如此热烈场面，有谁又会想到，仅仅数年以前，蒋介石与希特勒，这两位"二战"名人、世界上两大对垒阵营的指挥者之间，还曾有过十分密切的友好关系，他们不仅函电交驰，互致"倾仰"、"关切"之情，更有互赠照片、战刀、座车，"以表袍泽精神，亲善正意"，"猥荷荣宠，欣感无既"[1]。

那么，这一惊人的变化是如何戏剧般地出现的呢？蒋介石与希特勒之间究竟是一种什么样的关系？欲彻底弄清其中谜底，事情还得从孙中山时代国民党的对德方针及国民政府肇建之初的对德关系谈起。

国民党人对德国的友好渊源

中德两国最早的正式交往开始于1752年，第一艘来自德国的商船"普鲁士国王号"经过长途远航抵达广州，开始了中德双边商贸往来的历史。当时，德国还是一个尚未完全统一的由各大小邦国组成的国家。德国人最早是从马可·波罗的《东方旅行纪》中得知中国这个远东古国的存在的。经过历代传教士的不断努力，中国的文化传播到了德国，引起了德国人浓厚的兴趣。在著名哲学家莱布尼茨及文学家、诗人歌德的作品中，都有关于中国的描述与评论。当时普鲁士王公贵族都以拥有中国的产品为自豪。在德国人的心目中，中国这个远方古老国家是智慧与文明的象征，充满了东方神秘的意味。

1840年鸦片战争之后，中国被迫对西方列强敞开大门，中德关系也融入了清末不平等的外交大局中，德国效仿英法列强，以枪炮打入中国，攫取了大量的殖民利益，逼迫清政府签订了双边不平等条约。

1871年，德国完成了内部统一，"铁血宰相"俾斯麦（Bismarck）全力支持向海外扩展德国势力，德国联合俄、法参与了甲午中日战争后"三国干涉还辽"，并进一步武力侵占了中国山东胶州湾，对中国进行侵略与蚕食。1900年德军元帅瓦德西（Waldersee）又担任了"八国联军"总司令，指挥德军等侵略军队到中国杀人放火。战后，德国还从《辛丑条约》中向中国勒索了1.966亿两白银的"战费赔偿"。这时的德国已成为一个十足的西方侵略者。

1911年"辛亥革命"发生后，德国与西方列强"保持一致"，支持袁世凯篡夺了政权。1914年8月第一次世界大战爆发，德国联合意大利、奥地利对英法俄开战。北京政府宣布"严守中立"，但德国在山东之资产利益不久即被日本趁机攫取。

袁世凯称帝不成病死，他的后继者国务总理段祺瑞于1917年3月在英法等国挑唆下对德绝交，并进而于8月14日对德宣战。这是中德关系史上第一次正式宣战。次年11月，德奥战败投降，然而在战后"巴黎和会"上，中国以"战胜国"之一的地位不仅没有"收回国权"，反而又被"战胜国"列强欺辱，将德国在山东特权正式移交日本，由此引发了中国轰轰烈烈的"五四运动"，北洋军阀把持的北京政府摇摇欲坠。

第一次世界大战结束后，德国成立了"魏玛（Weimar）共和国"政府[2]。这时的德国已经沦为一个战败国，失去了全部的海外殖民地，经济百孔千疮，社会动荡不安，各战胜国通过"巴黎和会"签订《凡尔赛和约》，给德国套上了一副副政治、经济、外交枷锁。客观现实摆在德国人面前，他们已失去了列强之一的优越地位。

魏玛共和政府为了打破困境，急于恢复外交地位，在中德关系正常化方面采取了主动的步骤。1920年，德国政府派代表卜尔熙（Borch）来华开展活动，试图与德国在远东的重点对象——古老而拥有广大市场的中国恢复商贸往来，为拯救战后德国千疮百孔的经济创造条件。卜尔熙向北京政府外交总长颜惠庆声明：德国政府愿意"恢复中德之友谊及通商关系，因此项关系应基于完全平等及真切相互之主义，合于普通国际法之条规者"[3]。他声明：德政府"允许取消在华之领事裁判权，抛弃德国政府对于德国驻京使署所属之全部权利于中国……"。

　　1921年7月1日，中德双方在北京举行了新签《中德协约》换文仪式，这份文件宣告："大中华民国政府、大德意志共和国政府，意愿以本日大德意志共和国声明文件为依据，两国订立协约，恢复友好及商务关系，并觉悟领土主权之尊重与夫平等相互各种原则之实行为维持各民族间睦谊之唯一方法。"[4]这份协约是中德关系史上第一个平等的条约，标志着中断四年的中德关系正式恢复。

　　当时中国的政治局势是：除了盘踞北京的北洋军阀政府外，在广州还有一直领导着国民革命的孙中山南方革命政权。

　　孙中山先生在其领导的推翻清王朝及反对北洋军阀统治的革命中，也形成了一套代表革命党人的外交理论及方针。孙中山认为，为了完成中国民主革命的任务，推动中国经济的发展，挽救中华民族危亡，必须尽可能地争取西方强国的援助，而在列强各国之中，德国便是其谋求外援的重点对象之一。当时孙中山"认为可作中国之友者，应为美国与日本，其次即为德国"[5]。

　　早在1913年，孙中山就曾提出过一种创建"大陆同盟"区域组织的设想，他计划以中、俄、德、奥、土（耳其）、波（兰）六国为核心成立联盟，以树立国际上另一新兴势力。2月间，孙中山在日本访问时，曾与日本首相桂太郎谈及此一设想，并曾计划派其秘书戴季陶为代表，赴欧联络各国，但因经费困难，并未成行[6]。由此可见当时孙中山将中德联盟视为欧亚大陆和平稳定的基础因素之一。

　　孙中山在旅居欧洲时期曾在伦敦大英博物馆研究过德国的历史经验，并曾数次访问过德国。在他的眼中，德国是"世界上最具活力的国家"，俾斯麦政府则是欧洲"最有竞争力的政府"，一个"真正的万能政府"，他赞赏俾斯麦武力统一德国并"通过不断增强的支持与社会福利的增加"来巩固国家的手段[7]。他把德国的经验融汇到他的"三民主义"之一"民生主义"的理论之中，希望吸收德国在社会改良与发展方面的经验，"运用国家的权力来缓和工人的贫困"。孙中山进一步发挥说"俾斯麦实行的是一种国家社会主义"，"这一原则就是我们所说的民生主义"[8]。

第一次世界大战开始后，对于北京政府对德断交及宣战之举，孙中山持着反对的态度，他认为当时中国对德并非必须宣战不可，段祺瑞以德国实行潜艇封锁政策使我赴法劳工所乘之轮遭袭遇害，从而对德宣战，但"独募华工往，及其船沉，华人则任其溺死，岂非英法人设诡，引我国人入其术中而致之死地乎？"[9]何况不久德国一轮在南洋为协约国击沉，船上华工80余人同时遭难，而段政府对此却为何一言不发？孙中山在分析列强对华危害时曾说过："德国将来之野心，诚不可知，论其过去与现在，实可谓之侵犯中国最浅、野心最小者。以割地言，则中国已割黑龙江沿岸最丰饶之地于俄，割缅甸、香港于英，……法占广州湾，俄占旅顺、大连，又转让之于日。论其前事，德之胶州，罪无以加于他国，而今者胶州已归日占，再无德人危我领土之虞。"他指斥北京政府"侵我较多者则助之，侵我较少者则攻之，是与其谓为防人侵我领土而战，不若为劝人侵我领土而战也。如欲使人侵我领土，则毋宁倡言卖国之为愈也，又何必辛苦艰难以与德国战哉！"[10]孙中山一针见血地指出，段政府之"与德绝交，非以公道绝交，非以防卫绝交，而以贿绝之也"[11]。他对这种"视国事如同儿戏"之举进行了坚决斗争。孙中山致电北京参众两院"主张勿加入协约"，并致电"英相盼勿怂恿中国参入协约"，同时还致电北京"民友会"、"同政学会"及"政馀俱乐部"等相关团体，吁请抵制对德宣战案。最后，他径电段祺瑞，"痛陈参战之利害，而劝其勿轻率从事"[12]。他要求通过外交途径，和平解决中国与德奥乃至各列强间存在的一切问题。

当时孙中山对中德关系有如下之认识："以国际地位言之，其与吾国利害相同，毫无侵略顾忌，而又能提携互助策进两国利益者，则德国是也。惜乎国人……徒以德国大战失败，为不足齿列，而不知其因有之人才与学问，皆资足助吾国发展实业，建设国家之用也。"[13]德国不但在科技知识上有卓越的表现，即其建国之经验也多可为我所借鉴，"中山先生很景仰当时德国所采行的社会福利、劳工保险、解决劳资对立以及防止资本主义过分膨胀等政策，民生主义也采取了其中若干精神，尤以计划将交通（铁路）、邮电以及若干重要重工业收归国营"[14]。

基于这种认识，孙中山坚定了他的联德决心。

1917年3月，孙中山旅居上海时，便同德国领事有过接洽，德方希望孙中山领导的力量能够推翻依靠日本反对德国的段祺瑞政府，并允诺给予孙中山财政帮助。"一个月后，孙宣称已准备好，并要求200万美元来运动陆军和海军，德国官员如数支付了这笔款子，以作为孙建立独立政府和煽动全国对北京政府的不满的费用"[15]。孙中山率海军舰队南下广东开展"护法运动"，其所需30万银元开拔费"即系出自此项德援"[16]。

孙中山在广州组建护法军政府之后，便派曹亚伯为代表赴德联络，希望德方继续履行承诺，提供财政支持，并向华南铁路及矿业项目投资。曹亚伯还携带了孙中山的中德军事合作计划及全面经济合作计划，但等他在1918年11月底到达柏林时，双方的这种刚刚起步的合作，已经因德国战败和孙中山被桂系军阀排挤离粤而告中止。

1920年，孙中山重返广州，就任广州政府非常大总统，在筹划北伐的同时，他又计划联德，于1921年7月再派代表朱和中赴德洽商发展双边关系，希望德方承认广东政府，提供军事、经济援助。当时西方列强都愿在北京政府中寻找代理人，而苏俄革命政权刚刚成立，处境困难，尚无法顾及援助中国革命党。孙中山对德国寄予厚望，指示朱和中与克虏伯等德国大企业进行了接触，表示广州政府愿为德国投资华南，发展贸易提供优惠条件。"朱抵达柏林后，即与德国前驻华公使辛慈（Hintze）接头，着手筹设一"公事所"，作为促进联合的机关。"十一年三月（1922年3月），辛慈有意东来，孙先生曾令曹亚伯赴港等候，及十一年六月陈炯明叛变，公布孙先生与俄德交涉的三封密函，辛慈遂不复东来，德政府亦予否认。陈炯明公布这三封密函的目的，在激起当时中国朝野对孙先生的反感，其用心甚为阴险，曾为多数国民党人所不满"[17]。这样，孙中山的第二次联德之举又因陈炯明叛变迫其离粤而告中断。朱和中此次赴德，还向德外交部转达了孙中山关于缔结中德俄三国联盟的构想，德方对此反应冷淡，加上陈炯明在《香港电讯》

上有意泄密,使孙中山联德计划再一次受挫[18]。

1923年,孙中山重回广州建立了革命政权。他派代表邓家彦为"总统顾问",在德游说工商财军各界发展对华合作。孙中山曾于1924年1月间对广州的德国官员说:"你们德国人已被解除了武装,现在你们必须武装中国,这可能是你们唯一的自救方式。"[19]孙中山设想:"中国以物资人力,德国以机器科学共同合作,发展中国之富源,改良中国之行政,整顿中国之武备。总而言之,即借德国人才学问,以最速时间,致中国于富强,此步达到,则以中国全国之力,助德国脱离"华塞条约"(即《凡尔赛和约》)之束缚。如德国政府能视中国为一线生机,中国亦必视德国为独一之导师。以德国今日废置之海陆军人才及制造武器、组织军队各等计划及经验,悉移来中国,为中国建树一强固国家,互于资助,则彼前战败而失去种种权利,必可由助成中国之富强而恢复之也。未知德国多数之政治家,有此眼光否?""如彼等有此见地,知两国相需之殷,通济之急,不以欧亚而歧视、种族而区别,则人道之大幸也。倘德国志士能从此途用功,成中德两国之提携,其功业必于俾斯麦者尤大也。"[20]以上这段话是孙中山在8月18日致函旅居德国的邓家彦氏所言,孙中山在此函中还殷切表示,"此间(指广东政府)因需德专门技师,然零星延聘,无补于事,必也与德国资本实业家如Siemens者及其政府订一大建设计划"。"兄又为成此事之中介,则功业当在四万万人之上矣,幸为相机图之"[21]。孙中山还托邓家彦向德方官员转交了他的一封信,信中写道:"要摆脱凡尔赛条约的束缚,没有比帮助中国建立一支精良、强大、现代化的军队更好的办法了。那时,让中国为你们说话……你们须在远东预先准备一支无形的军队,以备在任何情况下,响应你们求援的召唤。"[22]就在孙中山发出此函的同时,德国远东协会总干事林德经过香港,孙中山"曾派李其芳往商面谈",李氏后来回忆说:"民十二回国,途经香港,遇李烈钧,因随之入粤,……入总理室,……余即出陈德国前任总理未舍爱力士致陈炯明函一道,总理大悦,问所言何事,余曰:按未氏游远东,路过广州与陈详说中德文化及实业合作事:(一)陈将派学生百名赴德专攻专门技术；（二）改组广东大学仿同济方式；（三）设克虏伯炮厂于广州；（四）设容克飞机场于广州。各种详细计划，总理大感兴趣，谓必促其实现。余谓远东协会总干事林德即将来华，日间到港，此事当他亦知情及参加讨论……（总理）嘱余明晨起程，并代表欢迎林德，及谈一切合作计划……余至港。二日，林德即乘德国邮船沙兰号到港，余即与之赴申，舟中经谈一切，林须俟同济开幕后再赴日本逗留数月，赴粤日期，未能决定。"[23]

邓家彦在德国广泛活动，提出了一些双方合作项目供德人选择，如德人投资参与开掘广西煤矿及在两广建立大型工业企业，派遣农艺师到江西辅助农业生产、德国派专家到广东政府帮助管理商业贸易以及广东拟聘请鲁登道夫、佛采尔、塞克特等德军名将为孙中山军事顾问等等[24]。此外，孙中山还在1924年又聘请德国西门子公司派驻广东的代表古斯塔夫·阿曼（Gustav Amann）博士为其私人顾问，并即派遣他以"全权密使"身份赴德，通过私人关系拉拢德商向广东投资，同时，招募德国退伍军官来华充当教官。孙中山拟出的聘请对象名单为：政治顾问由一次大战末期德国首相高级助理兴芒担任，经济顾问由前任胶州德国高级专员许拉麦尔出任，并由其负责起草"土地改革法令"，军事顾问则由前述德国将军中请一人出任[25]。阿曼在德国活动结果，聘请了以凡尔特·契尔鲁腾伯格（Walter Harlottenburg）海军上尉为首的一批德国退伍军官10余人来华，于1924年秋抵达广东，受聘于广东政府，其中数人进入黄埔军校充任军事教官[26]。而德国一些大企业公司，如克虏伯、西门子、法本等企业也对来华发展事业极感兴趣，初步表示了向广东投资的意向，并积极支持德国军事顾问来广东，为其促进军贸生意、介绍合作对象鸣锣开道。其中有些企业还特别向广东派来了考察人员，开始了具体的合作谈判[27]。

当时德国魏玛共和政府，正与北京政权恢复关系不久，急欲进一步发展关系，对于孙中山广东革命政府的合作要求，反应谨慎而小心。由于德方尚未考虑在外交上公开承认南方政权，故而不可能公开支持孙中山的革命，又因《凡尔赛和约》所限，也不能同意对广东派遣高级军事顾问，从而使得孙中山不得不转向苏俄寻取军事支持，这才有苏联军事顾问团之来华。在这一大前提下，孙中山的各种联德努力便不可能有大的实际进展。总的看来，魏玛政府冷淡地对待了孙中山的多次热情联络。不过，聪明的德国人总还是留了一手，他们并不反对国内大企业财团开展对广东的"经济合作"，希望以此为其复兴经济寻找产品市场打开新途径。

综上所述，孙中山及其革命党人从一开始就确立了对德友好的"联德"政策，希望德国能够以其资金、才力及经济实力，援助中国革命并帮助中国建设，这种愿望在一次大战之后，随着德国的衰落与中德地位之平等而更加强烈，然而德方出于自身环境所限，并顾虑中国内战尚未见分晓，未给予积极响应，使孙中山的"联德"方针未见实效。在这一点上，孙中山的主张为后来蒋介石领导下的南京国民政府发展对德关系定下了基调，产生了深远的历史影响。由此可见，中国国民党人与德国有着深刻的历史渊源，其"联德"思想是一贯的，有其深刻的历史原因。

纳粹幽灵在德国大地徘徊

第一次世界大战结束后，1919年2月6日，在德国南部文化名城魏玛（Weimar）召开了德国国民议会，成立了民主共和国。当时德国面临战败之后国内社会经济混乱不堪的局面，"巴黎和会"签订的《凡尔赛和约》又使德国背负了沉重的政治、经济负担，国内社会动荡，人民生活水平急剧下降。人心思变，希望有一个强有力的政府来领导德国摆脱危机，重入正轨。

以阿道夫·希特勒（Adolf Hitler）为首的"国家社会主义德国工人党"（简称纳粹党）利用这一时机，抛出了该党的"二十五点纲领"，大肆鼓吹"民族主义"，以"废除凡尔赛和约"，"建立一个强大的中央集权国家"为号召，蛊惑人心，在社会上赢得了大批的支持者，形成了一股新兴的政治势力。

阿道夫·希特勒，1889年4月20日出生在奥地利维也纳北部距德国边境不远的一个乡村客栈，他的父亲阿洛伊斯是一个海关小职员，而他的母亲克拉拉·波尔兹尔是他父亲的外甥女[28]，这种畸形婚姻造就了这位震撼了全世界的魔王。

希特勒的童年及青少年时代过着贫寒的生活，由于父亲过早去世，14岁的他便成为家庭中的主宰，他对上学读书不感兴趣，唯一能使他安坐在课堂上的便是历史老师带着"炽烈感情"讲授古代条顿人征伐故事的历史课程，希特勒从中萌发了强烈的民族感，"我们端坐在那里，常常热血沸腾，有时甚至感动得流泪"。"总之，我少年时已不是一个头脑冷静的人，而是个热烈的'德意志民族主义'者（Deutscha-tioua）"[29]。不久之后，他的母亲患上了癌症，一年后死去，为支付母亲医疗费用，用去了家中的大部分积蓄。母亲死后，希特勒前往维也纳，准备报考美术学院，但未被录取。从此他便流落街头，以打零工及画明信片出售为生。1914年第一次世界大战爆发后，他投入军队，当了下士，在松姆战役中受伤，伤好归队之后，在战争临近结束之时，希特勒又一次在战场上中毒气而双目短期失明，当他听到德国即将投降的消息，"他的视力得而复失，此后几天，他听到许多声音和看见了幻影"[30]。他把德国战败的罪过归咎于后方的犹太人、反战分子及逃避兵役者的破坏行为，从而更加仇视那些遍布全国的犹太人，认为他们是把德奥带入灾难的祸根。战后，希特勒带着两枚铁十字勋章回到了慕尼黑。

1919年1月，慕尼黑工人德莱塞勒创建了德国工人党。9月，希特勒加入了该党，成为其领导人之一。不久，他把党名前加上了"国家社会主义"的定义，并为这个新的政治力量设计了红地白圈中加"卐"字的党旗，这样德国"纳粹党"便诞生了[31]。

纳粹党是一个信奉"法西斯主义"强权政治的政党，1920年，希特勒宣布了该党的"二十五点纲领"，针对战败后德国混乱局面，提出了"废除凡尔赛和约"、"建立一个强大的中央集权的国家",统一日耳曼民族为一个大德意志国的政治目标,得到了德国民众的响应。1921年10月,希特勒组织了该党武装"冲锋队",1925年更组成了"党卫军",成为法西斯的军事与特务组织,对外执行迫害反对派与推行"法西斯主义"打手的职责,开始向暴力夺取政权的目标前进。

1923年,德国形势因法国占领鲁尔而引发经济危机,陷入混乱,希特勒趁机发动"慕尼黑暴动",准备武装夺取政权,但暴动被共和政府镇压,希特勒本人也因此被捕下狱。他在狱中写成了《我的奋斗》一书,具体阐述了他的思想。在这本书中,希特勒提出了他的臭名昭著的"种族优越论",认为德国日耳曼民族是"高等民族",大自然的"宠儿",具有优越的天资,终将成为世界的统治者,而其他民族如被希特勒一贯仇恨的犹太人等,则都是"劣等民族",都将被日耳曼人统治。希特勒还提出了"生存空间"的概念,号召"受屈辱的德国在太阳底下要夺取新的生存空间",争取"比以前更伟大的地位"[32],这本著作便成为德国法西斯纳粹党的"经典",成为他们的思想指南。

纳粹势力在德国的崛起,在开始阶段并不为德国大众所接受,甚至连大资产阶级也不太重视他们。但1929年以后世界性经济危机的爆发,使本来脆弱的德国经济雪上加霜,大资本财团及其政治势力逐步感到,所谓民主议会制度并不能挽救德国危机,他们急需寻求另外的强者来挽救德国,为他们寻求"新的生存空间"。进入三十年代后,德国法西斯主义势力便在大资产者的有力支持下,急速膨胀发展起来。1930年9月,德国国会改选,纳粹党一跃成为国会中第二大党,法西斯主义势力弥漫全国,其理论则远播海外。

关于法西斯主义思想与德国日耳曼民族特性的关系,是一个重要的研究课题。二次大战结束后,已有不少的学者研究过这一问题。当然,在这里它不是本书的研究对象。然而我们有必要指出的是,法西斯主义之所以能够在德国生根发芽,壮大成长,最后把德国变成又一次世界大战的策源地,其中必定有适合于它生长的社会环境及其诱使人们接受它的某些思维习惯、传统道德及性格的共同点。

二十世纪三十年代，当法西斯主义刚刚形成气候之时，不仅德国，即使是在中国，许多人都把它当成一剂救国救民的良药、经世的"法宝"。然而法西斯主义最终在德国形成气候，自然与德国民族特性有一定关联。"如果说德国向中国输出武器和工业设备，中国向德国运送战略矿产，是中德关系纽带的物质方面的话，那么，中国对德国国民性、历史与政治生活的感知，则构成两国关系的另一个无形的但却是重要的方面"[33]。"1933年以后，随着中德关系的日益强固，德国在中国政界和知识界的活跃分子中所产生的魅力则变得颇为普遍，而国民党政府的领导人物又都认为，除了中德合作的军事——经济基础之外，还可以从德国本身不断获得启示和鼓励"[34]。

要搞清楚这种"德国民族特性"对中国的影响及其在中德关系中的作用，我们有必要首先简单讨论一下有关德国人的"民族特征"的问题。

据美国学者柯伟林教授（Prof.William C.Kirby）的研究，欧美人士对德国人的看法大体认为"德国人是沙文主义者，傲慢自大，感情用事，古板拘谨，缺乏幽默，好走极端，办事有条有理，盲目顺从"。"一会儿盛气凌人，一会儿驯服谦恭"。"德国男人兼有家长专制的性格和自怜、殉道的心理，而女人则被说成是清扫住房、铺地毯、晒床垫的狂热爱好者"[35]。"德国人处世接物有三个基本要素：即和蔼、忠诚和幸灾乐祸"。甚至有人说"德国人是凶手和音乐的混合体"，"天生的艺术家，却无一点欣赏能力"[36]。但在中国人看来，德国民族具有执着、有条理、忠诚及思想深奥的特点，是一个"具有持久耐性和充沛活力的民族"，德国人的"认真、真诚、遵纪及爱清洁"的习惯给每一个到过德国的中国人留下了强烈印象。这种德国精神使德国人生产的产品"其水平永远超过其他国家"。正如曾任中国驻德大使的程天放在其回忆录中所描述的那样：德国人建设的每一幢房，哪怕是最简单的，其设计与施工质量也完全过硬而使之屹立百年而不倒。另一位从事中德贸易的中国官员李祖冰也曾说过："德国之有别于他国者，不在于技艺之超越，而在于精神之完美。"德国的精神就是强调"节俭"，

"世代相袭的就是诚实、率直与简朴"。

德国人的这种"忠诚、率直、执着、认真"的优良品德，一旦在战后混乱的社会条件下，被纳粹主义分子利用，并导之进入从雪耻到称霸的歧途，一下子便成为一种强大的对和平的反对力量，产生了"第三帝国"这个世界战争的策源地。历史的教训正是如此。

魏玛共和国成立后，并未实行有效的社会改革，德国社会总体制并无任何变化。特别是旧帝国时代的军队官员阶层，依然保持了他们的职务与特权，形成了一股向往帝制反对共和的势力，成为德国社会上的一种特殊力量。

在德国的历史上，自普鲁士王威廉一世时代（1713～1740年）开始，职业军人即是一种荣誉，德国社会尚武的风气与对军威的尊崇，使职业军官享有优越的社会地位与生活待遇，军官们自恃高傲，感觉良好。现今战争失败，大批军官被迫退出现役而沦为一般平民，他们自己对于这种失落自然不能适应，非常不满，转而把憎恶的矛头指向刚刚成立的"魏玛共和政府"，继而发动了一系列内乱，企图恢复旧秩序。1920年3月13日～17日，在首都柏林发生了由"德意志祖国党"人沃尔夫冈·卡普（Wolfgang Kapp，1858～1922）领导的暴动，大批失业军人参加了"卡普暴动"（Kapp Pustch），他们占领了柏林政府大厦，驱散了国民议会与社会民主党政府。但这次暴动却遭到了德国民众的坚决反对，工人发动了总罢工。在人民的支持下，共和政府调动力量粉碎了叛乱。退役军人势力再一次受到了打击，他们纷纷逃往国外躲避。然而这次粉碎政变的胜利并未能挽救共和政府的困境。

1922年后，由于巨额的战争赔偿支付使德国陷入了空前的财政危机，马克急剧贬值，普通民众生活无法维持，投机商们兴风作浪，加速了经济危机的发展势头。德国政府向协约国请求延缓支付战争赔款，遭到严厉拒绝。

1923年1月11日，法国派10万大军占领德国鲁尔地区，以此胁迫德国履行赔款义务，德国政府消极抵抗，命令占领区企业一律停工，想借此使占领者无法立足。这样一来又造成国际局势紧张，而德政府又因要补偿停工企业的损失，经济负担更重，仅1923年一年中德国政府为此便支付了700万金马克，弄得国库枯竭，马克币值一落千丈，其对美金之比价下跌了7000倍[37]。

恶性通货膨胀造成大批工人平民无法生存，经济危机导致大量失业，德国社会充满了动荡与不安，罢工运动风起云涌。德国共产党及左翼力量领导工人开展斗争，10月23日，德共领导人台尔曼领导了汉堡工人武装起义，但不久即被政府镇压。

美英等国看到德国内乱将威胁到他们的"战后世界新秩序"，不得不改弦更张，转而扶持德国魏玛政府，1924年，通过签订《道威斯协定》调整了德国的赔款计划，并给予德国大笔贷款。同时又让各周边国与德国订定边界及友好协定，引导德国重返国联，使其逐步恢复国际地位。在施特雷泽曼内阁任内，德国一步步摆脱了《凡尔赛和约》的限制，开始了恢复经济的努力。到1928年，协约国终于通过决议，以1930年6月30日为法国撤出鲁尔占领区的最后时限，德国成功地向恢复欧洲大国的地位又迈进了一大步。

1925年2月28日，德国总统艾伯特去世。4月间，一次大战时期德军老元帅冯·兴登堡（Paul von Hindenburg）继任为总统，德国军界及右翼政党势力自此占据政坛上风。

进入1929年后，世界性经济危机爆发，德国由于战败失去全部殖民地及关税贸易自主权力，受危机冲击最大。到1932年经济下跌到极点，工业生产比1929年下降一半，钢减产73.1%，煤减产46%，机器生产减产73%，破产银行及工商企业达一万多家，失业工人达700万，占全国工人数50%。农产品价格暴跌，大批农民破产，国民经济陷入深刻危机。

经济崩溃引发了社会动荡，1930到1932年间，德国爆发了1千多次罢工，参加工人有时多达几十万，德国共产党领导的工农运动蓬勃发展，党员人数从1928年12万余人猛增到1932年的36万人[38]。

在这种情况下，德国政局动摇不定，政府更迭频繁却无力维持秩序，大资产阶级决心放弃议会制度，扶持"强有力"的政治势力上台以阻止工农运动及共产党的发展，挽救现政府之命运。在他们支持下，"纳粹党"在1930

年国会选举中急剧发展壮大，得票率增长七倍，议员席位从12席猛增到107席，爬上国会中第二大党座位。

虽然社会经济发展屡遭打击磨难，但即使是在魏玛共和政府时期，德国人也没有一天停止过他们对于重整军备复兴军队的努力，因为具有尚武传统的德国人当然清楚地明白，复兴民族离不开强大的军事力量的后盾与保障。

战争结束后不久的1921年，德国人便开始秘密拟定复兴军队的计划。根据《凡尔赛和约》规定：德国军官团人数只能保留4,000人[39]，但他们却用"化军为民"的方法，将额外几千军官穿上便服留在柏林，以"建设部"、"研究部"、"文化部"等名义集合在一起，准备一旦时机成熟，立即重建德军参谋部。同时，德方还以士官团、退伍军人协会、青年协会甚至童子军的组织形式，进行隐蔽状态下的扩军。在海军方面，协约国限定德国海军只准保留1.5万人的兵力及小规模的舰船设备，但海军方面却以各种借口突破限制，私自重修海军要塞、建造潜艇，甚至将官兵派往他国潜艇上进行训练教学，随时准备东山再起。空军方面亦组织了训练有素的官兵成立专门部门，负责重建的准备工作[40]。总之，当各战胜国还沉浸在"胜利喜悦"之中，幻想依靠一大堆陈旧军事装备高枕无忧之时，德国人却已暗中集蓄了足以翻身的军事潜力，其国防军事力量在军政首脑直接指挥精心操作下，已有了可观的恢复，不仅保存了"元气"，而且有了迅速重建的基础。在希特勒纳粹党上台之后，短短几年之内，德军又建成了一支世界上第一流的军队，以至于几乎吞食全欧洲，使反法西斯同盟国不得不联合东西方人力、物力，在竭尽全能付出巨大牺牲之后才消灭了这一恶魔。

全球性经济危机使德国军国主义的发展与法西斯势力的膨胀得到了一个千载难逢的良机，从1930年开始，历史发展就像一只无形的巨手又把德国引向了独裁、战争、暴虐和血与火的深渊。

蒋介石对纳粹的崇拜与效仿

继孙中山之后成为中国国民党领袖的蒋介石，在其对外方针上有他自己的一套观点。北伐战争前后，蒋介石根据他先前率团访俄的经验和其一贯的政治立场，认为苏联的"扩张主义"将成为中国未来的大患，共产主义理论决不适合于中国，于是他对于孙中山的"联俄联共"的政策，开始产生怀疑及反对的心理。

蒋介石认为，未来中国之外患，一是苏俄，一是日本，两者相比较，苏俄的威胁更居首位，因此，当孙中山逝世之后，蒋介石在逐步掌握国民党统治权力的同时，便有计划地开始疏远苏联。首先是利用"中山舰事件"，打击中国共产党及苏联军事顾问的力量，削减其影响，而后又公然反对坚持国共合作的武汉国民政府，于1927年在上海发动反苏反共的"清党"，随即在南京组建了他自己的"南京国民政府"，最后发展到"对俄绝交"，并唆使东北军对苏挑起军事行动。1927年12月14日，南京国民政府发表对苏联断绝邦交令，中苏关系降到最低点。

对苏交恶之后，蒋介石急于寻找新的国际力量来填补苏联顾问撤退所留下的空缺。在当时国际背景之下，英美法各国列强由于尚摸不清蒋介石的政治立场，对南京政府持着怀疑观望的态度，他们生怕高喊反帝的蒋介石真的会一朝取消他们在中国的殖民主义权益，因此不愿与蒋政权过于亲密。而德国因一次大战战败后失去了在世界各地的霸权利益，此时已沦为与中国平等的地位，但其在工业基础、经济技术各方面又拥有雄厚实力，可被中国引为外援，故此蒋介石自然地便把眼光投向了德国，对发展中德关系寄予厚望，并积极主动地开始了他的"联德"工作。

日耳曼民族所具有的"认真、勤俭、遵纪、执着"的民族精神当时正为中国知识界所推崇，认为它是针对旧中国贫穷、散漫、落后的国情，医治社会痼疾的良方。

蒋介石十分赞同向德国学习这种民族精神，他曾对即将赴德留学的次子蒋纬国说："中国应该向一个稳健扎实而不是充满幻想的国家学习，我们不能凭幻想办事，从日本人那里，我们没有什么可学的——他们的产品制作太低劣了，美国人太爱幻想，英国人太迟钝。德国是唯一可以从中学到一点东西的国家。他们可以给我们打下底子，从而培养发扬我们自己的稳定坚实的作风。"[41]蒋介石还曾进一步明确地号召："德国民族的伟大精神乃是我们未来的榜样。"[42]

就蒋介石个人来说，他因早年留学日本，并投身反清革命，深受日本军国主义教育的影响，对武装力量的培养向往之至。蒋介石对于俾斯麦在统一德国过程中所奉行的"铁血政策"以及稳重沉着干练的作风十分佩服，他崇拜德国民族的"尚武"精神，萌发了向德国学习，建立强大军事力量的热望。

在他留学日本期间，便致力于学习德语。1912年及1918年，他曾两度准备寻机赴德留学，他也曾在《军声》杂志上发表文章，赞扬德国的军事教育与军事训练制度，主张中国向德国学习。在蒋氏政治思想尚处于萌芽状态时，"他已从俾斯麦的'铁血政策'中找到了精神和实践两个方面的秘诀"，"力主将'铁血政策'作为中国的'指导原则'"[43]。这种"尚武"的思想与蒋介石倔强固执的性格相结合，造就了他一生的"独裁"与"专制"的作风。在他掌握国民党大权后，他身边的一些颇具影响的"重臣"如张静江、戴季陶等人也积极向蒋建议"联德"，以获取军事及经济援助，这些劝告对蒋产生了较大影响。精神上的崇拜与客观实际需要的共同作用，使蒋介石坚定了他的"联德"决心。

本世纪20年代，出自意大利语的"Fascism"一词传入中国，起初被音译为"泛牺"或意译为"棒喝"，表示要"持棒喝打，振顽起愚"之意，成为一种武力挽救、强力解决问题的对暴力团体主义的崇拜。后来逐渐演绎为"法西斯蒂"或"法西斯主义"，其意也不仅意大利，而是泛指那种进行严厉政府控制、国家独揽大权、实行计划经济以及对民众实行军事化强制组训，对外实行侵略扩张的国家形式。在中国，人们对以希特勒为首的德国国家社会主义工人党的"法西斯主义"政策研究颇多，并把它与德国历史上俾斯麦的"铁血主义"相关系，以之为"法西斯主义"正宗，相反地却冲淡了对意大利墨索里尼才是"法西斯主义"策源地的概念，似乎意大利的法西斯从来就是德国法西斯的附庸。

在开始阶段，"法西斯主义"的对外侵略、残暴掠夺奴役的面目尚未暴露，其名称尚未腐臭。相反地，它作为有力地增强国家机器的统治效能的良方，对于那些具有浓厚封建主义传统、缺少民主精神的国家，还具有极大的诱惑力，当时的中国便是如此。

30年代在中国，知识界及军政界人士普遍地对"法西斯主义"甚感兴趣，大量的出版物都在介绍、评论"法西斯主义"，并具体论述其与中国、与执政的国民党及其"三民主义"的关系[44]。包括希特勒《我的奋斗》、《墨索里尼自传》、《德国国社党党纲》等法西斯主义"经典"之作，都在很短时间内被译为中文，在书店及报摊上广泛出售。1937年，南京"外交学会"甚至编纂出版了德国国社党官方文件和声明专集《希特勒执政后之德意志》，而国民政府党政军大员如胡汉民、汪精卫、戴季陶、宋子文、孔祥熙等人纷纷出访德意，考察学习。大批的中国留学生、军校学员、商界、军界专访团被派往德意学习，试图全盘移植"法西斯主义"模式到中国。

作为国民党的最高领袖，蒋介石本人虽不曾访德，但他对"法西斯主义"怀有浓厚的兴趣，并视之为学习"德国经验"中重要的一方面，融入了他"联德"计划之中。

蒋介石通过他的军事顾问，特别是顾问团中的"纳粹党"人，如克里拜尔等，及时地了解到德国"纳粹党"的情况，他尤其对于纳粹党的组织与管理方法、对其党的领袖如何在党内"维持最严格的纪律，怎样对可能出现的党的敌人或异己派别采用严厉的制裁措施，从而使那些措施获得完全成功"[45]甚感兴趣，急欲效仿。为此，他曾在1932年12月特派代表专程赴德采访，并与纳粹党魁戈林见了面[46]。

蒋介石虽然一步步登上国民党领袖地位，但他领导的却是一个派系林立、一盘散沙的政党以及混乱落后贫穷的中国，要想确保其有效能的统治，增强其军事力量并成功地实施"安内攘外"的方针，必须首先大大地加强中央政府对国家的控制，因此引进法西斯主义统治方法成为蒋介石最关心的事情。他对德国纳粹式的"西方国家正在向上的政党"[47]的崇拜几乎到了"心有灵犀"的地步。他认为，以中国传统封建文化思想加上法西斯主义理论，就是今日中国由乱变治的救世法宝。

1931年5月，蒋介石在南京召开的国民会议上说："综察现在统治世界各国之政府，虽形式互殊，而其理论之立场，大约可概分为三……第一，法西斯蒂之政治理论，本超象主义之精神，依国家机体学说为根据，以工团组织为运用。认为国家为至高无上之实体，国家得要求国民任何之牺牲，为民族生命之绵延，非以目前福利为准则，统治权乃与社会并存，而无后先，操之者即系进化阶段中统治最有效能者。第二，共产主义之政治理论……第三，自由民治主义之政治理论。"在比较了三种主义之后，蒋介石得出结论说："挽救迫不及待之国家危难，领导素无政治经验之民族，是非藉经过有效能的统治权之施行不可。"他并把建立这种"有效能的"独裁统治说成是"民意"，"今日举国所要求者，为有效能的统治权之行施，以达到解除民众痛苦之目的"[48]。

1933年9月，蒋介石在江西一次对党政干部演讲时说："法西斯主义的一个最重要的观点是绝对信任一个贤明和有能力的领袖，除了完全信任一个人外，这里没有其他领袖和主义。……现在我们中国没有这样的一个领袖，我相信，除非每个人绝对信任一个人，我们不能重建国家，也不能完成革命……进一步说，每个党员必须奉献自己的一切，直接为了领袖和团体而行动，间接地服务于社会、民族和革命……这样我们才能第一次真正地被称为法西斯主义者。"[49]

1934年9月11日，蒋介石又在庐山对军官训练团学员训话时说："无论专制国家、民主国家，乃至于社会主义国家，都必须有一个元首或领袖，在帝制国家里，称为皇帝与天子，民主国家，便称为大总统与主席，名义虽不同，而其为代表国家的首领则一。所以《大学》里的天子，我们可以广义解作国家元首。"[50]这番"古为今用、洋为中用"的言辞，十足地暴露了蒋介石的欲做"天子元首"的心态。

1935年，蒋介石在一次对"蓝衣社"成员的讲话中更明确宣布："今日中国所需要的不是讨论未来中国将实行何种理想的主义，而是需要眼下将能救中国的某种方法……法西斯主义是一种对衰弱社会的刺激，……法西斯主义能不能救中国？我们回答：可以！法西斯主义是目前中国所最需要的……在中国现阶段的紧要形势下，法西斯主义是最适合的一种奇妙的药方，而且是能够救中国的唯一思想。"[51]

蒋介石学习法西斯模式强化独裁统治之举并不仅仅限于言论，更主要的还是他的行动。

首先一点是实现"权随人移"独裁统治的"合法化"。1931年6月，国民党三届五中全会通过《国民政府组织法》，规定政府五院正副院长以及各部会长都"以国民政府主席之提请，由国民政府依法任免之"，国民政府主席还拥有"公布法律发布命令"之权，当然，拥有这一切特权之"国府主席"就由"选举"出来的蒋介石担任。半年之后的12月15日，蒋介石因"九一八事变"的发生，在全国人民抗议声中"辞职下野"。26日，国民党四届一中全会通过"政制改革案"，宣布"国民政府主席为中华民国之首，对内对外代表国家，但不负实际政治责任，亦不兼其他官职"。"国府主席及委员、五院院长，由中执会选任之"。五院院长"各自对国民党中央执行委员会负责"。这时的"空头主席"则改由林森担任，而凌驾于国民党中执会之上的"中央政治会议"则成了实权机构。28日，在四届一中全会第四次会议上，决定由蒋介石、汪精卫、胡汉民三人为"中政会常委"，"轮流充当主席"，而当时汪精卫远在国外，胡汉民避居广东，说到底，还是蒋介石"轮"到了手握统治实权的"中政会主席"[52]。在其种种伪装表象之背后，蒋介石施用"权职分离""权随人移"的手法，确保其统治大权的永久占有，这种手段一直持续到他退居台湾之后。

其次是直接效法德意法西斯，建立特务组织，以恐怖手段来维护统治，驾驭部下。

1931年12月15日，蒋介石在被迫下台前夕，除了调兵遣将控制中枢以及给他离任后的新政府留下一副财政烂摊子外，又想到直接在中国建立一个法西斯组织，以效忠他个人，确保他能在不久之后卷土重来。11月间，蒋介石召集他的十几位"得意门生"开会，反复暗示："现在日本帝国主义压迫我们，共产党又捣乱，我们党的精神完全没有了，弄得各地的省市党部被包围、被打，甚至南京的中央党部和国民政府都被包围，我们的党一点力量也没有，我们的革命一定要失败。我的好学生都死了，你们这些又不中用，看着我们的革命就要失败了！"当与会者中有人终于领悟蒋的意图，表示要团结起来时，蒋介石便顺水推舟说："你们怎样能团结起来？今天团结，明天就要闹意见。好吧，你们试试也可以。"于是，会议推举康泽等5人为新组织筹备成员，负责起草纪律条例及章程[53]。

1932年2月，康泽把起草好的条例章程呈报蒋介石，并主张新组织定名为"复兴社"。蒋介石批准了这个全称为"中华民族复兴社"的秘密团体的成立。3月初，中国的法西斯组织"复兴社"正式成立。蒋介石主持了成立大会，自兼社长，并指定康泽等9人为"复兴社"中央干事会干事，以滕杰为书记，康泽为宣传处长。

"复兴社"是一个完全的法西斯化的组织，其主要成员如贺衷寒、邓文仪、康泽、戴笠等人都是"誓死效忠"蒋介石的铁杆人物。其主要成员13人以后便被人们戏称为蒋介石的"十三太保"。其成员之一的刘健群曾公然提议效法意大利法西斯的"褐衫党"，把新组织定名为"蓝衣社"，从服装到用具甚至环境一律使用"蓝色"，以示"统一意志，效忠领袖"，这一建议虽未被采纳，但其名称因十足体现了该组织之特性而被传扬开来。

"复兴社"的"太保"们在晋见蒋介石时曾一度学习德国纳粹党员称呼希特勒的方式，把"校长"改称为"领袖"，被蒋阻止，蒋说："你们仍然称我为校长好了，你们懂得时局的需要，这个计划也很贴切，不过你们年纪轻，经验不够，我怕你们做不好，让我来领导你们吧。"他再三强调组织的"内部团结统一"和"发挥硬干、快干、实干精神"，以"力行哲学"为思想根据，蒋介石亲自确定"复兴社"的宗旨是"内求统一，外抗强权，拥护领袖，收复失地"[54]。

"复兴社"成立后主要在四个方面展开了工作，一是积极发展组织，扩大影响，拉拢青年；二是广泛开展法西斯主义理论宣传；三是对国民党内非蒋政治派系进行渗透、扰乱，并对国内各地方实力派军队进行瓦解收买等特务工作；四是厉行反共，在中共苏区进行颠覆、破坏、搜集情报等特务活动，以配合国民党的军事围剿。

在组织方面，"复兴社"的班底包括了原"三民主义力行社"的全部人马，"力行社"的成员都是忠蒋反共的"少壮派"，于是成为"复兴社"的核心内层。在其外围，"复兴社"还成立了两个"预备队"性质的组织"革命青年同志会"与"革命军人同志会"，目的是拉拢青年学生及军人，灌输法西斯思想，而后加入"复兴社"。滕杰、贺衷寒等人还效法德国法西斯的训练方法，成立了一个"骑射会"，以"勤骑、勤射、强健体魄"为号召，充满了十足的"纳粹精神"。

"复兴社"成立以后，创办了指导性机关刊物《中国革命》、机关报《中国日报》以及其他多种刊物，大力鼓吹"一个主义、一个政党，一个领袖"的法西斯主义思想，他们公开撰文宣言"我们无需隐瞒，我们正需要中国的墨索里尼、中国的希特勒、中国的斯大林"![55]"法西斯主义是国家濒于崩溃时唯一的自救工具……中国不得不效仿意大利和德国的法西斯精神"。[56]"这是一个新时代，独裁是这个时代进步的手段"![57]"复兴社"头目之一的邓文仪还主持创办了一所"拔提"（Party）[英文"党"的音译]书店，专门发行蒋介石言行录、传记以及希特勒《我的奋斗》、《墨索里尼自传》等法西斯经典书籍，并为蒋介石树碑立传。邓文仪曾在他编写的《领袖言行》一书中写道："或曰领袖与墨索里尼、希特勒相埒，同为世界之伟大人物，然希氏统治下之德国……自然易于统治，墨氏统治下的意大利，亦和德国相似……而我领袖丰功伟绩，实非希墨二氏所可比拟者。"[58]这段谄媚之词自然深得蒋介石的欢心。

在"复兴社"内部，领导体制实行完全法西斯化，每分部工作完全由书记独裁，实行层层个人负责，最终由蒋介石裁夺一切。在开始阶段内部尚能团结一致，时间一长，"十三太保"为争权夺利又闹开了意见，所剩下的只是形式上的"统一"以及"闻领袖之名必须立正致敬"之类的表面做作罢了。

1932年9月，国民政府军事委员会政训队举办了一期"政训研究班"，实际上这一"政训班"全被"复兴社"分子控制，成为社办的一个训练组织，班主任就是"十三太保"之一的刘健群。在他主持下，"训练班"成为地道的法西斯主义理论训练班，全部课程都以"一个主义、一个政党、一个领袖"为中心，公开以《我的奋斗》、《墨索里尼自传》为教材，号召党员"振作精神，干一番事业"，使已经"老化"的国民党"起死回生"。训练结束后，百分之九十的学员被组成"华北抗日宣传总队"，派赴华北各地西北军、东北军内部进行分化、策反工作，宣扬服从中央、服从蒋介石才能"抗日救国"的"道理"，充当了蒋介石的"别动队"。刘健群自任总队长，在华北积极发展"复兴社"组织。由于"宣传总队"队员们按照刘的指示全穿蓝衣进行活动，一时间"大批蓝衣社成员在华北活动"的消息广泛流传，引起了日本华北驻屯军的恐惧，在日方压力下，刘健群终于在1935年4月奉调回南京[59]。

1934年2月，蒋介石为了完成对江西中共红军的"围剿"，贯彻"三分军事，七分政治"的方针，在南昌发起了集中国封建文化道德与法西斯主义于一体的"新生活运动"，以宣传中国古代儒家礼义学说与法西斯主义的"人民生活军事化"相结合，指望这一运动来"提高中国人的知识道德，达成国家民族之复兴"。伴随这一运动的兴起，法西斯主义也开始在全中国泛滥。"复兴社"在全国建立了宣传网，大力宣传法西斯理论。

为了进一步弄清法西斯思想与组织形式，经蒋介石批准，"复兴社"决定派遣代表团分批去德、意考察。1932年春郑悌率第一批代表团、1934年春郑介民率第二批代表团先后访问德国。

1934年4月间，"复兴社"代表郑介民、滕杰、潘佑强、杜心如、李园俊、陈荣明等一行七人抵达德国，他们详细考察了纳粹党的组织建设、军队训练、特务培训、思想文化统治等各方面情况，对之推崇备至，赞不绝口。最后经过多方要求，几经周折等待，他们终于见到了纳粹党魁希特勒。但希特勒对这些不远万里前来拜见的"信徒"们态度十分傲慢，滕杰等人却十分满意，兴奋至极。他们到达意大利后，又受到墨索里尼的热情接待，并当场给予鼓励表扬，派人陪同他们在意大利访问了很长时间。代表团表示：一定要把法西斯主义移植到中国去[60]。

代表团先后回国，向蒋介石上呈了《旅欧考察报告》等文件，并在"复兴社"报刊上发表了一系列介绍推崇德意法西斯主义的文章，大力宣传法西斯主义是中国救国之道，主张尽速发展军队政工及特务系统，拥戴蒋介石为最高领袖，掀起了一股效法德意的舆论高潮，受到了蒋氏的高度称赞[61]。代表团成员之一的杨周熙，回国后写了一本名为《三民主义之法西斯化》的书，送给蒋介石审阅，蒋介石叫来康泽，吩咐说该书可以出版，但需将书名改为《三民主义之复兴运动》，以免发表后太刺眼[62]。因为蒋介石也知道，"法西斯"的名称在世界上并不吃香，就连塞克特等德国军方大将对法西斯也都持着反对态度。

杨周熙在呈蒋介石书中还提议建立一支模仿希特勒党卫军的武装力量，成立一支"别动队"以执行"特殊任务"，而蒋介石此时已经命令康泽组建这样一支"特务警察队"，蒋把杨周熙的报告交康泽参考，于是，康泽呈请蒋介石批准，正式确定使用了"别动队"名称。

1933年10月3日，"军事委员会别动队"在庐山正式成立。康泽出任总队长，下辖3个大队9个中队，另有部分人员成立"便衣队"，成员均来自军校毕业生，中队以上干部则全为"复兴社"分子，该武装有别于一般军警，是以政治作战为主，执行"民众组训"的特务工作，主要任务是配合蒋军完成"剿共"、推行"保甲制度"与"新生活运动"、"维持军纪"及收买叛徒等等，充当反共的"急先锋"。康泽公然以"站着进来，躺着出去"为号召，要队员们为蒋介石尽死效忠。1935年2月，康泽率领"别动队"2,000余人入川，趁"追剿"红军之机接管四川省军政要害部门，为蒋介石的"图川"之举立下了汗马功劳。"别动队"及"复兴社"在四川的组织四处活动，一边"剿共"，一边排挤四川地方军阀势力，训练基层干部，推行保甲，督军作战，修建碉堡，无所不为，最后终于使蒋介石的中央政府在四川站稳了脚跟。康泽一时备受蒋介石宠爱，势力急速膨胀。

抗战开始后，康泽又想借"别动队"打入军界，最终遭到陈诚派系的排挤，1939年"别动队"被陆军正式收编，成为新二十八及二十九师，"复兴社"的这支武装力量，至此结束了使命[63]。

七七事变后，蒋介石为"团结一致共赴国难"，与国民党内各派系达成团结的协议，表示要停止内争，达成"党外无党，党内无派"的政治局面，但"复兴社"仍在活动。

国民党第二号人物、蒋的政敌之一的汪精卫，不知从哪搞到一份"复兴社"内部秘密刊物《灯塔周报》，便怒气冲冲找到蒋氏，把《灯塔周报》丢在蒋的面前说："我们在党的正式会议上不是决定一致对外，停止内部党派之争吗？不是党外无党，党内无派吗？这是什么？这不是党、不是派吗？"蒋介石闻之哑口无言，只好说："马上查究，马上查究。"汪走后，蒋介石立刻找来康泽、刘健群、贺衷寒等人，大骂不已，他说："我蒋某人有钱有官，谁不拥护我？就要你们几个拥护我？"当即下令追查《灯塔周报》是怎样落到汪精卫手里的，并自此决意要解散"复兴社"，另立新组织来代替之[64]。其实此时蒋介石因其政治地位已达历史上最稳定时期，没有必要再靠"复兴社"的小组织来维护权威，再加上此时蒋氏正筹划着成立一个不仅包括国民党各派系，甚至要包括中共在内的一个"抗日民族大同盟"式的大组织，以他为领袖，因而不惜在抗战初期军情紧急之时，转以大量精力来筹办这一"大组织"，"复兴社"因其效法法西斯主义，名声不佳，蒋已决定去之而另起炉灶[65]。

1937年10月中旬，蒋介石召集陈立夫、刘健群、康泽三人开会，他指示说："现在抗战已经发生，这是全国和长期的性质，过去同学方面（指复兴社）和党部方面（指CC）的秘密组织的形式，是不合用了。我们需要公开的范围更大的组织，将来共产党也可以参加的。现在我们先把党内的力量统一起来，以党部的、同学的和改组派为基础，先组织起来，然后再吸引其余的……你们去研究一下。"[66]经过再三磋商，1938年春，在武汉召开的国民党全国临时代表大会上，决议成立"三民主义青年团"来包罗党内一切小组织。是年秋，"复兴社"正式解散，其成员大都并入"三青团"。这个法西斯主义在国民党内滋生的怪胎，从此结束了它的活动。虽然新成立的"三青团"没有吃掉"CC"，更没有吞并共产党，但它的确结束了"复兴社"的历史。

"复兴社"的兴亡只不过是蒋介石效仿德、意法西斯统治的活动之一，实际上蒋介石对于法西斯主义的推崇是全面体现在他统治的各方面的。

国民党内的一些主要政治派系，如陈立夫与陈果夫的"CC系"以及政学系、汪精卫的"改组派"等等，在当时都不同程度地颂扬过德意法西斯的"治国"成绩，表示过要向他们学习的意愿。而作为国民党军队中央军核心的"黄埔系"，则更是对法西斯领袖对其军队的高度独裁统治极力吹捧，努力效仿。在军事教育领域内，简直把法西斯主义作为"正面教育"的课程之一，由来华德国顾问中的一些纳粹分子担任讲师，教授有关的课程，这种法西斯主义理论教育产生了不小的影响。

在宣传方面，所有的军内宣传品全为"复兴社"骨干贺衷寒等人把持，当然大力宣扬法西斯主义，并探讨其"与中国实际相结合"的问题，如《黄埔月刊》、《中央航校校刊》等等都开展了系列的讨论与宣传，最终得出结论为："通过法西斯主义，一个国家就能迅速地摆脱苦境，实现军事化和统一。"[67]

国民党内一些元老及有影响的政治人物也曾公开号召学习法西斯经验，

如邵元冲主办的《建国月刊》就赞美法西斯主义的特点之一"是能够聚集调动一个民族的力量和共同精神去改造重建国家"。曾任驻德大使的程天放则更是一个"新德国崇拜者",他公开号召中国人"追随德国的榜样"[68]。政学系头目黄郛也在其主办的《复兴月刊》中吹捧纳粹党政体是德国复兴过程中"一大进步",法西斯主义能够"减少失业、增加生产",认为在这许多方面德国都是可供中国学习的"领先国家"。国民党元老张继则竭力主张推举蒋介石成为"中国的希特勒"[69]。1934年2月,国民党华北各省市党部联合其他数十个地方省市党部,公开联名上书敦促蒋介石"提高党威党权",恢复"总理制",推举蒋介石为党的"总理"或"总裁"[70]。刚从德、意考察归来的"中国陆海空军副总司令"张学良更是对法西斯体制崇拜之至,宣称"独裁是中国解决一切问题的唯一途径",且堪当此任者非蒋莫属,他甚至准备组织一个中国的"国社党"[71],向蒋介石集中党政军大权。

这种对德国纳粹的盲目推崇有时甚至到了十分荒唐的地步,比如对于德国法西斯臭名昭著的"种族灭绝"政策及迫害犹太人的暴行,国民党内的"崇德者"们或视而不见,避而不谈,或以赞赏的口吻来联系中国的实际评论一番。"复兴社"半月刊《社会新闻》驻柏林的记者曾写道:德国反犹太主义是"德国人民正当感情的流露",因为"德国的银行、报纸及其他商务事业几乎全被犹太人控制住了"[72]。还有的文章公然号召"我们必须认识到种族的崇高和优越地位,恢复其古老的荣耀,排斥破坏种族的畸形变种"[73],"必须尽快完成中国种族统一任务,特别是考虑到这样的事实:那些少数民族都聚居在边境地区,他们所占的共和国领土与其人口比例极不相称"[74],这完全是无视中华民族大家庭几千年来和平共处共同创造中华文明史的言论。然而滑稽的是,德国法西斯头目希特勒对他的中国信徒并无多少好感,他对中华民族并无正确认识,在他的经典之作《我的奋斗》一书之中,其在谈到"东方政策"时,仅涉及对印度的看法,而全书唯一的一处提及"中国人"时,希特勒写道,他相信"一个黑人或中国人能够加入德国生活(的观点)是完全错误的",言下之意是说中国人与黑人一样不配享受德国民族的荣誉，充满了对中国人的蔑视。这段话发表后，曾引起中国驻德大使刘崇杰的抗议。德方为此曾正式回复中方说"希特勒从来不想伤害中国人的感情"，并答应在《我的奋斗》再版时删去这段文字[75]。而中国的"崇拜者"们也就对"德国自称尊重中国人感到满意"[76]。

中国掀起的"法西斯化"高潮引起了列强各国的关注。美国《中国每周评论》杂志发表文章，对蒋介石"在中国推行法西斯主义"表示忧虑，就连日本也对这场旨在加强独裁的中国政治运动表示"不安"[77]，而国民党内蒋介石的政敌如汪精卫、胡汉民等人出于反蒋政治需要，也对这场"法西斯化"的宣传运动进行了抨击。

胡汉民并不是一位"民主派"，他曾鼓吹扩大国民党的一党专政，但他特别反对蒋介石个人独裁，他的追随者刘芦隐曾写过一篇《从三民主义立场批评法西斯主义》的文章[78]，全面阐述了胡氏的观点。刘芦隐指出，法西斯主义在德意的"成功"不是因为他本身具有什么优点，而是资本主义议会制度的失败，是"假民主"造成的弊端，法西斯主义是一种用民族主义伪装起来的军国主义，希特勒是用民族主义来掩饰其独裁与扩张主义。胡汉民还借用马克思主义的原理来批判法西斯主义，说明纳粹经济政策虽一时表面上增加了社会福利，但它本质上是为大资本家利益服务的，是一种给国家"套上锁链"的资本主义。在中国，由于没有资本主义经济基础，实行"法西斯主义"的结果只能是造成"封建军阀主义还魂"，最终使中国走向分裂，从而使民族精神丧失殆尽。此种评论可谓一针见血。胡汉民还在其主持的《三民主义月刊》上发表一系列文章，痛斥蒋介石搞法西斯主义是"画虎不成反类犬"、"心向往之而力不逮"[79]，他并指斥"复兴社"是一个"没有经济、社会或历史基础的独裁的军阀集团"，是"无本之木，无源之流"，只借空洞的口号宣传，无发展希望也无前途。

从1933年1月间胡汉民发表《三民主义与中国革命》一文开始，胡氏自己也写过多篇文章，对蒋介石推崇法西斯主义搞独裁统治大加讨伐。他认为"法西斯主义"是一种反动势力，它的兴起"无疑的是征示着三民主义前途的又一劫运"[80]。他指斥蒋介石继承了北洋军阀的衣钵，蒋介石统治"五年来的一切，只是军阀的行动，而不是党的行动"[81]。胡汉民分析了德意法西斯主义产生的历史背景与原因，断然指出中国没有产生法西斯主义的土壤。他指出德意法西斯主义还有对外扩张国家利益的一面，而蒋介石却不顾国家利益而完全为了个人利益，实无前途。他的结论是"法西斯蒂运动，实在是现代政治上最反动的运动，它的没落，不是理论的问题，而是时间的问题"[82]，"三民主义的革命运动绝对不能与法西斯蒂的反动运动并存"，"中国产生不出法西斯蒂来"。他认为蒋介石学不到法西斯的真谛，充其量"只能做到流氓式的侦探或暗杀为止"。他号召"一切三民主义的信徒，必须抱着坚定的信念，不与法西斯蒂共存亡"[83]。

由于胡汉民的反蒋反法西斯言论，使"复兴社"特务们对之十分仇视，胡氏在广州的住所连续发现暗藏的炸弹，他不得不为保命而迁居[84]，而作为胡氏依靠力量的广东地方实力派领袖陈济棠也对"复兴社"分子施行过严厉镇压，1933年，他曾下令逮捕了74名"复兴社"在广东的成员，并将其中9人判刑。当时《北华捷报》评论说："共产党员在广东也没受到这么严厉的处置。"[85]

从严格的意义上来说，中国三十年代初期的所谓"法西斯化"运动，并非真正的是要学习法西斯主义，而是同当时中德关系密切发展相联系的一种适应了蒋介石政治需要的、用以巩固其统治的手段，它就如同胡汉民的"反法西斯主义"的实用性一面的因素一样，是国民党内斗争的又一回合而已。

就蒋介石而言，他推崇德国法西斯主义是要把来自外国的思想与组织形式与根本依靠中国传统道德来建设他的"新国家"的思想有机地结合起来，"蒋介石深入分析德国成功的经验，取来与中国传统道德相结合，以后者界定前者"[86]，并相信一定会获得成功，而对于所谓"纯法西斯主义"概念，他并没有特别的信仰。所以，一旦处在国内外及党内外反对力量的联合压迫之下，他也就"后退"了，除了最终抛弃了"复兴社"组织而外，1934年11月27日，蒋介石在国民党五全大会前策动"独裁集权"运动失败之后，他在接见日本记者时便口是心非地公开宣称："中国的情况与德国、土耳其、意大利不同，所以不需要独裁。"[87]

抗日战争开始以后，由于与日本法西斯侵略者作战和国内团结抗日局面的形成，南京国民政府被迫作出一些"开放政权"的民主姿态，用以维系全国人心，巩固抗日阵营，如成立了"国民参政会"，释放了一些政治犯，达成了国共第二次合作。蒋介石不得不在"独裁"道路上向后再退一步，"法西斯主义"逐渐成了人人喊打的"过街老鼠"。太平洋战争爆发后，全世界人民已完全认清了法西斯主义的侵略扩张本质，全球范围内的反法西斯战争正式开始，世界分裂为"民主同盟"与"法西斯轴心"两大对立阵营。中国因为最早与日本法西斯开战，反抗其野蛮侵略，遂成为世界反法西斯同盟主力之一，蒋介石及其国民政府成为"同盟阵营"中代表中国的中央政府，蒋氏个人亦被推举为"盟军中国战区最高司令"。但是，他一贯的法西斯式独裁统治及特务政治的手段一点也没改变，反而借助战时条件，将党政军最高职务齐集一身，独揽全权。据统计，抗战时期"蒋介石身任27要职，兼职在一千以上"[88]。与此同时，他对德、意两国法西斯政权的"好感"也没有消失，只不过在全世界反法西斯浪潮推动下，他不得不因时而异，抛弃了公开的法西斯主义旗号及"联德"方针而已。战后，法西斯主义成为不齿于人类的历史垃圾，蒋介石自然要极力删改、回避他过去一切颂扬法西斯主义的言论，并将他对德意法西斯的推崇效仿行为深藏于历史黑匣子之中，以维护其"领袖"形象。对于蒋氏早期对法西斯主义的推崇，以及后来他在反法西斯战争中的贡献，是非功过将留待人民评说。

【注】

[1] 《蒋介石致希特勒函稿》（1936 年 9 月 7 日），载马振犊主编：《中德外交密档（1927~1947）》，广西师范大学出版社 1994 年 9 月版，第 6 页。

[2] 因该政府诞生于德国南部魏玛城而得名。

[3] 吴景平：《从胶澳被占到科尔访华——中德关系 1861—1992》，福建人民出版社 1993 年 9 月版，第 120 页。

[4] 同上出处。

[5] 傅启学：《中山思想本义》，台北：国父遗教研究会，1981 年第三版，第 140 页。

[6] 黄季陆：《孙中山先生与德国》，见《中华学报》第七卷第二期，第 50 页。

[7] 张其昀：《国父思想与德国文化》，载《中德文化论集》（台北），1966 年版，第 1~2 页。

[8] 同上出处，第 2 页。

[9] 孙中山：《中国存亡问题》，载《国父全集》第二册（国民党中央党史会编，1973 年 6 月版），第 103 页。

[10] 同上出处，第 104 页。

[11] 同上出处，第 105 页。

[12] 上述各电均见《国父全集》第三册，第 436~446 页。

[13] 孙中山：《外交上应取的态度》，《国父全集》第二册，第 857 页。

[14] 傅宝真：《德国与我国抗战前南方内陆工业区发展及其分析》，见《逢甲学报》第二十一期，第 53 页。

[15] 柯伟林：《蒋介石政府与纳粹德国》（即《德国与中华民国》之中译本），中国青年出版社 1994 年 9 月版，第 39 页。

[16] 许智伟：《国际孙逸仙先生学术研讨会的经过及其影响》，载《东方杂志》复刊第十二卷第十期，第 9~10 页。

[17] 黄季陆：《孙中山先生与德国》，载《中华学报》第七卷第二期，第 58 页。

[18] 法斯：《1921 年 ~1924 年的孙逸仙与德国》，载《东方档案》第三十六期，第 139 页。

[19] 柯伟林：《蒋介石政府与纳粹德国》，第 43 页。

[20] 《孙中山致邓家彦函》（1923 年 8 月 18 日），载《中华民国外交史资料选编（1919~1931）》，北京大学出版社 1985 年版，第 283~284 页。

[21] 转引自黄季陆：《孙中山先生与德国》，第 59~60 页。

[22] 有关史实参见（台）《传记文学》第二十三卷第三期，第 6 页。

[23] 同上出处。

[24] Gustav Amann：Chiang Kai-Shek und die Regierung der Kuomintang in China，Heidelberg. 古斯塔夫·阿曼：《蒋介石及国民党在中国的统治》（海德堡）1936 年版，第 128 页。

[25] 同上出处。

[26] 前引法斯文，第 145 页。原件现存波茨坦德国中央档案馆：德国驻华使馆文件 No.2232.B1：31~32。

[27] 吴景平《从胶澳被占到科尔访华——中德关系 1861 至 1992》，第 128~129 页。

[28] 约翰·托兰：《从乞丐到元首——希特勒的一生》（上），同心出版社 1993 年 11 月版，第 17 页。

[29] 希特勒：《我的奋斗》，西藏自治区文艺出版社 1994 年 8 月版，第 12 页。

[30] 约翰·托兰《从乞丐到元首——希特勒的一生》（上），第 106 页。

[31] "纳粹"二字（Nazi）是德文"国家的"与"社会主义的"两字缩写之音译。

[32] 徐天新等主编：《世界现代史（1917~1945）》，人民出版社 1985 年版，第 249 页。

[33] 柯伟林：《蒋介石政府与纳粹德国》，第 177 页。

[34] 同上出处。

[35] 同上出处，第 179 页。

[36] 柯伟林书，第 179 页。面对这种偏激的观点，不禁使人联想到后来在第二次世界大战中德国纳粹的罪行，在贝多芬钢琴曲的优美旋律中，一批批犹太人被强行驱赶进毒气室加以集体屠杀……当然，这只是一部分纳粹分子所为，但却给人们留下了永远不能磨灭的印象。

[37] 见徐天新等主编：《世界现代史（1917~1945）》，人民出版社 1985 年 12 月版，第 78 页。

[38] 见徐天新等主编：《世界现代史（1917~1945）》，第 247~248 页。

[39] 《国际条约集（1917~1923）》，世界知识出版社 1961 年版，第 138 页。

[40] 李世安：《第二次世界大战爆发》，《扬子晚报》1995 年 5 月 21 日第十七版。

[41] 柯伟林采访蒋纬国记录（1978 年 1 月 5 日），转引自柯伟林：《蒋介石政府与纳粹德国》，第 180 页。

[42] 《德国驻华军事顾问团工作纪要》（台北）1969 年版，第 4 页。

[43] 陆培涌：《蒋介石的思想追求》，第 232 页，转引自柯伟林：《蒋介石政府与纳粹德国》，第 58 页。

[44] 有关这方面具体统计可参阅柯伟林：《蒋介石政府与纳粹德国》，第 187~189 页。

[45] 德国联邦档案馆藏：《鲍尔遗件》No：62，第 229~230 页，转引自柯伟林：《蒋介石政府与纳粹德国》，第 189 页。

[46] 《1932 年 12 月 19 日鲍尔致戈林函》，转引自柯伟林：《蒋介石政府与纳粹德国》，第 189 页。

[47] 《民众论坛》社论，第十二卷第五期。

[48] 河阳等著：《蒋介石揭秘》，中共中央党校出版社 1994 年 2 月版，第 322 页。

[49]　转引自易劳逸：《流产的革命》，中国青年出版社 1992 年 2 月版，第 57~58 页。

[50]　河阳等著：《蒋介石揭秘》，第 228 页。

[51]　易劳逸：《流产的革命》，第 54 页。

[52]　陈兴唐：《中国国民党大事典》，中国华侨出版社 1993 年版，第 303 页、第 332~333 页。

[53]　周林：《"得意门生"康泽》，载徐利剑主编：《蒋介石的八大金刚与十三太保》，中国旅游出版社 1993 年 8 月版，第 217 页。

[54]　马招法：《复兴社元老滕杰》，载徐利剑主编：《蒋介石的八大金刚与十三太保》，第 358 页。

[55]　《组织与领袖》，载《社会新闻》1933 年第三卷第十六期（1933 年 5 月 18 日），第 242~243 页。

[56]　《国民党与法西斯蒂运动》，载《社会新闻》1933 年第四卷(合刊)(1933 年 8 月 24 日)，第 274 页。

[57]　伊仁：《民主与独裁》，载《前途》第一卷第八期（1933 年 8 月），第 1~2 页。

[58]　焦述宏：《"戈培尔"邓文仪》，载徐利剑主编：《蒋介石的八大金刚与十三太保》，中国旅游出版社 1993 年 8 月版，第 174~177 页。

[59]　徐利剑：《"螟蛉子"刘健群》，载徐利剑主编：《蒋介石的八大金刚与十三太保》，第 195~204 页。

[60]　赵起河：《一对活宝：潘佑强与葛武棨》，载徐利剑主编：《蒋介石的八大金刚与十三太保》，第 301 页。

[61]　徐利剑主编：《蒋介石的八大金刚与十三太保》，第 302 页。

[62]　周林：《"得意门生"康泽》，载徐利剑主编：《蒋介石的八大金刚与十三太保》，第 218 页。

[63]　同上出处，第 221~222 页。

[64]　徐利剑：《"螟蛉子"刘健群》，载徐利剑主编：《蒋介石的八大金刚与十三太保》，第 210 页。

[65]　请参阅马烈：《蒋介石成立三青团的原始动机》，载《民国档案》1996 年第四期。

[66]　《康泽自述》，载《康泽与蒋介石父子》，群众出版社 1994 年版，第 43 页。

[67]　马星野：《法西斯意大利之新武力》，载《黄埔月刊》第四卷第五期，第 116 页。

[68]　柯伟林：《蒋介石政府与纳粹德国》，第 119 页。

[69]　同上出处，第 201 页。

[70]　陈兴唐：《中国国民党大事典》，第 400 页。

[71]　柯伟林：《蒋介石政府与纳粹德国》，第 207 页。

[72]　许思邦：《德国政闻》（音译），第 362 页，转引自柯伟林：《蒋介石政府与纳粹德国》，第 205 页。

[73]　陈普：《民族复兴与中国政治》，第 62 页，转引自柯伟林：《蒋介石政府与纳粹德国》，第 205 页。

[74]　张其昀：《民族的危机》，第 169 页，转引自柯伟林：《蒋介石政府与纳粹德国》，第 205 页。

[75]　柯伟林：《蒋介石政府与纳粹德国》，第 204 页。

[76]　同上出处，第 205 页。

[77]　《密勒氏评论报》第六十八卷第十期（1934 年 5 月 5 日），第 387 页。

[78]　柯伟林 :《蒋介石政府与纳粹德国》,第 207~209 页。

[79]　《三民主义周刊》第一卷第一期,第 4 页。

[80]　同上出处,第 6 页。

[81]　同上出处。

[82]　胡汉民 :《论所谓法西斯蒂》,中兴学会,1935 年 1 月版,第 36 页。

[83]　同上出处,第 34 页。

[84]　陈红民等著 :《胡汉民评传》,广东人民出版社 1989 年 10 月版,第 263 页。

[85]　易劳逸 :《流产的革命》,第 95 页。

[86]　柯伟林 :《蒋介石政府与纳粹德国》,第 223 页。

[87]　胡适 :《我们需要或想要独裁吗》,第 89 页,转引自柯伟林 :《蒋介石政府与纳粹德国》,
　　　第 207 页。

[88]　何仲山等著 :《毛泽东与蒋介石——半个世纪的较量》,中国档案出版社 1993 年 12 月版,第
　　　108 页。

中德关系的新篇章 | 第二章

邦交初建

从1927年南京国民政府成立起，到1937年中国全国抗战爆发为止的十年间，中德外交关系在双方的努力下，有了十分显著的进展，中德两国从此建立了在平等互惠基础上的全方位的合作。这种合作在其前期（1931年佛采尔总顾问来华之前）的具体表现形式是中方与德国顾问私人间的聘用关系，而在此后期则表现为中德双方政府间合作关系，来华德国顾问已拥有官方身份；双方的工业合作及"易货贸易"蓬勃发展，中德关系达到了前所未有的高度。

当时在德方内部，其对华政策也并非铁板一块。德国共和政府的首脑及外交官员，对与中国的合作顾虑重重，生怕因小失大，以违反《凡尔赛和约》而招来国际制裁。而以国防部为代表的军方人士，以及德国国内大企业家财团巨子，从自身利益出发，急欲发展对华合作，以解决本部门的实际困难。在这种情况下，德国的对华关系便呈现出一种矛盾复杂的状态。

1926年夏季，蒋介石通过朱家骅，联络德国军队退役军官来华出任他的顾问，由此拉开了南京国民政府对德合作的序幕。有关德国军事总顾问及其领导的德国顾问团与蒋介石政府发展关系的过程，本书将在下文中详细论述，而这一时期的中德间外交关系，也因德国军事顾问的来华，开始变得繁杂起来。

当时德国驻华公使博邺率公使馆长驻北京，他秉承德国政府的旨意，对以鲍尔为首的德国军事顾问团帮助蒋介石打内战之举，抱着坚决反对的态度，曾公然要求鲍尔辞职回国。而另一方面，德国政府因搞不清中国国内尚在发展变化的政局前景，对南京政府的前途不能认定，一时难以下决心与蒋介石合作。蒋介石有鉴于此，对德方开展了一连串外交攻势，以期获得柏林官方的支持。除派遣资深外交家蒋作宾出任国民政府首任驻德公使外，并派遣了"两个军事代表团与一个经济代表团，分别由陈仪、张治中与孙科率领，访问德国各地，试图磋商中德军事与工业合作及学习德国的长处"[1]。陈仪持有蒋介石亲笔信，并有鲍尔作为介绍人，率领代表团在德广泛活动，以聘请军事顾问为主要目的，其活动经过容当后叙。而以孙科为首的代表团，背景却不很明朗。当时，蒋介石为"宁汉合流"之需，一度辞职下野，孙科于蒋走后的1927年10月至1928年1月间出任"宁汉合流"后的南京政府财政部长。1928年1月，蒋介石运动复职，以宋子文代替孙科职务，孙科改任建设部长，但他未就任，旋即与胡汉民等人出国赴欧"考察旅行"。

孙科此次德国之行，试图向德方人士介绍孙中山《建国大纲》及《实业计划》中有关中国建设之"蓝图"，争取德国的财政与技术帮助。"最首要者，为十万公里铁路、港口及重工业建设计划"。6月7日，孙科向德国外交部送交了这一计划。孙科认为，要完成这一计划，决非某一或数家德国企业与公司可以承担，必须得到德国政府的支持。

德国政府此时正值改组之际，左翼派别在内阁中占主导地位，政府所关心的焦点从工商利益转向劳工问题，对发展海外经济持慎重态度，另又据其驻华使馆报告，德外交部认为孙科充其量是个"不管部部长"，是否已得到南京政府的支持尚未可知，"政府实在无意在其认为不太安全的地区从事冒险与投资"[2]。尽管如此，德方仍给了孙科相当的礼遇，介绍他与"全德工业联合会"（Die Reichsverband der deutschen Industrie）建立了联系。该会是德国一个重工业和工业银行界的组织，孙科在与之接洽时，邀请该会派遣一个工业代表团访问中国，这项邀请直到两年后才付诸实现。与孙科同时访德的国民党元老之一胡汉民则与德国政府国务秘书长许伯（Nonlchucert）商讨了有关两国邦交的问题[3]。

孙科的访问的确引起了德国工业界来华投资的兴趣。1929年1月，"全德工业联合会"建立了一个特别的中国委员会，由该会副主席佛罗温（Frowein）出任主席，具体筹办组织考察团前往中国的事务，并"以一种德国工业界积极投入的态度搜集所有与中国经济建设相关的信息，据此提出进一步的计划或项目"[4]。

中方为欢迎这一考察团,也组织了由政府有关部门代表组成的"筹备委员会",孙科任主任,但各部门在对德合作具体项目上却"均未达成一致意见"[5]。由于这一缘故,1929年2月10日,中国财政部长宋子文电告德方代表团推迟访华日期至秋季,理由是:"我们那时将向你们呈献更多的东西。"但实际原因是中方内部的矛盾,宋子文想把中德合作建设项目置于他的财政改革基础之上并受财政部控制,而孙科则想把"建设项目置于他的部(铁道部)领导之下"[6]。

中国人的内部矛盾给了德方一个机会,使他们认真考虑对华合作中的一些现实问题,以统一对华合作的步骤,并使德方较为冷静地分析了中方国情及其在对德合作中经济支付能力。经过反复酝酿,"中国考察团"终于最后组成,团长由全德工联会主席团成员之一的海因里希·瑞滋曼(Heinrich Retzmann)担任,他是萨克森工业家联合会主席,考察团团员则几乎全为德国企业家及银行家,包括钢铁、机械、铁路、电力、国家银行等各界代表。

迟至1930年3月1日,"中国考察团"终于启程来华。此次德方的访问目的并不在于签订多少经济合同,而主要是考察中国经济状况,与中国领导建立私人关系,并与他们探讨"那些基于孙中山设想,且有必要性与可行性的项目"[7]。考察团在华访问了三个月,他们在中方官员陪同下访问了若干省份的13个城市,当他们赴东北工业重镇访问时,北宁铁路特备了头等车,并以最优等招待热烈欢迎。在天津的一次欢迎会中,曾主持对德宣战此时已下野赋闲的段祺瑞居然也出现在欢迎行列中,并对德国客人就过去的"宣战"历史表示歉意,他还发誓说今后"将永远是德国的朋友"[8]。

"中国考察团"回国后,在德国"工联会"特别会议上作了口头报告,以后又整理出了一份长达200页的对中国经济全面的"包罗万象"的报告,主要内容是他们指出:中国目前局势虽然仍在动乱而不适合于德国投资,但相信此种内乱不久之后即可结束,中德合作长远前途非常乐观,工业界应为未来做好准备、铺好道路,以奠定中德长久合作之基础。为此,考察团从访华亲身经历中意识到，在中国办事，搞好人际关系是成功之秘诀。从正面解释可以说中国是一个"重人情味"的社会，故宜在中国政府中大力培养"亲德派"势力，对德国军事顾问赴华更要全力支持，以扩大对华领导阶层的影响，必要时不惜以金钱手段达成效果。报告同时也建议加强两国文化交流，提供中国青年赴德留学机会，支持在华创立德式教育机构（如上海同济大学）与传播德国文化之媒体（德文报纸），以作未来之"间接准备"[9]。报告总结说，只要国内和平能够保持下去，中国将"为外国工业和贸易提供异乎寻常的可能性"，其工业成长及一个"易于消化工业产品"的市场的先决条件已经显现了出来[10]。

《全德工业联合会中国考察团报告》发表后，不仅在德国广为流传，且通过外交途径送到了蒋介石、宋子文、孔祥熙、何应钦、胡汉民、朱家骅、陈仪等十余位与德国有关系的中国中央大员及许多省级官员手中，使中国的领导层对于德方对华认识及对华合作态度，有了深刻的理解。但遗憾的是，这份重要文件，今天在中国第二历史档案馆所藏原国民政府档案中并没有发现，仅在德国联邦档案中有其复本收藏。

这份报告同时也引起了德国政府的重视。1931年2月，德国教育、商务及文化等部与"工联会"举行了联席会议，商讨协调帮助中国留学生来德学习的问题以及能否对华提供信用贷款，以帮助中国购买德国产品、解决德方经济危机的可能性[11]。据德国驻北京公使馆的分析报告，当时南京国民政府财政异常困难，连职员的工资也发不出，其前景如同当年北洋政府一般暗淡，德商切不可冒险在华从事经营贸易[12]。但德国政府为急于扩大产品出口摆脱经济困境，遂不避艰险，准备召开内阁会议并成立一个委员会讨论此事。不意此时德国突发金融危机，许多大银行倒闭，形势一片混乱，对华贷款遂成为泡影[13]，直至1933年希特勒上台，德国才从政治经济危机中缓过气来。

"中国考察团"访华之行，严格地说来只是德国产业与金融界急于打入中国市场的一次尝试之举，而此时德国共和政府却在本质上对华持着另一种态度。

战后的德国，因受《凡尔赛和约》的限制，魏玛共和政府不敢也不愿与蒋介石急速发展关系，起初他们仍然是以北京政府为中国合法政府，蒋介石的对德联络工作历经艰难，一波三折，最后终于聘请到一批德国军事顾问来南京服务，但他们都是以私人名义与南京政府签约的，德国共和政府一再对外否认这些德国人具有任何官方身份及背景。德国顾问的服务，确实给蒋介石留下了极好的印象，从而更坚定了他的"联德"决心，他希望德国来华顾问团升级，聘请职位更高、人数更多的德国军事、经济专家，同时积极谋求发展双方外交关系以及全面的经济合作。

南京国民政府于1928年6月完成"第二期北伐"，初步达成了在全国范围内的统一。7月7日，国民政府发表宣言，表示"现在统一告成，国民政府……对于一切不平等条约，特作下列之宣言：（一）中华民国与各国间条约已届满期者，当然废除，另订新约。（二）其尚未满期者，国民政府立即以相当之手续解除而重订之……"[14]。南京国民政府外交部长王正廷向北京各国驻华使馆发出通知，请他们派员来宁与国民政府接洽外交，修订条约。各国徘徊观望，不愿南迁，而德国因无历史包袱之累，首先同意与南京国民政府建立联系。

1928年8月17日，德国驻华公使卜尔熙抵达南京，就另订新约问题与南京政府外交部长王正廷会商数次，签订了《中德关税条约》。这份条约内容如下：

大中华民国、大德意志民国因欲增进两国间固有之睦谊，并发展及便利两国商业关系起见，决定缔结条约。为此，简派全权代表如下：

大中华民国国民政府主席特派外交部长王正廷；

大德意志民国大总统特派大德国特命驻华全权公使卜尔熙。

两全权代表将所奉全权证书，互相校阅，均属妥善，议定条约于后：

第一条：两缔约国以达到关税事项待遇之绝对平等，及补充中华民国十年（1921年）五月二十日之中德协约为目的，议定：

对于一切关税及其关系事项在彼此领土内享受之待遇,应与任何其他国享受之待遇毫无区别。

两缔约国之一,不论在何种情形之下,在其领土内,不得向彼国人民所运输进出口之货物征收较高于或异于本国人民、或任何他国人民所完纳之关税、内地税或何项捐款。

按照中华民国十年(1921年)五月二十日中德协约附带换文内所载,在国定税率未普通施行之前,德货入口,得暂照通用税率完纳关税一节,应即取消。

第二条:两缔约国应于最短期内,以完全均一及平等待遇之原则为基础,开议商订通商及航行条约。

第三条:本条约用中德英三国文字合缮,遇有解释两歧之处,应以英文为准。

第四条:本条约应于最短期内批准。于两国政府互相通知批准之日起发生效力。

王正廷　卜尔熙

大中华民国十七年八月十七日

西历一九二八年八月十七日[15]

这份条约之签订,在形式上达成了中德双边的平等地位,可在当时国人却认为"且新约中之不平等反较为甚",因为它提高了作为战败国的德国在华的地位。"于是全国舆论大哗,群对外交当局表示不满,外交当局亦颇受其苦,然事已成就,亦只能徒唤奈何而已!"[16]但无论如何,这是南京国民政府第一次与德国签订外交条约,标志着双方正式外交关系之开始,并为后来德国工业产品及资本投入中国市场创造了基本条件。

从此以后,中德双方外交关系即以德国军事顾问团的在华活动及中德经济贸易合作两条主线为基本内容,广泛地开展起来。

德国共和政府虽然对发展对华关系不太热心，但在军、经两方面"拖牵"之下，不得不以比较被动的姿态开展了对南京国民政府的接触工作。

1929年1月，蒋介石委派资深外交家蒋作宾出任南京政府首任驻德公使。德国政府对蒋氏到来给予了热情的欢迎。蒋公使曾电南京当局汇报说："宾抵柏（林）时，德国政府表示诚恳欢迎，政府机关报及一般舆论发表对华亲善言论，指颂国民革命成功，并与两国国际地位相提并论，措词尤为恳切。"这段话，大体反映了两国在邦交初建之时，双方尚无过分密切交往，更无任何矛盾的情况下，对于发展邦交的良好愿望。在这种友善气氛中，德方也显示了对华友好的姿态，在国际关系中努力帮助南京国民政府维护其利益。

1929年7月19日，中苏因"中东路事件"而断交，德方曾受中方委托，于10月9日致函中苏双方，要求各自释放在边界冲突中所拘捕的对方人员，并在调停工作中注意维护中国的利益，受到了中方的好评[17]。是年夏，南京国民政府为孙中山举行奉安大典，德国政府遣使来华致唁。

南京国民政府成立后，对日关系问题一直是困扰外交当局的最大难题。中国资深外交家蒋廷黻曾经说过，"在国际舞台上，中国的根本任务就是孤立日本，尽量争取世界各国同情，帮助中国"。简言之，"孤立日本、争取外援"是中国此期对外关系的中心与大目标。

在这一战略目标之下，对德外交无疑是服务于对日外交的，中国要争取德国亲华疏日、帮助中国，这是民国时期对德外交的重要课题。

1929年9月，南京国民政府首任驻德公使蒋作宾抵达柏林后，即向德方提出了建立"中德苏大同盟"的计划[18]，这一计划由于不符合德方的世界战略，最终没能成功。但透过它，我们仍不难看出中方试图通过加强中德苏三国的联合，达成孤立日本的"单相思"式的努力。

第二任中国驻德公使刘文岛于1931年抵达德国，他曾多次利用各种方式将前述三国同盟计划向德方游说，但均遭冷遇。其后刘文岛便转而将对德外交工作的中心移向中德工业合作及争取德国工业界来华投资，并取得了一定的进展[19]。刘文岛在任期间，继续贯彻"争取德国孤立日本"的国际外交战略。

其后刘崇杰、程天放相继使德，他们依然执行了这一对德外交指导方针，只不过他们不再要求什么"三国同盟"，而全力务实地争取发展中德双方工业及贸易合作，以期收到德国对华军事经济援助的实效，以此来增强对抗日本侵略的力量。

蒋介石与他"唯一的欧洲朋友"鲍尔

自1840年清王朝被迫打开国门之后，在近代中国走向开放的变革过程中，始终是有外籍顾问伴随在当政者左右并参与其政的，他们成为这段风云变幻历史的见证人。

外籍顾问对于中国工业、军事等方面近代化所发挥的影响是不可低估的，他们的作用在一定程度上也影响了中国民主革命的进程。特别是在南京国民政府时期，抗战之前的德国顾问团以及抗战以后的美国顾问团，都曾起到过十分重要的作用，对国民政府的政治军事方针产生过至关重大的影响。其中一个十分典型的例证便是：蒋介石的对德外交就是从他聘用德国军事顾问来华服务而开始的。

德国军事顾问团在华活动是民国时期中德关系史上两大主要内容之一，日耳曼民族的思想、作风、技术以及德国政府的对华方针、远东政策通过德国军事经济顾问而传播到中国。尽管由于各种原因，顾问们的表现有时或许与德国政府的立场并不一致，甚至相反。但总的来看，德国顾问团代表了德国政府与民族的利益，对南京政府的内外政策，对中国军事、工业、财经、教育等方面的进步与发展，对中国内战以及抗日国防，甚至于内政外交，都施加了较大影响，成为这段历史上一个颇具价值的研究课题。

德国军事顾问团来华之源起，实缘于南京国民政府对苏绝交前后，为填补苏联军事顾问被逐所遗空缺而开始，并逐步扩大其规模，最后形成了一整套机构完备，具有某种超级权力（委员长代理人）的顾问机构，最终却在中德两国分道扬镳的客观大背景之下急速地结束了它的历史使命。

南京政府为什么要在列强各国之中单单选定德国人来继承苏联人的遗缺呢？在英、美、法、日列强都在觊觎这些顾问位置，希望借此加强对华影响的情况下，中方作出这种选择，其中原因有三：

第一是作为最高领袖的蒋介石对于日耳曼民族精神之敬仰，对德国重整军备成果之欣赏，以及对于中德平等友好相处之企望。

第二是在蒋身边工作的一批亲德官员如朱家骅、李熙等人的极力推崇。

第三是因为德国当时在世界上所处的独特地位。

第一次世界大战之后，德国沦为战败国，被迫放弃了他的一切殖民利益，在国际上被逐出列强行列，已沦落为与中国同等的国际地位。然而德国却具有复兴的基础与实力，并且正向着重新崛起的目标迅速发展。在中外关系上，它是唯一可以给予中国实际帮助而又不以居高临下的姿态与中国交往的"平等伙伴"，这当然符合中国政府的需要，并能在心理上引起共鸣，这就为两国间发展合作奠定了基础。而聘用德国顾问，对南京政府来说，又可免去在列强之间"摆不平"的麻烦，是为蒋介石的最佳选择。1927年，当南京国民政府成立之后，蒋介石便通过朱家骅转告在上海的德国人士"南京正计划在所有的部门聘请德国顾问"[20]。

对于德国顾问的这种优越"天资"，他们自己也有一定的认识。曾一度在蒋介石身边担任侍从顾问的德国人史太邱（Streccius）大尉就曾以一副"自我感觉良好"的神态生动地描述说："法国人太倨傲，太浮躁，做中国军事顾问是什么用处也没有的。他们把中国要做的事情告诉了中国当局，如果中国不照他的指示去办，他只是耸耸肩便完事；英国人呢？太懒惰，所以也不行"；苏联人则"不坏，可是他们的心理，跟中国人的心理却是差不多的，他们说'尼契伏'，中国人说'没有法子'，这语调是极相像的。其次他们的顾问也太专门化，每个顾问只懂得一桩工作，别的便不知道了。举例来说，他们的技术顾问，唯一所懂得的只是大炮的特殊构造，而这对于中国是没有多大帮助的，因为中国的军备大都来自世界各国，所以非懂得各种炮不可。"[21]这样看来，唯一适合中国人需要的外国顾问，也许只有德国人了。

德国顾问团来华后经历了五个时期，分别由不同的人物担任顾问团长及总顾问一职，负责其工作。顾问团规模由小到大，团员人数及专业范围不断扩充，直到遍及中国军事、训练、教育、工业、航空、文化各部门。顾问团各时期及主要负责人情况列表如下：

总顾问	鲍尔（上校）	克里拜尔（中校）	佛采尔（中将）	塞克特（上将）	法肯豪森（中将）
德文姓名	Max Hermann Bauer	Hermann Kriebell	Georg Wetzell	Hans von Seeckt	Alexander von Falkenhausen
任职时间	1926年11月～1929年4月	1929年4月～1930年5月（代理）	1930年5月～1934年3月	1933年5月27日来华访问1934年5月正式任职～1935年3月	1935年3月～1938年7月回国

德国顾问团是通过什么途径来华的呢？要搞清楚这一问题，还必须从南京国民政府成立之前讲起。

1926年，在广东国民政府内部发生了"三二○事件"（即"中山舰事件"），以蒋介石为首的国民党内实力派开始反共反苏，虽然这一事件最终并未造成蒋介石与共产党人及苏联顾问的完全决裂，但蒋介石在暗中已决定排共排俄，为逐步疏远苏联，他急于寻找第三国的军事顾问来代替苏联顾问。

这年夏季，蒋介石嘱咐张静江、戴季陶出面，委托广州中山大学教授、曾经留学德国的朱家骅代蒋寻觅德国军事顾问人选，进行探寻联系[22]。朱家骅受此重托，不敢怠慢，立即去函德国，委托他的老师、德国工程师学会主席康德·马契奥斯教授（Conrad Matschoss）及德国军界几位名将进行了联系，先后问询过埃里克·冯·鲁登道夫（Erich von Ludendorff）、汉斯·冯·塞克特及盖尔格·佛采尔等数人，但都被婉言谢绝。这些德国军官当时尚弄不清中国南北内战的情况如何，也无法预测广东国民政府与蒋介石的前途，他们不敢贸然来华，介入中国复杂的内战之中。

当时，德国国内的情况也非常糟糕。德国人民所面临的是战后百孔千疮的社会经济、巨额的战争赔款负担与大多数人的失业威胁，人民生活水平一落千丈。在这当中，一向为德国社会所尊崇的特权阶层——职业军人，特别是军官们的日子也十分难过。

德国国内的这种混乱局面，给退伍军官来华创造了机会与可能。在塞克特、佛采尔等拒绝来华之后，鲍尔便成为受聘的最佳人选。

在这种内外适宜的条件下，德国军事顾问团来华已成为必然。而首先克服重重困难来华者是鲍尔上校。

马克斯·鲍尔（Max Bauer），1869年出生在德国一个中产阶级家庭，成年后投身于军界。第一次世界大战爆发时，他在德军参谋本部作战处任少校参谋，当时他的顶头上司、上校处长便是后来的德军名将鲁登道夫。鲍尔所擅长的是重炮设计专业，并在军事理论上有所创新，曾自己设计过新型重炮，为此荣获柏林大学荣誉博士学位[23]。第一次世界大战爆发后，战争给鲍尔以施展才华的机会，1916年8月，鲁登道夫升任德军参谋本部副总参谋长，鲍尔也随之得以提拔，晋升上校。他直接参与了1918年苏德《布列斯特和约》的签订工作。德国战败投降后，鲍尔军旅生涯中断，他像千万退役军人一样，心中充满不满与愤懑，投入"卡普暴动"。暴动失败后，他遭到共和政府通缉，逃往国外，先后在匈牙利、奥地利担任外籍军事顾问。

1923年11月，鲍尔曾接待了中国北洋政府"苏皖赣巡阅使"齐燮元使者的访问，一度答应来华充当齐的私人军事顾问，并表示他对来华很感兴趣，称此行将给他提供"组织方面的良机"[24]。但后来由于中国国内局势混乱，此行被耽搁下来。1923年12月，鲍尔应托洛茨基之邀，去苏联担任红军的军事顾问。此后他又到过西班牙、阿根廷等国任职。1926年3月回到德国，开始与德国、荷兰及瑞士军工企业界建立联系，试图在商业方面有所发展。

1927年3月，广东政府的使者经鲁登道夫的推荐，找到鲍尔，向他征询广东发展军事及工业计划意见并聘请其来华，鲍尔愉快地接受了邀请，并立即着手研究中国军队现状，他还与德国及瑞士工业企业进行联络，为赴华后开展贸易工作做准备。8月，他通过留学柏林的朱谦（朱家骅侄）寄来了他的《现代军队组织建议书》，提出了整理中国军队的建议。朱家骅与中山大学校长戴季陶审阅该文后，觉得十分重要，便一同去找留守广东的李济深商量，建议立即聘请鲍来华任国民革命军顾问[25]，李表示同意，并提议鲍尔月薪为1,000元[26]。当时蒋介石已率领北伐军打到南京，并成立了南京国民政府。戴季陶将有关鲍尔的情况转告了蒋介石，蒋对鲍尔很满意，命令朱家骅立即请他来华上任。

在北京的德国驻华使馆，对南京国民政府准备聘用德国军事顾问之举持着反对的态度。驻华公使博郧（Boye）为此曾在1927年8月9日上书德国外交部，谈了他个人的一点看法，他写道："中国人今日在德寻求军事及其他专家，并非显示其任何对德之偏爱，亦非表示其对德国人工作能力之钦佩，而纯系因为德国人对中国不怀侵略野心，并容易相处，而且隶属于中国裁判权之下……不如其他享有法外领事裁判权之外国人要求许多分外特权待遇，许多协约国政府仍在华采取强硬炮艇政策而威胁中国。"因此，他不仅反对德国政府派员来华，而且反对德国顾问以私人名义来华。他认为："倘若冒险犯难之德国人愿受聘来华任职，他们必须自己承担其冒险性之责任，此等行动，不独对德国毫无功绩可言，而且会带来莫大之不快，尤其他们不可妙想天开能如其他每位于国外任职之德国人一般，可获得任何官方之经济支持。"[27]博郧公使的这种态度自然与南京方面扣押了德国"雷克梅"号等三艘轮船，从而引起中德关系紧张一事有关[28]。然博郧的阻碍并未能阻止蒋介石聘请鲍尔一行来华服务。

出于全面考虑，德国政府在南京国民政府成立后，还是对蒋政权表示了友好的态度，曾公开表示："我们不应以拒绝任何合作的方式来损害同南京官方当权者们的合作关系。"[29]鲍尔也曾为此与克虏伯财团、容克飞机公司、奥涅肯军火康采恩等德国大资本财团进行会商，他们一致认为中国是德国"唯一有可能争取到的最大市场"[30]。

1927年10月8日，鲍尔登上"德绍"（Dessau）号货轮离德赴华。在旅途中，他致函容克财团说："我希望到1928年初回来，那时局势将明朗化，我将有机会了解许多可能对我们有用的第一手情报资料。"[31]

11月16日，鲍尔带着德国财团的重托，踏上广州码头。

朱家骅陪同鲍尔前往李济深寓所拜访，受到了热情的接待。

就在这天夜间，张发奎率部发动驱逐桂系的兵变，广州形势混乱不堪，李济深匆忙逃往上海，朱家骅也为躲避战祸随李而去。

鲍尔一下子失去了依靠，他在广州茫然不知所措，只好转去香港避避风头，观察局势发展再作考虑，在朱家骅接应之下，鲍尔于12月22日抵达上海。

在李济深、朱家骅的陪同下，鲍尔前往蒋介石寓所拜会。蒋介石此时刚从日本访问归来，对鲍尔之来华，盼望已久，他热烈地紧握鲍尔的手，大有相见恨晚之感。在朱家骅翻译帮助之下，鲍尔与蒋介石进行数次长谈，前后持续了一周。

当时蒋介石正在为"宁汉分裂"而下野避居上海，他一方面积极开展活动，以图复职再起，一方面继续推行他的中德合作计划，意图在重新上台后着手实施之。

鲍尔在会谈中向蒋介石详细介绍了最近军火工业发展情况并强调这些新式武器在现代战争中的有效作用[32]。蒋介石则更关注鲍尔对于中国军事与工业发展的建议及设想，他被鲍尔的论述所打动，执意邀留他在华服务，鲍尔表示如有可能，他将在华作长期逗留[33]。

在以后几次会谈中，鲍尔就政治、军事、文化及国际关系等多方内容与蒋进行了会谈，"他建议蒋介石对出版、广播、电影等大众传播媒介实行统制，他主张按公司模式调整经济结构，对大企业实行国有化，特别对军队的复员与重组、计划经济的发展、实现重工业化、航空运输、农业生产、矿业、财政政策等方面，都提出了较具体的意见"[34]。蒋介石由此更信服鲍尔的才干，他认为鲍尔能使德国工业及军事巨头在巩固南京政府的过程中起到很大作用，因此公开赞誉鲍尔是他"唯一的欧洲朋友"，并要聘请他为"高级工业顾问"（一说是"经济顾问"），以便让他返德后为蒋政权进行广泛的游说。

国民党官书把蒋介石此次会见鲍尔视为中德合作之重要开端，曾记有"我领袖以鲍尔上校军学渊博，且热心为我国服务，乃聘请之为军事顾问"等语[35]。其实蒋介石此时正在上海策划复职，以其"在野"之身份是不可能与鲍尔达成什么正式聘约的，蒋介石对鲍尔之邀请只是一种口头预约，直到他重新担任国民革命军总司令后，对鲍尔的聘任才可能正式成立。

蒋介石于1927年底复职后，便立即着手实行加强中德邦交的工作，为了全面了解德国情况并正式向德政府提出聘用军事顾问的要求，蒋介石决定派遣一个代表团随鲍尔一同回国，赴德考察访问，他规定代表团的任务是：考察"德国的政治组织、军事制度与军工技术，并物色有经验的人才……为之计划中的重组服务"[36]。蒋介石亲自拟定一函致德国外长史特莱斯曼（Stresemann），文曰："史特莱斯曼外交总长阁下：中德邦交，素称辑睦，本司令切愿向有之睦谊，因两国人民之合作与同情日加亲密。现敝国国民革命将次成功，亟欲并合中外文化之特长，以促成革故鼎新之伟业。素仰贵国素来之文化与新近之发展，于敝国建设事业可资以借镜者必多。兹特遣考察委员长陈仪、委员李黼、胡庶华、项经方等前来贵国实地研究，并饬携函趋候起居，藉承指导，诸希与以方便，无任感荷。顺颂日祉。国民革命军总司令蒋中正。中华民国十七年三月十日。"[37]

陈仪临行前曾专门拜访了德国驻上海领事迪尔（Thiel），向他探询中德合作的可能性。迪尔说："德国因受凡尔赛条约的限制，无法公开表示愿与中国进行有关军事等方面的合作，但中德间正常外交公务访问不可因此而受到伤害。"他进一步说："愿先向柏林请示才能决定聘请德国专家来华之事是否可行。"[38]

一次大战结束后，德国签订了《凡尔赛和约》，该条约第179条规定：德国不但不能派遣任何陆海空军代表团驻在任何外国，而且"将采取合宜办法，禁阻德国人民离开其领土，以投效于任何外国之陆军、海军或空军，或随之以助陆军、海军或空军之练习，或大概在一外国给协助于其陆军、海军或空军之教育"[39]。根据这项规定，任何德国公民即使以私人身份充当别国军事顾问都是非法的。德国政府因此在这一问题上异常小心谨慎。

1928年4月底，陈仪率中国考察团抵达德国。他们负有两项使命，一是为中德经济合作吸引德国大企业与财团加入中国经济复兴进行全面接触；二是聘请德国顾问，尤其是军事顾问来华为蒋政权服务。

鲍尔陪同陈仪一行在德国进行了广泛的活动，他特别安排中国代表团参观了德国著名大企业克房伯、西门子、比埃尔一伊法等大公司，陈仪得到了克房伯及比埃尔一伊法公司对华提供全套兵工厂设备及投资中国铁路建设的承诺，贝尔公司也答应为中国发展通讯业提供帮助。陈仪当场同这些公司签订了价值100万马克的意向性合同[40]，购买了一批军火。为了完成聘请德国军事顾问的任务，鲍尔又代中方与德政府有关机构进行了联络，并表示自己可出面充当顾问赴华之介绍人。

德国外交部明确地回答鲍尔及陈仪，按照目前德国情形，派遣军事顾问赴华，多有不便。鲍尔对德国政府的立场表示理解，并以自己的例子为证，说像他目前这样既没与中国国民政府订立服务合同又没拿中国一分钱薪水的人也可以照样为中国政府服务。只要不以"军事顾问"名义出面，一切均可变通办理。

最后，陈仪及中国代表团在德国聘请了几位工业及经济专家，没有请到军事顾问。

德国总统兴登堡在中国代表团来访之际，会见了陈仪一行。陈仪向兴登堡总统转交了蒋介石总司令的一封信，蒋介石在信中表示，"通过彼此间日益增长的同情与合作，中德友谊更加密切了"，希望在与德国的合作中，"把中国和西方文化中的优秀因素融为一体"[41]。

陈仪一行离德后，中国驻柏林公使馆奉南京国民政府电令，继续向德方交涉，要求聘用一批德国退伍军官来华充当军事顾问，协助中国重整陆军的计划。曾经在德国留学的李鼐将军还提出了聘请十位德国军官来华担任黄埔军校教官的要求。中方同时告诉德方，如再不同意放行，则中国将改聘法国军官。与此同时，德国驻北京公使馆也向柏林报告说，从法国政府与南京的密切关系来看，聘请法国顾问团一说，非常可能。

德国外交部兼管亚洲事务的第四司司长陶德曼（Trautmann）在接受南京首任驻德公使蒋作宾呈递国书时，与蒋公使谈到顾问问题，他代表德国政府表示，恐怕此事会引起两国间误会，并建议说：按照鲍尔上校的提议，中方是否能从荷兰或瑞士聘请军事顾问，而不要用法国人。蒋公使回答说："中国政府宁愿聘请德国顾问，因为唯有德国顾问方可赢得中国政府的信任。"[42]数日后，蒋公使又派人再次拜会陶德曼司长，表示中方保证德国顾问在华将纯粹担任军事学校教官职务，而不服务于军中。现在中国公使馆已获正式指示，如德政府不愿合作，中方将聘用法国顾问，这对中德关系决无好处。陶德曼仍表示，德方因受凡尔赛和约限制，不能派出顾问接受南京政府的任何职位。但他同时暗示，如果中方能开列一份拟聘请的顾问名单及拟授职务，外交部在审查时可作参考，并将影响其最后决定。

不久后，中方提交了一份拟聘顾问的名单，他们中包括：

退伍陆军少将顾德威（Gudevius）担任军事历史教官；

退伍陆军中将林德曼（Friderich Lindemann）担任政治经济学教官，他们将取代在北京陆军大学任教的日本教官的职务等等。

此外，中国公使馆还与德国化学及毒瓦斯专家麦次纳博士（Dr. Metzner）进行了签约商谈。

陶德曼对此表示要等请求外交部主管后再作答复[43]。

与陈仪同时访问德国的还有另一个以军政部长张治中为首的中国军事代

表团，他们负有发展中德军事合作的使命。在鲍尔介绍下，张治中拜访了德国国防部，提出了观看德军演习的要求，德方认为这个代表团与鲍尔关系密切，鲍尔又因参加"卡普暴动"而有较坏的名声，国防部不愿与之多接触，故婉拒了中方的要求。但国防部讨厌的是鲍尔而不是中国，他们仍接待了张治中，友好地向他提供了军事训练机密手册，双方还签订了在德累斯顿步兵学校为中国培训2名作战军官的协议，这是一项打破禁令之举，并成为后来大批中国军官赴德学习之开端[44]。在此同时，李济深控制下的广东地方政府也派了一个代表团访德，其负责人便是孙中山前派驻德代表、现任李氏军需总监的朱和中。鲍尔按照他与李济深的约定，本一视同仁的原则，也带领他们参观了一些企业，与德国工商界取得了联系，并聘请了几位顾问去广东服务[45]。当时鲍尔认为广东与南京是两个独立的政治实体，并不矛盾，但他却没有看到，广东与南京对德合作的不协调性，实际上表明了中国内部政局的不稳定。

为了统一中方对德接洽途径，鲍尔还建议在中国驻柏林公使馆内设立一个中国商务专员处，统一管理中方购买军火、工业品及物色德国顾问事宜。这一机构并不受中国外交部管辖，而直接受军方控制。商专处第一任商务专员是获得过美国哈佛大学博士学位又留学德国研究数学及弹道学的著名兵工专家俞大维。不久之后，俞氏回国，由国民党元老谭延闿之子谭伯羽接任此职。柏林中国使馆商专处从此成为中德经济与军事合作之桥梁。

1928年11月，经过中德双方反复协商，终于组建了德国赴华顾问团，在鲍尔率领下，顾问团启程来华，鲍尔于是成为中国国民政府第一任德国顾问团负责人。

德国顾问团的在华使命由此拉开序幕。

第一任德国赴华顾问团共有团员25人，其中10人是军事训练教官，6人是军械与物资补给专家，4人是民政警事顾问，如警备专家冯·克莱特纳尔（von Kreitner）、地质学家恺培尔（Keiper）、统计学家奥托（Otto）、建筑学家甘蒂尔（Kantier）和都市规划专家舒巴特（Schubart），以及荷兰籍财政专家费塞林（Vissering）等等。鲍尔给顾问团规定的总任务是："帮助蒋介石消灭各地的军阀，把中国变成德国的市场。"[46]

南京政府对德国顾问团的到来给予了热烈欢迎。蒋介石特别举行了有政府各部门主管官员参加的盛大欢迎宴会，款待顾问团全体人员。蒋介石命令政府各机关尽力配合顾问团的工作，并给予各顾问以优厚待遇。鲍尔总顾问除由中方免费提供食宿、汽车及司机外，每月发给薪金1,400元，合3,920马克，他的两位助手史脱次纳（Stoelzner）中尉和胡默尔（Hummel）月薪则为500元和400元，而当时在清华大学任教的德国地质学权威月薪不过600元。为解决译员不足的问题，南京政府曾公开登报招聘50名德文翻译分配给顾问团使用[47]。"鲍尔上校对南京政府的接待甚为满意"[48]。

在来华初期一段时间里，鲍尔在毕业于德国陆军参谋大学的李鼐将军陪同下，对上海、武汉、南京一带进行了数周的考察访问，其目的在于了解中国的军事及经济状况与发展潜力。他在回到南京后，就迁入了中国政府特别为之设立的一间办公室，着手整理考察期间所收集到的资料[49]。之后，他撰写了多份研究报告及备忘录，呈送给蒋介石，就中国军队的裁减、重建、整训及经济的发展，重工业、航空运输业、农业、矿业的建设及中国财政体系改革等多方面的内容提出了一揽子建议及意见，得到了蒋介石的充分肯定与赞赏。

鲍尔经常与蒋会见，交往甚密，这一切甚至引起了德国驻华公使馆一些人士的嫉妒与误解。外界英法等国舆论则指责鲍尔来华是为了帮助蒋介石重建军队，此举违反了《凡尔赛和约》[50]。

德国驻中国公使秘书华格纳亲自跑到鲍尔的办公室，对他率领德国顾问团来华服务有悖于德国外交政策以及他个人之诺言，对鲍尔提出责问。鲍尔面对怒气冲冲的秘书先生不慌不忙地讲了他自己的几点理由：第一，中国重整军备的工作不是一朝一夕能够完成的，非得30年以上的时间，所以说他现在来华是为了帮助中国立即完成整军确为滑稽之谈，他的工作是帮助中国裁军，为和平服务才是顾问团的目的。第二，他受中国政府之雇佣，当然要为中国提供咨询服务，包括有关聘用顾问之咨询，但具体聘用手续不是他办

的，是中国驻德大使馆办的，所以他不能负组建顾问团来华之责任。第三，
为了推动中德经济合作，少许军事事务顾问来华开展合作事项是无可厚非
的。第四，鲍尔本人对德国的难处非常了解，如果国际上因此有人找德国政
府的麻烦，或国联就此提出异议，在中国政府解释无效时，他将立刻率顾问
团回国。对中国人聘请德国顾问团之事，他无权过问也与他无关，这是中方
的事情。秘书先生听了这番话，也就哑口无言，悻悻而去[51]。

德国政府暗中派人在华找到鲍尔，劝说其解散顾问团。鲍尔干脆回答说
他们来华服务是为了个人职业与薪俸收入，如德国政府不能答应给予他们同
等的职位待遇，就不要再劝他们回国，他们不予考虑[52]。

在鲍尔率领下一同来华的其他德国顾问分别被中方安排到各有关部门工
作，如警务顾问克莱特纳尔被分配到杭州浙江省政府担任警察顾问工作；普
鲁士农业部高级官员桑梯尔（Zanthier）博士任农业推广与移民政策顾问；
德国经济部高级顾问舒巴特博士负责都市行政发展与计划；来自汉堡与萨克
森的柯纳（Koerner）上校、文德（Wendt）少校和特希（Techel）上尉充
任国家安全、宪警训练及陆空交通管制方面的顾问；汪根海姆（王恩翰）
（Wangenheim）少校任中央军校及炮兵部队教官；赖曼（Lehmann）上
尉、魏克斯波斯基（Welks-borgsky）与汉塞尔（Haensel）工程师参与中
国空军建设工作。

此外原来已在华受聘的一些德籍顾问，如地质学家恺培尔（Keiper）、
原武汉政府兵工顾问亚曼（Amann）、安赛尔（Ansel）等"老中国通"也
统归鲍尔指挥。顾问团中一些非德籍顾问，如荷兰籍的炮兵顾问佛芮梅雷
（Fremery）上校，美籍都市规划专家墨菲（Murphy）、中央军校的几名白
俄教官等，也归于鲍尔领导之下。[53]

鲍尔每周五晚都在蒋介石主持下在南京三元巷总司令部内为中方高级军
官进行一次讲演，这是他来华的重要工作之一。讲课内容包括军事工业、新
式武器及化学战等，共进行了20余次，听他讲课的，除蒋介石外，还包括了
冯玉祥、阎锡山、李宗仁、李济深等人以及各军事机关院校和一些部队的高

级军官。

鲍尔在讲课及所提报告建议中，主张对中国现有军队进行整编，减少编制裁减冗员，实行精兵。然后再按照德国方式训练出一支新的少而精的中央军部队。在他的倡议下，蒋介石批准成立了一支由德国顾问直接训练的教导队（包括一个步兵队、一个重兵器队、一个乘马步兵队、一个炮兵队、一个工兵队和一个通信队，另外还有军官研究班和译述训练班）[54]，作为新式整军的榜样。另外又在全国各高校德语专业毕业生中征召了一批青年学员进行"深造"，由德国顾问向他们直接传授现代军事知识，中央军校由广州迁往南京后，也新设了炮兵、装甲兵、通讯兵等专业学校，配备了各类德国教官。

鲍尔还认为，一国的军事强盛，有赖于建立一个完整的军火工业、交通、电讯、邮政乃至市政、卫生体系设施，这是一个全盘性的工作。他说："名实相符的政府建立于强大的军事力量之上"，譬如"国际联盟"为什么说话没有权威，就是因为其没有武力作后盾，"而欲兴建一支现代化的军队，首先必须具有工业基础。中国若无重工业和化学工业，则不可能建立武装工业……甚至连一公斤发射爆炸之原料亦无法制造"，"在此情况下如何能重整一支军队"？"纵然今天有一支现代化军队而缺乏铁路与公路，又如何能调动这支军队"？"因此中国必须从经济建设开始，无论愿意与否必须从远处着眼，近处着手"！[55]

为了使德国大财团在发展中国经济中插上一手，鲍尔曾多次与在华的德国工业公司代表们会谈，会见著名的法本化学公司、史蒂克斯道夫辛迪加等大企业的代表。他甚至为了坚定他们对华投资的信心，隐瞒战争真相，说南京政府"这里的一切都在向前发展"[56]。1929年3月，他还直接安排了德国工业联合会主席、法本化学公司总裁卡尔·杜依斯贝格（Carl Duisberg）访问中国，并与蒋介石进行了会谈，杜氏表示德国工业界乐于与中国打交道，并与蒋讨论了德国参与中国工业化的方式[57]。鲍尔则向蒋介石表示他有能力鼓动吸引更多的德国专家来华，参加中国经济的重建工作。他相信中国"具有巨大的发展潜力"，南京政府的前途是大有可为的。为此他又为蒋拟草了《中国铁路网之发展》及《海港之兴建》两份文件,蒋介石看罢真可谓心花怒放[58]。

1929年1月,鲍尔又向中方提出了一份筹建钢铁厂的建议,这是他关于中国发展重工业与交通业计划中的一个重要方面,目的是要为中国军械及铁路制造提供钢材。为此鲍尔主张德国工业界大力对华投资,并将对华贸易权收归德国政府统一办理[59]。他的这一建议触犯了许多德国大公司的利益,甚至包括从中德贸易中捞了不少"好处"的中国驻德公使馆及其商贸处。当然,同时也有一些工业财团支持鲍尔的计划。例如德国"全德工业联合会"主席杜依斯贝格就与鲍尔关系密切,支持他的计划。他告诉鲍尔,"全德工业联合会"已决定派一个工业考察团前往中国[60]。

蒋介石对于鲍尔的整军建议非常赞同,1929年1月国民革命军编遣委员会成立之后,他便让鲍尔参加了委员会的工作,负责参与拟定编遣办法草案。这项工作是北伐战争胜利后南京政府所面临的一项最棘手的工作,当时全国军队约有260余万人,分属蒋介石、阎锡山、李宗仁等各派系,各方面都想在编遣工作中保存自己削弱对手,彼此就编遣指标互不相让,矛盾重重。

鲍尔在蒋介石的授意下,起草了《军队编遣方案》,初步拟定编造军队最后目标是压缩全军为65个师、骑兵8个旅、炮兵16个团、工兵8个团,总计人数为80万,使全国军费总数降为政府财政总收入的80%,全部指挥权归属南京中央政府[61]。按照德国军队"分级式体系"方式,裁减下来的军队编为"民兵",而留编的"精兵"则组成"中央军"[62]。

阎、冯、李等诸派对于这项损己利蒋的方案当然不能赞同,斗争结果,迫使鲍尔的方案归于流产。其后鲍尔又打算通过改组中国军事体系来加强蒋介石中央的控制功能,而各地方实力派则公然准备以武力反抗蒋氏的吞并。

1929年3月27日,蒋桂战争爆发,李宗仁、白崇禧率部反蒋,身为蒋氏总顾问的鲍尔亲赴武汉,参与军机,指挥蒋军反击桂系,4月间在战场前线恶劣环境下,鲍尔原本虚弱的身体又不幸染上天花,病倒军中。南京政府急忙将其送往上海抢救,终因医治无效,于1929年5月6日在上海病死[63]。

当时据美国人的情报,有传闻说鲍尔之死是因为他与蒋介石关系太密切，且助蒋消灭军阀，因此招致地方实力派的仇视。他在华中某晚出席当地要人宴请时，曾使用了被人有意污染的热毛巾而得病，终告不治。这种谣传，虽然无法证实，但其中也有几分可信的理由[64]。

鲍尔在临终前，自知康复无望，曾口授遗嘱，由航空顾问佛克斯中校笔录。在遗嘱中，鲍尔对蒋介石对德国顾问的爱护关心表示感谢，他希望中国继续与德国顾问团合作，建立一支强大的空军。他推荐克里拜尔（Kriebell）接替他的总顾问职务，并请求蒋介石照顾他的家属。蒋介石全部答应了鲍尔的要求，并把鲍尔之子恩斯特·鲍尔（Ernst Bauer，时任中国驻柏林公使馆联络官）招来委为随身顾问，待之如义子，直到1938年德国顾问团回国为止。

鲍尔在临上前线之前，曾于2月26日致德国外交部陶德曼司长一封长函，叙述了自己来华服务的原因，反驳德国国内舆论及官方对他本人与顾问团工作的误解和谣传。这封信成为鲍尔留在德国外交档案中的一份重要文件。

鲍尔在信中指出，对于他及顾问团工作的非议是出自日本、英国仇德势力的挑拨，因为日英财团害怕德国人在华活动会抵消他们的在华影响，减少他们的在华经济收入，因此鲍尔要德国政府多多谅解、支持、信任他们的在华活动，不要听从片面议论，给他们施加压力。他说："我们德国专家在华是为中德两国双方利益艰苦奋斗，我们不像美国人有资本和政治力量作后盾，我们是孤军奋斗。"

鲍尔接着介绍了顾问团在中国的工作情形，他肯定中国方面给予的全力合作，并主张德国财团对华贷款，帮助中国编遣军队与"恢复和平"，他肯定蒋氏南京政权是有前途的，各路反蒋军阀将被击败。他否认顾问团在华帮助中国组织陆军总司令部实行扩军，他要求德国政府不为他人所左右，支持他完成这项"吃力不讨好"的使命。

鲍尔最后阐明，他本来是可以远避这一切纠纷，从事科学研究工作的，但是他敬佩蒋总司令及许多的中国友人，所以他愿在并无合同保障的情况下继续为中国政府工作，他希望陶德曼及德国政府支持他的工作。

在鲍尔来华工作期间，德国国内对他及顾问团的工作开展了激烈的辩论。

德国军方为了给退伍军官找出路，使他们不至于闹事，非常支持鲍尔把他们带去中国工作，德国财团、工业企业特别是军火工业巨头也很热衷于对华合作，支持鲍尔在中国为他们扩大市场、提供原料。

第一次世界大战结束时，德国几乎全部失去了中国市场，战后虽得以迅速恢复，"1925年对华贸易总值已超过战前；1927年超过1913年（战前最高期）的40%"[65]。但德国工商界人士仍不满足，希望鲍尔来华能进一步扩大德中贸易，其中如容克飞机制造厂等企业还特别授予鲍尔在华独家代理权，借以推广在华业务，而鲍尔在作军事顾问的同时也十分热衷于帮助各大企业财团建立与中方的关系，并取得了较好的成效。然而此时德国政府却在英法各国压力之下，不敢公开支持鲍尔在华的行动。德外交部及驻华公使馆，害怕引火烧身，尤其反对鲍尔兴师动众地在德招聘人员组建赴华顾问团。德国外交部曾在复鲍尔函中这样写道："台端在华对经济发展之活动，吾人深表同情，然对训练中国军警之事，使吾人百思莫解，头疼万分……"[66]但政府最高当局在左右为难之中，对鲍尔的活动采取了睁一只眼闭一只眼的方法，表面上反对，实际上不采取任何的阻止办法，而鲍尔也灵活地对外声称他是"工业顾问"，而且来华之举与德官方及任何政府部门、企业均无关系，其动机纯出于发展德中友谊与改良技术之实际应用。在这种默契合作下，第一任德国顾问团的在华活动才得以继续展开。

尽管如此，鲍尔的来华在德国国会中仍然引发了激烈争吵，社会党人对此大加抨击。一部分议员认为，目前德国外交压力很大，而且正在为减少战争赔款与英法等国交涉，此时德国军事代表团出现在中国，将引发矛盾，削减西方对德信任，于德国不利。而政府当局却一再声明鲍尔的活动是他个人的行为，与政府无关[67]。实际上，鲍尔的一切活动都是事前征询了有关官员意见的，至少是通报了政府有关部门的。他甚至还聘用了一些政府在职官员加入赴华顾问团，在这些官员首肯来华后，由中国使馆出面聘请，而德国政府则相应给予他们两年假期，配合放行，并同意来华期满后，这些人可以返德继续出任公职。

正因如此，在鲍尔与政府的双簧面前，反对派意见总不能占上风，而鲍尔则得以比较顺利地完成了他的来华使命。

蒋介石对鲍尔的病逝十分悲痛惋惜。"表示从此会使他感到很孤独"[68]。鲍尔来华时间虽然不长，但他组建了德国顾问团，创建了顾问团工作模式，制定了工作方向，为未来十年的中德合作奠定了一个方面的基础，为恢复发展中德关系作出了贡献。他还提出了一系列重要的建议，深为蒋介石所器重，成为蒋"特别重视和敬重的名将之一"，最后竟然病死在中国。

鲍尔由此成为近代中德关系史上的重要人物之一。

过渡型的总顾问克里拜尔

鲍尔死后，蒋介石按照他在遗嘱中的要求，决定由克里拜尔陆军中校代理顾问团长职务，此时顾问团已扩编为27人，具有了一定的规模。

赫尔曼·克里拜尔（Hermann Kriebell）是一位资历较深的德国军官，同时又是一个老纳粹党员。他早年曾随八国联军来过中国，对这个古老的东方国家十分着迷。战后，他曾与后来德国的大独裁者希特勒共同发动反对德国共和政府的活动，并一同被捕下狱。希特勒在狱中写作《我的奋斗》一书时，融入了不少来自克里拜尔的见解，由此可见两人关系之密切。出狱之后，克氏因在德国国内进行纳粹活动备受打击，就与克鲁马赫上尉（Krummacher）等纳粹军官一起参加了鲍尔的赴华顾问团。1929年春季，带着避难与宣扬纳粹政治主张的双重任务来到中国。他与鲍尔曾同为鲁登道夫的助手，关系不错，以至于鲍尔临终前推荐他接替团长职务。克氏后来在对希特勒本人介绍中国情况方面发挥过重要作用，并担任纳粹德国驻上海总领事一职。然而，他却不是一位出色的顾问团团长。

鲍尔在世时，因为所有的来华顾问都是经他一手介绍推荐给中方的，故而不论文官武将，顾问团成员对鲍都怀有感激之情，愿意接受其领导。而这些顾问们对克里拜尔中校却没有这份恭敬，特别是那些经济顾问们，他们不是军人，没有服从的习惯，且大多恃才傲物，认为在克氏领导下，顾问团的工作以军事为主，经济顾问成为"花瓶"与"挡箭牌"，很不服气。他们公开说自己来华是为中国政府服务的，而不是为顾问团长服务的，不能听凭他指东道西[69]。

平心而论，克里拜尔在其大约一年的代理团长期内，工作还是十分努力的，在他接任鲍尔遗职之际，蒋桂战争尚未结束，桂军虽受打击，但随时可能卷土重来。

克里拜尔一上任就带着随从赶往武汉前线，参加指挥布防，不久又转向河南对冯玉祥的国民军作战，他与蒋介石同乘一辆装甲车抵达前线，指挥攻占郑州之役。克复之后，克里拜尔视察郑州，并发表感想说："此次视察旅行，对于未来工作之信心与顾问团之地位均大有裨益。"[70]

其后，克里拜尔又负责了京浦路一线的防御工作，他向德国领事馆报告说：顾问团人员短期内将增至49名。

当华南形势再度紧张之时，克里拜尔又赶赴武汉协助指挥反击桂军，蒋军终于于1929年底大败桂军，平定了华南。

克里拜尔风尘仆仆为蒋介石消灭军阀作战而奔忙，协助起草作战计划及作战指挥，被国民政府誉称为"功不可没"[71]，按常规，蒋介石应论功行赏，正式任命他为顾问团长，但蒋氏并没有这样做，其原因仍在于来自内外两方面的压力。蒋介石认为，凭借克里拜尔的资历声望并不能有效地抵抗这些压力。另外，他对克里拜尔领导下顾问团内部出现的一些矛盾未能得到妥善地处理也感到失望。

在这一时期，德国顾问团在华活动的外部条件日益恶化。

1929年底，身为国民党巨头之一的汪精卫，因为德国顾问公开助蒋讨伐以他为政治领袖的反蒋派武装，曾发表过一个宣言，指责德国政府派员卷入中国内战，德国方面连忙发表声明，否认德官方与顾问团的工作有任何联系，并说顾问团中有许多反对德国共和政府之人，更证明他们的活动与德政府无关。但汪精卫作为一个中国政治家公然证明德国顾问卷入中国内战，这就不能不引起西方列强的严重关注[72]。

由于德国顾问团很明显地参与了中国的内战军事活动，并且有效地推进了中德经济合作事业，他们的工作成果，引起了英法等国外交官的妒视。英法政府对于德国的这种公然违约举动不能再沉默，便在正面交涉不成之余（因为德国政府一直公开否认支持顾问团在华活动），施展了一些挑拨离间之术，通过报刊舆论，对德国顾问团大加抨击。一家法国报纸Home Libre就此发表评论说："鲍尔已率领一群军事与技术人员来华……非仅置中国军事组织与制度于德国影响之下，且使其工业发展亦循德国之指导，因此吾人似可察觉，一项中德阴谋正在酿成之中，其危险性当予在华有利益之国家所可思考。"[73]而英国舆论则更是不惜造谣惑众，指责德国顾问在中国"为虎作伥，粗鲁无礼，狂妄傲慢"等等[74]，并有意加深个别顾问对克里拜尔的不满情绪，说顾问团卷入中国内战，扶蒋消灭异己，完全违反了德国的外交政策。

美国政府对此态度也与英法相同。美国人在蒋介石二期"北伐"尚未完成之际就率先承认南京政府，为的就是要蒋氏"投桃报李"，给美国更多的政治经济利益，而德国顾问的"抢先直入"已足使美国人"神经趋于紧张"[75]。

德国驻华公使馆本来对顾问团就没有什么好印象，经过外间的挑拨，更对克里拜尔不满。

1929年11月8日，在杭州出版的英国人办的《华中邮报》刊载了一篇名为《德国军官》的文章，对德国顾问团在华活动进行了歪曲报导。更有甚者，外电还有传闻说克里拜尔在中国发展了纳粹组织，准备日后进行反对德国共和政府的活动，并举例说国社党的国会议员戈林（Göering）就曾要求中国驻德使馆聘请其党羽来华"为蒋总司令服务"，藉以保护并培植"纳粹组织的幼苗"。这更使得德国外交部大为恼火。克里拜尔害怕这些报道传回国内，给德国政府和民众中不明真相的人造成更大误解，连忙于13日上书驻华公使卜尔熙（Borch），[76]对有关事实进行辩解。

克里拜尔在信中说："本人不愿使这篇文字未经本人证实其真实性之前呈报德国政府，再则，本人深悉德国驻华机关所持既定立场，反对德国顾问在华之任务……因此促使本人自动专函奉达如下：吾人乃受聘于中华民国合法政府。中国国民政府可依照聘约规定交付吾人应执行之任务，然此任务不仅限于军事。如若钧座之参事费雪尔博士获准进行调查本人或鲍尔生前在华工作之情况，定可从中国政府转达之论文和建议中获得权威性之信息。"

接着，克里拜尔逐条反驳了外间关于顾问团活动的谣言，他指出英国人对于顾问团行为之指责完全是"欲加之罪，何患无辞"，他说："英国人担忧的并不是我们的生活，而是我们在中国逐日增高的影响力。"克里拜尔说明"德国顾问中可能有一两位受英国人摆布而故意捏造德国顾问不满在华现状之谣言，如南京的王恩翰男爵少校及汉口的毛伦霍夫（Moellenhof）即是受害者"。在这封信中，克里拜尔最后表示："本人以继承人身份愿追随已故鲍尔博士的遗志，继续完成其工作，除协助参与中国之建设和促进中德政经友好关系外，实无他求。"[77]克里拜尔的申辩并没能改变德国驻华公使的态度。1929年11月28日，卜尔熙正式致函德国外交部，报告说德国在华顾问"对本身工作岗位不满，失望之声浪增高"。他在报告中写道：虽然德国顾问团在华深居简出并不了解国内情况，甚至连德国报纸也很难看到，不会有反对政府的越轨行为。但是"本人根据各方面报告，获悉南京政府所谓德国顾问有与日俱增之不满现象，尤其非军官身份之顾问中有人埋怨他们未能发挥其专长，完全与实际行政相隔离，仅能以书面报告表达彼等之建议计划而在实施上毫无影响力……第一不满理由是隶属于他人之下的感觉，尤其非军人身份的顾问不乐意遵守陆军中校克利伯尔之领导，因其声望远不及鲍尔上校，他们对克利伯尔没有如同对鲍尔一样心怀感激之忱……"，"总之，根据年来经验，可以说鲍尔及顾问团为促进中德工业关系之理想并未实现，而实际上德国顾问必须纯粹为中国服务"[78]。

德国外交部主管中国事务的司长陶德曼，根据德国驻华使馆的一连串报告及鲍尔和克里拜尔前后直接或间接之书笺，于1930年3月5日向德国外交部长呈上一份综合性备忘录，"不仅反对德国军官在华之活动，而且对南京中央政府态度极不友善"。陶德曼的观点集中表现为：（一）由于其他列强的仇视，德国顾问团在华活动必将"加重吾人对这些国家外交关系之困难和负担，并引起外国……对吾人之攻击"。（二）"中国尚无稳定之中央政府……吾人之政治方针乃维持对所有军阀势力之友好关系"，德国军官"站在蒋总司令一边，积极参与中国内战之纠纷"使"吾人对中国军阀势力之关系步步维艰，掀高军阀将领对德国群起攻之而大肆报复之浪潮"。（三）顾问团使华引起德国国内对于此问题之抨击争吵，加剧了国内形势之不稳定，使顾问团活动"所获之政治与经济利益，若同上述弊端与危机相比较的确得不偿失，不可同日而语"[79]。

总体而言，此时德国政府对顾问团的活动仍持着不赞成的态度。

然而，比外间非议更要命的是，此期顾问团内部也出现了一些矛盾，除了上述文职顾问对克里拜尔的不满意之外，还发生了一些顾问与中方间的矛盾，例如来自德国汉堡的警察顾问特希（Techel）因在警务职责上"毫无工作表现"，并拒绝与来华美国技术人员合作而被中国政府解聘，克里拜尔准备将其调往陆军第二十二军中再任顾问，但特希不愿前往，并发表声明说他"身为德国现役警官随二十二军参加讨伐冯玉祥之战，违反了《凡尔赛合约》"。一言既出，引起轩然大波，致使中国政府不得不中止与他的合作，将其送回德国[80]，成为顾问团来华后的一桩不愉快事件。克里拜尔在处理特希事件时采取"超然"态度，没有及时进行疏导工作，使中方对其很不满意。甚至后来在特希返国的旅费发放问题上，还造成了中德双方外交当局的争论，一度影响了中德关系。不久之后，又有一名德国顾问因破坏中国从美国进口的军械而遭中方逮捕，麻烦接踵而至。聪明的法国人乘虚而入，通过外交渠道再次向蒋介石建议，由法国政府派出现役军官，组成军事顾问团来华取代德国顾问团，并重申法国政府愿以优厚的条件自行负责法国顾问团的一切开支费用及团员薪俸，以此吸引中方，但却再次遭到蒋介石的断然拒绝[81]。

1930年4月，美国纽约著名记者亚奔德（H.Abend）发表了一篇有关德国顾问在华活动的专题报导，名为《德国军国主义在中国问题》（German Militarism：A Problem in China），在这篇报道中，亚奔德指责德国人欲将军国主义思想移植到中国，这是德国在一次大战失败后不甘心服的表示，最好的证据就是鲁登道夫的助手鲍尔、克里拜尔等人一个又一个地来华活动，其结果已经造成了军国主义倾向在中国的抬头。亚奔德甚至公布了德国对华供应军火的数目、类型及到达中国地点、时间。这篇报导使国民政府非常难堪，蒋介石一怒之下，下令将亚奔德驱逐出境。美国使馆就此向南京交涉，指责中国政府干涉新闻自由，中方则执意不加理会[82]。

尽管蒋介石一心要维护与德国顾问团的友好关系，但事态的发展并不以他的意志为转移。

由于东西方文化思想传统之差异，德国顾问在辅助国民政府军讨伐内乱的作战指挥战略战术方面，不时会与中方将领产生矛盾。例如，蒋介石对于桂、冯、阎各派武装，一向是以谈谈打打，武力讨伐与金钱收买并重的，他并不指望一举将其歼灭，而希望在武力威慑之后加以收买，使之对自己更有用。但德国顾问却不这么认为，他们从纯军事角度出发，以日耳曼人的固执与决胜精神，要求蒋军毫不留情地追击、歼灭反蒋武装，故而在作战方略上时时发生冲突争论。也正是因为德国人与生俱来的认真求实精神，他们根据中国军队的实际需要，提议中方购买了许多非德产的军械军火，如法国、捷克等国的武器产品，以求适用于中国的实际，这就又"使德国军火巨子甚感愤怒，认为顾问未能维护德方之利益，且与我政府关系逐渐恶化"[83]。

此外，还因为德方一视同仁地向南京政府及广东、华北地方实力派出售武器，招来了蒋系、非蒋系多方的不满。德国外交部一气之下于1930年4月25日下令要求所有的德商全部停止对华"合法"的武器交易[84]。

蒋介石面对这重重矛盾，不免对克里拜尔的工作表示失望。

正在这时，紧接着又发生了一件事情。广东地方当局擅自向德国西姆逊

（Siemssen）公司订购了三架容克斯战斗机，准备交由雷克梅（Richmer）航运公司运往广东，条约已签，货款已付，但此事被南京政府侦知，正式向德方提出了抗议，并要求将这三架飞机改运上海，没收归中央。德方对此十分为难。广东方面则严厉警告德方，如果不履约将飞机运往广东，则立即停止一切对德贸易并驱逐全部在粤的德侨[85]。

广东方面为此掀起的反德浪潮自然不能公开说明其内幕，又只能藉反对德国顾问的名义，对飞机事件反而只字不提。这样，顾问问题就越发严重了。

蒋介石决心着手解决这一问题。

1930年元旦，蒋介石请全体德国顾问聚会，并举行电影招待会。放映结束后，蒋介石发表讲话说："中国政府为了进行各种必要之改革，不惜以大量金钱聘用德国顾问。但在过去一年来，若干顾问未曾给予中国政府任何具体之建议，且有对于所呈之问题无法作肯定之答复。现十八年已过，十九年即将开始，余谨希望顾问先生不要再辜负自己所负之责任。"[86]蒋氏对于外国人讲话一向谨慎，他如此坦率地批评顾问团，自然表示了他对克里拜尔的不满情绪。

此后不久，外间有风声传出，说蒋介石有意聘请资历、官阶皆高的德国顾问来华替换克里拜尔。

蒋介石确实认为：随着德国顾问团在华工作的深入，其地位与重要性当进一步加剧，克里拜尔以一个陆军中校资格，恐难负统领之责，于是他决定"换马"，指示朱家骅另行寻聘高一级的德国将领来华统率顾问团。

中德工贸合作之开始

军事顾问团在南京立稳脚跟，为德国势力在中国国防工业领域内的渗透，创造了重要条件。前已述及，马克斯·鲍尔前往中国的最初使命，是替广东当局在北伐军的大后方筹划兵工制造企业，质言之，他肩负着促进两国军事工业合作的使命。为了更好地完成这一使命，出发前，鲍尔用了很长时间与德国和瑞士的几家公司广泛接触，并力图成为容克飞机制造公司的中国独家代理人。在取得蒋介石的信任，成为蒋"唯一的欧洲朋友"以后，鲍尔取得了"经济顾问"的官方头衔，并为蒋氏拟具了与经济发展规划、重工业化、航空运输、财政改革、采矿业有关的一系列建议，这些建议均受到了蒋氏的青睐。1928年初，鲍尔随陈仪率中国代表团访德，与德国军政各界广泛接触，力图促成德国大公司、大企业来华投资，协助中国发展军工业。结果，代表团在柏林签订了一批数目相当大的意向性贸易合同，这些合同均集中在"武器和军需品方面"[87]，取得了丰硕成果，再加上鲍尔所提议的"中德贸易商专处"的成立，可谓为中德军工合作开了个好头。

1928年底至1929年初，鲍尔由德国返回中国后，又为蒋介石起草了若干份发展中国军工业、重工业的备忘录，"他全部工作的焦点是通过创建现代化的军事工业来协调整个经济的发展"。鲍尔把中国军事工业的创建寄希望于中国官方与德国工业界的直接合作，并曾代表中国直接参与了实业部与德国喜望冶金集团合办中央钢铁厂的有关谈判，扮演着"媒婆"的角色。

鲍尔死后，代理总顾问克里拜尔"萧规曹随"，德国顾问团继续发挥着促进中德军工合作的桥梁作用。1930年，佛采尔接任总顾问之职。佛氏是一位古板教条的职业军人，他的顾问团主要是侧重于军事活动。但是，戎马倥偬之余，他仍没有忘记把德国工业资本介绍给中国政府。1932年，佛氏为蒋介石拟具了一份洋洒万言的备忘录，提议中德双方合办一座大型炼钢厂，为中国军备工业提供原料，并将奥托·俄普夫公司介绍给中国铁道部及实业部。此外，佛氏还在自己的职权范围内，将德国卜福尔厂所生产的15公分轻榴弹炮及7.5公分高射炮引进中国，用以替代中国炮兵一贯使用的英国火炮。

真正使中德双方在军事工业领域里的全面合作得以实施的是佛采尔的后继者塞克特和法肯豪森。塞克特的"密友"汉斯·克兰（Hans Klein）则是以中国农矿原料和德国工业品互相交换为核心的中德易货贸易的导演者，通过中德易货贸易为中国带来的德国军事工业设备在战前南京国民政府的军工建设中发挥了巨大作用。

塞克特与克兰不仅导演了中德易货贸易，为中国带来了德国机械设备，还与战前南京政府重工业建设的负责人翁文灏、军工建设的设计者俞大维等保持着紧密的联系，为中国军事工业发展的总体规划提供建议和咨询。

1933年4月底5月初，塞克特利用与蒋介石在牯岭会谈之机，多次向蒋氏强调完备的军事工业体系对于一个国家的重要性，要求蒋氏未雨绸缪，并声称中国的军工建设将得到德国的友好帮助。蒋介石对塞氏的建议非常重视，并于是年底委托塞为中国军工建设拟具一份具体的规划。翌年2月28日，塞克特向蒋介石呈送《中国军备工业之建设计划》提纲，勾勒出他对中国军事工业建设的初步构想。鉴于计划中的中国军备工业必须通过中德合作方能完成，塞克特向蒋介石表示，该"提纲"只有等到塞氏返国后方能扩充为详细计划，因为它必须得到德国国防部、经济部的审核批准。次月，塞氏返国。1936年初，顾振率代表中国代表团赴德，经过激烈的讨价还价，代表团与德方就中国军备工业建设达成若干协议，签下了若干份订单。代表团返国后，塞克特和克兰根据中德双方洽商的结果，将前述"提纲"扩展为内容更加充实的《中国军备工业之建设计划》。同年6月，该计划经由先期来华、为莱谢劳将军访华做准备的克兰呈送蒋介石。

那么，这份涉及中国国防建设及中德工业、商业贸易合作的宏大计划的内容究竟是些什么呢？让我们来详细考察一下。

在建军战略指导思想方面，塞克特主张中国建军应该"少而精"。1934年牯岭会谈期间，塞氏曾向蒋介石表示，目前中国军队的症结在滥与劣，依照他在德国的经验，在和平时期，一支训练有素的、数量为10万人的常备军已足以应付中国国防，即使在战时，中国军队的总数亦没有必要突破30万人。在《中国军备工业之建设计划》中，塞氏仍然坚持这一观点，他所设计的中国军备工业即是以这支理想中的"少而精"的30万陆军为供给对象的。他称：

"军备工业建设之范围，全以作战部队所需要于械弹补充程度为规定。

此项作战主力军预想由下列各项构成：

平时常备军10万人左右；

编制：3个军，每军2师，共计6师；

外加各种直属部队，以为战时动员编成军及集团军扩编直属部队之基干。

战时陆军，应有平时之3倍；

编制：18个师；9个军、军部连同军直属部队；3个集团军部连同集团军及陆军总军直属部队。"[88]

塞克特认为，中国军备工业，就需要为这支30万人的部队提供军火。经过周密计算，他为这样一支部队每月的军火消耗量开具了一份清单：

"动员军之每月补充量

甲、弹药

步兵弹药140,000,000发；二公分高射炮弹572,400发；二公分高射炮弹（工厂防御用）345,620发；三公分高射炮弹（工厂防御用）259,200发；三七战车炮弹968,200发；步兵榴弹炮弹262,000发；一〇五公分榴弹炮弹615,600发；十公分加农炮弹80,280发；一五公分重榴弹炮弹164,160发；八八公分高射炮弹90,400发。

乙、兵器及器材

步枪27,000支；轻机关枪775挺；重机关枪230挺；二公分高射炮32门；二公分高射炮（工厂防御用）30门；步兵榴弹炮44门；三七公分战车炮147门；三七公分高射炮17门；三七公分高射炮（工厂防御用）7门；一〇五公分榴弹炮68门；一五公分重榴弹炮29门；八八公分高射炮10门；防毒面具30,000具。"[89]

为了完成上述军械的生产，塞克特认为，中国应设立以下各种工厂：

（1）步兵弹药厂。在不同的地点兴建，共设9厂，每厂每季度生产量为47,000,000发步枪子弹。

（2）炮弹厂。共设二厂，一厂专造三七公分炮弹，一厂制造三七公分以外之各口径炮弹。

（3） 弹药筒制造厂。选择不同地点，共建6厂，每厂生产量约为380,000只。

（4） 信管制造厂。选择不同地点，共建6厂。

（5） 步枪厂。共建2厂。

（6） 机关枪厂。共建2厂。

（7） 炮厂。共建2厂，每厂每月生产量约120门。

（8） 火药厂。以生产无烟火药、硝化甘油及硝化棉花为对象，分设9厂。

（9） 爆炸品厂。分设6厂，每厂每月生产TNT及披克林酸约700余吨。

（10） 雷管及底大厂。分设2厂。

（11） 防毒面具厂。设1厂，每月生产量30,000具，兼制活性炭。

（12） 黄铜厂。分设3厂，每厂每月约产铜3,600吨。

（13） 炼钢厂、化铁炉、炼焦厂等。这是一个颇具规模的钢铁联合体，专门为中国军备工业提供军事用途的钢铁生产。塞氏估计，这个钢铁联合体必须具备月炼钢40,000吨，产铁30,000吨，炼焦50,000吨的生产能力，方能符合要求。

（14） 火砖厂、机器厂及汽车厂各若干座，为中国军备工业建设提供配套设备。

在对上述各厂的名称、规模及产量等逐一罗列后，塞克特强调称，所有各厂是一个体系完备的有机整体，缺一不可，他要求中国在9年之内完成全部建设，并将9年分为三个阶段（军备期）。塞氏称：

"为战时陆军所需要之军备工业，为求与国家经济协调，概分为三个军备期，每期三年实施之。每一期内所建设之工厂，适合战时陆军三分之一之需要。

依上述军备工业之程序如下：

第一军备期：建设第一批足以适应战时陆军全额第一期三分之一作战需要之各种工厂。

第二军备期：第二批工厂之建设与第一军备期相仿，或于同第二批工厂，应适应战时陆军第二三分之一之作战需要。

第三军备期：第三批工厂之建设，应适合战时陆军三分之一之作战需要。

第三军备期终了之日，所建立军备工业（连同主要之基础工厂及补助品工厂在内），足供战时陆军按平时常备军10万人编制3倍人数作战之需要。"[90]

在9年内建成一个足供30万人作战部队敷用的军火补给系统，这就是塞克特为南京当局绘制的军备工业建设蓝图。值得指出的是，这个蓝图是以一战以后德国重建国防军为范本来绘制的。

众所周知，德国战败后，协约国为了限制德国军事膨胀，曾在"对德和约"中规定德国军队不得突破10万人。因此，纳粹上台前及上台初期，德国有限的军备建设均是以10万陆军的规模为参照标准的。塞克特在为蒋介石设计中国军备工业基本框架时，竟亦将中国军队限制在为协约国苛求下的德国常备军的规模上，未免过于生吞活剥。毕竟，地域辽阔，内乱不靖，外患方殷的中国，即使是"少而精"的部队，30万人的规模何能"安内攘外"？因此，从这个角度来讲，塞氏方案对南京国民政府的实际参考作用很值怀疑，充其量，它不过是一份来自德方的一份参考资料而已。

抛却塞克特的建议不谈，与后来中德工商经济合作发生直接关联的却是中国人自己拟定的发展国防工业计划。为了彻底弄清中德经贸合作的背景，在这里，我们有必要对中方的这项设计有一个大概的了解。

南京国民政府自身制定国防工业发展规划始于1932年底，同年11月29日成立的国防设计委员会是筹划该项规划的执行机构。

国防设计委员会的名称对它的职掌作了很好的诠释——负责设计国防发展规划。形成于1935年的一份"绝密"文件《国防设计委员会工作概况》显示，国防设计委员会筹划国防计划是以不久即要爆发中日全面战争为假想前提的，具有很强的针对性。该文件称：

"1931年秋后，由于远东军事平衡体系逐渐遭受破坏，在全国范围内普遍采取巩固国防的措施已很有必要。因此，1932年11月29日参谋本部奉令设立国防设计委员会。依照条例规定，这个机构主要负有以下职责：（1）在政府处理由于外敌入侵可能发生的所有重要问题方面，事先提出切实可行的方案；（2）为招募和重组国防军，刺激更高的生产建设能力，以达巩固国防的最终目的而制订计划；（3）对于短期的国防计划工作提出建议。"[91]

显然，"九一八"、"一二八"事变接连发生，民族生存危机日趋严重，是促使国民党最高当局痛下决心设置专门机构筹划国防建设的主要原因。

国防设计委员会由蒋介石本人兼任委员长，聘请36～48名委员组成。为了协助委员长处理委员会的日常事务，委员长之下设置一个由"一名秘书长、一名副秘书长、五名秘书、一个调查局、一个统计局以及一些技术专家、助手"组成的精干的秘书处，由秘书长代理委员长履行职权。

有资格成为委员的必须是当时各个领域出类拔萃的学界精英，或工商界名流。渊博的学识和丰富的实践经验使他们有能力肩负事关民族盛衰的筹划国防建设计划的使命。最初进入国防设计委员会的有：地质学家翁文灏，任秘书长；丁文江与蒋介石的亲信、原教育部次长钱昌照担任副秘书长；经济学家孙恭度、军事工业专家洪中、庄权、王守竞及实业家顾振、刘鸿生等为委员。他们虽都有一纸聘书，有正常的任免手续，但更多的却是在"私交"、"个人情谊"基础上与蒋介石、翁文灏开始合作的。

国防设计委员会独特的组织形式和工作方式表明它实质上是一个以国家机构面目出现的蒋介石私人"智囊团"组织。这个委员会的"智囊团"特性曾被生动地描述为："专家和学者现在在一个屋顶下聚集了起来，在蒋主席（介石）亲自领导和指引下开展工作。"[92]

制定国防工业发展战略是国防设计委员会最重要的工作，负责这项工作的实际领导人是该委员会秘书长翁文灏。毫无疑问，翁氏有关国防工业的种种设想及指导思想对这项工作的开展影响甚大。

翁文灏认为，完备的国防工业是强大的国防力量的后盾，加强国防建设的根本途径在于发展国防重工业，中国要想在未来的对日战争中立于不败之地，必须趁着战争尚未来临之际加速国防工业建设。

怎样发展国防工业？翁文灏提出了两点原则：

一是国营原则：翁文灏和钱昌照既不主张所有重工业都由国家包办，亦不赞成政府将所有重工业均开放民营，不闻不问。他说"有人认为重工业应该完全由国家经营，这种主张未免太偏，因为政府力量有限，要是私人有力量，为什么不让他们办呢？同时，亦颇有人认为重工业由国家经营是办不好的，应该完全由私人经营，或是由国家出钱交给私人经营，这种主张除另有作用外，并无充分的理由"[93]。但是，对于与国家前途密切相关、关系民族生存死亡的国防重工业，翁文灏则认为必须由政府实施统制，并收归国营。这些行业主要包括5种类型：（1）为国防上所必需或经济上有统筹之必要的事业，如兵工原料等；（2）为国防上所必需应该由国家特别经营的事业，如兵工厂等；（3）特种产品——如钨、锑等，在国际上近乎独占，可以左右国际市场的事业；（4）规模宏大、需要特殊设备与多数人才、私人没有力量办，或虽有力量办但因经济上没有把握而不愿意办的事业，如国防上必需之精密仪器等[94]。

二是计划原则：翁文灏认为，国防工业是一个有机的整体，发展国防工业必须统筹规划，制定可以驾驭全局的国防工业发展战略，"一个综合的、经过很好协调的计划是不可缺少的"。1932年12月14日，翁氏在写给他的搭档钱昌照的信中，第一次提出了他对于制定国防工业发展规划的设想，"所谓计划的建设及国有事业之唯一意义，厥在有一个整个计划，预定用若干款，分若干期，为若干事业，平衡进行，彼此皆有产销供求及运输连带之关系，庶能互相为用……如此计划，现尚无人试做……本会现方搜集各种材料，倘能于一二年内将有关国防之经济建设拟出一种轮廓，亦可为一重要工作矣"[95]。

翁文灏对制定国防重工业发展规划的难度有清醒的认识。他说，这是一件细致而艰苦的工作，"必须融合许多事实的知识和经验，为事原非易事也"。翁氏认为，完备缜密、切实可行的国防工业发展规划来源于确实可靠的调查研究，缺乏调查研究的任何所谓"发展规划"都不过是"徒壮门面之空言而已"[96]。为了证明耐心而细致的调查研究工作的重要性，翁文灏曾举例说："据说，在古时候要去治愈一个7年的病，一个人就要花3年的时间去制药。现在我们也可以说，一个5年的振兴计划需要5年的时间去作深长考虑，去调查和研究。"[97]

翁文灏重视调查研究的工作作风在国防设计委员会的实际工作中得到了贯彻。1933年至1935年初，该委员会的中心工作即系围绕"收集全面的、细节的、专门的、新近的"国情资料而展开。翁氏谆谆告诫委员，"最重要的是知道哪儿生产剩余和哪儿存在供应不足"。为了便于调查工作的顺利进行，在翁文灏的请求下，蒋介石曾透过国民政府通令全国，批准国防设计委员会可以任意调阅任何一个机关的机密卷宗。

1935年3月，国防设计委员会在上项调查工作行将结束之际与兵工署资源司合并，易名为资源委员会，并由参谋本部改隶军事委员会，资源委员会与国防设计委员会最大的不同在于，它不仅要"调查设计"，还要直接参加"国防基本工业"建设与管理。依据组织条例规定，资源委员会设正副委员长各一（由翁文灏、钱昌照分任），委员长之下，置秘书厅，厅内分设办公、设计、调查、统计四处及专员、矿业、冶金、电气四室，分管关于"人的资源及物的资源之调查统计研究"、"资源之计划建设"及"资源之动员计划"等事项。

资源委员会成立初期，主要仍从事于国防设计委员会未竟全功的收集国情资料的"调查"工作。1936年初，是项工作告一段落，委员会的工作重点乃由"调查"向"设计"转移。同年3月，翁文灏依据前此收集之各种资料拟具了一份《国防工业初步计划》。

《国防工业初步计划》综合国防安全、国防需要、工业基础、原料、交通等多种因素，设计了一项宏大的国防工业发展战略计划。这个计划的中心内容是，在江西、湖南一带建立一个国有化的重工业区，并开发西南各省矿产业。计划所包括的行业主要有冶金工业（钢铁、铜、铅、锌、钨、锰、铝）、电力工业、电力应用工业、机械工业及化学工业，它所涉及的领域是前所未有的。

未几，资源委员会根据《国防工业初步计划》所订主要内容各要素，制定了《国防工业三年计划》（以下简称《三年计划》）。1936年6月，《三年计划》由军事委员会呈报国民政府核准。

《三年计划》共分十部分：

（甲）统制钨锑，同时建设钨铁厂，年产钨铁2,000吨；

（乙）建设湘潭及马鞍山炼钢厂，年产30万吨，可供国内需要之半；

（丙）开发（湖北）灵乡及（湖南）茶陵铁矿，年产30万吨；

（丁）开发（湖北）大冶、阳新及（四川）彭乡铜矿，同时建设炼铜厂，年产3,600吨，可供国内需要之半；

（戊）开发（湖南）水口山及贵县铅锌矿，年产5,000吨，可供国内需要；

（己）开发（江西）高坑、天河、（湖南）谭家山及河南禹县煤矿，年产150万吨，补充华中华南煤产之不足；

（庚）建设煤炼油厂（江西），同时开发（陕西）延长、延川及（四川）达县、巴县油矿，年产2,500万加仑，可供国内需要之半；

（辛）建设氮气厂，年产硫酸铔5万吨，同时，制造硫酸、硝酸，以为兵工之用；

（壬）建设机器厂，包括飞机发动机厂、原动力机厂及工具机厂（湖南湘潭）；

（癸）建设电工器材厂，包括电线厂、电管厂、电话厂及电机厂（湘潭），每年产品可供国内需要。[98]

对于这个《三年计划》，我们应该注意以下几点：

第一，该《计划》所设计的建设项目几乎全部都被安排在远离现有沿海各省工业区域的内陆腹地江西、湖南一带，其目的就是要在短期内在湘赣一带形成一个自成一体、初具规模的重工业区。显然，这种"舍近求远"的构思具有很强的针对性，设计者们对地域的取舍，显示了对其中安全因素的高度重视，这与国防设计委员会的工作方针和一贯作风十分吻合。悉心考察《计划》全文，不难发现，设计者们对于湖北、湖南、江西、四川等内陆省份储量不算十分丰富的煤、铁矿、铜、石油等重工业原料之供应尤其萦怀如心。一望而知，这显然是担心一旦对日作战全面爆发，东北、华北及华东一带的工业原料有被日军全面霸占的危险。

第二，这个《计划》中所提出的湘赣重工业区的构想，与汉斯·克兰及冯·塞克特向蒋介石呈送的集中国力、建设"实力中心点"区域的基本思路，有着惊人的相似之处。所不同者，汉斯·克兰和塞克特没有向蒋介石言明"实力中心点"的具体地域而已。有关克兰、塞克特的"实力中心点"建议的详细情况，本书已有专章介绍，此处不拟再作重复。

第三，这种惊人相似的思路属于英雄所见略同，抑或是国防设计委员会沿袭了塞克特、克兰的构思？柯伟林教授等均明确表示倾向于后者[99]。国防设计委员会负责人之一钱昌照曾在1939年写道：制定《三年计划》时，我们参考了德国顾问及专家的意见[100]。揆诸钱氏的自白，笔者欲在此再度强化柯伟林教授的这一看法。

德国军火与中国内战

除了国防军事工业建设合作项目而外，战前德国军火之输华也是中德双方开展"以货易货"贸易的两大基本内容之一，是此期中德外交关系的重要组成部分。就国民政府方面而言，其对德关系之开展，除了工业及外交需要之外，主要就是出于军事目的的需要，而且也是促使中德关系发展的原始动因之一。在中德军事合作方面，从德国进口军火是与引进顾问、发展军事工业并立的三大内容之一，是一项"引远水救近火"的救燃眉之急行动。南京国民政府自1927年开府以后，忙于连绵的内战，近有"安内"之争，远有"攘外"之需，以国内脆弱落后的兵工业基础，其生产远不能满足战争之需要，故而国府当局不惜血本向国外购买军火。德国以其军火质量的优越以及愿意对华以货易货而成为中方首选之军火进口国。

中方以其高品位的国防战略原料——钨、锰、锑、铅等以及棉麻等农产品，向德方换取枪、炮、军械以及军工业生产机械，这就是中德间著名的"易货贸易"的主要内容，而且也是德国赴华军事顾问团所从事的重要工作内容之一。

德国军火军械之输华早于清末就已开始，南京国民政府成立后不久就与德开展了军火贸易。当时南京国民政府一方面继续开展"统一"军事作战，另一方面亦积极准备军队之整建，希望引进外国先进的整军方法及装备，改造自己的军队，提高其作战能力。蒋介石以其对于德国人的一向好感，认为德国军队训练精良、武器先进，颇足效法，于是决定吸取其技术经验，以为中国军队改造之借鉴。为此，他在南京开府之前，就已开始了对德联络工作。1927年12月，蒋介石的第一任德国军事总顾问鲍尔抵达中国，在上海与蒋介石会见，由此开始了南京方面与德国的军事经济合作。

鲍尔来华除了军事任务外，还负有促进中德经济合作之使命，这也是他在未得到德国魏玛共和政府批准的情况下受德国大财团赞助启程来华的基本动因之一。在与蒋介石前后一周的长谈中，他向蒋介石"详细介绍了德国最新军火工业发展的情况，并强调了德产新式武器在现代战争中的有效作用"，[101]引起了蒋氏对德国军火的浓厚兴趣。不久之后，蒋介石便派遣以陈仪为首的中国考察团在鲍尔陪同下赴德考察政治、军事及军工技术，陈仪在德国与克虏伯、西门子等大公司签订了价值100万马克的意向性合作及贸易合同，购买了一大批军火[102]，这是南京国民政府向德国大批购买军火之开始。以后几年中，在中方的迫切需求及历任赴华德国军事总顾问的积极推动下，中德军火贸易急速发展起来。尽管由于《凡尔赛和约》的明文禁止，魏玛共和政府不敢坦然同意对华出售军火。为了逃避责任，德国政府还曾于1928年4月及1930年4月两次颁布"对华武器禁售令"，但在实际上，这些禁令只不过是一种躲避外交责任的花招而已，并无实际的约束作用。

1933年1月希特勒上台后，德国在纳粹党政策指导下向整军及恢复经济之途急速迈进。1933年德国退出国联和裁军会议，放手发展军备，军费支出猛增，从1932年占国民收入2%上升到1935年的占17%，1937年更达22%，军事工业在国民经济中得以优先发展。1933年后，德国外贸进口也由以生活资料为主转为以军需原料为主。纳粹党要员之一的戈林曾露骨地说过："我们从1933年以来，就已竭尽全力扩充军备。不错，我们承认，如果我们把裤腰带勒紧，那是因为我们只为我们的军备进口原料，这是比吃饭更重要的事。"[103]德国军工业生产的迅速发展，要求更多地从国外输入德国所缺乏的制造军火所必需的钨、锑等稀有矿产原料，而作为世界藏钨大国的中国，以其丰富之矿产资源成为德方重要进口国。尽管纳粹德国政府对中国并无好感，对发展德中关系也并非重视，但其陆军需要在中国试验整军及使用新式武器之经验，国防经济部门需要获取并贮存藏于中国的战略矿产原料，工业巨头及军火商人需要对华推销其产品及扩大销售，于是，这些实力单位的实际需求，便形成了德方内部推进德华贸易的坚定力量，使得中德间军火贸易能够不断地发展起来。

1932年春，南京国民政府根据中原大战所得经验，决定采纳德国军事顾问之建议，通过瑞典商人向德方购买卜福斯（Bofors）山炮48门及相应的观测通讯器材，成立了一个2团制炮兵旅[104]，到了1934年春，在南京政府对"福建人民政府"作战时，这支炮兵部队就发挥了重要的作用。

在来华德国军事顾问的大力推动游说之下，德国军火输华规模迅速扩大。1933年7月，南京政府行政院长宋子文访德，一次就与德方莱茵金属公司签订了包括1,000挺机枪在内的价值5千万马克的军火购买合约。双方商定，德方交货期为3年，中方则在6年内按季度付清货款，莱茵公司为做成此笔大买卖而高兴，但又担心中方无相应的支付能力，该公司总经理艾尔（Eltze）为此请求德国政府出面担保，国防部方面"出于军事战略原因"同意担保，而外交部则认为"法律上不可能对提供战争物资给予国家亏损担保待遇，并指出如果该举稍有疏忽——在与中国交易上似乎就是如此——而为外界得悉，其可能造成的外交后果是不可想象的"。结果"所有相关的部门和德国外交部经过讨论后得出结论，德国始终反对向中国提供武器，否则德国会被认为参与了中国内战的一方"[105]。

9月，宋子文回国后又通过驻德使馆与德国克虏伯公司接洽，洽商一笔总价值5亿马克的军工制造设备贸易，计划以此建立中国军事重工业体系。这项计划又因宋的不久去职而中止了。是年底，德国军火商莱茵公司在中国首都南京举办了一次德式军械展览会，试图扩大德国军火的对华销售，在德国驻华公使陶德曼（Trautmann）的帮助下，这批参展武器用瑞士轮船运到中国，中国军政部次长参观了炮火试射表演，并对德方表示感谢[106]。

在中德双方努力推动下，德国军火在我国军械进口总额中的比例有了明显的上升，根据海关报告资料显示，其发展概况如下表统计：

年份	数值（海关两）	所占总数百分比
1928年	3,208,897	28.1%
1929年	1,203,500	31.5%
1931年	3,402,714	28.0%
1930年	4,008,800	25.7%
1932年	1,640,645	20.4%
1933年	3,464,444	19.6%

其中1929年及1931年其数高居第一位，1928年为仅次于挪威之第二位，1930年仅次于日本仍为第二位，1932年及1933年分别次于法国及比利时为第三位[107]。

1934年1月，来华主办中德经济合作的"德方代表"汉斯·克兰在德国国防部、经济部及国家银行的支持下，联络一批对华有贸易关系的厂商，成立了一家"德国工业品贸易有限公司"，简称HAPRO（"合步楼"）公司，资本总额20万马克，专营中德易货贸易事宜，其后合步楼公司遂成为德国军火输华贸易的主要承担者。是年7月，克兰在广州与中国广东地方当局签订了一份《中德互换货品合约》，准备向两广地区大规模提供德国军火，在南京中央政府的抗议及交涉下，8月间，克兰又赴江西庐山，与南京政府财政部长孔祥熙进行了有关谈判，并签订了《中国农产品与德国工业品易货贸易合同》，中德间易货贸易由此正式拉开序幕，德国军火之输华亦从此纳入两国间贸易之正轨。

在此前后几年中，虽然蒋介石在江西忙于"剿共"军事作战，但他并没有停止整理军队的工作。1934年2月，他采纳德国军事总顾问佛采尔的建议，决定以陆军第八十七、八十八师及第三十六师为试点，对中央军展开德式整训，以期将之训练改组为教导总队，推进"全面整顿中国陆军"的步伐。按计划，受整训的三个师将全部换配德式装备，因此，中方对德制军火的需求量越来越大。3月间，德国容克飞机制造公司与中国交通部达成合建一家飞机制造厂之意向协议[108]。

在这一时期内，德国军火输华的主要用途是用于中国的内战，不仅在"中原大战"等军阀混战中，德国军火有力地支撑了蒋系中央军的战斗能力，而且在1933年夏季蒋军"围剿"江西中央苏区红军的第五次进攻中，德国军火特别是大炮等重武器也发挥了相当威力。1934年10月20日，德国军事总顾问塞克特的副手法肯豪森（Falkenhausen）曾致函其在德国的联络人毕克曼说："事实上剿共行动预测不久将会结束，首先因为9月已发动'全面剿共行动'，并以最新现代化战斗武器如英制（德制）Bofors大炮、轰炸机，以及所有可用部队之增援。其次，因为被红军占领的地区均贫瘠空旷，他们在那里根本无法生存……"[109]法肯豪森的这种记载，在曾参与对红军的"第五次围剿"的国民党军官回忆中也得到了证实。他们证明，自从得到德国进口的长距离大口径野战火炮之后，国民党军对严重缺少重武器的中共红军的作战攻击力大为增强，收到了前所未有之效果。由此可见，德国军火对国民政府"剿共"内战亦有重要的帮助作用。

【注】

[1] 傅宝真：《德国与我国抗战前南方内陆工业区发展及背景之分析》，《逢甲学报》（台）第二十一期（1988 年 11 月出版），第 55 页。

[2] 傅宝真：《德国与我国抗战前南方内陆工业区发展及背景之分析》，第 55 页。

[3] 陈红民等：《胡汉民评传》，广东人民出版社 1989 年 10 月版，第 201 页。

[4] 全德工业联合会《商务报告》第十一卷第二期（1929 年 1 月），第 31 页，转引自德外交部政治档案（15）Bd.2。

[5] 《欢迎德国工业考察团筹备会第一次会议记录》（1929 年 1 月 21 日），载《铁道公报》（1929 年第三期），第 143 页。

[6] 《埃德曼斯多夫（北京）致德外交部》（1929 年 2 月 10 日），德外交部政治档案（17）。

[7] 德国联邦档案馆：《西尔维尔伯格遗件》No.243，第 3~4 页，全德工业联合会 1930 年 11 月 1 日备忘录，转引自柯伟林：《蒋介石政府与纳粹德国》，第 338 页。

[8] 傅宝真：《德国与我国抗战前南方内陆工业区发展及背景之分析》，第 56 页。

[9] 柯伟林：《蒋介石政府与纳粹德国》，第 83 页。

[10] 傅宝真：《德国与我国抗战前南方内陆工业区发展及背景之分析》，第 56 页。

[11] 同上出处，第 57 页。

[12] 同上出处，第 58 页。

[13] 同上出处。

[14] 《南京国民政府关于重订条约的宣言》（1928 年 7 月 7 日），载《中华民国外交史资料选编（1919~1931）》，北京大学出版社 1985 年版，第 456 页。

[15] 《中华民国外交史资料选编（1919~1931）》，第 478 页。

[16] 洪钧培：《国民政府外交史》（第一集），华通书局 1930 年 7 月初版，第 297 页。

[17] 张水木：《对日抗战期间的中德关系》，见《近代中国》（双月刊）第三十五期，第 544 页。

[18] 吴相湘：《首任驻日大使蒋作宾》，载《传记文学》（台），第六卷第二期。

[19] 吴相湘：《首任驻义大使刘文岛》，载《传记文学》（台），第十一卷第二期。刘氏与德方签订的购买火车头、火车车厢的协议，曾在两国工业界引起广泛注意。

[20] 《威廉·瓦格纳致德国外交部》（1927 年 6 月 18 日），德国外交部政治档案（12）：Bd：1~4，转引自柯伟林书，第 55 页。

[21] 弗雷达·阿特丽：《扬子前线》，新华出版社 1988 年版，第 7 页。

[22] 柯伟林：《德国与中华民国》（英文版），斯坦福大学出版社 1984 年版，第 41 页。

[23] 傅宝真：《在华德国军事顾问史传》，《传记文学》（台）第二十三卷第三期，第 8 页。

[24] 伯恩·马丁：《在华德国顾问团（1927~1938）》《鲍尔致鲁登道夫函》（杜塞尔多夫，1981 年德文版），第 98 页。Martin Bernd,（Hrsg）Die Deutsche Beraterschaft in China 1927~1938, Militaer-Wirtschaft-Aussen Politik Duesseldorf, 1981.

[25] 胡颂平：《朱家骅年谱》（台北），传记文学出版社 1969 年版，第 18 页。

[26] 伯恩·马丁：《在华德国顾问团（1927~1938）》，第 113 页。

[27] 德国外交档案：《博邮 1927 年 8 月 9 日致外交部报告》档号 IV Chi2035。

[28] 博邮认为"轮船事件"是中方聘用德国顾问之阻碍。引自德国外交档案 IV Chi3035。

[29] 王安娜：《第一次世界大战后的中德关系》，载《近代史研究》1985 年第三期，第 202 页。

[30] 卡尔·杜伊斯堡：《德意志帝国工业银行的十年》，载《德意志帝国工业银行期刊》第四十八期，1929 年 10 月。

[31] 转引自柯伟林：《蒋介石政府与纳粹德国》，第 49 页。

[32] 傅宝真：《在华德国军事顾问史传》，见《传记文学》（台）第二十三卷第三期，第 9 页。

[33] 同上出处。

[34] 吴景平：《从胶澳被占到科尔访华——中德关系 1861-1992》，第 130 页。

[35] 傅宝真：《在华德国军事顾问史传》，第 9 页。

[36] 《蒋介石致鲍尔函》（1928 年 3 月 1 日），现藏德国联邦档案馆：《鲍尔遗件》No.43，第 6 页，转引自柯伟林书，第 64 页。

[37] 辛达谟：《德国外交档案中的中德关系》，见《传记文学》（台）第四十一卷第四期，第 118 页。

[38] 《博邮 1927 年 3 月 9 日致德外交部函》，德外交部档案 IV Chi 2035。

[39] 《国际条约集（1917~1923）》，世界知识出版社 1961 年版，第 143 页。

[40] 据柯伟林书（中文版），第 65 页所载，陈仪所订合同价值数目为 100 亿马克，经查对英文版原稿及其他资料说明应为 100 万马克。前说有误，特予更正。

[41] 柯伟林：《蒋介石政府与纳粹德国》，第 67 页。

[42] 辛达谟：《德国外交档案中的中德关系》，第 118 页。

[43] 同上出处，第 119 页。

[44] 柯伟林：《蒋介石政府与纳粹德国》，第 69 页。

[45] 同上出处，第 66 页。

[46] 尤特内：《战时中国》（纽约）1940 年版，第 8 页。F.Utiey, China at War, New York, 1940.

[47] （台）《传记文学》第四十一卷第四期，第 119 页。

[48] 同上出处，第 120 页。

[49] 伯恩·马丁编：《在华德国顾问团》，杜塞尔多夫，1981 年德文版，第 100 页。

[50] 《鲍尔在华任务》，参阅《柏林日报》（Bediner Tagesblatt）（1928 年 10 月 27 日）。

[51] 辛达谟：《德国外交档案中的中德关系》，第 119 页。

[52] 同上出处，第 92 页。

[53] 同上出处，第 120 页。

[54] 王洽南：《德国顾问在南京时期工作的回忆》，《传记文学》（台）第二十七卷第四期，第 52~53 页。

[55] 辛达谟：《德国外交档案中的中德关系》，第 121 页。

[56] 柯伟林：《蒋介石政府与纳粹德国》，第 71 页。

[57] 吴景平：《从胶澳被占到科尔访华——中德关系 1861–1992》，第 132 页。

[58] 《卜尔熙致德国外交部报告》1930 年 1 月 23 日于北京，载德国外交部档案Ⅳ Chi 418。

[59] 柯伟林：《蒋介石政府与纳粹德国》，第 75 页。

[60] 同上出处，第 75 页。

[61] 傅宝真：《在华德国军事顾问史传》，第 96 页。

[62] 福克斯：《马克斯·鲍尔：蒋介石的第一个德国军事顾问》，载《当代历史》1970 年第五期。Fox：“Max Bauer，Chaing Kai-Shek First German Military Adriser”，Journal for Contemporary History，1970.5.

[63] 《字林西报》1929 年 5 月 8 日。

[64] 傅宝真：《在华德国军事顾问史传》，第 96 页。

[65] 傅宝真：《抗战前与初期之驻华德国军事顾问㈠》，《近代中国》第四十七期，第 201 页。

[66] 《德国外交部致鲍尔函》（1929 年 4 月 20 日），德国外交档案Ⅳ Chi 841。

[67] 傅宝真：《在华德国军事顾问史传》，第 92 页。

[68] 德国联邦档案馆藏：《鲍尔遗件》No.46《蒋介石与林德曼谈话》，转引自柯伟林：《蒋介石政府与纳粹德国》，第 63 页。

[69] 辛达谟：《德国外交档案中的中德关系》，第 120 页。

[70] 傅宝真：《在华德国军事顾问史传》，第 94 页。

[71] 同上出处。

[72] 同上出处，第 95 页。

[73] 同上出处，第 91 页。

[74] 辛达谟：《德国外交档案中的中德关系》，第 119 页。

[75] 傅宝真：《在华德国军事顾问史传》，第 90 页。

[76] 此件现藏于德国外交档案，编号Ⅳ Chi 19 / 30 3019，转引自（台）《传记文学》第四十一卷第五期，第 119 页。

[77] 辛达谟：《德国外交档案中的中德关系》，第 119 页。

[78]　同上出处，第 120 页。

[79]　同上出处，第 121 页。

[80]　傅宝真：《在华德国军事顾问史传》，第 94 页。

[81]　同上出处，第 91 页。

[82]　傅宝真：《在华德国军事顾问史传》，第 95 页。

[83]　同上出处，第 96 页。

[84]　德国外交档案 Ⅳ Chi 1032（1930 年 4 月 25 日），转引自辛达谟：《南京国民政府时期德国顾问之贡献》，见《近代中国》第四十五期，第 142 页。

[85]　同前出处引文之德国外交档案 Ⅳ Chi 1032。

[86]　傅宝真：《在华德国军事顾问史传》，第 97 页。

[87]　柯伟林：《蒋介石政府与纳粹德国》，第 65 页。

[88]　二史馆馆藏档案：《中国军备工业建设计划》，载《民国档案》1995 年第四期，第 6 页。

[89]　《民国档案》1995 年第四期，第 6 页。

[90]　《民国档案》1995 年第四期，第 4 页。

[91]　《国防设计委员会工作概况》，载《民国档案》1990 年第三期。

[92]　柯伟林：《蒋介石政府与纳粹德国》，第 112 页。

[93]　二史馆馆藏档案：《两年半创办重工业得到不少教训——痛苦而深刻的教训》廿八（2）6238。

[94]　同上出处。

[95]　二史馆馆藏档案：《翁文灏致钱昌照函》（1932 年 12 月 14 日）廿八（2）3727。

[96]　同上出处。

[97]　柯伟林：《蒋介石政府与纳粹德国》，第 107 页。

[98]　二史馆馆藏档案：《两年半创办重工业得到不少教训——痛苦而深刻的教训》二八（2）6238。

[99]　柯伟林：《蒋介石政府与纳粹德国》，第 246 页。

[100]　二史馆馆藏档案：廿八（2）6238。

[101]　傅宝真：《在华德国军事顾问史传》，见（台）《传记文学》第二十三卷第三期，第 9 页。

[102]　柯伟林：《蒋介石政府与纳粹德国》（北京中国青年出版社，1994 年版）第三章《南京顾问团的建立》一节所提供的资料。

[103]　乌布利希：《法西斯德国帝国主义》（柏林，1952 年版），第 25 页，转引自《现代国际关系史》（知识出版社出版）。

[104]　辛达谟：《德国外交档案中的中德关系（三）》，见《传记文学》（台）第四十一卷第六期，第

116~120 页。

[105] 郭恒钰、罗梅君主编：《德国外交档案：1928~1938 年之中德关系》，台北中央研究院近代史研究丛刊（11），1991 年 4 月版，第 158 页。

[106] 郭恒钰、罗梅君主编：《德国外交档案：1928~1938 年之中德关系》，第 158 页。

[107] 王正华：《抗战时期外国对华军事援助》，正中书局 1988 年版，第 51 页，原载《中华民国海关华洋贸易总册》民国 19~22 年刊。

[108] 前引郭恒钰、罗梅君：《德国外交档案：1928~1938 年之中德关系》，第 162 页。

[109]《法肯豪森致毕克曼报告》（文号 Ⅳ Chi 2494）（1934 年 10 月 20 日于南京），载《传记文学》（台）第二十四卷第三期，第 83 页。

发展中的中德关系｜第三章

希特勒掌握德国统治权

进入1931年之后，中德两国都发生了较大变化，这种变化使得中德双边关系有了突破性的发展。

在德国方面，魏玛共和政府在战后国内外压力之下已陷入无力回天的状态，而世界性经济危机的到来更使毫无生气的德国经济雪上加霜。1930年5月，欧洲银行业危机总爆发。6月，德国发生"提款和清偿的恐慌"，7月以后，更开始了为期三周的"银行假期"，金融业的危机标志着德国经济复苏希望的彻底破灭[1]。

与不景气的经济相伴而来的是德国国内混乱不堪的政治局面，各种政治势力，反共和的王朝复辟派、退役军人组织、工会以及共产党人都在宣扬自己的主张，试图寻找摆脱危机拯救德国的途径。在这当中出现了一股极端右翼的反动势力，最后演化成为一个法西斯主义的政党——"德国国家社会主义工人党"，其政治领袖便是阿道夫·希特勒。

以希特勒为首的德国法西斯势力得以迅速发展之后，这位政治狂人便将下一个目标确定为夺取国家政权。为了实现这一野心，希特勒需要竭力争取德国国防军及大资本垄断财团的支持。

正如前文所述，德国国防军是一个拥有独特社会地位的特殊阶层。在开始阶段，国防军方面对法西斯势力持着戒备与反对态度，认为希特勒一伙不过是一群社会渣滓，不值一提，尤其对他们四处制造社会动乱之举深恶痛绝。1927年军方曾下令，严禁纳粹党徒参加国防军，以免其扰乱军队。但纳粹组织依然通过各种管道向军界渗透。希特勒认清了这一态势，判定如得不到军方支持，他大事难成。于是在1930年春天一次处理双方矛盾的公开聚会上，他发表了一次重要演讲，保证纳粹党人不以国防军为敌，并将摒弃暴力手段而以合法途径夺取政权。他进而表示：纳粹党上台后要按军方意旨惩处制造"十一月革命"的人,并致力于对外"恢复德国的荣誉"。希特勒的这番说辞,真正打动了军方,迎合了他们自战败以后一直压抑着的复仇心理。此后,国防军方面逐步缓和了他们对纳粹党的态度,一部分受影响的军官甚至欣然与纳粹分子合作。

与此同时,希特勒又频频开展活动,向德国大资产阶级求援。他深知离开了资本财团的支持,他便失去了向最高统治权力进军的"底气",他需要财阀们的大笔资金,更需要他们在政治上的捧场。

进入1931年后,希特勒"走遍了整个德国,同重要的企业界人士私下会谈"[2],从大资本财团手中取得了平均每年200万以上马克的资助,并向他们讲解纳粹党的纲领,保证要在德国根除马克思主义,在国际上为德国"夺取生存空间"。这一表态当然迎合了财阀们的胃口。

1932年春,希特勒作为纳粹党候选人与社会民主党及共产党的候选人兴登堡、台尔曼一起竞选德国总统,虽然最后他败于兴登堡,但纳粹党在大资本财团及国防军的支持下已成为一股可以左右德国政局的力量。新上台的巴本内阁在纳粹党人的骚乱破坏下,无法稳定国内局面,各大城市暴乱迭起。经过一番较量,1933年1月30日,兴登堡总统被迫任命纳粹党魁希特勒为内阁总理。

当时,兴登堡总统年事已高且头脑已不太清楚,无法处理日常政务。早在4年以前,当中国公使蒋作宾向他呈递国书时就曾闹了一个笑话,82岁的兴登堡错把一名深目高鼻的德国译员当成了蒋公使的随员,当场称赞其德语讲得"与德国人一样好"云云,使该员哭笑不得。兴登堡此时已成为一个政治偶像,大权则完全落入希特勒及纳粹党人之手[3]。从此,德国历史进入了法西斯专制统治的黑暗时期。

希特勒上台以后,为了改变纳粹党人在内阁中占少数的劣势,他立即宣布解散国会,并定于3月5日重新举行所谓的"国会选举",试图达到纳粹党一统天下的"预期效果"。他在就职演说中公开宣称:

"在魏玛共和国统治14年中德国遭受了那么多的损失,今天德国应该体现纳粹党人的意志。"他要求在国家武装力量中实行整肃，清除"不可靠分子"与共产党人。希特勒还要求将纳粹党冲锋队编为警察的辅助部队，作为执行镇压国内反对派及迫害人民的工具，使冲锋队在街头施虐的暴行合法化。

为确保在未来选举中获胜，希特勒签署了暂时禁止报刊出版和公开集会的命令，并把电台等一切宣传机器控制在纳粹党人手中。更有甚者，纳粹党人还直接对德国共产党进行迫害，于2月间制造了"国会纵火案"，由党卫军雇人放火焚烧国会大厦，栽赃德共所为，并以此为借口在全国大规模逮捕了4,000多名共产党人，其中包括德共领袖台尔曼和正在德国的保加利亚共产党领袖季米特洛夫。同时颁布法令，取消公民在紧急状态下的基本权力。一时间，白色恐怖笼罩全国，如狼似虎的冲锋队员在街道上横冲直撞，大肆搜捕，到处充斥着血腥与暴力。

在施展种种阴谋与卑鄙手段之后，纳粹党在新国会中夺取了288个议席，名列第一，"合法"地占据了9个部长职位。但希特勒并不满足。3月23日，他又强令国会通过"授权法"，规定总理有权越过国会对一切内政外交问题作出最后裁决，甚至不必接受总统监督。至此，希特勒成为名副其实的独裁者。

完成夺权之举后，希特勒进一步又通过一系列手段，确保其独裁体制之稳定化。

首先，他下令解散了国内各邦政府及邦议会，改由帝国政府任命的代理官在各邦执掌大权，而其人选及各邦政府主要官员，均由希特勒本人任命。4月间，又颁布"重建公务员体制法令"，规定解除所有"非亚利安人出身或不具备本行职业技能"的人所担负的政府职务，实际上就是要在政府内较高职位上赶走一切非纳粹党人，而为其党徒腾出空位。

其次便是禁止纳粹党以外的其他一切政党存在。国会"选举"后，德共备受打击，已转入地下，1933年6月22日，德国第二大党社会民主党被禁止活动；27日、28日，德国民族人民党、德国国家党被取缔；7月4日、5日，德国人民党、中央党被迫宣告解散。5月间，纳粹党组织的"德国劳工阵线"吞并德国工会。从此，德国政坛成为纳粹党一统天下。

希特勒实行"国家一体化"的最后标志是废弃"总统"职位，实施他的"元首原则"。1934年8月2日，兴登堡总统逝世后，希特勒取消了"总统"职位，将"元首"与总理统一于他一人，并兼任最高军事统帅，把党政军大权向自己手里集中，"元首"的权力成为范围广泛的极权。在这种独裁体系之下，纳粹党并无"中央委员会"，而只是存在由元首任命的各部门长官形成的党内领导阶层，这一阶层的每个大员都以个人名义绝对听从于希特勒，向他个人表示效忠。其主要成员有纳粹党的宣传部长约瑟夫·戈培尔、"党卫军"首脑亨利希·希姆莱、秘密警察头目诺因哈德·海德里希、冲锋队首领罗姆以及纳粹党重要头目之一戈林等等。

在向希特勒个人效忠的体制下，纳粹党要员们各霸一方，逐渐滋长了飞扬跋扈之习性，他们胡作非为目空一切的举动甚至破坏了希特勒的计划，由此引发了1934年6月30日希特勒亲率党卫军逮捕并处决"冲锋队"首领罗姆的事件。这一事件之本质与其说是希特勒在冲锋队与国防军发生矛盾时向国防军做出的妥协，倒不如说是希特勒杀鸡儆猴整肃党内之举。无论如何，希特勒通过整肃冲锋队，达到了他拉拢国防军以巩固独裁统治的目的。

"冲锋队"虽然就此一蹶不振，但继之而起的纳粹"党卫军"却更加猖狂，成为法西斯统治的核心力量，其首领希姆莱统掌全国警察、特工（盖世太保），成为恐怖、虐杀与血腥的代名词，普鲁士大地上的褐色风暴越刮越猛。

神秘商人克兰与其来华使命

与德国国内的动荡混乱局势相反，这一时期的中德经贸关系在有关人员的努力下却得以顺利发展起来。

1933年以后，伴随着军事顾问团地位的加强，中德易货贸易的广泛开展以及大批中德工业合作项目纷纷上马，中德合作步入了一个全新的时期。学者们曾将1933～1937年视作中德关系史上的"黄金时期"。

在此期间，汉斯·克兰，一个神秘的冒险商人，扮演了重要角色，中德易货贸易以及中德工业合作等，均由其参与导演。

半个多世纪以来，克兰的身世、经历、背景及其在中德关系史上所起的重要而微妙的作用，一直是不解之谜。在德国，他没有任何官职，但却能与德国经济部长沙赫特、外交部长牛赖特、国防部国防经济厅厅长托马思等过从甚密，成为他们办公室中的座上客。即使是德国元首希特勒，亦时常召见他；在中国，他既无外交头衔，亦非国民政府聘请的顾问，但却出入国民政府如履平地，孔祥熙、何应钦、翁文灏、钱昌照、俞大维等均对他待若上宾，在1936年初中国政府开列的表彰德方人员授勋名单里，他亦参列其中，且是唯一的"平民"。

实际上，用投机商人兼冒险家来概括克兰的身份是十分恰当的。第一次世界大战以前，他曾经在德属中非经商，只是一个默默无闻的小商人而已。一战结束不久，他加入了以贩卖军用物资而著称的柏林恩格尔哈特银行（Engelhardt Bank），并从此与军火结下了不解之缘。在此期间，为了插手国防军在国外的事业，他利用一切机会在德国军政各界广结善缘，相继结识了托马思、沙赫特、柏龙白、塞克特等要人。至三十年代初，克兰已成为一位百万富翁，且在德国商界略具薄名。

那么，克兰是如何与中国发生联系的？其中原因还需从牵线人迈尔—马德尔说起。

安德烈亚斯·迈尔—马德尔（Andreas Uayer-Mader）是克兰的朋友，一位曾经参加过第一次世界大战的普鲁士雇佣军人。大约是在1930年左右，马德尔来到中国，受雇于派尔茨—中国公司（Palz China Company），从事进出口业务。然而，起起武夫而对纷繁细致的账目，颇有点心有余而力不足。未几，他跳槽到"广西王"李宗仁属下的南宁军官学校，成为一名教官，重操旧业。任教期间，他结识了曾经留学德国的广西名宿马君武，并通过马君武及派尔茨公司向广西当局建议，由德国公司帮助广西方面建造一座兵工厂，借以扩充广西方面的军工生产。李宗仁接受了马德尔的建议，并派他携马君武赴德，寻找合作伙伴。

马德尔回到德国之后，立即倾力兜售他的计划。他声称，广西是中国最强大的省份，分裂的中国最终将由广西方面来统一。德国在广西方面的经济渗透将有助于德国经济的复苏，德国公司应当放眼未来，斥资广西。然而，德国各界对此反应冷淡，没有一家财团对他的冒险计划感兴趣。

在此期间，马德尔于1932年6月致信塞克特，声称自己是中国广西省的代表，把自己的冒险计划说得天花乱坠，要求塞克特予以支持，并利用他的"德国国防军之父"的地位支持推展这个计划。

塞克特旋将马德尔介绍给已是百万富翁的克兰。作为一个冒险家，克兰对赴远东拓展业务十分感兴趣；同时，作为一个投机商，势利的秉性驱使他不愿让马德尔分一杯羹。于是，他盗用了马德尔的计划，并把马德尔晾在一边，与马君武单线开始了联系。

克兰向马君武声称，他与德国军方有着千丝万缕的联系，较之马德尔，他更能使广西当局的愿望变成现实。他要求马君武提供10万马克的旅费，以便他组织有关专家赴华考察，洽谈合建兵工厂的具体细节。然而，广西当局的财政状况实在令人失望，10万马克的旅费不是他们能够承受得起的。

就在这个时候，与广西结盟、较为富裕的广东省政府亦通过马君武向克兰表示：广东省也有意与德国合作，合建兵工厂，并主动向克兰提供了一笔旅费，邀请克兰及塞克特赴粤考察，洽谈合作事宜。

1933年初，塞克特应邀访问中国。作为塞氏随员，克兰亦随同前往。所不同的是，塞克特的主要任务是访问南京国民政府——虽然他亦允诺对广东进行礼节性访问，而克兰的目标则是广州——他的旅费是广州当局提供的。很显然，塞克特完全了解克兰将要在广州与两广当局洽商合办军事工业的计划——即"克兰广东计划"。

表面上看，克兰的广东计划纯属民间商业行为，但实际上，这项计划从一开始就得到了德国国防部的坚决支持，有着复杂的官方背景。克兰的一位密友曾经透露，德国国防部曾答应在1932年度向克兰提供4,000万马克的出口信用担保金[4]。不难想象，因为未给德国国防部带来实质性的好处，甚至连一份工业订单也未弄到手，国防部方面对佛采尔的赴华军事顾问团倍感失望，于是非常希望克兰在广东取得成功，为德国军工界进入中国打开局面。

克兰之所以选择两广当局作为合作伙伴，除了陈济棠、李宗仁等人的"盛情邀请"外，还有两个原因。第一，广东当局的国际信用高于南京当局。广东是中国最富裕的省份。溯自国民政府成立，中国对德贸易年年入超，中方一直无法以外汇与原料足额偿还德方，1931年至1933年，已积欠德方共计1亿3,000万马克，致使中德贸易无法进一步扩大。但是，"广东却不同，广州不仅是中国南方最重要出口商品集散地，且陈济棠控制下的广东政府办事效率极高，交易重信用，按时交货与付款，绝未有拖泥带水现象"[5]。第二，广东当局控制着德方急需的矿产原料——稀有金属钨、锑、锰等。德国自希特勒上台后，整军经武，重整军备，重新走上军国主义道路，需大量储备战略物资。钨、锑等稀有金属是制造武器不可或缺的重要材料，自然是德国刻意搜购的对象。中国江西、湖南、广东、广西等省是举世闻名的锑、钨产地，其储量、产量均居全球之冠。以1928、1929、1930三年为例，这三年中世界钨矿总产量分别为12,534、16,562、14,670吨，而由中国出口者即分别达7,003，8,304，9,320吨，所占比例，均在50%以上。就广东而言，该省不仅是产钨省份之一，而且还控制着中国最重要的钨锑外运路线。据矿业专家洪诚调查，"吾国钨砂出口地点最著者为香港与上海，次为汕头"，其中，"经过粤境由香港出口及由粤境直接出口者，五居其四"[6]。"广东省及其邻省对德国经济和德国工业可说是一片取之不尽、用之不竭的宝藏。"在翌年给德国外交部的报告中，克兰以充满憧憬的口吻这样写道。面对分溃离析、市场广阔、资源丰富的东方古国，他以一个投机商人特有的嗅觉已经闻出：广东事实上处于一种半独立的状态，广东省事情必须得到"南天王"陈济棠的首肯才能实现，南京中央政府对此是鞭长莫及的。既然陈济棠才真正是德国急需之战略物资及其出口路线的实际控制者，德国要想得到这些物资，就必须同陈济棠打交道，把广州作为德国"努力的出发点"。

未经南京政府许可，擅自与广东当局建立联系，会不会导致南京中央政权的反对？乃至引起外交纠纷？克兰心中并无把握。但他同时认为，蒋介石对广东鞭长莫及，则德方对来自蒋方的任何纷扰尽可不必理会——这正是冒险家的本性。他声称：

"南京的情势本人不太清楚，因此，本人首先不想选择南京为本人努力的出发点，同时中国内政局势尚未完全稳定，南京同中国西南省份尚存互相对峙局面，虽则其间之歧见并非严重，然而军事方面仍未能完全消除彼此猜忌。在经济方面，各省皆独行其是，各自为政，因此，在内部经济建设上，无需中央政府之许可。所以，如果本人首先同南京政府打交道，互换意见，纵然可以速成协议，但以后仍然必须同西南诸省商谈，因为，蒋委员长的势力范围是有限的，他尚未控制全局。……因此，首先遴选最富裕的广东作为初步尝试地点，以争取广东政府同德国进行产品交易，广东及其相友好的邻省（广西、贵州、湖南和云南）的各种矿砂、煤炭及其他矿产都非常丰富，这些矿产多半蕴藏于许多河洲地域，如欲运往装船之港口，并无多大困难。因此，本人开始在广州进行谈判。本人深信可以说——在顾及中国人的性格和中华民族的感情的状况之下同广东陈济棠总司令交成朋友并赢得他诚恳的信任……对德国多有帮助。"[7]

克兰来到广州后，受到了贵宾式的欢迎，陈济棠、李宗仁委派第一集团军参谋长缪培南、第四集团军参谋长张任民与之磋商合作细节。磋商期间，克兰始终把自己打扮成德国政府的代表，并向缪、张描述双方合作的美好前景，使他们相信"不仅在经济方面，而且在政治方面，透过德国的日益强盛，会给他们及其邻省和全中国带来莫大利益"，并保证"日益强盛的德国绝不想在华施行任何图谋领土的政策，其兴趣仅于拓殖市场"[8]。

1933年7月20日，克兰与两广当局签订了《琶江口兵工厂合约》。

《琶江口兵工厂合约》正文内容共16节，分缮德、中文各二份，遇有歧义时以德文为准，中文系自德文本译出。代表两广当局在"合约"上签字的为缪培南和张任民。

根据"合约"第一节的规定：买方（即两广当局）兹委托H.K.（即克兰），于七月二十日由买方指定在琶江口南之地段，建筑下列之工厂，并须设备妥当，且能制造出品：

a．炮厂

港币1,850,000元

每月出口额10.5cm轻便野战榴弹炮五门

7.5cm步兵榴弹炮九门

7.5cm野战炮九门

b.炮弹、信管及火药筒厂

港币1,075,000元

每月出口额12,500个

c．毒气厂

港币490,000元

内包括盐酸厂、毒气分解设备、自动装毒气设备

d．防毒面具厂

港币65,000元

e．包装费、运费、保险费、建筑费、工厂修理费等

港币5,180,000元

f．特别费用10%，港币518,000元

以上共计5,698,000元。[9]

关于港元与马克的比价，"合约"第五节规定："一香港元等于一金马克，即等于0.35824公分（yiamm）纯金。"[10]

此外，"合约"还规定，两广当局必须在两年之内按月偿清上述4家兵工厂之全部造价（即约560万余马克）[11]，付款方式为："直接交与德华银

行，转入 H.K.（克兰）账户。"作为交换条件，克兰则保证所有兵工厂如期竣工。

《琶江口兵工厂合约》是克兰第一次广东之行的主要成果。

1933 年秋，克兰携带《琶江口兵工厂合约》返回德国，向德国政府兜售他的广东计划，寻求官方支持。然而，德国政府内部却对这个计划反响不一，争势颇大。

当时德国外交界，尤其是其驻华使领馆人员，均认为克兰的方案完全是一项冒险计划，有害无益，应该立即禁止。广州德国总领事瓦格纳（Wilhelm Wagner）当面告诫克兰，他的计划风险非常大，应该谨慎从事。因为，第一，广州当局财政状况比人们预料的要糟得多，能否偿还兵工厂的造价，令人怀疑。第二，绕过南京政府帮助广东当局扩充兵工制造业，将引起蒋介石等人的仇视，德国在华利益将会因此受损。第三，英、美、法、日等更不会坐视德国势力向两广渗透。在华任职多年熟悉中国国情的驻华公使陶德曼对国民党中央政权与地方实力派的矛盾有着更加清醒的认识。他向德国外交部提出，"与克兰达成协议的广东政府与中央政府的关系十分不稳定，德国政府在涉及向克兰方案提供官方支持的时候，必须谨慎从事"[12]。

但是，德国军方却大力支持克兰的广东方案。如前所述，早在克兰赴华之前，德国军方即已答应为其提供出口信用担保金。所以，当克兰携带广东方面的订单返德时，国防军首脑国防部长柏龙白元帅（Werner von Blomberg）已是喜上眉梢，对克兰另眼相看。柏龙白认为，飞速发展的德国军火工业必须拓殖海外市场，借以维持德国军事工业扩大再生产。而重整德国军备，更须加紧搜购战略原料，要打破国际战略原料市场完全控制在宿敌英国手中的局面。克兰的"广东方案"不仅可以为德国军火工业争取到了海外订单，而且还能透过德国军事工业设备及军火，与广东等省特有的农矿原料之间的互相交换，为德国带回渴望已久的战略物资，对德国十分有利，理应予以支持。

此外，德国经济部长兼国家银行总裁沙赫特也支持克兰的"广东方案"。沙赫特是希特勒"要大炮不要黄油"式的战时经济体制的缔造者之一,他不仅对中国南方诸省特有的战略物资十分垂涎,而且一直希望建立起由政府直接控制下的官督商办式的、甚至是官办的对华贸易渠道,直接操纵对华军火、重工业产品输出及战略物资输入。因为自本世纪以来,德国对华贸易一直由汉堡、布莱梅一带的私营贸易公司控制。克兰是德国经济部十分熟悉且信赖的军火推销商,沙赫特认为他是"建立这一渠道最合适的对象"。

德国国防部和经济部的态度无疑使克兰受到了鼓舞。1933年12月14日,克兰委托易嘉伟(W.Eckert Canton)为代表与广东省广州市永隆建筑公司经理严永祥签订《琶江口各兵工厂建筑物承建合约》,他的"广东方案"又向前迈进了一步。

《琶江口各兵工厂建筑物承建合约》至今仍保存在中国第二历史档案馆。这份"承建合约"将琶江口各兵工厂房及全部建筑物共11座"委托永隆公司承建,并有明确细致的工价工期规定"。"双方声明,连工包料,建筑费港币六十二万二千元,运输费三万五千元,合共港币六十五万七千元整……建筑期限,除雨水大及天灾横祸不计外……须于民国二十三年五月三十一日以前完全竣工"[13]。

至此,克兰的"广东方案"已不再是纸上谈兵了。

在此必须指出的是,克兰的"广东方案"是在极度秘密的状态下进行的,德、粤双方均对此讳莫如深,守口如瓶。然而没有不透风的墙。1933年秋末,南京国民政府即已通过各种途径获悉,陈济棠、李宗仁通过一个名叫克兰的冒险家与德国军事工业界建立了联系。自然,蒋介石政府对德方这种绕过中央政府与地方当局勾勾搭搭的行径十分恼火,不能坐视不理。同年底,蒋介石致电中国驻德公使馆,训令驻德参赞谭伯羽向德国政府提出严正交涉。次年2月1日,谭伯羽代表中国使馆正式照会德国外交部,强烈要求德国政府出面制止克兰在广东的活动。该照会称:德国政府既承认广东为中国不可分割之一省,则德粤之任何协议均需事先得到南京中央政府之批准。鉴于国防部是克兰的幕后靠山，谭伯羽还以私人身份请求德国外交部长牛赖特疏通柏龙白，促使他改变初衷[14]。

德国外交部接获中方措辞激烈的照会后，觉得事态严重，乃于2月16日约集国防部、经济部、财政部及国家银行五方代表共同审议克兰的"广东方案"。然而，德国政府内部对应否取消"广东方案"仍存在着很大的分歧。

外交部代表认为，从经济的角度考察，克兰的"广东方案"所冒的风险究竟有多大，令人担心。同时，该方案所牵涉的不仅仅是个经济问题，它关系到德国与中国的关系及中国中央政府与广东地方政府的关系。就中国而言，尽管眼下南京中央政权与两广地方当局的关系还不错，但谁也不能保证这种关系不在一夜之间发生根本变化。鉴于南京国民政府反对克兰"广东方案"的态度如此强烈，牛赖特强调，如果不顾中方抗议，贸然推行，显然会影响到德中关系，德国在华的其他利益因此断送，亦未可知。此外，在讨论克兰"广东方案"时，还必须顾及远东国际关系，因为，扶植中国地方实力派，势必使中国继续维持分裂状态，使受国际法承认的中国中央政府疲于应付，这恰恰是日本所希望的，德国没有必要扮演这种损人不利己的角色。

但是，德国军方支持克兰的坚决态度并未因外交部的焦虑而有任何改变，温和的牛赖特看来并未说服倔犟的柏龙白。自然，军方的着眼点仍然是克兰的"广东方案"有助于德国重整军备。此外，国防部代表还向与会各方透露，代表南京中央政府的柏林中国使馆贸易处此时也在与克兰接洽，要求他为南京方面搞一个兵工厂项目。由于南京方面有求于克兰，所谓"广东方案"到底会不会导致中德外交纠纷尚是一个问号。因此，政府方面应该一如既往地支持克兰。

最终，仍是军方的意见占了上风——他们决定继续支持克兰的"广东方案"。不过，鉴于外交部的强烈反对，国防部方面表示，克兰方案的具体实施，将有待于塞克特第二次前往中国以某种方式取得蒋介石及其政府的同意。

就在中德双方因克兰"广东方案"引起的外交风波的同时，"合步楼公司"应时而生了。

"合步楼"的全名称为：Handelsgesellsch Industrielle Produkte（工业产品贸易股份有限公司），简称HAPRO，在南京国民政府和两广当局的公文中，这个公司大多被译成"合步楼"，或称作"哈普罗"或"哈卜罗"。

合步楼公司正式成立于1934年1月24日，资本总额为20万马克。汉斯·克兰是它的最大股东（19.9万马克）。按照公司开业协议书，它的业务主要包括"国内国际机械、工具和多类日常用品的贸易"，"汽车和农业机械、制造工业的工具及成套设备的贸易"[15]，范围非常广泛。

从表面上看，合步楼公司完全是汉斯·克兰的私人公司，克兰本人亦曾多次刻意向世人强调该公司的私人性质，但事实上，合步楼有着极其浓厚的官方背景，它是适应德国国防部、经济部希望建立对华贸易的半官方渠道的需要而诞生的。在该公司成立前夕，托马思上校即已多次呼吁，必须"在中国设立一个代表德国工业界的统一代理处"[16]。

有几点是值得注意的：第一，克兰在合步楼的代表是库万特·普莱（Curt Preu）上校，此人曾由德国国防军推荐出任塞克特首次访华的随行助手。第二，合步楼是由柏林恩格哈特银行资助的，这家银行长期活跃于德国国防军主办的企业中。第三，克兰的老同事海因里希·罗伊（Heinrich Reuss）皇子曾向外交部报告称："汉斯·克兰按照国防军的命令行事，这是千真万确的。"[17]

所有这些，已足以证明，德国军方是躲在幕后的、实际控制合步楼的真正操纵者，合步楼是德国国防军借以直接控制对华贸易通道、搜集战略物资的工具。

合步楼的成立不仅暴露了克兰的野心，他已下定决心将广东的冒险计划付诸实施，借以赚取更多的马克，也反映了德国政府极端势利的利己主义嘴脸。本来，德国人完全可以在其政府内部设立一个官方的贸易机构来办理对中国战略原料贸易和向中国推销德国军火等事宜，但它却没有这样做，偏偏要借助于表面上看起来是民营公司的合步楼来达到目的。大概因为这样做至少有两个好处，第一，避免财政风险。合步楼如果在中国取得成功，德国政府可以坐享其成——中国战略原料可持续运德；如果万一失败，德国政府亦无须承担信用上的损失，因为合步楼毕竟是一个民营公司，与政府无涉。第二，避免外交纠纷。曾任合步楼公司南京办事处负责人的瓦尔特·埃克特在自己的回忆录中曾这样写道："由一家私营公司而不是外交部或经济部等来签订（一项中德贸易协定），是明智之举，它有利于对世界上其他国家保守（协定）的秘密。"显然，如果由德国政府有关部门大张旗鼓地办理搜求中国战略原料、推销军工产品等事宜，必然会引起一直对德国抱有戒心的英法等国的妒恨、仇视，但由一家民营公司合步楼办理这件事就不同了，所谓在商言商，政府是很难干预的，完全可以成为挡箭牌。

1934年4月，塞克特第二次赴华，出任蒋介石军事总顾问。5月初，蒋介石向塞克特承诺，为了实现塞克特《改革中国军队建议书》中提出统一中国军队武器制式的目标，中国政府从此后将只购买德式武器，并委托塞克特会同军政部兵工署署长俞大维研究应购武器之种类、数量及接洽办法[18]。此外，蒋介石还批准由柏林中国贸易处管辖的购械事宜划归兵工署负责。蒋介石的承诺表明，南京国民政府迫切地希望得到德国武器，亦标志着塞克特为德国军工界在中国赢得了广阔的市场。

塞克特接受此项使命后，立即想到了他的好友克兰。他希望由克兰发起成立但实际上受德国军政部操纵的合步楼工业品贸易公司来经营德国对华军火输出[19]。

同年6月，克兰再度来华。启程之前，牛赖特等官员曾分别召见他，希望他努力工作，务必"使中国大量购买德国工业品"，"并向德国大量出口农矿原料"，同时还要尽量与中国中央政府搞好关系，以免德国在对华外交方面陷入被动。根据牛赖特的要求，克兰在启程前驰书已赴中国的塞克特，希望塞将他的"想法和计划"（即广东计划）"亲自转达蒋委员长介石阁下"，以争取得到蒋的默许。

塞克特自从就任总顾问后，对宁粤之间的微妙关系有了较深刻的认识，他已意识到蒋介石不可能默认克兰与两广当局达成的协议,只要南京国民政府不垮台,克兰"广东方案"就没有妥协的余地——除非德国愿意牺牲在南京方面所得的一切既得利益。基于这种认识,塞克特自然难以替克兰向蒋介石通融,因为那将只能是自讨没趣。于是,塞克特复电克兰,声称自己已在南京打开局面,希望克兰第二次来华时径赴南京,选择蒋介石政权为合作伙伴,将工作重点由广州转向南京。塞还提醒克兰,在南京的国民政府才是中国真正的中央政权。

但是,克兰并不这么看。他坚持认为:"蒋委员长的势力范围是有限的","在经济方面,各省皆独行其是,无需中央政府之许可"[20]。与塞克特的期望相反,他仍打算先赴广州,仍选择与自己"变成朋友并赢得其信任的广东省总司令陈济棠"作为接洽对象,完成他的"广东方案"。自然,作为一个投机商人,他亦期望与南京国民政府签订商业合约。他复信向塞克特表示,他将先在广州与陈济棠接洽,并在那里等待塞克特的消息,一旦塞克特与南京方面接洽有成,他将立即北上与其会合。

克兰到达广州后,经过近一个半月的接洽,讨价还价,于7月20日与陈济棠的代表缪培南签订了《中德互换货品合约》(亦译作《交换中国西南部原料产品和德国工业品合同》),并允诺为两广当局谋求德国贷款。这份"合约"是克兰"广东方案"的纲领性文件,它的签订,标志着这位冒险家已完全取得两广当局的信任。

克兰后来曾对这次谈判作了极详细的描述:

"谈判的结果是陈济棠总司令请我给他草拟一份'交换中国西南部原料产品和德国工业品的合同'。他就此合同与其政府要员商谈并转交前来广州的四位友好省份的首长审阅,他获得他们的同意与我签订此项合约。在以后的商谈中,他交给我一项兴建计划,并说明他愿与我共同实施此项计划。依照我的建议,首先兴建为经济发展及中国主权独立必需的工业……他请我继续留在中国当他的经济和政治顾问,并协助他推行广东及邻省的经济建设……我在此仅提出数项兴建工程以供参考:

兴建全部铁路网的核心；

兴建广州港口；

兴建私人及海军船坞，尽量使其设备完善等等。德国可供应设备产品及工程技术人员，中国方面可以矿产交换而在德国设立信用机构，以平衡价款之支付或甚至可以物易物，预先运送双方之产品或原料而不必提出担保，只要双方有诚意，君子协定可也。

广东及其他省份都以紧张心情等待我的谈判结果。关于此一贸易协定计划，虽然我请他们先等待德国方面有所决定后再开始进行筹备工作，但在陈济棠总司令领导下已成立一个工作小组，并聘请德国专家进行一切筹备工作，他不相信德国方面对此贸易协定及中德双方友好合作会遭受拒绝；因此，他叫我拟订一个组织和工作计划，而我当然乐意为之。

委员会将由一位熟悉德文的领导人和尽可能也会德文的中国地质学专家以及交通技术人员等组成。德国方面的工作小组应同中国小组密切合作，中国军事及民间代表亦应积极参与工作。

一切谈判都准备就绪，明年（1935年）元月即可开始筹组开采矿产原料及农产品的事宜……

此外广州表示愿意成立一个轮船运输公司，以便运输中德双方的原料和工业产品，该航运公司同时可以进行中国沿海及内地河流之运输作业。"[21]

由于案牍阙略，《中德互换货品合约》的具体条文目前尚不清楚。不过，透过前引克兰冗长的叙述，我们仍可知晓它的大致轮廓：这是一份以实施物物交换为核心内容的贸易合约。通过这种交换，德国方面将得到两广当局统治下战略矿产原料，广东方面将得到以军工设备为主的德国工业品。为了使两广当局提高矿产开采能力，德国将向广东方面提供技术援助，供应设备和工程技术人员。

此外，尤可注意者，这个"合约"虽然已经签字，但是必须得到"德国方面有所决定后"，即获取德国政府的批准后方能付诸实施，在合约上签字的虽然是克兰个人，但事实上，他是德国有关方面的代表。在德国官方首肯之前，"合约"始终只是一种计划，一种理想。

但是，无论如何，这位神秘的商人克兰，至此却开始了他在中国的新的商业投机，这是一次对他个人及对整个德国来说都是十分重要的意义重大的"冒险"，由于它的巨大的价值与利益，克兰为他个人及德国投下了赌注。

德国顾问参加中国内战

在南京政府这边，蒋介石对德国赴华军事顾问团代理团长克里拜尔日生不满，几番矛盾冲突之结果，蒋介石下定了"换马"的决心，命令办理中德外交的熟手朱家骅立即物色德国军事总顾问的新人选。

朱家骅通过中国驻柏林使馆试图邀请德军名将鲁登道夫亲自来华，鲁氏本人虽然倾向同意，但德政府方面以他名气太大，来华将造成外交上的麻烦，遂未同意。经过鲁登道夫的推荐，乔治·佛采尔（Georg Wetzell）（又译魏泽尔）中将几经考虑，终于同意来华接任顾问团的工作。

佛采尔在第一次世界大战期间曾任德国陆军参谋本部作战处处长，是一位杰出的军事家，富有实战指挥经验。他与当时的陆军部长塞克特将军交情颇深，很受塞克特赏识。1926年，经塞氏推荐出任参谋本部陆军军务局局长。在军事理论方面，佛采尔也有很深造诣，曾著有《同盟战争》（Buendniskrieg）一书[22]。因为佛采尔本人具有一定反共和政府的倾向，且与兴登堡总统不和，故而对在国内从政颇感厌倦[23]，正逢鲁登道夫介绍，他便同意来华。

佛采尔于1930年5月来到中国。

蒋介石于5月24日正式发布任命，通告德国顾问团全体团员："本人谨告诸位先生，经本人聘请而抵达本人总部之步兵司令佛采尔将军担任顾问团团长职位，深冀诸位秉承以往之热忱，继续竭力支持佛采尔将军并克尽佛将军分配予各位之职守。蒋介石。1930年5月24日发自苏州。"[24]6月9日，佛采尔正式上任，同时向顾问团员发出下列通令：

"兹奉国家元首（蒋）总司令于1930年5月24日指令，本人被邀任为顾问团团长，领导执行顾问团所受委托之工作。本人竭诚向所有同仁致意，并请诸位以信赖之心及团队精神与本人合作，以期完成委托予吾人之艰巨任务，而为中国中央政府之福祉继续共同努力服务。吾人在此之工作深受祖国（德国）之瞩目与推崇。

诸位同仁之任务目前并无变动，此后为改善工作效率，本人拟设立由本人直接领导之顾问团总部，配合不同工作范围，将划分各种部门，以小组方式执行任务，关于细节将及时通知，大部分成员仍各守原来岗位。直至目前为止，蒋总司令对其表现甚为满意、贡献良多之陆军中校克利伯尔将于特殊情况之下（例如本人不在南京或度假期间等等）将替代本人之职务。因此本人再度强调并请诸位以信赖之忱及团队精神，共同继续执行委托给吾人之任，以期圆满成功。

陆军中将佛采尔（签署）1930年6月9日于南京。[25]"

佛采尔上任伊始，恰逢蒋桂冯阎"中原大战"爆发，中原大地战火骤起。这对于一位厌倦政治争斗热烈向往枪炮战火的职业军官来说，无疑是一个一展身手的绝好机会。佛采尔行装未卸，立即随蒋投入中原大战，辅佐蒋介石指挥中央军的"讨逆"战事。

当时桂、冯、阎三方联合反蒋，总计出动兵力达70万之众，晋军在山东、山西及河北为左路，冯军在陕西、河南为右路，桂军在两湖一带为后路，包抄围攻南京政府的中央军，这是历史上反蒋各派系最大的一次联合武装反蒋行动，欲彻底打垮蒋军，推翻蒋政权。他们在政治上得到了以汪精卫为首的国民党内反蒋派的合作与支持，占有一定的天时地利，来势汹汹。

面对如此严重局面，蒋介石内心自然明白这一战役关系到他的南京"党国"的生死存亡，也关系到他个人的政治命运。他一面施展心计，运用各种手段分化瓦解反对派势力，另一面不得不依靠军队力量来确实"打好这一仗"。他知道，战场上的胜负是决定一切之根本，是决定大局之关键。

当时蒋系中央军"讨逆"部队共计只有30万人，完全处于敌强我弱的局面之下，但与反蒋派相比，蒋介石军队占有指挥统一"人和"之优势，比"反蒋大同盟"内部面和心不和的松散状况要高一筹。

在佛采尔来华之前，鲍尔与克里拜尔时代德国顾问团便帮助蒋介石建立了"航空侦察队"，由赖曼（Lehmann）及毛伦霍夫（Moellenhof）两顾问主持，为蒋介石在空中侦得了"逆军"作战部署概况的重要情报，供其决策参考。

佛采尔根据大战态势及自己的经验，依照"希里芬应付两面作战原则"，向蒋提出建议，先集中优势力量攻击晋军在山东之部队，驱逐这一支较弱的对手，以免除受到夹击之威胁。蒋介石当即采纳了他的意见。

山东的晋军在阎锡山"避战保存实力让冯军打头阵"的命令下果然一触即溃，蒋军轻而易举占领了济南，免除了"侧翼之忧"。蒋介石见状大喜，对佛采尔更为欣赏。他亲自坐镇徐州，指挥战事，而佛采尔则率克里拜尔、王恩翰、毛伦霍夫等人侍奉左右，协助蒋氏指挥。

克里拜尔丢官之后，原拟回国，但在蒋介石一再邀请之下，仍暂留顾问团中协助佛采尔工作，后来希特勒在德国组阁上台，克氏奉令回国辅佐纳粹政权。

冯玉祥的西北军在河南战场上顽强作战，表现出了强大的战斗力。冯氏是个直率的人，不如阎锡山的心眼多，西北军承担了对蒋军的主攻任务。为求胜利，冯玉祥主动撤军至有利的地形，据险固守，蒋军连攻不克，为之头疼。

佛采尔又向蒋介石献计，要他采用1918年鲁登道夫率军攻打巴黎之战法，首先集中炮火兵力，猛攻对方一点，打开缺口，而后向两翼扩张战果。蒋氏再次采纳，集中陆空力量猛攻归德，在蒋军强大冲击之下，冯军未见过此种攻势，乱了手脚，被蒋军连占归德、登封、兰封、许昌等地。这是蒋军历史上第一次的大规模步炮空联合作战，佛采尔在隆隆的炮声与漫天的战火之中仿佛重温了第一次世界大战西线壕沟战之旧梦。他于兴奋之中夸下海口说："假如我们有四个骑兵师的话，那么我们就可以在两个星期以内结束这一次战争。"[26]德国驻华使馆得悉情报说：佛采尔率领德国顾问们全副武装在归德前线穿梭于枪林弹雨之中，忙得不亦乐乎。佛氏及其副官邵姆堡（Schaumburg）直接住在蒋介石的专用列车上，与蒋共生死。[27]把德国外交官们气得吹胡子瞪眼而又无可奈何。

中原大战终以蒋军大胜而告结束，冯、阎二氏兵败下野，冯玉祥从此成为孤家寡人，上泰山"埋头读书"去了，阎锡山则被南京政府的特工追杀，跑到大连，躲在日本人卵翼之下苟延一时。虽说张学良率东北军入关助蒋一臂之力从而结束了这场大战，但蒋氏在德国顾问辅佐下取得的军事胜利，则是全局胜利之关键，而佛采尔居中功不可没。

战争结束后，佛采尔在公函文电中署名头衔从"中将"升称为"上将"，是蒋介石论功行赏还是佛氏自封，也不得而知，反正佛采尔的军事才能从此得到了蒋氏的充分肯定[28]。

中原大战结束之后，还没容蒋介石缓一口气，日本人又发动了"九一八"事变，武装侵占我国东三省，一时间天下大乱，蒋介石被国人要求抗日救国的声浪搞得焦头烂额，终于1931年12月宣告第二次"下野"，躲回溪口老家避避风头。

蒋介石的这一走，给佛采尔的德国顾问团带来了一次命运上的转折。

这一时期，佛采尔及其部下都是以蒋介石私人顾问的身份在进行工作，他们的建议及意见在被蒋氏采纳后，即以军事命令方式下达，政府机关只有执行的义务，没有评论的资格。但以陈仪为首的军政部门一批高级将领，对德国顾问的意见及作用渐渐颇有微词，只是敢怒而不敢言。

蒋氏下野后，德国顾问团失去依托，便由蒋介石做主，把他们分别派往政府各军事及有关部门充当顾问，成为各部门的配属，接触面一大，矛盾便不可避免地产生了。加之后来逐步添聘的顾问，均系由顾问团长以及鲁登道夫、朱家骅等人以个人关系推荐而来，与部门具体工作要求亦有不相适之处，原先不满之声自然也就增多起来[29]。

1932年1月6日，在国民政府军事委员会召集的"军事整理会议"上，作出了外籍军事顾问聘约管理一律"由军政部统一办理"的决议[30]，军政部兵工署长陈仪并进一步提出所有现聘外籍顾问之"雇用合同"都应由军政部出面重签，欲借机撵走一部分不满意的德国人，军政部长何应钦经多方考虑结果批示"暂勿变更"，阻止了陈仪的计划，从而在某种程度上缓和了军政部与德国顾问的矛盾[31]。

1932年3月间，蒋介石与在野的汪精卫达成"蒋汪合作"的协议，共同组成新一届国民政府。蒋介石再次上台，出任军事委员会委员长，由他自己集中力量去"剿共"，让汪精卫出任行政院长兼外交部长，负责处理内政与对日妥协外交。在这种情况下，蒋介石"将军事重组与训练工作分交军政部与陆军训练总监部全权负责"，德国顾问们也从属于两机关参与这项工作。

佛采尔在此前后依然对南京政府的军事活动很感兴趣，除了"剿共"战争外，他在1932年初"一·二八"淞沪抗日之役爆发之时，也曾赴上海前线参与指挥作战。他负责跟随由德国顾问团训练并全部由德式装备武装起来的陆军第八十八师开赴前线，考察经整训后中国军队的战斗能力，并得出了满意的结论。

1933年2月14日，佛采尔在致蒋介石的一份《建议书》中称：四年来在德国顾问团的精心培训下，陆军八十八师"确已成为一种教导部队"，并建议在"八十七、八十八师"及"三十六师"中推广德式培训经验，使之"于短期内练成新式劲旅"，同时希望中央军校亦能"切实遵照钧座所示途径，决心按德式教育之实验，建设中国陆军"。他对该校"各项成绩均极满意，且深信该校之数千军官，将来必能有益于中国陆军"[32]。

与佛采尔的乐观评价相反，在中国军队内部却有人对德国顾问的训练方法提出了疑虑，并由此在军委会军政部与德国顾问团之间展开了一轮新的较量。

1932年8月11日，训练总监部第四期译述班学员魏汉乔中校向蒋介石呈送了一份"关于改进德国顾问训练军队方法"的报告，他认为自聘用德国顾问五年来，训练成功之部队仅一、二师，"进度迟缓，无可讳言"，"其主要原因则实由顾问使用之未尽善也"。按照目前八十八师等部的培训方法，

"每师至少须有顾问8人"，"设欲练成二十个国防师，则须聘用顾问160余名，以其月薪之高，未免太不经济"[33]。因此，他建议改革目前对德国顾问的使用方式，实行分期教育及分兵种按班训练，将"顾问教兵"改为"顾问教官"，再由"官教兵"。在德国顾问管理方面，改组训练总监部，取消军政部顾问处，将其专司译述之德员归并于训监部，以提高其工作效率[34]。与魏汉乔提议同时上报的还有军事委员会李待琛的一份《改良军事顾问运用以增加效力之意见》的建议，李待琛在建议中除主张"顾问教官"外，还提议"使顾问为学术上发挥而不使其为事务上之监督或行政上之指导"，并进一步提出要严格顾问及译员之选择要求，以期增加工作效率[35]。由此看来，德国顾问在整军工作中的某些缺点是有目共睹的，并且引起了中方上下各级人员的注意。

按照这些建议，为改善德国军事顾问团之工作，军事委员会于1932年9月1日召开了临时会议，在讨论了17件有关改革意见书的基础上，通过了"改良军事顾问之运用以期增进效力案"，明确了改革顾问聘用办法的原则，总的要求是降低聘用规格，合理调整待遇，严格选择人员，加强考核管理，淘汰冗员，不必限定国籍，以实际工作需要为标准，以增加工作效率等[36]。

针对军事委员会关于改良德国顾问聘用管理办法的决议，佛采尔总顾问于1933年7月7日致函蒋介石，以并无法律依据为由，全盘拒绝了军委会的命令，并强调，德国顾问"俱因钧座之名驰中外，故不惮远涉重洋，愿供驱策"，"全般德籍顾问在华服务之基础非仅建筑于法律，实兼建筑于信仰也"，即他个人"当时应钧座之聘来华任总顾问之职，为各顾问领袖者，亦以此为先决条件"，因此，"若目前更变法律上之基础，深信必无德人来华"，"因德籍顾问专为信仰钧座而来，故无人肯赞成此种（改良）方法"，"故惟沿用历来聘约条文，且顾问对各德籍顾问与各中国机关之地位不变，悉照从前钧令办理，方能使原有与新聘各顾问之继续工作有益于中国"。他"建议将全般德籍顾问改隶参谋总长即钧座本人"，"顾问处改隶参谋本部"，请蒋派人为全权代表专司与德顾问签约之事，"从事与德籍官佐所订聘约，悉照从前批准原文办理"，"总顾问职权仍旧不变，并另发新令"。如此"才能得各方谅解"，"庶一切工作方有实效"[37]。

由于佛采尔代表顾问团方面的坚决拒绝，并以效忠蒋氏个人赢得了蒋的欢心，这场"改良"运动至此便告收场。蒋介石于1933年9月16日电令参谋本部："军政部顾问处改隶问题应暂缓议"，1934年5月18日，他又一次下令"兹令各处德顾问以后改属于本委员长直接管辖而受总顾问之指挥"。军政部顾问处改名为"军事委员会办公厅顾问处"，任命李黼为该处处长，"转饬所属一体遵照"[38]。至此，德国顾问团与军政部的"斗法"以胜利而告结束，佛采尔及其部属得以保持其"至高无上"的荣誉地位。

1933年初，日本继续侵华，出兵占领热河。3月间，中国守军被迫发动"长城抗战"，反击日军侵略。佛采尔总顾问又率队跟随由他训练的中国第七军北上，参与了"长城抗战"的军事布置与指挥工作。

3月24日，佛采尔在"长城之役"进入尾声之际，向中方军事当局呈送了一份《对攻击侵入热河日军我国应取之军事行动之意见》的报告，"由此可充分反映我军未来之努力重心，仍在严格训练可资作战之机动部队"。报告内容谓："当前长城战役已告沉寂，乃由于日军于古北、喜峰诸口及其他各要隘经试探性之攻击后未能得逞，实为其（日伪两国）兵力不足之故。我军若欲获得胜利，未始不可由喜峰、古北两口同时出击而夺回承德—宽城线内之失地，击退日军至相当地点。然则日军为对其国民以自卫为借口，必要求军事上之扩大。果尔，我方无足够之预备队可资使用，基于战略、政略之估量得失，不如将主动权暂委诸于日军。敌越长城继续作战，则我方可采用攻势，以还击敌人，其利远胜于出击。局部规模之攻击，可由前方部队主动，得失足可抵偿，并似可利用当前沉寂之时机继续部队训练，保持攻击精神，加紧阵地之工事较宜。"[39]他的这一建议后来为蒋介石所采纳。

佛采尔此行北上"抗日"时间长达半年之久，对北方国防部署贡献颇大。《塘沽协定》签订后，佛采尔又马不停蹄地赶赴南昌，参加筹划对中央红军的第五次"围剿"。若不是此时正遇塞克特将军访华，约其在南京逗留叙事，则佛采尔大有"三过家门而不入"的味道。

德国军事总顾问在为蒋介石出谋划策四处奔波，而那些顾问团成员们又在做些什么呢？这里，我们仅以陆军大学为例，来具体考察一下德国顾问们的在华工作及其表现。

作为中国近代最高军事学府的陆军大学，其前身是袁世凯于1906年在保定成立的陆军行营军官学堂。这所学校从其一开始就受到德国式教育思想及体制的影响，学堂督办（校长）段祺瑞曾赴德学习军事，在办学方针上他极力效仿德国，使军校兼具德式特色。

南京国民政府成立后，接管了陆军大学。蒋介石以其"作之君"、"作之帅"的传统习惯，亲自兼任陆军大学校长，并于1930年将陆大迁往南京，派著名军事学家杨杰主持全面工作。在教学方面，根据蒋介石的一贯观点，重点聘用来自"军事最先进"的德国"友邦"的教官，此时来华的德国军事顾问有一批因此落户在陆军大学。

1935年前后在陆大教书的德国顾问计有：教应用战术的史培曼（Spemann）、顾德威（Gudovius）、史达开（Starke）；教授炮兵战术的林德曼（Lindemann）；教授空军战术的哈德曼（Hanmann）、史太邱（Streccius）；教装甲兵课程的皮尔纳（Pirna）；教化学战术的麦次纳（Metzner），以及担任战史及统帅战术讲授的古西（Gruse）；教授参谋业务、列强军备及编制装备、输送动员的王恩翰（Wangenheim）等等。

这一批德国军事顾问大多经历过第一次世界大战，且自身基础较好。史培曼、顾德威、史达开、古西都毕业于德国陆军大学，既有理论修养又具实战经验，他们中多数人原系德军中高级军官，林德曼更是官拜德国陆军中将衔，只因一战结束后在国内无用武之地，甚至衣食不保，被迫远涉重洋来华谋生，他们以个人资格与国民政府签订应聘合同，对蒋介石之优待感激涕零，因而对本职工作十分认真负责。

德国教官讲授战术教学课程，从团、旅战术一直讲到师、军、集团军战术，比较注重战略战术态势、地形影响及时间、空间相对关系，强调集中优势兵力，地空结合，高速立体进攻，速战速决。这些都是以德国优势工业基础为前提下的德军在一次大战中的经验总结，对中国学员来说，内容新鲜，极有吸引力，传达了世界先进军事技术信息。但与当时中国落后的工业基础及低劣的军队装备现实相比，又有不合适之处，加之译员口译影响教学效果，以之长见识或有余，而实际意义则不大。但是德国顾问们亦另有其长处，这就是他们灵活多变的教学方法，无论课堂讲授或图上、现地作业，他们都能方法灵活，随机应变，不受教材次序限制，常常令学员们"即题作业"，将学员分两大组，编成红蓝两军进行图上或现地对抗，方法生动活泼，寓教于实际演练，使学者颇受启发。学员们将德国教官教授之战术习惯称为"小战术"，以区别本国教官所指导之战术教学。

史培曼与古西等经常开展此种"小战术"演练，让学员自己充当对阵两军指挥官，各按其设计战斗，胜败之余，加以评说，指出利弊，再推倒重来。有时他们也分任红蓝两军指导，不断根据演练情况提出新问题，补充推演，使参练学员收一举多得之效，直至完成预定科目，最后由顾问教官出面评判，考评得失。某次史培曼曾在沙盘演练中设计一马鞍形高地令学员分南北两军等距离去争夺。北军排长率部全力扑向最高主峰阵地，但史培曼却诱导南军排长兵分两路，一部首先抢占次峰，以机枪火力压制北军，另一部顺利占领主峰[40]。这种直观教学使教者不费口舌而学者记忆深刻，受益颇多。

德国顾问在陆大的应用战术教学，基本教材为《联合兵种的指挥与战斗》一书改编而成的《军队指挥》一册课本，是完全德国化的讲究集中优势兵力快速进攻的方法，注重在战斗中发现有利战机并及时扩大战果，掌握战斗主动权，"以优胜劣"一举取胜。这并不太适合当时中国军队实情。但其中也有一些思想，如防御战中的持久抵抗思想，保存力量避免硬拼的方法，仍不失为以劣势对抗优势的有效战法，后来对中国的抗日战争不无参考作用。

古西在教授大军统帅课程中，善于运用战史战例为据，深入浅出地阐明持久战略、歼灭战略及内外线作战等原则方针,他曾以一战期间东普鲁士战场兴登堡指挥战役为例,说明以攻为守,歼灭敌人有生力量而达持久战的目的。但古西讲课只注重个别战例史,缺乏高屋建瓴的概括分析,且教学时多采注入式,中国学员对外国人名地名又不熟悉,对古西教授内容久之生厌,其效果可想而知[41]。

林德曼中将是德国军界著名将领,他在陆大教授炮兵战术,主要内容是第一次世界大战时期德国在凡尔登战役及后来阵地战中施用过的炮战经验,他要求炮兵战前要有充足的准备,时间从一周到半月、一月之久,从弹幕掩护射击、阻击射击、逐次射击到集中射击、破坏射击、交通遮断射击,分类清楚讲解详细,但这种炮兵战术也需要雄厚的装备物资基础作保证,且在战场上难收奇袭、急袭之效,不太适合中国当时国情,并且与战术教学课程相脱节。德国教官之间缺乏有效的教学合作,由此可见一斑。

史太邱教授空军战术,也十分注重进攻及赢得制空权,发展轰炸、驱逐能力,并以轰击对方基地或航母达成阻止敌机空袭之目的。为此,德式空军战术仍强调拥有强大的国防工业基础,俾便在战争持续阶段,空军有不断获得飞机、装备补给的能力。同时也可利用民航储训飞行员后备力量。史太邱强调空军的主要任务是攻击炮兵有效射程之外的敌后方,以低空飞行掩护地面步兵及坦克攻势。对敌方起威慑与杀伤作用,尚未涉及空降、空运等课目内容。实际上是"机械化"加"制空权"式的战术。史太邱虽然在教学上未能有太多的新内容讲授,但他却也给中国学员们带来了一些新观点。某次教学员出巡,途中史太邱见道旁伐倒大树无人过问,任凭日晒雨淋,他便对中国学生们说:"你们中国如此浪费木材破坏自然,说明你们生产还不发达,还在浪费资源。如在德国,这种现象是要受到法律制裁的。"这番话,曾给在场各位中国学生留下深刻印象,几十年后仍不能忘记[42]。

在装甲兵战术方面,皮尔纳讲课水平不太高,多为讲解一些"的塞尔"发动机知识,而奈维格的"机械化战术"课尚能吸引学员。麦次纳讲授化学战,战术与技术结合,又是一门"新学问",对学员吸引力较大。他善于分析糜烂性、窒息性多种毒气之战略战术运用效果，多数也为一次大战之战地经验。

在战史课程方面，德国教官古西主要讲授普奥、普法战争史及第一次世界大战史。他站在德方立场，注重研究马恩河、坦仑堡、华沙、罗马尼亚会战等各重大战例之得失，但多数只重讲防备进攻，缺乏用发展的战略观点来加以归纳总结研讨，使学员们收益不大。

王恩翰教授参谋业务、编制装备、军备动员等课程，虽也强调了变平时生产为战时生产、工业动员等等，但仍摆脱不了资料汇集之旧框框，对国防工业如何发展，缺乏研究，这对于缺少大工业环境与概念的中国学员来说，启迪也不大。

总之，德国教官在陆大担负了很大一部分教学任务，通过他们的教授，将德式军事教育系统地传到了中国。尽管在今天以"二战"后的观点来看，当时他们讲授的课程已有落伍之感，但在当时，在落后的缺乏工业基础的中国，他们的教授却还是因"超前"而有些脱离中国实际，唯一的最大收获是通过这些德国顾问，把西方新式军事知识传给了中国学员，使这些土生土长的中国学兵一举变为"开口兴登堡、闭口坦仑堡"的具有一定眼光的和初步具备了近代军事知识的军官，为中国陆军培养了第一代近代化的正规军人，在后来的抗日战争中，这批军官发挥了重要的作用。陆军大学作为中国当时最高军事学府，其毕业生成为各地方及各军兵种欢迎的人才。

德国顾问在陆大的教学充分体现了德国军官的传统，严格按科学规律办事，严明纪律而缺少灵活。曾长期执掌陆大的杨杰将军，在苏德战争爆发后曾与学员们分析德军战略，他认为如果由德军老将指挥，那么一定首先集中兵力从中央直攻莫斯科，如希特勒本人指挥，则会放重兵于南翼，夺取资源要地，再攻莫斯科，而这时苏军就会乘机集重兵南下，切断德军南翼后路，德军必败无疑。后来历史果真证明了这一点。在战争第一年，德国老将勃劳希契指挥主攻莫斯科；第二年希特勒撤换勃劳希契，改为亲自指挥，主力转向攻击斯大林格勒，其后果正如杨杰之所料。这一事例说明，在德国军界职业军官中是有一批能人的，他们的军事学识与经验是颇具价值的。对德国顾问团的在华教学工作成绩，应基本给予肯定。

江西前线德国人的较量

佛采尔马不停蹄地赶往江西，参加对中央苏区红军的第五次"围剿"，没想到，在"剿共"前线，他遇上了他的一位同胞，也正是作为他此次战场对手的另一位德国人——中共红军的"军事顾问"奥托·布劳恩（Otto Braun），中文名李德。于是，在中国内战前线出现了这样戏剧性的一幕：国共两党的百万大军在他们各自德国军事顾问的参与下，展开了一场空前的"围剿"与"反围剿"之战。江西前线的战斗在某种意义上又成为一次德国人的智勇大决斗。

蒋介石的"剿共"战事，与其所进行的与其他军阀的内战相比较，要艰难复杂得多。

由于第一次"围剿"大败而归，蒋介石于1931年1月底任命何应钦为"湘鄂赣闽四省剿共总司令"，率兵20万，再次进攻中央苏区，进行第二次"围剿"。为了辅佐何应钦指挥战斗，蒋介石派佛采尔随同其去南昌协助参谋。佛采尔根据第一次围剿"四面围堵处处失败"的教训，建议采用"速战速决"的"闪电战"方式，袭击苏区中心，期收意外之效。何应钦则主张"稳扎稳打，步步为营"，害怕再吃大亏。佛采尔自恃有蒋介石做靠山，不把何应钦放在眼里，结果造成两人不和。战役结果，南京"剿共"军又一次大败。

7月间，蒋介石亲任"围剿"军总司令，动用了30万军队，又对江西中央苏区发动第三次大规模的"围剿"。佛采尔自然随蒋上了前线。他再一次向蒋献计，采用"长驱直入，分进合击"的战术，分兵两路对苏区开展钳形攻势，企图围歼红军主力。在红军"避其锋芒，打其疲弱，灵活游击"的抵抗下，中央军又遭失败。佛采尔这回无话可说，他便指责蒋介石的部下进展缓慢贻误战机，将官无能。这引起了蒋介石的不满，再加上"两广"反蒋派出兵湖南，蒋介石只好下令撤兵，第三次"围剿"又告失败[43]。

1932年5月，蒋介石在"一二八"淞沪抗日战事停止之后，又布置了对工农红军的"第四次围剿"，国民党军动员了63万兵力，采用"稳扎稳打、并进长追、逐步压缩"的方针，大举围剿鄂豫皖及洪湖苏区。由于中共党内领导人"左"倾冒险主义的错误指导，命令红军在战斗中与中央军展开拼消耗的阵地战，最终失利，9月，鄂豫皖、洪湖地区被中央军占领。次年春，中央军以何应钦为"总司令"，继续向江西瑞金中央苏区进攻，结果被歼近3个师，第四次"围剿"又告失败。

半年之后，1933年9月，蒋介石迫不及待地又组织了对江西苏区的第五次也是规模最大的一次"围剿"。中央军出动百万大军并200余架飞机，分北、南、西三路，同时向中央苏区及湘赣、湘鄂赣、闽浙赣红军根据地发动总攻击。

佛采尔作为蒋介石的军事总顾问，参加了第五次围剿战略战术的设计规划，他鉴于前四次"剿共"失败的教训，新制定出了"分区围剿"、"分进合击"的作战计划，欲先切断红军各部、各根据地之间的联络，使之不能相互支持呼应，而后予以各个击破。蒋介石对此十分赞赏，命令各部按佛总顾问方案部署执行。

此时，在中共红军方面，其领导指挥阶层也发生了一些较大变化，正当第五次反"围剿"战事开展之际，德国人李德以"共产国际派驻中国苏区军事顾问"的身份从上海抵达江西中央苏区，参与了红军作战的指挥工作。

李德是如何来华的呢？事情还得从二战时期大名鼎鼎的苏联"红色间谍"理查德·佐尔格（Richard Sorge）说起。

1931年6月，共产国际驻华工作人员布莱雷·劳伦斯（化名保罗·鲁格）在上海英租界被巡捕逮捕，并移送给国民党当局。10月，南京军事法庭在并无确实证据的情况下，判处劳伦斯死刑。当时在上海主持共产国际远东情报工作的德国人理查德·佐尔格[44]，深知中国官场之奥秘，认为只要钱用"到位"就没有打不通的关节。为了营救劳伦斯，他急需大笔款项来贿赂国民党法官。苏军总参谋部情报部根据佐尔格的要求，派出两位德籍情报员，各带2万美元，互不通气，分别出发，从苏联经过北满，行程2,000余公里赶赴上海送款，这两位德共老党员一是赫尔曼·西伯勒尔，另一位就是化名塞帕尔的李德（奥托·布劳恩）。

"这两位送钱的德国共产党员圆满地完成了党组织交给他们的艰巨任务，历尽千辛万苦，终于将钱送到了目的地，交给了佐尔格。佐尔格收到钱后，立即开始实施他的计划。他成功地用这笔钱贿赂了国民党政府内的有关人员。1932年6月，鲁格夫妇获释。[45]"

李德在完成了给佐尔格送款的任务之后，并没有离开中国，因为他还负有为"格鲁乌"——苏军总参情报部在华搜集情报之重任。

1933年春，"格鲁乌"派遣弗雷德·施特恩（Flate）来沪，出任中国战略情报官，于是他便成了李德的顶头上司。李德自己曾在回忆录中写道："幸好我们从莫斯科起就很熟悉。……我介绍他同阿瑟·尤尔特（共产国际驻中共中央代表）建立了联系。虽然弗雷德作为总顾问是我的上级，但出于秘密工作的原因，仍由我与中央委员会上海办事处继续保持联系。[46]"

苏军总参情报部出于工作需要，欲派人前往江西中央苏区搜集情报，李德以自己的德籍身份、持有奥地利护照等便利条件被选中，担负这项任务。"1933年9月底，我去中央苏区的准备工作一切就绪，……尤尔特同志特别嘱咐我要在党政军领导中有争论的势力之间做些和解工作，……正如我所预料的那样，弗雷德给我的指示和建议最多……他要我负责在中央苏区严格执行他的一切指示，其根据是，他是共产国际执行委员会的军事代表。为了保证在危急情况下能够直接联系，他同我商定一个密码，这个密码只有我们两人知道"[47]。由此看来，李德赴江西是受了弗雷德也就是"格鲁乌"的派遣，与弗雷德保持着上下级密切联络关系，而与共产国际驻华代表尤尔特并无多少联系。这一事实说明："李德到中国去，不是共产国际派去的，也不是中共驻共产国际代表团派去的，而是苏联机关派往中国东北去做情报工作的。"[48]而他又因在东北吃不了苦，就去了上海，转赴苏区，希望在中共中央机关工作，受到当时中共负责人博古（秦邦宪）的赏识和重用。李德并不具有"共产国际军事代表"的身份，这一"头衔"是后加给他的。为此，当1939年李德从中国回到莫斯科之后，共产国际监委会还对他进行了审查，认定他两条错误：一是怕死逃跑，二是冒充国际代表瞎指挥，给中国红军造成了惨重损失[49]。

然而李德到了江西，却摇身一变成了"共产国际"的代表——"钦差大臣"，并进一步以此资格出任了工农红军的"军事顾问"，获得了参与指挥红军作战的领导地位。李德身份的这一变化，大概出于内外两大因素：其一为内因，李德苏军情报员的身份不能公开，他只能对中共同志宣称他是"共产国际派来的"，否则无从解释。何况当时中共视共产国际为上级，给李德以优厚待遇及无比尊重，使之愿永远作为"共产国际代表"而享受特殊照顾，拥有特别地位与权力。其二为外因，当时中共中央主要领导者博古，作为党中央临时总负责人，排斥了毛泽东等的参与，执行了王明"左"倾教条主义及冒险主义路线，使红军在第四次"反围剿"中受到了一定的损失，丢失了鄂豫皖、洪湖等根据地。博古认为自己对军事斗争不是内行，需要有人帮助。李德到来后，以其毕业于莫斯科伏龙芝军事学院的学历及"国际代表"的身份，成为博古引为帮手的最佳人选。博古因此毫不理睬共产国际关于李德职权的明确电令，把这位"没有指示权力"的顾问奉为红军的"主帅"，赋予其指挥红军作战之全权。据李德自己回忆："在他抵达瑞金的当天晚上，我们还规划了一下我的工作范围，我们一致同意，由我主管军事战略、战役战术领导、训练以及部队和后勤的组织等问题。"[50]于此组成了博古—李德领导核心，他们分掌政治与军事权力。

红军的命运自此笼罩上了阴影。

李德在第一次世界大战爆发时，只不过是奥匈帝国军队中一名14岁的小兵，而这时佛采尔已是德军参谋本部作战处处长，他们两人的军事资历是无法相比的。李德所有的是一次大战阵地战的体会与苏联军校的纸上谈兵的指挥原则，他对中国国情与战争之具体特点毫不知悉。李德开始按他的经验及博古的"左"倾方针要求来指挥红军反"围剿"。

蒋介石指挥"围剿"军，按照佛采尔的建议，采用"稳扎稳打、步步为营"的策略，持久战与堡垒主义相配合，以重兵四面向目标包围推进，以充足的兵力进行短距离有目的的进攻，一旦得手，立即屯兵，构筑碉堡群与封锁线，堡垒间互相策应支持，确保阵地无虞后再进行下一个有限距离目标的进攻，计划以此种战术，逐步压迫红军，消耗其有生力量，蚕食苏区，最后与红军主力决战，一举取胜。中央军以总兵力之半数，集中50万大军进攻中央苏区，同时按照"三分军事，七分政治"的方针，厉行对苏区经济上严密封锁，政治上实行"保甲连坐制度"，以确保军事"围剿"成功。

面对中央军的全面攻势，博古、李德决定放弃过去行之有效的"积极防御"方针，代之以"左"倾路线的指导，提出了"中国两条道路的决战"的战略口号，战术上则要求"不放弃根据地的一寸土地"，主张"御敌于国门之外"。9月至11月间，李德指挥红军主力"北上迎敌"，红军"东方军"进攻黎川，红军"中央军"进攻南城、南丰，以阵地战代替运动战、游击战，同装备优于红军的对手拼消耗。红军主力辗转于敌主力部队及堡垒间，陷于被动地位。在主动进攻受挫后，他们又采取消极防御方针，分兵布置，"短促突击"，造成红军处处被动，实力消耗加快。

1933年10月间，"福建事变"发生，原国民党19路军将领蒋光鼐、蔡廷锴等联合李济深、陈铭枢在福州成立"中华共和国人民政府"，宣布抗日反蒋，并派人与红军签订合作协定。本来这是一次打破中央军第五次"围剿"的大好时机，但博古等以"左"倾眼光，将闽方视为"中间派"，是"最危险的敌人"，19路军反蒋是"欺骗群众"，因此一口拒绝毛泽东、周恩来、彭德怀等人的"联闽"提议，与福建方面既不合作，也不声援，军事上更无配合行动。等到蒋介石从容平息了"福建事变"之后，于1934年1月下旬调兵回赣，封闭缺口，造成了四面围攻的态势。4月间广昌一役，李德调集主力红军坚守广昌不退，在不利的情况下与中央军混战18天，红军遭受重大伤亡，失守广昌。坚持到9月下旬，中央苏区仅剩下几个县城的狭小地区，并遭四围环攻，打破第五攻"围剿"已不可能。博古、李德等又一次拒绝了毛泽东关于向湘中出击，在外线进行运动战之建议，相反地从盲目自信一变而成惊慌失措，决定放弃中央苏区西征出走。红军第五次反"围剿"之失败至此已成定局。

现在史学界对于帮助蒋介石展开第五次"围剿"的德国军事总顾问有一种误解，认为是冯·塞克特领导德国顾问团参加第五次"围剿"并发明了"堡垒战术"等等，但实际上，塞克特此时刚刚抵华，正在华北等地巡游考察，他根本不可能以国宾身份奔赴江西前线参与作战指挥。又有人认为是法肯豪森率顾问团参加五次"围剿"，这更是不正确。佛采尔是德国顾问团长中自始至终参加了对中央苏区"围剿"的人，并且为蒋介石出了许多主意。

关于塞克特参加"剿共"之传言，是出自当时红军方面的推测。第五次"围剿"开始后，由于中央军采用了新式战术，再加上李德的"瞎指挥"、"拼消耗"指导，红军遭受了失败。当时苏区及红军上下各级兵民都从以往经验，认为一定是有外国人在背后为中央军谋划，再加上此刻塞克特来华访问消息披露，于是人们自然地便将他与中央军的新式战术联系在一起了，这便有了上述的传言[51]。实际上，塞克特与第五次"剿共"并无太多联系，直接在江西前线助蒋的不是塞克特，而是佛采尔。

佛采尔帮助蒋介石"平叛"、"剿共"，一再得手，真可谓战功卓著，然而事情总不会十全十美。即使是在他们的合作达到高潮时期，双方关系仍然不太融洽。蒋介石对佛氏建议并非言听计从，而是要经过他的考虑。例如在对中央苏区发动总攻时间安排上，佛采尔要求一鼓作气抓紧攻击，而蒋介石出于多方考虑仍坚持步步为营、稳妥为上，佛采尔对此十分恼火，认为蒋介石不重视他，因此与蒋产生了一些隔阂。

佛采尔与中方当权人物的不和源于他的特殊个性。

佛采尔是一位心直口快的职业军官，平时对战争指挥极感兴趣，但却很不注意与中国同事搞好关系，还有几分居功自傲。当他来华首战告捷，得到蒋介石信任之后，更觉自己高人一头，动辄以教训人的口吻与中国将领、官员讲话，引来国民党内几乎整个指挥层内人员对他的不满与反感，后来抗战后期有人干脆把他比做是德国的"史迪威"[52]。特别是当他为了加强对于新式部队整训工作的领导而委任布凯斯特（Bukist）为其助手之后，这种矛盾就更加激化了。

布凯斯特是一名来华已久的"中国通"，能操流利的华语，并熟悉中国官场民间的种种习俗人情。一次大战时，他是一名中校军官，战后退役投入商界。1920年以德国某大公司驻远东代表身份来华居留，后自己组建公司，在中国发展商务事业。

1931年他由佛采尔推荐给蒋介石，出任军事经济顾问。

布凯斯特由于长期在华形成的经济关系，与上海工商及银行各界来往密切，并与时任南京政府财政部长的宋子文比较熟悉，他将佛采尔介绍给宋子文，两人一见如故。佛采尔向宋子文介绍了他的整理中国军队计划，描述了建立一支人数不多而精干有力的"模范军"的前景，这一切正好迎合了宋子文向军界发展势力的潜在心理，得到了这位"宋财神"的大力支持。于是，"宋氏常以国家经费预算之外之财源，支持佛采尔所欲建立之特种部队"[53]，在蒋介石首肯之下，这项整训工作首先从第八十七、八十八师开始，而其整训成果在"一·二八"及"八一三"前后两次淞沪抗日战役中得到了良好体现。

作为某种回报，佛采尔经常陪同宋子文视察整训部队及新建军事设施，并于"一·二八"及"长城抗战"时期，两人偕同前往前线考察，宋子文并在视察长城抗战各部队时发表了言辞激烈的抗日演讲，引起了日本方面的强烈反应，他们尤其对于德国顾问参与抗日军事大加指责。宋子文的言行，也直接破坏了蒋汪合作政府既定的对日妥协政策，引发了南京政府当权人的不满，而本来就看不惯佛采尔的军政部官员们更是借题发挥，推波助澜，到处散布谣言说佛采尔挟宋子文以自重，破坏了我国军事指挥体系，招来非军人干涉军事指挥，这就引起了蒋介石的警觉，他一向对于党内异己插手军队非常敏感、忌讳，尽管是他的"大舅子"也不能例外。由于军政部的不合作，佛采尔的工作不免受到干扰，佛氏因此也不满意，他向蒋介石控告说军政部官员"有意抵制其建议，使为数甚多之工作计划为之流产"[54]。因此，他与宋子文的合作正是这种"抵制"所造成的。他还大肆批评中国官府腐败无能，工作效率低下，使之"不屑与之合作，而必须另寻途径"。

军政部对于佛采尔的控告不能容忍，指责他干涉了中国的内部事务，与德国军官传统作风相背离，伤害了中方官员的自尊，"两国共同合作之根基已为之动摇"。顾问团内一些德人也对佛采尔的火爆个性有所非议，认为他的偏激作风影响了两国友谊。

当时刚从德国外交部转任驻华公使的陶德曼，甚至在其致德国外交部的电文中称："佛采尔在华与在顾问团内之声望均已开始下降，彼已无法再领导此一受人尊敬之组织。"[55]

就这样，佛采尔虽然在协助蒋介石军事"剿共"方面立了大功，但其在中国军政界的声望与影响却不断下降，最后终于导致其"不得善果"的悲剧性结局。

劳而无功的德国将军

尽管佛采尔的工作遇到了一定的困难，但他的确在中国军队重建与改造方面做了许多工作，所取得的成就完全可与他帮助蒋介石打内战的"成绩"相媲美。

在来华的四年中，佛采尔的军事工作成绩可概括为以下几个方面：

第一：帮助蒋介石进行内战，包括中原大战、蒋桂战争以及"剿共"内战——第一、二、三次围剿江西红军之战。

第二：参与南京政府指挥局部抗日战争，包括"一·二八"淞沪抗战、长城抗战。

第三：在整训军队方面，帮助组训原鲍尔所组建的"教导队"，并在1929年扩充为"教导团"，1930年更扩充为"教导师"，以陆军第八十八师充任，以后又加入第八十七师，并进行了汇报演习[56]。1933年底又帮助蒋介石组建了十个炮兵营，全部装备了德式新炮，加强了中国国防实力。另外，他还建议组建工兵、汽车、高射炮、海岸要塞、电信等多兵种部队，以及首都演习场、射击场、炮兵航空观测机队等，使中央军的近代化迈出了一大步。

第四：在军事教育方面，佛采尔十分重视中央军校的建设与作用，他亲自兼任中央军校"总教官"，并帮助建立了各军兵种训练学校及培训班，完善了军事教育，提高了教学水平，取得了长足的进步。

第五：他还对中国军事体系之改造，对上自军事委员会，下至各部队兵种工作机构及其职能、效率等提出了一整套改造方案，深得蒋介石的赞许。

尽管佛采尔的工作成绩显著，但是由于他在中国官场上积怨太深，主客矛盾最终开始激化，并导致他又一次重蹈前任的覆辙。

问题出在佛采尔的助手布凯斯特身上。

布凯斯特得到佛采尔的信任，并利用他的在华关系，总揽了顾问团为中方采购武器装备之大权，极力照顾德国企业与公司的利益，这就引起了中方主管官员的严重不满。他们对于德国顾问所拟之采购计划有意束之高阁或干脆拒不采用，佛采尔为此大骂彼等"腐败、无能"。为了图个清静，军政部不断地把佛、布等人派往外地巡视或让其上前线，以免他们不断在耳边聒噪。但长此以往总不是办法，经过几个回合的争斗，双方都已感到快成为"势不两立"的对手了。

1933年初，一种谣言在南京城内传播开来，说佛采尔是日本间谍，来华为日方刺探中国军情。经过国民政府有关当局的缜密调查，不久便宣布这种谣言为有人故意中伤，风波遂告平息，然时隔不久，又有纷争爆发，这一次是军政部方面的军官们联名提出一项最后通牒，要布凯斯特"立刻辞职滚蛋"。

布凯斯特闻讯后，以他对中国人表达方式的熟解，立刻找到佛采尔，坦白告诉他军政部当局的真实意图是要表示对"佛总顾问"的不满，他建议佛采尔与他联袂提出辞呈，以要挟军政部方面将控告信收回。佛采尔认为事情并未严重到那种地步，他不同意辞职[57]。

这场风波背后，确实有若干第三方人士的插足。据驻华公使陶德曼探报，顾问团内荷兰籍顾问佛莱梅炮兵上校是前顾问团长鲍尔的好友，应鲍之邀，加入德顾问团工作。鲍尔死后，他对佛采尔重用布凯斯特独揽大权颇为不满，而与佛莱梅有关系的法国希乃德军火公司及捷克斯克达兵工厂（Skoda）则因其对华业务下降而极力怂恿佛莱梅反对布凯斯特。另外，法国军政界人物也在一如既往地利用一切机会，准备以贝当元帅为首组织法国军事顾问团来华，挤掉德国人。

陶德曼公使对此非常忧虑。几年前，在他任职外交部时曾竭力反对顾问团来华，但他自出任驻华公使后，对顾问团在华活动有了深入地了解，认识到顾问团对于维系中德关系的巨大作用，他从一个反对者一下转变为拥护者，并确信在日本步步加深对华侵略的情况下，中国对德关系将大有发展，逐步变成一种依靠力量，这是德国扩展其在远东利益排斥列强的极好机会，千万不可放过。因此，德国驻华顾问团的工作只能加强，不能削弱。他向德国政府提议再派更高一级的军官来华担任顾问团长，如塞克特将军，借此挽救目前在佛采尔领导下顾问团工作之颓势[58]。

蒋介石面对这种复杂的矛盾，采取以不变应万变的策略，他依旧表示对佛采尔的信任，并无任何改变。但另一方面，他在私下里却开始另外聘请别国军事顾问，以打破德国顾问大权独揽之局面。美国及意大利的空军顾问团在这期间先后来华，正是这种策略之体现。

1933年1月8日，中方军政部兵工署署长俞大维在与美国驻华陆军武官助理波特纳（Boatner）谈话时就曾坦白而言：中国目前最需要的是美国专家的军事建议及武器供应，"中国虽然已雇有大批德国军事顾问，但中德军事合作之前途并不乐观，德国之援助多从营业观点着手。"俞大维说这虽然只是他个人的观点，但足以代表了中国军方的一种意见。

美国驻华使馆陆军武官在给华盛顿的报告中说明了中德关系的这种状况，并说佛采尔是否接受过德国军火商的"红包"虽不得而知，但布凯斯特等个别顾问居中牟利则是肯定无疑的，这也是德国政府在《凡尔赛和约》之下大搞"工业外交"、发展军备以图复兴的重要表现。就连陶德曼公使也曾直率地说过："彼（指佛采尔及顾问团）所关心者，仅企业（Geschaefe）而已。"[59]

关于佛采尔旅华期间与德国工商界特别是军火工业巨头的关系，是一件难以探寻之谜。目前史学界对此有两种截然不同的说法。大多数的观点认为，佛采尔只知抓军事，对中德间商业及工业关系之发展不感兴趣，他认为这是两国工商机关的事，而其本人与德国财商工各界的关系也不密切，这不仅使德国有关各界颇为不满，"国防部怨其不能及时送回情报，企业界怨其不能热心服务"[60]，"特别是德国国防部认为佛采尔提供的情况还比不上其他国家驻华使馆一名武官的作用"[61]，这就有悖于他们发展中德贸易，了解进而影响、控制中国的本意，特别是德国工业界对于佛采尔喜欢从上海进出口贸易商行采办军需品而不愿照顾德方企业生意之举，十分不满。而另一方面佛采尔的这一缺陷也招致蒋介石的不快，他认为佛氏未能在介绍采购军火器械方面尽到他应有的职责，是一个"重大的不足"。由于主客双方皆有不满，这便注定了佛采尔不久后下台的命运[62]。

然而，另外也有人认为佛采尔并非在军事之外一无所获，只是他个人对此不甚热心，但他重用布凯斯特的目的就是为了促进中德贸易，而军事顾问团中此时也不乏热心于军火贸易之人，只不过佛采尔"下放经贸权"的结果使之处于一种失控状态，产生了若干复杂的矛盾，这些矛盾使佛采尔处于十分不利的被动境地，再加上他为人处事简单直率，终于为中方所不容，最后被迫下台。

实际上，佛采尔在华期间，确实注重军事，他是历届德国军事总顾问中唯一既参加过军阀混战、"剿共"战争，又参加过抗日战役的"全才"，对辅佐南京政府的军事指挥贡献不少。然而在其他方面，他虽不是一无所为，却没有做好工作，包括经营活动、顾问团内工作及人际关系等等，而他本人又总是不讳言好恶所在，让人抓住了把柄，襟怀坦白、心直口快的结果却使自己陷入不利境地，这便是问题的症结所在。

蒋介石后来曾对佛采尔的继任者塞克特将军评价说："佛将军之忠诚与作战经验能力皆极可佩，但建军工作不尽令人满意，至于政治与外交（亦可能包括人事关系）彼亦未甚注意。"[63]可见蒋介石对佛采尔的工作是有正确评价的。

尽管如此，在佛采尔来华期间，中德经贸合作仍有了一些发展。

1930年初，世界经济出现危机，德国工商界在十分困难的处境中为了保持赖以生计的海外贸易，极力想扩大对华出口。是年夏季，德国工业联合会曾派遣一个代表团跟随佛采尔之后来华访问，进行了几个月的调查，他们虽有发展贸易的愿望，但却为中国当时内战所忧虑，最后仅仅在报告中提出了有限制地发展中德合作企业的建议，而当时德国政府是反对企业对华投资的，生怕南京政府地位不稳。

德国企业家并没有灰心。他们又组织了一个"中国研究社"（China Seudien Gesellschaft），作为主办对华扩大合作事宜之代表机构。在中国内战频仍的情况下，他们主张大力对华出口军备，以满足双方的需要，同时准备帮助中国发展小型军工企业。

1933年，德国海军中将金泽（Kinzel）率领一考察团来华，他受军火厂商之托准备推广中德军火贸易。金泽与佛采尔、布凯斯特以及中方俞大维等人进行了深入交谈。在访华报告中，他乐观地认为中国将成为德国最大的军火输出国，具有广泛的贸易前景。

就佛采尔个人来说，1932年，他曾提议中方组建一中德合办之炼钢厂，并介绍德国奥托·俄普夫公司与中方合作。虽然这一建议最后因种种原因未能成功，但奥托公司却因此与中方建立了关系，在上海设立了办事处。德国政府对发展中德间这种经济合作持有完全支持的态度，并派有官方董事代表加入该公司，还介绍其他德方钢铁公司与制造商加入进来。在德政府暗中支持下，奥托公司逐渐成为对华合作重点企业，以后参与了建设江南铁路等许多重要工程。

除此之外，佛采尔还对德国火炮进入中国市场做了一些工作。他曾在中国炮兵整建中大力引进德国卜福尔厂所生产之15公分轻榴弹炮以及7.5公分高射炮，用以替换中方现有的英国产火炮，共计装备了6个营，这不能不说是佛采尔利用职务之便照顾德国军火商之举动。

"九一八"事变发生后，中国东北军撤入关内。佛采尔眼见这支据德方侦报有17万人之众的庞大部队归依国民政府之后将成为一块"肥肉"，他以为蒋介石要将东北军整训、改装，重新配备，以之作为未来抗日的主力军，故而极力想让德国军火商来承揽这笔大生意。为此，他动了脑筋，动员德国退役将军法肯豪森来华，出任张学良的"总顾问"，用以"先入为主"。他在蒋介石、张学良面前极力游说，得到了两人的同意。但陶德曼公使却对此持有异议，他认为：第一，南京政府目前无财力也不可能重新装备东北军；第二，东北军与日本有深仇，日后将不免对日作战，德国势力介入中日战争将是自找麻烦。故而坚决反对法肯豪森来华就职。由于陶氏的反对，最后终于使此事成为泡影[64]。

佛采尔来华出任顾问团长对于中德关系发展的一项最大贡献是他第一次使德国顾问团与德国官方建立了联系，将顾问团的工作纳入了德国国防部的控制之下，使之直接为德国政府提供服务，从而结束了顾问团的非官方历史。

在鲍尔与克里拜尔主持工作时期，德国顾问团完全是由一批退役军官与反共和分子自愿组成的，他们来华在很大程度上是为了躲避国内共和政府的压迫或是被政府驱逐无处藏身所致。例如鲍尔就曾被魏玛政府通缉，克里拜尔则更因参加纳粹党而曾被逮捕，他之来华，完全是为了逃难。他们身为"叛逆分子"，在华言行自然与共和政府无关。尽管如此，他们依旧非常小心，在华活动尽量隐蔽，以免惹出国际矛盾，加重自己的麻烦。然而佛采尔却完全不同。

佛采尔来华时，身为魏玛共和政府的现役高级军官，与德国政府高层人士如国防部长、陆军总司令等均保持密切关系。为了使他能够来华，国防部特批准给假，让其离职在编，以备回国后再任新职。佛氏过去亦曾负责德俄军事合作，对此项工作具有经验，他来华后很自然地使中德官方合作大大增强了。为了及时与国内各方联络，佛采尔特派毕格曼中校（Brinkmann）为其代表常驻柏林，成为顾问团留在德国国内的团员。佛氏来华后，很短时间内，顾问团人数激增为60人，若非德国外交部的一再反对，规模还将扩大。佛采尔召集了德国军队中许多干才来华，其中如曾任蒋介石机要顾问的海因士上校（Heins）、蒋介石卫队顾问史太邱上尉以及步兵学校首席顾问魏尔克上校（Wilck）、兵工专家杜尔豪尔少校（Dulheuer）、工兵专家林克少将（Link）等人都是这一时期来华赴任的。

佛采尔在华奔波于内战抗日前线，毫不隐讳其身份，特别是他率领顾问团陪同宋子文出现在"一·二八"淞沪抗日前线，使日本人愤怒透顶，屡屡向德国提出抗议，魏玛政府对于佛采尔之"不检点"无法再推辞狡辩，德国外交部处境之狼狈可想而知。但德国军方仍在暗中支持佛采尔的活动，并掌握了顾问团人事及军火贸易之大权。

1934年2月及5月，佛采尔在其卸职前夕，针对中国国防建设及对日备战实际，又给蒋介石写了两份《整理部队建议书》。在这两份文件中，佛采尔对中国未来抵抗日本侵略的战略、军事装备、兵种武器之改进部署以及采用新式方法整军等多方面内容，提出了他自己的设计。从空军到陆军、从工兵到炮兵直至军校，甚至包括对于军事委员会、军政部、参谋本部及训练总监部的工作都提出了改进意见。佛采尔总结说："中国陆军显著之进步，为近四年来中央军校所施后起军官之训练"[65]。"华北战事足以证明德人在中央军方面所施用之德国训练与战斗原则完全适当"[66]。"中国人民确能练成良好陆军，中国亦应如他国在此种基础上建设陆军，逐渐发展，自有造成强大国军之必要"[67]。蒋介石对佛采尔这两份建议书十分重视，每一节上都有他的阅批，并在文件卷首上批到："此全书抄寄朱主任、陈次长、贺次长切实研究实施，结果盼复。中以为意见甚对，非此不能使陆军进步也。"[68]

虽然蒋介石对佛采尔的军事才能与建议非常欣赏，但在实际工作中两者之合作却又不尽如人意。

佛采尔在华的最后阶段，在对江西苏区的第五次"围剿"战斗中，他与蒋介石产生了一些矛盾，这不仅是因为作战时间上的分歧，而且在使用部队问题上双方也产生了不和。佛采尔坚决反对蒋介石把他一手培训出来的教导旅示范部队投入反共战场，而希望把他们用来作为"种子"，使德式整训进一步扩大到全军，他认为这样牺牲掉教导旅太可惜了，他对这些部队充满了感情。但蒋介石为了全力推行"剿共"方针，不惜血本与红军一拼，他不管什么教导部队，只要能打仗，就要用在前线，就连正在整训的部队也要中止整训开往前方"剿共"。由此，佛蒋两人又产生了矛盾，再加上蒋介石又"不允许佛采尔在我国服务时，性情如此暴躁且行动如此偏激，唯一能有效制服而又可使其平心静气工作之办法，似在此人头尖上加上一顶重帽"[69]，亦即再找一位能使佛采尔信服听话的德国名将来华担任蒋介石的私人顾问、参谋长或至少来华访问一次，借机说服佛采尔，进行疏导，以维持继续合作的局面。

为此，蒋介石又动开了脑筋。他再次委托朱家骅致函鲁登道夫（Ludendorff）元帅，另请寻一名将代替佛采尔之职位。

当时堪当此职的人选只有两位，一是德国前国防部长汉斯·冯·塞克特将军，现退休。二是素有"中国之友"美称的国防部长威廉·格鲁纳将军（Wilhelm Groener），他曾为在德国培训中国军官做过不少工作，深得中方信赖。蒋介石通过驻德公使刘文岛邀请格氏来华，但格鲁纳此时因在国内从事反对纳粹党活动而被兴登堡总统免职，又刚刚新婚不久，不愿远行[70]。故中方聘请重点转向塞克特。

朱家骅向蒋介石建议先邀请塞克特来华一游，再视其态度提出聘任，蒋介石也同意了。佛采尔得讯后认为塞克特来华访问会加强自己的力量声势，并通过塞氏反映顾问团对德军方的要求，故慨然允诺为蒋联络，他全然不知老上司来华是要"抢他的饭碗"，于是围绕顾问团团长职位的新一轮较量又开始了。

总结佛采尔使华四年的历史，他为蒋介石的内战、抗日军事斗争立下了汗马功劳，并利用其有利条件将顾问团纳入德国军方管辖之中，结束了它的非官方历史，使德国国防部直接掌握了顾问团人事大权并涉及中德间军品贸易，在中德关系史上具有重要意义。但佛采尔最后竟然劳而无功，甚至丢掉了乌纱帽，其最大原因在于他不善于处理人际关系，且又傲气凌人，看不起国民党内旧式军人出身的军官阶层，指责他们"阻止新法改革"，"只知侈谈理论而不切于平时实地训练，更不适于战时应用"[71]，最后发展到指责蒋介石不听他的建议，并且又与素为蒋所不满的宋子文等关系密切，为蒋所忌。另一方面，佛采尔又不太重视为德国军方服务，提供情报拓展贸易，造成主客双方对之不满，他的最终下台因此成为必然。但佛采尔在中德关系史上仍以其重要作用占有一定的地位，这是不可否认的。

附：佛采尔主持顾问团时期各顾问工作分配一览表[72]

（1931～1933年）

	姓名	中文 / 德文	军衔军种	主职工作单位	兼职工作单位及曾任职
1	佛采尔（Wetzell）		步兵中将	总顾问办公处	参谋本部
2	克鲁格（Kluge）			总顾问办公处	工兵学校
3	克鲁马赫（Krummacher）		炮兵上尉	总顾问办公处	骑兵旅、军官学校、炮兵学校
4	布凯斯特（Bukist）			总顾问办公处	
5	顾德威（Gudevius）		步兵少将	参谋本部	
6	史培曼（Spemann）		步兵中将	陆军大学	参谋本部、陆大第十期战术教官
7	莱柏耳（Leipel）			军医司	参谋本部、陆军大学、骑兵旅、军官学校、第八十七师、炮兵学校

8	林德曼（Lindemann）	退役步兵中将	陆军大学	
9	古西（Gruse）		陆军大学	
10	克里拜尔（Kriebell）	步兵中校		
11	王恩翰（Wangenheim）	步兵少校		
12	罗霭夫		测量总局	
13	哈特曼（Hartmann）	炮兵少校	测量总局	炮兵一团
14	赖曼（Lehmann）	航空兵上尉	测量总局	教导队航空班
15	饶美亚		测量总局	
16	布盖特纳		测量总局	
17	霍柏斯		交通司	骑兵旅、军官学校
18	皮尔纳（Pirna）		交通司	航空署、铁道炮队司令部、军官学校
19	喀诺布尔司多夫（Knobelsdorff）	通信兵少校	炮兵学校	交通司、骑兵旅、第八十七师、财政部税警团
20	百禄		航空署	
21	佛莱迈里		兵工署	
22	亨尼希		兵工署	
23	杜好尔		兵工署	
24	麦次纳（Metzner）	化学、瓦斯专家	兵工署	军官学校
25	布鲁麦		兵工署	
26	屈本		军需署	
27	洛森（Lassen）	骑兵上校	骑兵旅	
28	罗伦次		骑兵旅	
29	薄弟恩（Boddien）		骑兵旅	
30	爱基弟		军官学校	骑兵旅、工兵补充队
31	马德（Bade）	步兵上校	军官学校	（任战斗教练及野外演习指导）

32	诺尔特（Nolte）		军官学校	
33	凯塞（Kaiser）		军官学校	
34	胡脑施坦音（Hunorstein）	步兵少校	军官学校	（任战斗教练及野外演习指导）
35	达麦劳（Damerau）	步兵上尉	军官学校	
36	布禄贺音		军官学校	
37	毕里次（Beelitz）	炮兵少校	炮兵学校	军官学校
38	漆麦曼（Zimmermann）		第八十七师	军官学校
39	马约（Mayer）	骑兵上尉	第八十七师	
40	包尔（Bauer）	骑兵中尉	第八十七师	
41	摩里次（Moritz）		第八十七师	
42	马丁（Martin）		第八十七师	
43	鲍次		第八十七师	
44	波勒		第八十七师	
45	阔次（Kurz）		第八十八师	
46	施特莱勃（Strepel）	步兵上尉	第八十八师	（任战斗教练）
47	史脱次纳（Stoelzner）	通讯兵中尉	第八十八师	
48	韦白（Weber）	工兵少校	第八十八师	工兵学校（曾负责设计杭州湾国防工事）
49	胡默尔（Hummel）	步兵少尉	第八十八师	
50	费尔曼（Hermann）	步兵上校	第八十八师	（任战斗教练）
51	哈赛（Heise）	炮兵上尉	炮兵学校	
52	基尔柏（Gilbert）	炮兵上尉	炮兵学校	
53	毕格尔（Boegel）	炮兵中尉	炮兵学校	炮兵二团
54	郝次（Hotz）	弹药士	炮兵学校	

55	舒尔次（Schultze）	工兵军官	炮兵学校	曾任长江沿岸要塞炮台整备工作
56	郎格尔（Lange）	工兵军官	炮兵学校	曾任长江沿岸要塞炮台整备工作
57	魏尔克（Wilck）	步兵上校	步兵学校	
58	布罗赛		步兵学校	
59	爱倍勃克		兽医学校	
60	班哈特（Bernhardt）		蹄铁教练所	
61	邵姆堡（Schaumburg）	步兵少校	财政部税警团	曾任佛采尔的副官
62	施坦音（Stein）		财政部税警团	
63	洛卫	海防专家	（未经指定）	
64	骆梅苍	侦探专家	（未经指定）	
65	毛伦霍夫（Moellenhof）	航空兵中尉	教导总队	
66	毛奇（Moltke）	航空兵上尉	教导总队航空班	
67	史达开（Starke）	步兵少将	陆军大学	陆大第11期教官
68	史太邱（Streccius）	步兵少将	陆军大学	陆大第12期教官，航空战术教官
69	赖文（Rave）	海军上校	陆军大学	负责教授海军知识
70	包姆巴赫（Baumbach）	炮兵上尉	陆军大学	炮兵顾问

【注】

[1] 博恩：《1931年德国银行业的危机：金融与政治》（慕尼黑）1967年版，第65~67页，转引自柯伟林：《蒋介石政府与纳粹德国》，第89页。

[2] 约翰·托兰：《从乞丐到元首——希特勒的一生》（上），第250~252页。

[3] 程天放：《使德回忆——柏林初期生活》，见（台）《传记文学》第三卷第二期，第19页。

[4]　透露此消息者为齐焌，参见柯伟林《蒋介石政府与纳粹德国》，第 352 页。

[5]　（台）《传记文学》第三十卷第二期，第 94 页。

[6]　洪诚：《整理中国钨砂之记述》（油印本），二史馆藏档案。

[7]　辛达谟：《德国外交档案中的中德关系》，（台）《传记文学》第四十二卷第二期，第 124 页。

[8]　（台）《传记文学》第四十二卷第二期，第 125 页。

[9]　二史馆馆藏档案：《琶江口兵工厂合约》七七四 3095。

[10]　有著作称，克兰在广东的投资总额为 6，500 万马克，显然是错误的。参见《近代史研究》
　　　1992 年第六期。

[11]　二史馆馆藏档案：《琶江口兵工厂合约》七七四 3095。

[12]　吴景平：《汉斯·克兰与 30 年代的中德关系》，载《近代史研究》1992 年第六期。

[13]　二史馆馆藏档案：《琶江口兵工厂建筑物承建合约》七七四 3095。

[14]　吴景平：《汉斯·克兰与 30 年代的中德关系》。

[15]　柯伟林：《蒋介石政府与纳粹德国》，第 148 页。

[16]　《德国外交政策文件》C 辑第二册 No.89，第 154~155 页。

[17]　《德国外交政策文件》C 辑第三册 No.476，第 900~901 页。

[18]　郭恒钰、罗梅君主编：《德国外交档案：1928~1938 年之中德关系》，第 163 页。

[19]　劳滕史拉格自北平发回的一个秘密报告中称，在战争物资的置办上，冯·塞克特深受中国政
　　　府信任，他考虑在此事上起用汉斯·克兰。据前引郭恒钰书，第 168 页。

[20]　辛达谟：《德国外交档案中的中德关系》，见（台）《传记文学》第四十二卷第二期，第 122~123 页。

[21]　（台）《传记文学》第四十二卷，第 125~126 页。

[22]　辛达谟：《南京国民政府时期德国顾问之贡献》，见《近代中国》第四十五期。

[23]　同上出处。

[24]　辛达谟：《德国外交档案中的中德关系》，见（台）《传记文学》第四十一卷第五期，第 121 页。

[25]　同上出处，第 121~122 页。

[26]　《传记文学》（台）第二十七卷第四期，第 54 页。

[27]　同上出处。

[28]　（台）《传记文学》第二十五卷第三期，第 94 页。

[29]　二史馆馆藏档案：《军事整理会议记录》（1932 年 1 月 6 日）七七三 643。

[30]　二史馆馆藏档案：《何应钦致陈仪指令稿》（1932 年 1 月 15 日）七七三 643。

[31]　傅宝真：《在华德国军事顾问史传》，见（台）《传记文学》第二十五卷第三期，第 96 页。

[32]　二史馆馆藏档案：《德总顾问佛采尔建议书》七八七 2059。

[33]　二史馆馆藏档案：《魏汉乔关于改进德籍军事顾问训练部队方法之报告》（1932 年 8 月 11 日）

七七三 643。

[34] 同上出处。

[35] 二史馆馆藏档案：李待琛《改良军事顾问运用以增加效力之意见》七七三 643。

[36] 二史馆馆藏档案：《军委会临时会议记录》（1932 年 9 月 1 日）七七三 643。

[37] 二史馆馆藏档案：《佛采尔致蒋介石函》（1933 年 7 月 7 日）七六七 467。

[38] 二史馆馆藏档案：《蒋介石复贺耀组电》（1933 年 9 月 16 日）、《参谋本部令》（1934 年 5 月 18 日）、《军事委员会训令》（1934 年 6 月 9 日），七六七 467。

[39] 傅宝真：《在华德国军事顾问史传》，见（台）《传记文学》第二十五卷第三期，第 101 页。

[40] 郭汝瑰：《我在陆军大学（1932~1937 年）》，载《民国时期的陆军大学》，江苏政协文史资料委员会等编：《江苏文史资料》第 79 辑，1994 年 10 月版，第 64 页。

[41] 郭汝瑰：《我在陆军大学（1932~1937 年）》，载《民国时期的陆军大学》，第 65、73 页。

[42] 郭汝瑰：《我在陆军大学（1932~1937 年》，载《民国时期的陆军大学》，第 73 页。

[43] 柯伟林：《蒋介石政府与纳粹德国》，第 111 页。

[44] 佐尔格，时受苏军总参谋部情报部部长扬·卡尔洛维奇·别尔津派遣，于 1930 年来华，担任苏军总参情报部上海秘密特派站负责人，于 1932 年 11 月回苏。

[45] 尤利乌斯·马德尔：《佐尔格的一生》，转引自费侃如《也谈李德是谁派来中国的》，见《中共党史研究》1995 年第二期，第 91 页。

[46] 奥托·布劳恩：《中国纪事》，转引自《中共党史研究》1995 年第二期，第 92 页。

[47] 奥托·布劳恩：《中国纪事》，转引自《中共党史研究》1995 年第二期，第 92 页。

[48] 刘杰诚：《李德是共产国际派来的军事顾问吗》，载《光明日报》1992 年 10 月 18 日。

[49] 顾桥：《李德并非共产国际派驻中共的军事顾问》，载《周末报》1996 年 10 月 19 日。

[50] 奥托·布劳恩：《中国纪事》，转引自《中共党史研究》1995 年第二期，第 92 页。

[51] 关于这一问题的考证，可参见《近代史研究》1990 年第三期载何友良《塞克特并未为蒋介石制定碉堡战术》一文。

[52] 抗战时期美国驻华"中国战区参谋长"史迪威将军，因与蒋介石闹矛盾不和而闻名。

[53] 傅宝真：《在华德国军事顾问史传》，见（台）《传记文学》第二十五卷第三期，第 96 页。

[54] 同上出处，第 96 页。

[55] 同上出处，第 97 页。

[56] 王洽南：《德国顾问在南京工作时期的回忆》，见（台）《传记文学》第二十七卷第四期，第 53 页。

[57] 傅宝真：《在华德国军事顾问史传》，见（台）《传记文学》第二十五卷第三期，第 96~97 页。

[58] 同上出处，第 97 页。

[59] 同上出处，第 98 页。

[60] 柯伟林:《蒋介石政府与纳粹德国》,第 135 页。

[61] 吴景平:《从胶澳被占到科尔访华——中德关系 1861—1992》,第 133 页。

[62] 同上出处,第 134 页。

[63] 傅宝真:《在华德国军事顾问史传》,见(台)《传记文学》第二十五卷第三期,第 100 页。

[64] 同上出处。

[65] 《德总顾问佛采尔建议书》(1934 年 2 月 14 日),见《民国档案》1988 年第四期,第 33 页。

[66] 《佛总顾问整理部队意见书》(1934 年 5 月 23 日),见《民国档案》1988 年第四期,第 38 页。

[67] 同上出处,第 40 页。

[68] 同上出处,第 37 页。

[69] 傅宝真:《在华德国军事顾问史传》,见(台)《传记文学》第二十五卷第三期,第 102 页。

[70] 德国外交部政治档案(7)Bd.6《陶德曼致德外交部》(1932 年 4 月 17 日)波恩,转引自柯伟林:《蒋介石政府与纳粹德国》,第 351 页。

[71] 吴景平:《从胶澳被占到科尔访华——中德关系 1861—1992》,第 134 页。

[72] 此表依据二史馆馆藏档案七七三 643《德国顾问在华工作分配一览表》改编,并根据王洽南《德国顾问在南京时期工作的回忆》一文充实补充而成。第 65~70 名顾问为档案原表中所缺者。

中德关系渐趋密切 ｜ 第四章

中德关系的蜜月时代

1933年初希特勒上台时，世界经济危机已趋缓和，但德国国内几百万失业大军却成为急待解决的社会难题，纳粹党以"恢复经济的伟大事业"相号召，在大规模开展国家基本建设的同时，暗中开始复建军事基础设施。1934年起逐年增加军备开支，征调大批工人修建飞机场、兵营、高速公路等等，同时用以解决失业问题，并征召大批年轻失业工人编入国防军，在青年学生中广泛开展军事训练，德国走上了急速发展的军国主义道路。1933年2月，希特勒在对国防军将领发表讲话时，号召尽快而广泛地重整军备[1]。到1939年，德国的军费开支已从1934年的33亿马克猛增到300亿马克[2]，在"自给自足"发展经济幌子掩盖之下，德国的扩军备战工作急速发展起来。

根据第一次世界大战的经验，为了防止未来敌手对德国进行海上封锁，从而断绝缺少战略资源的德国的"战争后劲"，德国政府决定扩大战备原料之进口，并加以贮备，因此急需大量外汇。希特勒起用德国著名的经济学家雅尔马尔·沙赫特（Hjalmar Schacht），为其整理金融主管经济，沙赫特制定了复兴德国经济的全盘"新计划"。按照这一计划，德国将通过扩大进出口贸易赚取外汇，用以大量进口石油、橡胶及矿产资源。与此同时，在国内努力发展人造原料及代用品，如人造橡胶、合成油脂等，减少平时的消耗。在这一方针指导下，随着德国经济的快速复兴，其对进口原料矿产的需求越来越大，德国积极地从苏联、西班牙及一切有可能贸易的国家进口原料，多备贮藏以为将来之需。同时，也正是出于这一重要的战略目的，希特勒不得不沿袭魏玛共和政权对华友好的政策，继续扩大对华贸易，从中国进口其所急需的钨、铅、锑等稀有重要矿产以及花生、棉花、棉、麻、猪鬃等农产品。中德间这种易货贸易遂成为两国外交关系的重要支柱，成为德国保持对华友好姿态的基本目的之一。

按照纳粹党人的世界观，"如果不是以武力奋斗作为基础，那么，就不能建设起新国家来"[3]，"最高贵的民族必定做着世界的盟主，而且受万国所拥戴"[4]。"一个有生命的国家，应当以实施较高的理想为标志，而去代替毫无生气的、只为它本身图谋生存的组织"[5]，"国家的责任只是他利用它的组织力，以求达到促进民族的自由发展"[6]。在这种"强权"、"霸道"欲使自己"自由发展"的目的驱使下，纳粹党执行的便是一种"弱肉强食"、"唯强是从"的外交政策。

对于距离欧洲大陆万里之遥的远东，纳粹政权从"实际需求"出发，并无太多的考虑。尽管希特勒在二十年代末期就已确定了他的扩张主义政策，但他的"近忧"与"直接对手"是欧洲列强各国，他必须首先吞并弱小邻国而后打败法国、英国、俄国，夺取欧洲霸权，最后再向世界霸主地位进军。

至于中国，在希特勒眼中则处于与非洲人同等的"三流种族"的地位，对他无关紧要[7]。希特勒的亚洲概念是以日本人为中心的，因为日本的强大及其与之相同的法西斯军国主义志向，使希特勒认为在亚洲唯有日本可以对他的"夺取世界霸权"最终目标提供帮助。"尽管中国人和日本人在希特勒眼里都是'弱小种族'，但在他的'种族'价值天平上，日本人似乎稍重一点"[8]。由于日本曾经打败过俄国，因此希特勒认为他可能成为今后帮助德国牵制苏联的工具，因而具有利用价值，所以希特勒在上台之初，便对日本表态说他希望与东京和平相处[9]。后来又进一步相勾结，成为发动世界大战的两个战争策源地。

虽然当时中国政府上层集团对纳粹德国极表好感，热情联络，甚至公开效仿，崇拜莫名，但"希特勒决不因中国某些人对他的谄媚而给予回报"[10]，他的对华关系的立足点是建立在有眼前价值的"利用关系"之上的，"他绝不承认有必要与中国建立长期的友谊关系"[11]。

德日两国尽管在政治战略利益上具有一致性，但在经济利益方面，德国却与列强各国相同，受到了日本侵华的威胁。因为日本列岛在资源上与德国同处缺乏地位，不能予以"互补"，因此，德日双方在抢夺中国资源方面不无矛盾，然而为了"政治伙伴"关系，希特勒不得不作出一些让步。1933年，当赫伯特·冯·狄克逊（Herbert von Dirksen）被希特勒任命为驻日大使时，他明确说明为了与日本"建立更友好的关系"必须执行"政治第一"的方针，"不过，也许正是因为这一点，我充分意识到自己面临（德日）经济关系方面的任务"[12]。这对于德方来说确实是一个不小的难题。

总之，从政治及单纯的外交观点出发，德国魏玛共和政府以及后来的希特勒纳粹德国对中国的认识与观点都是平淡的，德国对华发展关系是基于原料及市场的经济需要，他们并不想在政治与外交上寻求中国这个大而弱的远方朋友的支持，纳粹党人的外交政策是奉行完全的实用与利己主义的方针，比较一般的国际交往更无信誉与道德可言。希特勒有句名言"政治是不讲良心的"，这便是其外交关系反复多变原因的最好注解。纳粹党人在野时，在精神上"崇拜日本之敢作敢为，诽谤中国之懦弱无能"[13]，就希特勒本人而言，他对中国并无多少了解，他在执政后对于中国的观点，多半是受其好友克里拜尔（先为赴华军事顾问、代理团长，后为德国驻沪总领事）所撰来自中国的秘密报告的影响。因为中国人在他印象中并无多少分量，也不值得他去花多少时间考虑其对华政策，如果说希特勒对华政策有时会表现出某种积极性的话，那也是出于对中国的政治与外交的利用，绝非是真正器重中方。故而从总体来看，德国的对华政策大致上总是处于一种被动地位。

当然，在这里我们必须指出，在另一方面，德国的大工业金融财团以及与中国有关的政府部门，如财政部、国防部等，因为自身利益及工作之需，急欲发展对华关系，而在1938年2月之前，这些部门又尚未被纳粹党人所把持。所以，在中方的主动要求及德方具体负责人员的推动下，中德双边关系还是有了飞快的发展，从而形成了中德关系史上的"蜜月时代"。

1932年12月，刚从德国柏林大学留学归国的国民政府国防设计委员会委员徐道邻，撰写了一篇《德意志与中日两国之外交关系》的文章，发表在1933年2月的《外交评论》杂志上。在这篇文章中，徐道邻以大段篇幅论证了中德两国发展彼此间"天然之友谊"的必要性，除了双方工农业特长的

"互补"性而外，更提出了德国作为工业国的"非帝国主义性"、"反帝国主义性"以及孙中山所倡导过的建立"中俄德大陆同盟"三条基本理由，并详列了德国联华之"五大利"与联日之"五大害"，试图以此来证明"中德两国，国际及地理形势所在，利害皆不相抵触"，有发展"天然"友谊的必要[14]。他的基本观点，仍不出从经济贸易互助、对俄牵制能力、美国外交态度以及中日民族特性几方面来论证德国若联华比较容易收效；如若联日，则对其无益且有害。接着，徐道邻从分析德国政府及在野各党派对日本侵占中国东北"九一八"事变的态度入手，指出了这一时期德国外交政策的特性与失误，强调德方应从长远的目的，以发展的眼光来正确认识发展对华关系之必要，不要拘于眼前小利而向日本讨好。

徐道邻的观点，基本上代表了此期中国政府对中德关系的认识。具体描述起来，这就像一个处于竞争弱势的求爱者，在向姑娘讨好时尽力说明自己未来的"发展潜力"一般，怀着一种焦急而又无奈的心情，而偏偏这个德国"姑娘"又是一个颇讲"实惠"的"实用主义者"，真可谓令人头疼。

徐道邻根据自己的见解于1933年10月16日条陈国民政府《促进中德邦交办法》一文，提出了加强中德邦交6个方面的措施：

（一）"从速实现欧亚航空计划"；

（二）"接洽三年迄未解决之飞机厂问题"；

（三）"多方接洽工业合作计划"；

（四）"商定不侵犯条约、保护著作权约等"；

（五）"派员至德国联络"；

（六）"加聘经济顾问"。

他特别提出，除了对华友好的柏龙白、沙赫特外，对于纳粹党中实力派人物戈林、戈培尔等"亦宜多下工夫"，"现任沙克逊总督为希特勒老友，与我感情甚好，乃一好路线，宜善利用之"[15]。

中方的对德具体工作仍不外"聘用顾问"与"经济合作"两大方面。在聘用顾问方面，成功地聘请到了德国名将佛采尔以及"德国国防军之父"塞克特将军，并使来华军事顾问团归入德国国防部管理之下，成为中德官方交流主渠道之一；经济合作方面，在铁道、矿业、电信等多方面开展了双边合作，徐道邻所提到的中德共建飞机厂合同亦于1934年9月签订。

总之，到1936年前后，德国在华商业机构已达104家，仅次英美法，居第4位；贸易行达293家，次于英美，居第3位；赴华商船航行吨位2,624吨，次于英日美，居第4位；在华投资1.364亿美元，次于日英美法，居第5位；在华企业29个（采矿业除外），次于英美，居第3位；投资铁路（不含东北）1,256公里，次于英法，居第3位[16]。从总体上来看，德国经济势力在中国已经有了长足的发展，成为可与列强抗衡的一支力量。

1934年7至8月间，南京国民政府交通部长俞飞鹏率团访德考察，受到希特勒的"正式接见"，德国政府认为这次接见，充分显示了德国的"对华友谊"。

1934年8月23日，中国财政部部长兼中央银行行长孔祥熙与德国政府代表汉斯·克兰（Hans Klein）代表各自政府，经过艰难谈判，达成了历史性的《中国农矿产原料与德国工业品互换实施合同》（简称《中德易货协定》）文件。这份文件适应两国具体需要，为双方节省外汇以直接易货方式互通有无开辟了途径。由于其涵盖面广，对促进中德经济合作及双边外交关系有着重要的意义，因此受到了双方领导人的高度重视。德国元首希特勒与中国领袖蒋介石为此互致贺电，一致高度赞赏这一极有实际价值意义的合作，并表示对发展两国关系之"热望"。中德双方有关大员柏龙白、沙赫特以及孔祥熙、翁文灏等亦互电致贺。一时间，两国关系急剧升温[17]。

由于德国与中国广东地方当局关系的干扰，以及《中德易货协定》所加附带合同谈判之拖延，这一重要协议迟迟未得到双方政府的最后批准。在双边往复交涉之同时，中德实际合作却已扎扎实实开展起来。德国赴华顾问，包括那位代表德方签订易货协定的"神秘商人"克兰，都已成为中国政府的"座上客"，积极参与了中国内政、军事、经济、文化全方位的工作与改革设计、战略策划。

1935年间，汉斯·克兰给蒋介石、孔祥熙呈送了一份关于《设立实力中心点组织的建议》，在这份建议中，克兰提议中方建立一个"临时建设署"机构，以统筹中国经济、军事建设之全盘事务，目的是建设一个"实力中心点"，以加强中央集权领导，提高工作效率，推进中国在德国顾问指导下的经济建设与国防准备工作。这一"临时建设署"囊括了工业、交通、农林、邮政、警务、司法、外交各方面工作范围，涉及中国的"全部建设事业"，同时计划全方位地配以"德国代表团（包括国防军现役军官组成的军事顾问团与技术经济专家团体）来华服务"。克兰的这份建议书充分体现了当时一部分德国人试图全面影响中国内政外交，全力加强德国在华影响的企图[18]。虽然中方最终并未全部采纳克兰的这一建议，但同年4月间，蒋介石下令改组国防设计委员会为军事委员会下辖的资源委员会，主管国防资源勘探、开采、出口，以及重工业与军工业建设事宜，授之以极大权力，不久又设立中央银行中央信托局，专司负责对德易货贸易，以及在抗战前筹划"国防中心区"等等措施，其中无不可以窥见克兰建议内容的折影。

1935年5月22日，为适应当时中德两国关系发展之需要，按照德国经济部长沙赫特的提议，中德两国外交关系由公使级升格为大使级，原德国驻华公使陶德曼升任驻华大使。6月29日，中国政府任命程天放为首任驻德大使。

1935年11月，德国政府为协调其远东政策，组成了一个以前任德国驻纽约总领事奥托·克朴（Otto Kiep）为团长的大型经济考察团前来远东各国考察。该团的任务是考察中国、日本及南洋各国经济环境，了解德国投资与商务发展情况，以便提供德国政府有关机构参考，借以协调其远东政策。中国驻德大使馆向南京外交部报告说："该团来华任务，除调查中德商务经济关系，并将该国经济商务现状面告该使馆及商人外，闻尚拟与南满铁路订立交换大豆及机械契约。"[19]

1936年2月6日，远东经济考察团团长克朴率团员罗声白先行抵华，其余团员仍留在日本东京，继续洽商德国与日本及伪满贸易合同事宜。由于该团此行主要目的是发展与日"满"的经济合作，对华系属考察性质，日本方面便造谣说考察团远东之行有政治上的暗示，预示着德国即将承认伪满。为了澄清事实，克朴团长来华后，即在公开场合说明"德国与日本同为工业发达国，且同为原料缺乏国，故彼此竞争甚烈，而彼此能交换之货物甚少。东三省所产之大豆确为德国所需，但东省所需之制造品已为日本所垄断。致德国因碍于汇兑关系，对于大豆亦不能多数采购。此次到日到"满"，意在谋德国与伪国贸易之纠正"。"能否实行，甚为疑问"。"德国在远东绝无政治意味。所谓日德同盟及承认"满洲国"等情，均系无知者造谣，实无其事。唯德国对中国贸易极易推广，因中国所产之原料如棉花、矿砂等均为德国所切需，而中国发展工业亦需德国之制造品。俟中国政府建设计划完成后，中德贸易前途尤觉未可限量"[20]。

当天晚上，克朴还在上海银行家俱乐部举行的欢迎会上发表了题为《新计划下的德国经济政策》的演讲，他详细阐述了德国在希特勒执政后经济上的改革与迅速发展，再次强调："德国没有什么海外财产可供换取他所需要的原料，因此，它热切希望与那些可为它提供原材料及需要工业产品的国家发展易货贸易关系。在这方面，德国与中国的贸易关系有利于他们之间的相互补充和扩大发展。在过去的岁月里，虽然面临世界危机及德国、中国与其他国家之间贸易的缩减等问题，但是这样的发展仍是连续不断的。在"新计划"政策下，尽管德国总进口量必须减少，但德国从中国进口的数量仍然远远高于对中国出口的数量，这一点是显而易见的，随着中国自然资源的进一步开发，现在的国民政府更加把他们的兴趣和精力用在这一方面，德国对原材料及矿产大量的需求在中国市场上也得到了满足。

两国之间在经济领域的互利合作现在仍继续着，今后还会得到更进一步的发展，这种合作增强了两国及两国人民间的关系，虽然双方都已遭受并将继续遭受经济衰弱的灾难，但我们正努力奋斗，争取摆脱危机，通过我们贸易关系的发展，可以相互促进两国经济的恢复发展和人民生活的改善"[21]。

克朴考察团在华访问了北平、天津、青岛诸城市后，于当月26日抵达南京，与中国最高当局会见。克朴在谈及此次访华之行时，"力辩此来无政治作用，完全属于商业，谓德国在东方既无殖民地，亦无他种野心，不愿牵入东方政治漩涡，外传种种，纯系出自日俄两国之离间挑拨。自称以下列三事为任务：

一、考察中国经济商业状况。希望可多购中国之原料，如农产矿产品等（矿产品锑、钨、铜、铁、铝均要），同时亦望中国多购德国之机器。

二、宣传德国之经济新政策。

三、接洽中国以后向德国购买军火之办法（此点须严守秘密）[22]。

德国远东经济考察团的访华并未取得什么实质性的成果，反而加剧了中方对德日、德"满"关系发展的忧虑。当时正值中德双边关系步入高潮之际，这一小小的不快并未造成太大影响。

1936年2月间，为签署《中德易货协定》，加强双方合作，中国政府派出了以资源委员会委员、地理学家，时任天津开滦煤矿总经理的顾振率领中国代表团访德，在德国经济部长沙赫特的协助下，于4月间达成了作为《中德易货协定》附带合同的1亿马克信贷合同，双边关系有了进一步的实际发展。

在中德签订信贷合同之同时，德国也与伪满当局订立了一份"易货协定"，中方对此耿耿于怀很不高兴。为向中方解释德国与伪满的"纯贸易"关系，同时实地考察德国军事顾问团的在华活动，并作为中国代表团访德的回访，德国政府决定派遣国防部长柏龙白将军的亲信冯·莱谢劳（Walter von Reichenau）将军访华，由此推动中德关系更上一层楼。

莱谢劳将军是德国军界要员，长期担任国防部武装部队室主任，1935年10月后调任南德军区（第四军区驻慕尼黑）[23]司令，他是柏龙白将军的爱将，同时又是纳粹党人，深受希特勒的宠信。实际上，他是希特勒与国防部之间共同的"红人"，具有协调联络双方的特殊作用。

当时纳粹党人虽在国防部及经济部的推动下从事于发展中德关系的工作，但就该党的外交政策而言，则当然是偏向于日本，因此才有了德"满"勾结之举。在纳粹党"影子外交部长"里宾特洛甫的操纵下，当时德国联日偏向愈加明显，在这一时刻，中方能够争取到莱谢劳访华，对于阻止德国进一步倒向日本起到了很大作用。

1936年5月13日，德国元首希特勒为中德关系之发展亲自致函蒋介石，表示了他的"欣感"之情，该函全文如下：

蒋委员长勋鉴：塞克脱[特]上将转来去年十一月二十三日大函一件，至为欣感。钧座决定与敝国友谊合作，以实施建国事业，尤希所引为幸慰者也。希于钧座勋业倾仰已久，关切亦深，尤愿竭尽棉[绵]薄，以资推进之助。

中德两国之货物互换，实给予两国经济进展以莫大裨益，获蒙钧座异数关垂，谨为申谢。

贵代表团由顾振先生之导领，希获与之接席劳问，藉钧座对于经济合作之感想，鄙见亦同，并深信两国互助合作所应有之先决条件已根本具备，而两国密切友谊之结合，必给予吾两民族以莫大福利，是以希对于此次交涉之良好结果至为庆幸者也。谨布尺褚，以表欣感，倘荷钧座不遗，尚希接受敝国国防军之荣誉宝刀一柄，藉表希个人敬仰钧座及贵国之微意。专此。敬颂绥祺。希特勒（签字）谨启[24]。

5月16日，已卸职回到柏林的前赴华德国军事总顾问塞克特将军给蒋介石写了一封长函，表达了他对中德关系步入"正轨"迅速发展的兴奋之情，他写道："此事（指中德合作）及今亦已如愿实现，塞所负直接有关任务已可以为结束矣。……为钧座及中国计，敢请钧座能够移此信任塞之心以信任敝国政府之一切意见建议并所派遣之代表人员则幸甚。"接着塞克特介绍说："敝国领袖兼总理已决定以炮兵中将莱谢劳为其全权代表，首程来华晋谒钧座。莱谢劳将军对于敝国供献钧座之一切建议，负有口头申述以备咨询、对于一切军备国防诸问题负有竭智尽忠以效驱策、对于中国之现状及钧座之需要负有实地采访以致善果之使命。莱谢劳将军知名当世，敝国领袖及国防部部长畀倚殊殷，敝国复兴事业之一切军事经济各问题彼实洞悉底蕴，因其身膺敝国国防军中现役要职，故不能久离职守，敝国领袖及其政府重视对华合作之真相，谅能因莱谢劳将军之使聘而邀洞鉴于万一矣。莱谢劳将军对于塞个人向钧座之建议亦所彻底了解，尚乞视如塞个人之信使代表可也。务恳钧座关于一切合作问题不惜详与商讨，对于德顾问处推进充实之需要幸赐指点。……今后关于顾问处本身问题，倘有特殊需要，塞确信敝国国防部必能由莱谢劳将军之传递，愿为圆满之解决。塞去华之日，曾奉钧命草拟中国兵工建设计划，去岁二月十八日谨将纲要呈报钧察，幸邀认可……莱谢劳将军将向钧座汇呈此详细计划，以求解答钧座当日之疑问。"[25]同月19日、23日，德国国防部长柏龙白两次致函蒋介石，祝贺中德关系的新发展，26日，他又特别为莱谢劳访华专门致蒋一函，全文如下：

委员长钧鉴：敬启者：敝国领袖兼总理已派定敝国第七军军长莱谢劳中将来华报聘，冀使钧座与克兰先生间已形融洽之各项磋商得正式继续，而钧座与敝国政府间之政治与经济合作获有进展也。

柏所确信者，莱谢劳中将久在敝部及前敌行营任参谋长多年，必能为钧座胜事及国防经济诸问题咨询赞襄之任如往日也。敬请钧座畀以无限信任，则幸甚矣。

莱谢劳中将现为敝国最大军区内之司令长官，敝国国社主义政府下之各项任务无不繁杂严重，以待解决。久在钧座洞察之中，事势所迫，莱谢劳中将甚难长期留候调遣，此柏所引为深惜而故为钧座直陈者也。但柏确信，由于两国交亲之切，凡百问题均可在此期间从容获得圆满解决也。谨布景忱，敬颂钧安。柏龙白拜启[26]。

1936年7月，正值中国南方天气进入高温季节，莱谢劳将军身负德方的重任与中方的厚望抵达中国首都南京，他受到了国民政府的热烈欢迎。在军委会大礼堂举行了隆重的仪式，莱谢劳代表希特勒、柏龙白为庆贺中德合作条约之达成，向蒋介石分别赠予德国荣誉军刀一把以及汽车三辆，向孔祥熙授予德国国防军红十字勋章[27]。全副戎装的莱谢劳及蒋介石还发表了热情的致词，盛赞两国友谊及合作成功。可惜这一盛景在当时新闻报道中不见只字，为了中日关系及国际影响，中德之间的"热恋"也只能处于严格的"地下状态"[28]。

　　紧接着，莱谢劳与蒋介石在中央军校就双边合作中诸问题，以及中国军备重整、军工发展诸事进行了长谈。莱氏建议中国"效仿德国整军的经验，成立六十个国防师，编制与装备全采德式，由德国派遣现役军官逐渐取代目前之顾问，薪俸全由德国政府担负"。"同时莱谢劳亦认为我国军事制度有改革之必要，……建设我未来之军事组织系统宜采用德意两国之制度，以委员长兼任行政院长，另创设国防部，莱谢劳并为我拟定国防部组织要领，内容分六章十六条，包括总纲、职守等等"[29]。在当时国际背景下，德国现役军官来华必然会引起日本方面的干涉。莱谢劳为此也对蒋介石谈到了中德日关系。

　　莱谢劳原认为德国政府会有能力说服日本放弃对华侵略，联合德国一致抗俄。另外，日本侵华也对英国利益产生了威胁，英方必然支持德国帮助中国整军备战，"使日本知难而退"，但莱谢劳对日本野心的估计太天真了，对此，蒋介石也无法表态，"仅说'日本不是为中国的永久大患'而已"[30]。

　　关于在华德国军事顾问团的工作，莱谢劳建议设立一个"居以统帅地位"的总顾问来加强领导，这个总顾问代表整个团体对蒋建议，向蒋负责，其余顾问则悉归其指挥。蒋介石回答说：德国政府推荐优秀军官做顾问是可以的，但他坚持每个顾问都必须以个人名义与中国政府签订聘约，总顾问统筹重大事情，但不能因此使中方断绝与其他顾问的直接联系，所有顾问都应对中国政府而不是德方人员负责。蒋介石竭力坚持德国顾问来华是为中国政府服务，应受中国政府管辖，尽管他们可以拥有较大权力，但决不能成为独立于中国政府之外的力量[31]。

　　莱谢劳的"直接援华"的主张，完全出自于他个人的见解，在当时国际背景下根本不可能得到德国政府的支持，他认为自己有能力说服希特勒运用力量使日本放弃侵华，这也是过于乐观的估计。更有甚者，莱谢劳甚至与蒋介石讨论了中德双方在政治领域内合作的可能性，他提议中德两国签署一项《中德反共联合声明》，"就像希特勒助手里宾特洛甫和日本当时正在做的那样"[32]。蒋介石对此态度却"不很明朗"[33]。

莱谢劳在中国的访问一直持续到是年9月，他在中国各地耳闻目睹了日本的武装侵略给中国带来的灾难，并作出估计说日本大规模侵华的"危险也许在半年之内就会发生"[34]。在他离华返德前夕，他首次明确地提出，德国要帮助中国"反对日本的霸权"[35]。

莱谢劳离华后，1936年9月7日，蒋介石亲复希特勒一函，对莱氏的来访及中德关系高潮来临给予了高度评价，并再次表达了他对发展两国关系的热望。该函全文如下：

"希特勒总理大鉴：荷蒙荣宠，特命莱谢劳将军聘使来华，无任欣感。莱将军临贶敝邦，不独以地位见重，其丰采精神宏猷硕划尤足为两国所利赖。余于其行旌旦暮西指，实不胜怅惜之情。信使传来藉台端对于中德合作之感想，至堪欣慰。拙见主要方针已为莱谢劳将军面道梗概。莱将军当能向台端面达觊缕也。货物互换合同不过为吾两国合作之基础，余极望其进展程度速超出此现有范围。敝方现已开始树立经济组织机构，以求提高农产及矿产效率而开发富源。今后中国供输贵国原料之可能性亦必继涨增高，必使此供输贵国原料之数量足为贵国所重视也。为求目前实施开始起见，已令饬所属准于本年内供给贵国以三千万华币计值之货物。

中国国防建设期在实施，故中国原料之必须巨量供给贵国，余亦熟虑已久。

今兹西南两省归附中央，中国之统一遂得圆满实现，内政建设不惟刻不容缓，更须加紧实施，尤须于政治经济思想各方面与贵国携手合作，以助他山。

莱将军对于建国行政以及国防组织、军令更新所建议各点，后者尤属重要，余甚感谢，并已采纳，令饬施行。

贵国首须有一军政学识宏富之高级参谋军官派遣来华，以资襄助一切革新工作之实施。

余切望中德合作大计随时有工作实效为之保障，而两国信使往还、交欢樽俎亦永如今日之盛况也。

前蒙赐予贵国国防军荣誉宝刀一柄，以表袍泽精神亲善正意，高怀远识，良用拳拳，谨此布复。敬颂勋绥。并祝贵邦安福。蒋中正（签字）[36]"

以莱谢劳访华及中德易货贷款协定之签署为标志的中德合作高潮的到来，成为中德关系史上一个新的里程碑。虽然中方对于这种发展势头十分满意，但德方却有人仍存疑虑，如外交部内有人就抱着另一种态度，他们甚至消极地认为："谁也难以预料日本是否允许这种进程不受干扰，但是由于步子迈得太快而增加不安定，这完全是自找麻烦。"[37]

无论如何，此期德国对华关系在希特勒的默许下已经获得了空前的发展。为了表彰德方以国防部、经济部以及赴华军事顾问团为主的有关人员中对华友好并作出实际贡献者，同时也是为了进一步笼络纳粹党内手握实权之要人，作为对德方向中方政要馈赠的回报，1936年底，国民政府决定向一批德国要员颁发荣誉勋章，授勋名单如下[38]：

姓　名	勋　等	姓　名	勋　等
国防部长柏龙白	一等（云麾勋章）	国防部方德肯少校	
经济部长沙赫特	一等	国防部参议爱尔哈德	四等
航空部长兼普鲁士总理戈林	二等	前德国王子莱思·亨利卅六世	
国防经济厅长托马思	三等（彩玉勋章）	兵工署长黎思	
国防部海军中校佛利德堡	四等	国防军务厅长开特勒	二等

双方这种热烈的友好往来密切了两国领导人之间的私人感情，甚至达到了超越一般外交关系的地步。1936年10月31日（旧历9月15日）是蒋介石庆贺虚岁五十寿辰之日，德方要人自希特勒以下各位纷纷给蒋发来了热情洋溢的贺电，他们是柏龙白、沙赫特、托马思、莱谢劳、克兰等人[39]；而蒋介石则也为柏龙白入伍四十周年纪念专门致电祝贺[40]；1937年元旦，双

方在人又互致贺年电函数通。当然，在这一片热情之后隐藏着的仍然是双方各自的利益需要。

1936年8月，第十一届奥林匹克运动会在德国首都柏林举行，希特勒政府不失时机地利用这一全球盛会，欲向世界展示第三帝国的强大与繁荣，投入了大量人力物力，奥运会规模空前巨大。

当时中国政府虽然面临日本侵略的威胁，但国内政治与经济形势已大有好转，国民政府决定派遣一大型中国体育代表团前往柏林参赛。中国政府因是首次组团参加世运会，也没有完全弄清其性质、规格及参加办法，除了体育代表团外，以为还要派遣政府行政官员代表前往，以示隆重。5月间，中国外交部通知柏林方面，将特派考试院长戴季陶为中国政府代表出席奥运会。

中国驻德大使程天放奉令与德方交涉接待戴季陶之事，他既不便回电南京说不必要派大员前来全程参加，又不能对德方说实情，只好通知德国方面，"说明国民政府之所以派戴先生这样一位政治上有地位的人来参加，是表示提倡体育和重视世运会的意思"。德方对此表示说他们只承认一国体育代表团团长是该国的代表，对戴季陶访德只能按私人来访规格接待[41]。程大使闻讯，立即赶往巴黎去见等待入境的戴季陶，向他解释了其中原委。

7月7日，戴季陶一行抵达柏林。德国外交部以及纳粹党海外部、宣传部、中国大使馆等有关单位派代表前往车站欢迎。戴季陶在柏林住了一个半月，在中国使馆举行过几次酒会、宴会，与德方上至希特勒下至各大企业公司的经理及各界人士进行了广泛的接触，德方有关部门也曾宴请招待戴氏，"在德国方面讲，对戴季陶已经尽了接待贵宾的责任了"。23日上午，中国体育代表团乘火车抵达柏林，受到了奥运会及德方主办单位以及柏林华侨、国民党支部的热烈欢迎。下午，戴季陶与在德养病的国民党元老、中山大学校长邹鲁出席了欢迎代表团的宴会。就在这忙碌之中，又发生了一件不愉快的事件。

7月21日，《柏林日报》（Berliner Tageblatt）上刊登了一篇题为《中国的内战》的文章，报道了广东与南京的纷争，并对中国进行了诬蔑。该报从属于纳粹党宣传部，中国大使遂前往该部交涉此事，碰巧部长戈培尔（Goebbels）及副部长冯克（Funk）皆不在，于是又找到德国外交部。程天放会见了外交部副部长狄克霍甫（Dieckhoff），表示正值中国考试院长及体育代表团莅德之际，德方发表这种文章，为破坏中德邦交之举，请予查处。狄克霍甫表示：这是该报记者的愚蠢举动，但政府不能对新闻报道负责。程天放认为德国舆论不同于英美，而是受政府控制的，应该警告该报，同时通知其他各报刊以后一律不得刊登此类文字。德方表示已警告《柏林日报》，今后"如有同样的事发生，政府一定再处分"[42]。23日，《柏林日报》又发表一篇文章，表示前文情况不属实，并对"蒋委员长统一中国的功绩，大加颂扬"，此事到此才算结束。

7月27日晚，中国留德学生会为欢迎中国代表团举行了一次中德联欢会，德方来宾到了200余人，其中包括塞克特夫妇等许多要员，戴季陶、邹鲁以及中国代表团团长王儒堂等皆出席，双方尽欢而散。

8月1日，第十一届奥运会正式开幕。中国代表团虽然阵容庞大，但因力量水平与世界水准差距太大，没能取得较好成绩。

戴季陶等人在奥运期间还分别出席了纳粹党要员戈林及戈培尔主办的两次欢迎外国贵宾豪华晚会，"二戈"的晚宴极尽奢华之能事，每次花费都在10万马克以上，企图向世人炫耀一番，且充满一种相互斗富之意味，纳粹党人的品行，由此可见一斑[43]。

8月16日，奥运会闭幕，戴季陶一行不久离德，他的这次访德之行没有取得什么实际成果。

1936年12月间，蒋介石为最后完成他的"反共大业"，制止东北军、西北军与中共红军的"抗日救国大联合"，决定亲赴西安督促张学良、杨虎城两部对陕北红军发动最后之"围剿"。由于他的这一举动大大地违反了国人抗日救国的心愿，召来了激烈的反抗。12月12日，张、杨两将军发动了"西安事变"，武力拘押了这位"中国最高领袖"，欲迫使其"停止内战，一致抗日"。一时间"西安事变"的消息震动了全世界。列强各国纷纷从自己的立场出发对这一事件进行评价。

德国政府及有关人士对"西安事变"的发生十分关注，他们尤其担心蒋介石个人的性命安全。12月19日，德国国防部长柏龙白致电蒋夫人宋美龄，表示："委座危境，柏日夜遥念，无任慨惜，因久望此次事变确能迅速解决，故未能早日奉电夫人慰问也。柏以至诚敬祝委座充分健全，早日出险，从此益增力量，以领导广大之贵国。是所至祷。"[44]与此同时，德经济部长沙赫特亦致电中国行政院副院长孔祥熙，表示关注与慰问。20日，孔祥熙回电致谢，并称："中国全国一致拥护委座之表现，实为前所罕见，敝政府已采取适当步骤，力图救护。在此事变期间，中国各项政务，仍照常进行，并一奉闻。"[45]

经过中国共产党的调解努力，"西安事变"最后终于以和平方式得以解决。25日，蒋介石在口头承诺张杨"停止内战立即抗日"的要求之后，被释放回南京，尘埃落定。28日，柏龙白部长亲自致电蒋介石，电文如下：

蒋委员长钧鉴：顷闻钧座安然返京，重主大政，无任欣幸。

谨电遥祝，藉达至诚。

柏龙白叩。

十二月二十八日于柏林[46]

1937年1月11日，德国外交部安排各国驻德使节向德国元首希特勒贺岁。当中国大使程天放与希特勒握手时，希特勒对程大使说"西安事变"发生，他非常关注，他深深了解蒋委员长在中国地位之重要，知道他安全脱险，非常愉快。程天放对此表示感谢。希特勒的表态也许是出于真心，因为当时中德关系密切，德国在华利益变大，中国一旦陷入内战，对德方决没有好处。

进入1937年之后，由于中国国内国共第二次合作的开始，加之中国国防力量不断增强，日本军阀深感再不发动侵华，其征服中国的野心将永远成为泡影。于是，日军不断在中国华北制造事端，试图挑起战争。中国国防形势愈加危急。

国民政府为缓解战争危机，试图再次施用"以夷制夷"的外交手段，通过争取欧美列强的支持，威慑日本，使其停止侵华行动，至少也要迟滞其侵略步伐，以达成争取时间从容备战的目的。为此，国民政府与英美德意法各国联络，准备派大员前往访问，争取国际上一切可能利用的力量助华抗日。德国因其与中日双方的特殊关系，自然成为中国重点争取的目标之一。

德国"国防军之父"访问中国

在中德外交关系进入高潮之时，德国军事顾问团又在做什么呢？

佛采尔与蒋介石闹僵之后，蒋介石决心"换马"，在他心目中最理想的替换候选人便是德军名将塞克特。

汉斯·冯·塞克特（Hans von Seeckt）是德国国防军元老，在军界享有崇高声望的"国防军之父"，也是历任德国来华顾问团团长中资历最长的一位。他以非凡的历史及其对德国重整军备的卓越贡献受到了蒋介石和中国国民政府的极力推崇与优厚待遇。

塞克特1866年出身于普鲁士一个官宦家族，祖上历代皆任职于王室朝廷，并荣获多枚奖章。塞克特19岁即成为步兵团军官，后又进入陆军军官学校受训，毕业后跃为军界一颗新星，接连晋升，并游历世界各地，增长见识，为以后登上德国军界最高层奠定了基础。

第一次世界大战爆发时，塞克特以陆军中校军衔担任第三军团参谋长，他与佛采尔共同在法国北部指挥作战，立下赫赫战功，以后又突破波兰，攻入俄国本土，是德国军界公认的"最杰出的参谋长"。

1918年1月，塞克特受命前往土耳其君士坦丁堡出任土军最高统帅参谋长，这一职务与后来他来华担任蒋介石的总顾问大致相同。当时土耳其是德国的盟友，但因国力有限，很快战败，塞克特率领德国参战人员，全部经由俄国撤回德国。1918年9月17日，他在离开土耳其之前曾写信给友人，谈到了他在非基督教国家服务的经验，并表示今后如有可能，希望来中国担任军队参谋长[47]。

德国战败后，塞克特曾为之痛哭失声，但他并未消沉，在兴登堡与格鲁纳授命之下，他曾赴俄国组织德军撤退与东线布防，塞氏按照其"以攻为守"的战略思想，曾重新发动一系列攻势，占领东线战略据点，稳定了战局。以后他又出任德国赴巴黎和会军事代表，旋又担任和平军组织委员会主席，负责组建一支小规模的战后武装。从此，塞克特便成为复兴德国军队的中心人物，担负了这桩历史重任。

塞克特决心训练出一支量少兵精的队伍，为德国陆军之复兴确立基础，他经过艰苦努力终于逐步达到了自己的目的，在他培养下成长起来的一批军官，如隆美尔（Rommel）、波克（Bock）、李布（Leed）、莱谢劳（Reichenau）等人以后皆成为二次大战时期德军著名将领。

塞克特在战后异常艰难的环境之下，以极大的智慧提出并在实践中完善了他的"兵不在多而在精"的建军思想，与之相适应地，他建立了一整套异常严格的训练制度，他要求军人对政治保持严格中立的超然态度，严禁官兵参加政治活动。在日常军事训练中甚至达到了"不近人情"的严厉程度，例如军官不许与士兵一起喝酒；为了让士兵养成绝对听从命令的习惯，在军营中凡居住楼上的士兵一律不许用自来水，而要一趟趟地下楼用水勺盛水上楼使用，并且不许询问这种命令之正确与否；哨兵执勤时连续几小时保持立正姿态，不许稍息等等。在这种近似苛刻的要求之下，德国陆军渐渐养成了如同机械人一般的严谨作风，军队的复兴与重建基础赖以奠定根基。

在政治态度上，塞克特是以极右翼的"德国国家人民党"（DNVP）国会代表身份进入政界的，但他仍然忠于王室，他希望在共和政府外衣掩护之下，逃避外界巨大的压力，保存国防军之精华，为将来向"更大目标"前进做好准备。

希特勒领导的纳粹党势力利用战后德国之衰败和人心思动之机迅速崛起，发动慕尼黑暴动，国防军中以鲁登道夫为首的一批军官倾向于纳粹，曾使塞克特一度左右为难，他不赞成纳粹党的主义，故而在慕尼黑暴动失败后，塞克特开始了在国防军中清洗纳粹分子的工作，他派助手法肯豪森将军（即后来接替他任赴华顾问团团长者）出任纳粹分子在军中活动的大本营——步兵学校的校长，对之痛加整肃，初步抑制了纳粹党人的嚣张气焰。

然而，塞克特及其领导的德国陆军在复兴德国的最终目的上与希特勒是不谋而合的。

1926年秋，塞克特因擅自邀请前德国皇储检阅军队而被共和政府抓住把柄，为兴登堡总统所忌。兴登堡在战后出任德国总统，因同是出身军人，他对陆军总司令塞克特存有戒心，塞氏心中当然明白"一山不容二虎"的道理，有兴登堡在位一日，就容不得他大有作为。

塞克特参加了"国家人民党"反对共和政府的活动。该党在三十年代初期倾向与纳粹党合作，而塞克特也开始改变他对希特勒的态度，他讨厌"老朽"的兴登堡，希望以希特勒为代表的年轻政治势力来接管政权，解决德国目前之危机。

在国际关系上，塞克特思想并不与纳粹党人一致，他希望维持国际和平。1931年"九一八事变"发生后，塞克特对中国"表示无限同情"，他建议蒋介石充实力量，以备将来，并对中苏关系缓和表示高兴，他主张中苏德三方联合一致，维护欧亚大陆的和平，反对日本的侵略，他在其所著《东西之间》（Zwis-Chen Ostunr）一书中曾警告德国政府不可贸然反苏[48]。

希特勒上台后，塞克特对纳粹党人的那套内外方针并不完全支持，但他内心深处又觉得德国目前是需要这样一个强有力的政权，故而他以退休之身份协助德国国防军工作。当时德国军方尚未被纳粹党所掌握，而是一支相对独立的政治力量，国防部长柏龙白是塞克特的老部下，与之联系颇多，关系密切。在复兴德国的大目标下，纳粹党人与陆军、大企业家三方形成了统一战线，彼此互相支持，互不干涉，当时政界人物尤其纳粹党人对军队的支配与影响十分有限。但这种三足鼎立的局面并不能长久维持，希特勒正把手伸向军队，他利用兴登堡之老朽昏聩，一步步挤入军界，以充分的职权与财力支持来换取军队对其独裁与纳粹主张的容忍。

在这种复杂变化的国内形势下，塞克特开始了他的中国之行。

佛采尔邀请塞克特访华，本意是受蒋介石之托，欲借机为自己的顾问团壮声威，他完全没有料到在这背后蒋介石的"换马"用心。他在邀请函中写道："中国政府经常邀请世界知名人士来华访问，借以增进彼此间之友谊与了解，以及促进共同利益。有关邀请阁下前来，显然系在探讨形成德国制度与组织之深奥所在，尤以推动军事体系之原动力以及操纵经验。元帅（指蒋介石）常问部属有关阁下创建国防军之详情。"[49]塞克特接到邀请后，慨然允诺来华，做一次由中国政府出资的"公费旅行"。同时他也想暂时逃避国内不利的环境，并为国防军之重建寻求原料帮助，个人经济也可有所收获。他当即致电蒋介石表示谢意，同时通知德国外交部，说他将经过英属印度去中国访问。

就在塞克特准备来华时，他又收到了一封由安德烈亚斯·迈尔-马德尔上尉（Andreas Mayer-Mader）代表中国广西省地方当局邀请他访问两广的信。马德尔自从1930年起便受聘于广西当局，任南宁军校教官，他当时正与梧州大学校长、曾经留德的马君武一起受李宗仁之托，在德访问，寻求对于在南宁创建一家兵工厂的支持。马德尔声称广西是中国的"普鲁士"，最后必将统一全中国，并对德国之复兴提供较大帮助。塞克特答应了他的要求，来华后将对两广做"礼节性访问"[50]。

1933年4月中旬，塞克特偕夫人离德启程，当时有两位与德国国防部及工业界有密切关系的商人随其来华，一为汉斯·克兰（Hans Klein），另一为库万特·普莱（Curt Preu）。他们乘船抵达香港时，广东省主席陈济棠派人到港迎接，欲请他们先往广东。塞克特因受南京政府之先约，不便前往，便派克兰、普莱前去，而他准备等一等再寻机赴粤。5月8日，塞克特乘船抵达上海，国民政府特派交通部长朱家骅前往码头迎接，举行了隆重的欢迎仪式[51]。

朱家骅受命为塞克特访华全程陪同者，为照顾67岁高龄的塞氏身体，他特地选派一位同济大学医学院教授陪同塞氏，妥为看护。

佛采尔当时正在北平协助华北防务，未能到沪迎接，他派遣海英士上校来沪，担任顾问团与塞氏联络员，佛采尔并亲书函件对不能抽身前来接迎表示歉意。

当时有些报刊由此猜测佛塞两人关系不佳，并发表消息臆测其中内幕，制造了不少谣言。实际上佛采尔确因军务繁忙，无暇南下，而他又是一个十分认真的人，不会多考虑工作以外的人际关系，造成了此一疏忽，连德国公使陶德曼也认为佛氏应该南下迎塞，然后趁塞在场向蒋介石解释有关顾问团的一切误会。可惜佛采尔未及做此，致使塞克特也对其产生了误解与不快，对他自己及顾问团的工作产生了不良影响。

塞克特夫妇在上海停留数日后，即乘火车前往南京，他们下榻于佛采尔住宅中，受到佛采尔夫人的周到接待。

5月22日，塞克特夫妇乘上蒋介石派来的专用军舰沿长江西上抵九江，转上庐山与蒋会见。

塞克特在庐山住了10天，受到蒋介石夫妇的款待并进行了三天长谈（29~31日），有关会议记录目前尚未找到[52]，但据塞克特日记所载，他们在会谈中谈了许多关于建军的"大问题"，但对于佛采尔及顾问团的工作并未深入涉及。蒋介石向塞克特稍稍透露了他对佛采尔之不满，同时也实事求是地表扬了佛氏的工作成绩，塞克特因尚未与佛氏见面，对这些问题不了解，没有表态。

蒋介石盛邀塞克特延长留华时间，作他的"高级顾问"，负责提供军政经济问题之咨询并接任顾问团长，塞克特以身体不佳为由婉言相拒，但他答应根据在华考察的结果为蒋介石写一份军队整理建议书，作为他对中方期待之回报[53]。

在谈到德国国内问题时，蒋介石向塞克特询问他对于希特勒及其国社党的态度，塞氏回答说："他（指希特勒）这一套我不懂，也不赞成，我动身前他组阁，要我在军事上帮忙，因我不能同他合作，故婉言谢绝。不过，话说回来，以德国现在情形，没有重心也不行，各党派争执甚烈，恐无人能维持此局面，只有他来或者是一个办法。"这番话，表明了塞克特对希特勒既厌恶又怀有某种希望的矛盾态度[54]。

关于中国军事问题，塞克特向蒋介石表明了他的看法：（一）中国常备军有60个师即可够用，中国士兵勇敢耐劳，只要训练得法可成劲旅；（二）练兵要有一个较为安定的环境与自给的兵工业，不能完全依靠购买外国武器，在创办中国军工企业方面，他可以帮忙；（三）中方应先成立一个训练团，调集各部队将官来集训，逐步推广德式训练，以完成重建军队的任务[55]。

塞克特在会谈时根据观察所得，在日记中谈到了他对蒋介石的印象，他认为蒋介石不是一个如同拿破仑、俾斯麦之类的"盖世英雄"，而只是一位如同土耳其民族领袖恩佛帕夏（Enver Pasha）式的能够在动荡复杂环境中屹立不倒的人物，也是中国目前统一的希望。他表示了愿意助蒋一臂之力的心意："如果再年轻二十岁，定愿与之共同工作。"[56]

塞克特在庐山期间因不适应山间变化不定的气候，患了感冒。6月2日，他下山返回南京，适逢《塘沽协定》签订，佛采尔完成了北方的任务，南下江西准备参加"五次剿共"战役，他在路过南京时，应塞克特之召停留了几天，两人进行了会谈，"其结果似为不欢而散"。

6月6日，塞克特北上视察，在华北各地逗留了三周时间，访问了山东、河北、北平各地，受到了主持河北政务的何应钦、黄郛等中方大员及驻北平德国公使陶德曼的款待，并会见了各国驻华使节及武官。他还视察了驻长城各口中国军队，进行了实地调查，并以此为据草拟了一份《致蒋介石元帅陆军改革建议书》。月底，塞克特返回南京，途中特地在曲阜下车，游览了孔府，并与孔子后裔合影留念。在南京，塞克特访晤了汪精卫、戴季陶等国民党要员，进行了礼节性谈话。

6月30日，塞克特从南京赴沪登轮回国。临行前，他将草拟完毕的《陆军改革建议书》托由海英士上校转呈蒋介石审阅，"作为贡献中华民国与伟大的领袖的友情礼物"[57]。朱家骅在送别时，代表中国政府向塞克特赠送了34件珍贵礼品。

蒋介石一再挽留塞克特在华多住些日子，就在塞氏临别前，他还亲笔写信给他，表示将聘任塞氏担任比现任总顾问拥有更高地位、更大权力的职务。塞克特清楚地明白了中国人对他的倚重甚至是崇拜，他在给其姐姐的一封信中不无得意地写道："在这里，我被当做军事上的孔夫子——一位充满智慧的导师。"[58]

蒋介石对塞克特之离去十分惋惜，他发誓要再请他来华服务，对之寄以无限希望。蒋介石在给训练总监朱培德的信中写道："塞将军今日回京，觉其言行皆可为军人之师法，中甚有感。彼对中国军事，必有贡献，惜将回国，不能久住，惟其回国后，必能尽力相助。"[59]蒋介石对塞克特的这种崇拜，与其说是来自塞的建议，不如说是出自塞的名望。其实塞克特对于中国问题的见解并不比他的前任或其他顾问高明多少，但塞氏战后重建德国军队之功绩及威望则是别人所不及的，这恰好迎合了蒋介石的需要，他满心希望塞克特在中国再施展一次建军的手段，一举改变国民党军队的松散、无能及战斗力低下的局面。

蒋介石对于塞克特之优宠曾引起了包括何应钦在内的一批国民党大员的不解与不满，他们联合向蒋提出质询，而蒋介石则耐心地向何应钦解释说："我们国家要建军，建军是不容易的事，主持建军的人，要具有很高的学识经验与品德。冯·塞克特元帅正是这样一个胜任的人。"[60]

在蒋介石的指示下，朱家骅立即组织人员翻译塞克特临别时赠蒋的两本著作《德国国防军》及《一个士兵的思想》，分发各有关机关、人员参考，而其所著《陆军改革建议书》则更是被广泛传阅并遵照执行。

那么，塞克特在这份《陆军改革建议书》中究竟写了些什么内容呢?

塞克特在报告中首先指出，"政权的根基是军队"，中国当前建军的迫切任务，不是组建一支庞大的陆军，而是集中精力训练出一支素质优良、装备完善之"核心武力"——教导旅,用以作为将来在需要时"无限扩充"之基础,"目前贵国军队不在患寡而在患多"。"余宁愿建十师精锐之陆军,而非在同时欲建二十师普通之部队,……同时各兵种之协调亦为现代战争成功之首要"。塞克特运用其在德国建军之经验,为中国整军提出三项原则建议:(1)军队是国内统治之基础与防御外来侵略之盾牌;(2)军队之威力来自其优良之素质;(3)军队之作战力在于军官团之培养。根据这一思想,他建议中方立即着手建设一支新教导旅,"此旅可使参谋本部之军官及陆军参谋大学之学员增进指挥作战之能力,其最终目标即在训练一组基层人员,通晓现代战争原则及其应用,俾便前来受训者能习染现今战场指挥官所具有之知识与经验"。他主张训练应从师级以上军官开始,彻底改变军队基层的旧式面貌。这一教导旅应包括2个步兵团、1个炮兵营、1个工兵、坦克与通讯连以及1个骑兵中队,配以一个顾问参谋小组,既有资深的顾问,又有年轻的参谋,针对受训者各自状况,给予个别辅导训练。

在武器装备供应方面,塞克特认为从长远利益出发,必须发展中国的军事工业,"除了提高劲旅的训练水准外,建立中国自己的武装工业实为刻不容缓之急务"。"本人始终认为中国目前不必自己设置国家工厂,最好委托'欧洲武装公司'来华兴建此类工厂",他"大力强调了武器装备的改进与配备对于现代化军队的重要性",并举例说明九一八事变后,"日本窥伺中国,若无相对炮兵与之抗衡,在未来抗日战争中防御和获胜的可能性将微乎其微","如不加强训练和供应足够的武装配备,将来在战场上势必遭受严重损失甚至溃不成军"。他提出以欧洲军工企业为依靠基础,建设中国的兵工厂,不断地增加军火自给,改变完全依赖外购的弊端,以免在关键时刻受制于人,他的这一建议被中方采纳,在塞克特第一次来华后,国民政府便全力发展中国军工企业,为后来在抗战爆发时保证中方弹药供应发挥了重要作用。

关于战前交通建设,塞克特在《陆军改革建议书》中论述道:"中国如无相当的工业基础,现代化的军队将无从建起。独自地与有效地生产自己的武器以及发展具有战略性的交通系统，在日本入侵时可以迅速地输送部队至危急之地区，实为当前首要之任务。"但是，正忙于"剿共"的蒋氏并不能顾及这些建设事宜，因而错过了大好时机，直到临战之前，南京政府才开始重视起国防交通建设来，取得了一些阶段性的成绩。

塞克特还针对中日未来战争的实际，提出了加强长江中下游战略防备的建议，"在长江流域各重要据点有设置鱼雷和炮台的必要，以封锁敌舰的通航和侵袭，为保障国家政治及军事中心的安全，防范任何危机的发生，依本人看来，似为刻不容缓的急务"。他的这一建议对于中国的抗日战备具有重要的价值。

塞克特建议书中最令蒋介石满意的一点是他提出了加强蒋介石对军队独裁统治的建议：必须建立一支"在您（指蒋介石）本人统帅下的经过正规训练的军队"，"整个军事体系，包括训练管理、发展，必须置于一位最高统帅之下"[61]。他强调军队的指挥、调遣、人事任免等大权必须集中于最高统帅掌握之中，"由于最近数次对抗日本之军事行动中显示，今后在任何情况下，决不能再允许地方或较高军事当局有任何独自为政之举"[62]。这与蒋介石的想法可谓不谋而合，且正中其下怀，受到了蒋介石的高度称赞。

塞克特的《陆军改革建议书》还就中方军队管理、行政财政改革及训练方式之改良等提出了更为具体的建议。他指出，"中原大战等例证说明，中国军队缺乏中央权威，各部门职责定义含糊及无法有效统一指挥是其最严重之弱点"，必须痛加改正。他建议增加德国顾问的数量并提高其工作效率，由德国顾问来掌握教导旅的发展，参与军政部的改组，掌握军费管理并帮助军火工业之发展[63]。

塞克特在建议书的最后部分谈到了德国顾问团的问题，他知道蒋介石对顾问团的工作有所不满，因而提出了相应的改革建议。他写道："被聘来华之德国顾问遭遇种种困难，致使影响力无法扩张，自为预料中主事，仅有以阁下之力量，方能打破此种僵局"，"在此种种困难之情况下，中国官员与德国顾问似可共同合作，以便寻出困难之所在，何者应归于德方与何者应归于贵方，以及如何使合作发生效果。有关组织与装备问题，德国顾问将处于提供具体意见之地位，但阁下必须考虑内在与外在之因素，及将彼等之建议带入最利实行的状态中"[64]。

总的来看，塞克特的这份建议书一是要达成在蒋介石绝对领导下军事系统中央集权化，二是要让德国独占中国军事重建与工业发展计划之良机，把德国利益与蒋介石军事现代化及发展工业蓝图相结合。但这些观点都是在鲍尔时期就已经提出来的，并不比鲍尔、佛采尔的建议高明多少，但由于塞克特的地位及蒋介石对其期望甚高，爱屋及乌，故而中方对其《陆军改革建议书》评价甚高，推崇备至。

塞克特来华后，有人曾建议他顺便赴日本访问一次，以消除日人对他访华的疑虑，但塞氏以身体不佳为由断加拒绝。他离华归国途中，与随员详细研究了德国与中国"两广"地方当局的关系问题，并得出结论认为要维持与扩大德国在华影响，必须同时维护对宁粤双方的关系。按照访华前的安排，塞克特离沪抵港之后，秘密访问了广州，并接受了陈济棠的款待。他还在德国商人克兰及军事顾问普莱的陪同下，与广东方面达成了援粤建立军工厂及派遣一军事顾问小组赴广的协议，广东方面则允诺对德供应钨砂。他们在广州的行动得到了德国国防部长柏龙白及其助手莱谢劳将军的幕后支持[65]。但塞克特此举却引起了南京政府的不快，在以后造成了双边关系上的一点麻烦，此点容当后叙。

塞克特在归途中向德国军界及政经领导人写下了一份有关德国远东政策的详细建议，他写道："至于德国嘛，他不能也不应（在亚洲）作战，我们要设想当中国在所有领域各个方面都能强大起来时，德国仍能确保自己的在华地位，德国与日本站在一边不会失去什么，但所得也甚微，……今后的努力还须再一次从军事方面着手，而不是为了取悦于外交部。"[66]他的这种观点，成为1938年前德国军方对华政策的基本观点。

塞克特回国后，蒋介石一直想着要请他再一次来华出任军事总顾问，不舍得放弃。1933年11月初，正在上海的朱家骅忽然接到宋美龄的电话，代表蒋介石吩咐他立即去函塞克特，正式邀请他再度来华服务[67]。

早在1933年8月5日，塞克特尚在归国途中时，蒋介石就曾亲自致彼一函，对其表示"慰问"，并试探再邀他来华之可能。蒋介石在这封信中，对塞克特来华后的地位及作用作了明确的说明，他写道："塞克特将军足下：6月30日北平赐书，拜读之下感佩无已！吾人于此相别之后惜相见已晚，而又不能常住一处为怅也。所有意见书中所述各节，已分别进行，教导旅亦已开始编练，当能不辜所期也。目下所欲就商者，即前日面谈之德国顾问，兹缕述明晰，惟将军察之：（一）聘请德国高级军官一人常住中正附近，其任务为调查德国顾问与中国军官间困难之原因与公正之评判，对于军事上之组织、设备与国防各问题以及判断内政外交上种种情形，随时申述意见，并得代表中正奉派出外检阅队伍，其名称为高级顾问，而性质为中正侍从之参谋长，但非总顾问，以现有佛采尔将军为总顾问，不必另聘，惟不属于佛采尔将军之指挥。如佛采尔将军不在时，该高级顾问亦可代理其职权之资格。总之，其政治见解与军事组织能力皆能高出现在驻华顾问之上，如能暂时秘密不与外人明知更好也。（二）……既承将军之盛情厚爱，不敢有所隐讳。佛采尔将军之忠诚与作战经验能力，皆极可佩，亦为中正所深感……至于外交与政治又未甚注意，此其缺点，应如何补救，亦请将军详酌而补充。途中劳顿，未知尊体如何？无任系念，近日想已安抵贵国，诸维心照，并祝康健。蒋中正。8月5日。"[68]塞克特收到此信，当然明白蒋介石对他的盛情优待之心，但他仍推举他的两位助手法肯豪森与法勃尔（General Faupel）来华出任高级顾问与军政部顾问，在他推荐信尚未发出之际，朱家骅又一次通过中国驻德大使馆表达了对塞氏本人的邀请之意，朱家骅在致中国公使函中说："委员长予余极深刻之印象，彼经由塞克特之谈话中，深慕其人格与超人之工作潜能。"[69]10月12日，塞克特致函朱家骅对佛采尔在华工作之缺陷"表示惋惜"，并感谢蒋介石的信任。26日，他再函朱家骅，告以与国防、外交两部长协商结果，以外交部之坚决反对，不能亲自来华，愿在德国提供帮助。朱家骅复函重申邀请，并转呈蒋介石亲笔函，说明塞克特与他推荐的两位顾问必须一起来华，否则暂不考虑其所推荐的任何人选，甚至说"塞克特不能来华，唯有让德国军事顾问撤退"，以此要挟德方让步。中国公使馆亦奉令发动"外交攻势"，向德国外交部表示塞克特对中国来说"无比的重要"，希望他"尽快到中国来"，如果不让塞克特来华，将"对德国在华利益产生严重影响"。公使馆代办专程为此访问德外交部，说明蒋介石对塞氏寄以厚望的态度，因佛采尔在华作风过于"普鲁士化"，树敌太多，不能再执行其任务，而法国人目前正寻求此职位，如塞氏不来，中国将另聘法国贝当（Petain）元帅所率领的顾问团。11月11日，德国外长牛赖特会见塞克特，协商结果同意塞氏来华。22日，塞克特致电蒋介石，表示接受邀请，最早在明年3月来华，并向蒋介石提出了"充分的职权与携带足够的干练助手"的要求。12月1日，朱家骅代表蒋介石致电塞克特，答应他的一切条件。

11月24日，塞克特将上述变化通过毕格曼中校电告佛采尔，并询问其有无留华共同工作之意，佛采尔至此彻底明白了塞克特访华的内幕与结果，他愤愤不平地指责塞氏过河拆桥，说如果不是他的介绍，蒋介石根本不知塞氏为何人！现在塞克特又来抢他位置，还邀他"共同工作"，这完全是"无耻之勒索"。佛采尔对陶德曼大使说："如果塞克特再登上中国领土，余将立即离华返德。"[70]次年3月，塞氏来华，佛采尔赴南昌向蒋介石辞行，并以"四年之独立工作"成绩为自豪，而后他便未与塞氏见面，离华而去。他走之前曾致函毕格曼，详细列举了他与塞克特关系史上他对塞的帮助及塞氏种种不友好的行为，佛采尔指责说："他（指塞克特）仅仅是从我的阳台上来了解中国的。"言下之意，塞克特尚无资格来取代他。他还抱怨说："这一切纯粹是按照中国人的方式进行的。"[71]

蒋介石鉴于佛采尔来华的工作成绩，又需对他的被迫辞职表示"关怀"，便亲书一函，"情意恳切，希望他能仍留中国服务云云"[72]。塞克特本来无意取代佛采尔，他们的矛盾中有许多客观上的误会，塞氏在中方坚邀之下，为保持中德关系大局，不得不以高龄弱体来华服务一段时期，本来就不是为自己，因此也不用向佛采尔表明心迹，何况他来华也不是取代佛氏职务的，这一点，在前引蒋介石信中就有说明。佛采尔走后，总顾问一职空缺，由北平陆大德国教官古道维斯少将暂代，直到法肯豪森来华正式接任，这场风波才告一段落。

塞克特离德前曾与兴登堡总统及麦根森元帅会见，二人皆祝塞氏此行顺利。国防部方面并表示全力支持塞氏在华工作，必要时可派遣现役军人前来帮助。但因不久之后，纳粹党上台执政，所谓支持云云，也就没能兑现。

塞克特来华，遭到了日本方面的强烈反对。德国驻日大使狄克逊（Herbert Dirksen）电请牛赖特外长阻止其行以免破坏德日关系。牛赖特要塞克特先去北美、日本一游后到华，以资缓冲，但被塞氏拒绝。日本大使又访问德国外交部，指责德政府让塞来华是助华备战，以便将来对付日本，被德方敷衍过去。

塞克特在这种复杂的国内外背景下第二次踏上中国领土。1934年3月，塞克特偕同夫人抵达上海[73]。几天之后，他的助手冯·法肯豪森亦抵华。

当时蒋介石正在南昌指挥"剿共"，塞克特与中方接待人员及德国顾问们见面后，即乘炮舰再上庐山与蒋见面，商讨关于新的一轮工作计划安排。4月28日至5月4日，蒋塞二人进行了一周谈话，就塞氏地位、职权、办公方式等问题达成协议如下：

名义：委员长委托人、总顾问。办事方式：一切日常公务以及关于德籍顾问之指挥事宜，均于总顾问办公室或私宅内处理，代表委员长与中国各机关之谈话，在南京军官学校委员长官邸内举行之。并于此时间招见有关各军事人员。

时间：每周二、五上午十时至十二时。

蒋介石并指示参谋本部、训练总监部、军政部各部、次长及军事委员会各厅主任、兵工、军需各署长皆应准时到会，向塞克特汇报情况，足见其对"委托人"塞克特之尊重，这一名誉不仅在来华德国顾问中是最高的，在整个来华外籍顾问历史上也堪称唯一。蒋介石还批准设立了"总顾问办公厅"，作为塞克特发号施令之"衙门"，并规定当他不在时塞氏具有代表他发布命令之全权。

就这样，这位德国"国防军之父"来华伊始，便拥有了比他前两任同事更高的地位与更多的权力，使德国军事总顾问的权限达到了空前的水准。

塞克特、克兰与"中德易货协定"

塞克特第二次来华并就任国民政府军事委员会总顾问后，在致力于中德军工合作方面亦做出了很大的努力。

在《陆军改革建议书》中，塞克特曾经告诫蒋介石，中国兵工厂所生产的武器中，有75％到90％不适合现代军队的需要，必须迅速重新建立中国的兵工制造业。不过，在中国自己的军事工业建立起来之前，新式军队的武器必须从国外购买。塞克特还认为，中国兵器工业的建立，必须借助于引用外资和外国技术。到底引进哪个国家资本与技术呢？塞克特非常肯定地告诉蒋介石：德国。必须"让德国无所不在的影响力渗透到军事重建和工业发展计划中去"[74]。一言以蔽之，德国人是南京当局最合适的合作伙伴。

1934年4月28日～5月4日，在牯岭，塞克特与蒋介石及陈诚、贺耀组、何应钦等高级军官举行了为期一周的会谈。其间，塞向蒋介石及其下属重申引进德国技术、资本，发展军事工业对中国军队现代化的重要性，并向蒋等提出了一份他本人亲自拟定的关于中国军工建设的详细计划。按照塞克特的设想，首期建设应该包括数家兵工厂，一座钢铁联合企业、一家机器制造厂和一个汽车、卡车制造厂。蒋介石对塞克特的建议计划非常赞赏，并立即委托塞会同国民政府有关职能部门研究实施方法，并积极落实与德国方面的合作事宜。

塞克特进一步向蒋介石建议到，与德方的合作不应以建立几个合作企业为满足，应该是全方位的。如果建立起绕过国际市场的中国农矿原料与德国重工业产品（当然包括军工设备）互相交换的长期的贸易通道，则德国军工设备及军工业相关的重工业设备，连同德国技术力量，自会源源来到中国，中国军事工业体系的建立也就指日可待了。毫无疑问，值此南京国民政府财政穷窘，外汇匮乏之际，这种借助于建立物物交换式的贸易渠道来发展军工事业建议的设想，对蒋介石等是具有相当大诱惑力的。

塞继续向蒋介石保证，建立这种贸易通道决非纸上谈兵，因为德国方面亦迫切需要中国的各种农矿战略原料，他好友汉斯·克兰完全可以把中德双方撮合到一起，使双方各取所需，互相受益。塞氏描绘说，汉斯·克兰拥有卓越的组织才能和"丰富的建设经验"，在德国政府内享有相当高的信誉。蒋介石表示，原则上同意塞克特的建议，并希望能尽快与克兰会晤，以便商谈中德在军事工业领域内互相合作的具体细节。

同年6月底，塞克特数度急电在广州的克兰，要求他尽快结束在广州的工作，北上与之会晤，共商与南京国民政府签订建立物物交换贸易通道有关合约的事宜。

7月底，克兰离粤北上。未几，二人相会于北戴河。塞克特告之克兰，蒋介石希望尽快建立中德易货贸易通道，以便获取德国的设备、技术，建立中国自己的军事工业，并有兴趣结识克兰本人。自然，作为一个投机商人，任何一份订单和贸易协定，克兰都是来者不拒的。8月初，在塞克特的安排下，克兰取道天津，经南京前往牯岭，会晤蒋介石。

关于这次会晤的详细情形，克兰曾作如下记述：

"蒋委员长原定于8月4日约见，而我却于5日清晨才抵九江转往牯岭，此时蒋委员长因公外出，所以我必须等待数日。蒋委员长归来后立即召见会谈并盛情接待，使我有机会表达来意并举行演讲……蒋委员长对讲演清晰的内容十分感激并对我的建议表示完全同意，此外他说明中德两国合作的观点完全正确，且非常重要，而且他早已有此想法。接着，他谈到广州，并探听我在那里的活动，我向他报告我在广州兴建一座兵工厂并强调此兵工厂颇具规模，完工后将是中国此类型中最完好的一座，他也探听工厂何时完工及炮

173

径的大小等等。我向他解释一切，并将话题转向另一方面。'钧座从本人所作报告中可看出，德国将广东视作中国的一部分，因此，我们在那里一切所作所为，均视为中央政府的部分计划，同时，广东省主席关于他的计划，无论经济或军事的，都会随时向中央政府和蒋委员长提出报告'，他回答说：'不错，广东是中国的一部分。'……同孔部长会谈数日后……齐翻译官……转告我，蒋委员长对我的合约草案完全同意，唯最后一条条款要我删除，因蒋委员长曾说过广东是中国的一部分，所以此合约包括全中国，因此对我在广州的谈判并无需特别许可。我早已知道这一我原来在广州活动需要南京政府特别许可的条款并不应列入合约中。我也知道如果广东是中国的一部分，蒋委员长也不必给我特别许可，我之所以故意将此条款列入合约中，意在再度获得他对原先声明的证实，从今以后，我在广州的工作再也不会有人闲言闲语了。事情进行得非常迅速，第二天，即获得孔部长的召见，进行讨论合约的细节问题，当天晚上我已能将此合约稍作修改后呈上。在签署合约的隆重仪式中，我向孔部长致词表示由衷感激与敬佩之忱，孔部长非常诚恳地答词，保证他本人和蒋委员长对此合约非常重视而期许甚切，并希望双方竭心尽力予以实施，以促进中德两国的福祉。"[75]

克兰与孔祥熙在"隆重仪式"下签订的合约，全名为《中国农矿原料与德国工业品互换实施合同》，简称《中德易货合同》，在国民政府的公文中，有时亦称作"合步楼合同"或"克兰合同"。这份"合同"的签订是中德关系史上堪资纪念、颇值大书特书的大事，它开辟了中德军事、经济合作的新纪元。

这是一份以中文为正本的合同，它的德文本系由中文本译出，担任翻译工作的是行政院秘书齐焌和梁颖文[76]，它的副本，至今仍保存在中国第二历史档案馆。

《中国农矿原料与德国工业品互换实施合同》一开始即对"合同"的签订经过作了扼要交代："经中国军事委员会蒋委员长与塞克特将军数度协商，并由塞克特将军介绍克兰先生前来牯岭，将上述各项协商终了后，双方一致同意……议定条文。"可见，塞克特才真正是中德易货贸易的始作俑者和设计者。

"合同"的导语对"合同"的实质作了很好的概括，"本合同之目的，在于借中国农矿原料，与德国工业品，及其他各种成品之交换，以促进两国工商业和政治之建设，并以增进两国人民之强大"。显然，这并不是一份普通的商业合同，在它的背后隐藏着政治目的，双方均希望透过合同，达到"政治强盛"的目的。

"合同"的核心是在中德两国之间建立起绕过国际市场的易货贸易通道。在这一近乎原始的贸易方式下，中国向德国提供德国必需的农矿原料，德国向中国提供中国急需的工业品。至于"中国农矿原料"与"德国工业品"之"定价标准"，则由双方协商解决，协商中可以参照国际市价，但不必强求与国际市价一致。

依据"合同"条款，这种易货方式在"记账方式"下进行。即，中国向德国定购之各项工业品，由德方依其价值"随时记账"，作为借款，然后由中国政府供给农矿原料，"以资清偿"，中国政府供给德国之农矿原料，亦随时照价记账，以作为在德存款，中国政府随时按照本合同原意自由支配该项存款，作"购进德国工业品及其他成品之用"。

为了使中国农矿原料源源不断地运往德国，克兰向中方承诺，德方将供给设备和技术援助。克兰愿遵照中国政府之意见，供给各项必要之专门人材，以资协助。"关于农矿原料开采工作方面所必需之机械及其他设备，为中国国内所不能置办者，克兰愿供给中国政府"。自然，这种资助并不是无偿的，它最终仍须从"中国政府供给德国农矿原料中清偿"。

为了便于中国采购德国工业品，"合同"规定由克兰向中国政府提供数额为一亿马克之借款。这笔钱不必付现，中国政府将用此款来订购德国工业品，将来即用运到德国之农矿原料偿还。同时，"该项借款，应以中国农矿原料之供给而自行周转补充，取用不竭"。只要中国农矿原料源源运德，德国工业品即可透过这一亿马克借款为周转资金源源流入中国。

所谓"中国农矿原料"和"德国工业品"究指何物，"合同"中并无明确规定。似乎，只要双方愿意，任何货物都可以交换。由此可见，《中德易货合同》只是对开辟中德易货贸易通道的总体原则作了概括性规定。至于在这个贸易通道下的每笔生意如何运作，则仍须双方根据"合同"原则协商进行。其他相关资料表明，克兰希望通过该"合同"获取的，主要是指高品位的矿物。"合同"第十四条规定："今后，克兰与柏林方面，及中国政府方面，分别洽商之结果，而应有多项补充条文，均应加于本合同之后，作为附件。"[77]这些附件至少应包括：一亿马克信用贷款应如何筹措，利率如何，偿还办法，中德双方货物如何估价、运输、记账，有关协调机构、金融代理机构应如何建立等等，只有当这些问题全部得到妥善解决，开辟易货贸易通道才能由一纸契约变为现实。由此可见，对于南京国民政府来说，签订《中德易货合同》只是迈开了第一步，后面的路还很长，更加艰苦细致的谈判尚在后面。

《中德易货合同》的签订，标志着克兰赢得了南京政府的信任。他在南京已初步打开了局面。但是，这个唯利是图的投机商并没有因为南京政府的信任而放弃他的"广东方案"。9月初，他回到广州，又与陈济棠签订了三个合约，帮助陈济棠建造一家防毒面具厂、一家火药及爆破器材厂。

由于案牍缺略，有关火药及爆破器材厂合约的详情目前尚不清楚，但有关防毒面具厂的合约却在中国第二历史档案馆典藏的兵工署档案中被发现。根据这个合约，克兰的合步楼公司将帮助广东当局建造一座日产"1930年式面具150具，呼吸装置150具，面具箱150个"之防毒面具厂。该厂内部共分"面具厂"和"金属厂"两个部分，全部造价为360,000香港元（一香港元等于一金马克，即0.358423格兰母真金）。除厂房、仓库等建筑物须由两广当局自备外，所有设备、技术均由克兰提供。

《防毒面具厂合约》是《中德交换货品合约》精神见诸实施的产物。该约第3条规定："于西历1934年7月20日所订中德交换货品合约之原则，此约亦可应用。"[78]该厂之造价，均由广东方面运德农矿原料所值中扣除。

很明显，汉斯·克兰在耍弄脚踏两条船的把戏。这种势利、卑劣的商人行径很快又在中德两国间引起了外交风波。

1934年9月底，汉斯·克兰满载而归，回到德国。他的公文包中不仅有与宁、粤两方签订的各种合同，还有陈济棠、蒋介石的签名照片——这些都是难得的信物，它们似乎足以表明，这个胆大妄为的冒险家已完全取得南京和广州的信任。10～11月间，克兰分别晋见希特勒、柏龙白、开卜勒、莱谢劳等，声称自己在中国取得了巨大的成功，要求德国政府迅速批准并履行他所签订的合同，并向中国提供无担保贷款——这是中德合作的关键。"德方进行的程序缓慢而官僚，未能切实配合中国方面对德国宽怀大量之信任"[79]，克兰向希特勒、柏龙白抱怨道。

在敦促德国政府的同时，克兰控制下的合步楼公司依据《琶江口各兵工厂合约》，开始大量采购德国军事工业设备，秘密运往广州，各种技术人员亦秘密由德赴粤，与广州方面的合作已开始启动了。

南京方面真的默许了克兰在广州签订的各种合同吗？当然不会。因为放任德国工业界对陈济棠的扶植，将危及南京政权存在的基础。自然，对于克兰这个有"前科"的冒险投机商，南京方面会密切注视着他在广州的一举一动，瞒天过海在这里会显得愚蠢而且笨拙。

1934年秋，克兰在广州的各种计划为南京方面所侦知，自然，蒋介石十分恼火。同年10月间，蒋的亲信将领顾祝同报告说，在德国人的帮助下，琶江口兵工厂已经上马了。蒋介石再也坐不住了，他电令驻德公使刘崇杰向德国政府提出严重交涉，同时，驻德商务专员亦受命向德方提出质问[80]。

11月6日，刘崇杰以中国驻德使馆的名义照会德国外交部，声称，中国政府实行严格的军火进口管制，没有中国中央政府的批准，中国任何省份不得私自向国外订购军火及军事工业设备，德国合步楼工业公司未经中国政府允许，私自向广东提供军事工业设备是一种极端的不友好的举动，德国政府必须阻止这种不友好的行为发生和蔓延。

德国外交部一向主张在对华军火出口问题上要谨慎，以免引起不必要的外交纠纷，但鉴于德国政府内部存在着一股支持克兰的势力，且克兰本人坚称他在广州的计划已获得蒋介石的首肯，合步楼公司又是一个"私人"公司，德国方面亦有足够的借口，故面对中方措辞严厉的抗议，牛赖特的回答也是相当强硬的，他复照刘崇杰称，合步楼公司是一家私人商业公司，他在广州的任何活动都只是纯粹的商业行为，有商业合同为依据，与德国政府没有任何关系，德国政府自然不能也没有理由无端加以制止。

中国方面对这份复照的反应，自在牛赖特的意料之中。同时，由于汉斯·克兰始终信誓旦旦地宣称他在广州的计划曾经获得过蒋介石的许可，而柏林中国公使馆却另执一词，牛赖特觉得，欲平息这场风波，必须彻底弄清蒋介石究竟是否确曾默许过克兰的广东计划。鉴于塞克特是时下最接近蒋介石且最受信任的德国人，牛赖特命令德国驻华外交机构透过塞克特，了解事实真相。

塞克特的确是这场外交风波中的关键人物。当1933年夏克兰在广州与陈济棠就《琶江口兵工厂合约》举行会谈时，塞克特曾于归国途中在广州停留，与陈济棠有过晤谈，完全了解该合约的内容。1934年6月，克兰第二次来华，拟与陈济棠续签《中德交换货品合约》，起程之前，克兰曾将此次来华继续推行"广东方案"的目的、计划告之塞克特。塞氏当时已经担任南京政府军事委员会总顾问，完全了解蒋介石没有可能同意克兰的"广东方案"，但他并未正面予以劝阻。同年秋，南京国民政府获悉合步楼公司为粤方提供的军事工业设备已经运抵广州，琶江口兵工厂工程正式开工，并向德国政府提出严正交涉后，陶德曼曾向塞克特打听蒋介石究竟是否同意克兰在广州的项目，塞克特则向陶德曼透露，蒋介石根本不可能同意克兰在广东的项目，但是，蒋介石知道这件事，克兰试图得到蒋介石对广州易货谈判的明确允许，但没有成功。塞克特表示他本人将回避这件事。站在塞克特的角度考虑，身为蒋介石深深信赖、倚重的总顾问，由自己带到中国并向蒋极力推荐的克兰闯下大祸，甚至引起外交风波，实在难以向蒋交代，也就只有尽量回避。

1935年初，恼怒异常的蒋介石再次电令中国驻德公使馆向德方严正交涉，牛赖特的态度虽然基本未变——仍然不肯明令禁止克兰在广州的活动，但却已有所缓和。他表示，德国政府将彻查事实真相，如果确属事实，德国将另作处理。

同年2月，德国驻华公使馆以牛赖特的名义致函塞克特，要求塞克特函告事实真相，并就此事发表看法，鉴于风波愈演愈烈，继续沉默势所不能。2月14日，塞克特致函德国驻华公使馆。称：

"委员长并未对克兰之广东计划予以公开认可，亦无期待之可能。因此，本人亦未作此项请求，除非在不得已之情况下被迫阐述其态度外，委员长将不难采取外交途径（诸如正式抗议）以外之措施，驻柏林公使与此间贸易部门之主管均认为非委员长之可靠支持者。根据一般之意见，尤以后者代表中国特殊集团之利益，因此，余建议，暂缓支持克兰之广东计划，直到彼与此间之谈判结束后，或先以非军事性的工作诸如船坞、矿业、铁路与港口工程等着手，对此等工程之信用贷款，将不致遭受反对。"[81]

显然，塞克特认为，蒋介石反对德粤间军事合作的态度十分坚决，没有任何通融的余地，要想平息这场外交风波，除了暂停克兰广东计划，或至少暂停执行该计划中的军事项目，别无他法。

德国外交部弄清事实真相后，乃向国防部明确表示，应该暂停克兰的"广东计划"。但是，德国国防部和经济部仍然坚持支持克兰。国防部长柏龙白认为，"广东计划"、"南京计划"均将使中国战略原料运入德国，应同时实施，相比之下，他反而更加重视"广东计划"，因为陈济棠控制下的广东及其邻省才是中国战略原料的主要产地。沙赫特甚至建议，先向广东当局提供2,000万马克的信用贷款、1,200万马克的矿区贷款、150万马克的铁路贷款，使克兰的"广东计划"迅速实施。

柏龙白在一封致牛赖特的信中则称，"广东计划"必须维持，即使遭受南京政府之反对。经济部长沙赫特对事态甚表支持，望阁下训令驻华公使，在适当的时机，向南京政府表明此点[82]。其不顾任何阻力，坚决实施"广东方案"的强硬态度跃然纸上。

最终，仍是沙赫特和柏龙白的主张占了上风，他们使克兰的"广东计划"和"南京计划"同时得到了德国元首希特勒的首肯。威廉大街软弱无力的呼吁又一次被压制了。

1935年3月，克兰第三次来华。为了取信于中方，他带来了德方的信物——德国政界要人，元首希特勒、经济部长沙赫特、国防部长柏龙白、外交部长牛赖特等人的签名照片及亲笔信等。与此同时，德国外交部训令其驻华使馆、驻沪、粤领事馆，谓克兰已得到最高当局允准赴华接洽经济合作，务请所有德国驻华外交人员给予克兰必要的支持。

有一点必须强调，克兰带来的信物都是双份的。一份给蒋介石，另一份给广东王陈济棠[83]。这表明，克兰和他的政府都打算把他的广东计划继续下去，尽管中国政府强烈反对。在致蒋介石的信中，柏龙白、沙赫特等仍在重弹老调。他们称，根据克兰先生的报告，在中国的计划，包括在广东的各种计划，已经获得您，蒋介石元帅的坚定支持。

至此，如果不向德国政府提出交涉，表明态度，则意味着对克兰在广东的种种计划、行为的默认。1935年4月12日和18日，蒋介石分别致电莱谢劳和塞克特（是时塞克特已因健康原因辞去了总顾问职务），指出："与期望的相反，中国政府对于通过克兰向广州提供军事装备一事的观点，没有得到德国政府的充分注意。克兰到处声称这样做得到了我的同意，这完全是不符合事实，在我们的谈话中，我从未同意过此事，为澄清事情真相，我要求阁下尽快把我的观点转告德国国防部。"[84]

如前所述，克兰此次赴华期间，德国外交部曾电告其驻华外交机构、外交人员协助克兰的工作。但是，这并不表明德国外交部一贯反对克兰广东计划的态度有所松动，因为德国外交部之所以造样做，完全是迫于国防部的压力，盖德国元首希特勒已经认可克兰的广东项目。

事实上，德国外交部和驻华使领人员对克兰广东风波可能诱发的严重后果一直有比较深刻的认识，陶德曼曾多次致电德国外交部指出，如果德国政府一意孤行，强制推行广东计划，南京国民政府有中断在华德国顾问团使命的可能，德国在华的利益，无论是经济利益还是政治利益，都将遭受无法弥补的损失。但是，由于德国国防部支持克兰广东计划的态度异常坚决，陶德曼的忠告没有起到任何作用。

同年4月24日，德国驻华公使馆秘书，代理公使劳腾史拉格致电德国外交部指出，由于克兰广东风波悬而未决，"克兰的全盘计划可能全部成为泡影"。劳腾史拉格提请德国政府必须认清"南京和广州并非两个互不相属及等量齐观的政府，南京是中央政府，而广州是与广西结盟的省政府，予省政府以庞大的信用贷款、军事物资进口及省政府的预算等，其本身皆需中央政府核准等"。他报告说，就目前而言，"实际上南京和广州是两个互相敌对的政府……南京的政策是削弱广州政府的经济和政治军事力量……形成这种情势演变的原因是由于前不久南京与广州谈判失败而使双方关系恶化所致，广州军阀（两广当局）显然深感威胁，并且南京谣传蒋委员长于结束剿匪之后可全力对付广州之前，广州方面将采取对抗南京的军事行动"。由于宁粤关系如此恶化，蒋介石当然没有可能同意有可能增强粤方——敌方的军事力量的克兰"广东方案"。劳腾史拉格认为，从理论上来讲，在宁粤双方互相对峙僵持、胜负未定的情况下，克兰的南京计划和广东计划都存在着一定的风险。首先，如果双方互相对峙的局面僵持下去，则蒋介石对两广的事务鞭长其及，德国强制推行广东计划，南京国民政府自然无可奈何，但是，如此会使德国对南京政府的关系恶化，并危及到在华之全部投资——不仅限于南京势力范围中的克莱因（克兰）的计划。其次，如果南京政府在宁粤冲突中取得胜利，则"广州将面临武装工业被南京政府没收的危机，而中国政府亦不负对德投资赔偿的责任"。反之，如果广州方面获胜，则德国与南京政府间的任何合作项目亦将面临被广州政府没收的命运。劳腾史拉格认为，南京政府极有可能在宁粤冲突中取得最后胜利，因为，与广州政府相比，南京政府的势力强盛得多。基于这点认识，劳腾史拉格声称，"实施克兰广州计划的前提条件将是设法获得南京国民政府对该计划的批准——假如克兰"广州计划"对于德国的确具有非凡的意义的话。怎样获取南京国民政府批准克兰"广州计划"呢？唯一解决问题的途径是……尝试使德国对南京政府信用贷款——至少获得一种默契——与获准在广州兴建武装工业计划互相关联与沟通"[85]。很明显，劳腾史拉格希望，以信用贷款为筹码（或曰诱饵），换取蒋介石对克兰"广东计划"的默认。

德国政府对劳腾史拉格的答复已无可查考，也没有考查的必要。因为，他所开的药方——以信用贷款为代价换取南京蒋介石政权对克兰广东计划的支持或许可，是行不通的。诚然，南京国民政府希望得到来自德国的信用贷款，以缓解自身匮乏的财政状况，并加强军工建设。但以此为代价，允许自身政权的潜在敌人——陈济棠广州政权，在德国人的帮助下坐大，岂非为谋小利而自掘坟墓？劳腾史拉格寄予厚望的"唯一解决问题的途径"，其实并不存在。

稍后，法肯豪森亦表示了同样的看法。法氏为冯·塞克特的助手，当1935年4月塞氏离华返国后，他继承总顾问的位置。为了了解克兰广东方案的真相，德国驻华公使陶德曼亦奉命向法氏征询意见。法肯豪森的回答肯定而干脆。他称："他（蒋）不可能承认克兰在广州兴建兵工厂的合约，南京国民政府不可能容忍它属下的地方政府擅自与外国合办军事工业，即使放弃克兰的南京计划——《中德易货合同》，甚至中断顾问团在南京的工作亦在所不惜。"[86]他认为，将所有军事工业收归国营，一直是南京国民政府的既定政策，在这种政策下，克兰在广州的计划，根本没有妥协的余地。

1935年4～5月间，德国驻上海总领事赫尔曼·克里拜尔亦插手了汉斯·克兰在广州的计划。饶有趣味的是，这位曾经担任过蒋介石总顾问的德国国家社会主义工人党党员早在1934年就曾对江西特有的矿产、经由广东出口的钨、锑等（正是克兰"广东方案"的焦点），发生兴趣。那年12月，他曾与江西省政府主席熊式辉在南京作过数度会谈，探讨德国和江西直接交往的可能性。或许是出于对克里拜尔与希特勒私交甚笃的考虑，值此中德争执愈演愈烈之际，德国驻华使馆负责人劳腾史拉格想到了他，并在1935年4～5

月间多次敦请他向希特勒疏通，要求希特勒明令禁止克兰在广州的活动。

5月17日，克里拜尔致电希特勒，声称：

"中德军火贸易之先决条件，以及甚多上海德国商行存在之基础，即在南京德国军事顾问团之能继续执行职务，任何危及顾问团存在之行动，等于切断与南京政府之交易，亦即切断克兰之南京计划，如果德国顾问团为日本顾问所取代，整个之贸易即为日人所据有。

与克兰广州武器交易及兵工计划有关之军事顾问，已陷南京顾问团于被召回之危机，蒋委员长曾以坚定的口吻坦告法尔根豪森（法肯豪森）将军，余深恐国防部误解事件之真实性以及广东与南京之关系，倘吾人相信能一方面支持合法之中央政府，他方又能支持其未来之潜在敌人，则吾人会丧失南京之信任与冒有两面落空之危机。

有基于此，余愿提出一解决之办法，召回广东之军事顾问，或将其转调至南京，放弃克兰之广东武器与兵工交易，以换取与南京政府大规划之合作。"[87]

希特勒对这份电报作何反应，不得而知。但是，同月下旬，德国政府经济部和外交部会同向其驻华使馆签发了一份急电，对解决克兰广东方案作出新的指示：令克兰尽快与蒋介石取得联系，并向蒋表明：（1）克兰将在广东的工作转移到南京；（2）逐渐中止在广东省省内的工程，不再向粤方出售任何军火，至于原来与广东当局签订的合同项目，是否有继续存在之可能，则视协商结果而定；（3）粤方聘请的德籍顾问，逐步撤退，如有可能，则转至南京德国顾问团，统归法肯豪森将军领导。

可以肯定，克里拜尔的呼吁，受到了希特勒的重视，而这一改变的确影响了克兰在中国的工作。

德国马克与中国工业国防

通过发展工业，促进国家工业化，尤其是国防工业现代化的途径来达到富国强兵的目的，是国民政府的一贯追求。毫无疑问，这种设想的创始者是国民党的领袖孙中山。中山先生在自己的著作中曾对这种设想详加阐述，他的"实业计划"含有强烈的军事目的已是史学界的共识。孙氏仙逝后，攫得其"合法"继承人地位并逐渐统一了中国的蒋介石亦继承了孙氏的衣钵，始终强调透过发展工业来强化国防。

1931年11月15日，蒋介石在全国经济委员会会议上讲话时声称："国民政府设想委员会将希望在这样的考虑下开展工作，即中国在她仍明显为一个农业占优势的国家时，国家需要的是在一个相当大的范围内迅速发展工业的保证，这件事要在政府推动和帮助下，有计划、大规模地去进行。"[88]其后，蒋氏又曾多次对该委员会表示，中国虽是一个农业国，但是，由于国防上的原因，发展工业的迫切性更甚于发展农业。

然而，发展工业，首先需要的便是大量的启动资金。如何筹措用于发展工业的大宗款项？

首先考虑的当然是通过改进农业、提高农产量而获得盈余。这是一个农业国实施工业化时筹措资金的普遍手段。然而，中国是一个地域辽阔、困苦万状、极度贫穷的农业国，即使在丰年，它的粮食都不能自给，仍有近四分之一的部分依赖进口[89]，农业之盈余，几近梦呓。也许正是由于这个原因，孙中山在设计实业计划时，从没有提到过用提高农产量获得盈余的办法来为工业发展筹措资金的可能性。出于同样的原因，国民政府成立后，亦对所谓农业"盈余"不抱任何期望。1928年7月，全国经济会议召开，国民政府决定将历来视为国税的田赋划归地方，此举更标志着农业生产率与中央政府财政之间几乎失去了任何联系，此后，筹措工业资金必须另觅他途。

除此之外，筹措资金的措施尚有二种，一是利用本国的私人资本，将与国计民生相关的工业（包括国防重工业）开放民营；二是吸引外资，在不损及国家主权的原则下实施中外合资。

出于对私人垄断资本出现后可能导致的社会两极分化的担忧，孙中山对于发展私人资本始终抱有戒心。他曾宣称："假如我们不是利用国家的权力去建设这些企业，而把它们留在私人手中，结果将很简单，这就是私人资本的扩张以及随着社会不平等而来的拥有巨大财富阶级的出现。"[90]此种心态，溢于言表。撇开孙氏的意见不谈，实事求是地讲，在国民党统治前后，脆弱的民族资本实亦不足以担此重任，中国的缫丝厂、棉纺厂、火柴厂较之德国西门子、卜福尔、克虏伯，可谓别在云泥。

孙氏之后的国民党当政者对民族私人资本的戒备、敌视心理可以说是有过之而无不及。中国银行总裁张嘉璈曾抱怨说，"（国民党领袖）想让政府对每件事都施加影响。他们认为，如果党的政府不过问生意（工厂、银行、商业）的话，就会失去对国家的影响，一党制刺激政府出于政治目的而对大型企业加强控制"[91]。这意味着，在国民党的既定政策里，不存在着私人民族资本注入国防重工业的可能性。

农业"盈余"既不存在，私人资本又不能利用，那么，筹措工业资金则只能依靠"特别手段"——"尽量利用外国资本、尽量利用外国技术"[92]。

利用外资发展本国工业是孙中山的一贯主张，他的《建国方略》对此曾多有阐述。关于这一点，史界论著颇多，早有定论。南京国民政府成立后，孙的这一主张得到了他的后继者的继承和强化。

1931年11月，国民政府颁布《关于国民生计之规定》，称："现代世界之经济关系，至为密切，一切经济生产之组织已超过纯正国民经济之时代，而进入世界经济之时代……中国为生产落后之国家，欲迅速发展其国民经济，及一切生产事业之建设，须谋利用国内与侨胞之资本，然尤非充分利用外国之资金与技能不可。总理之《建国方略》及实行其方略之方针，实为中国经济政策上不易之原则。"

对于这个"不易之原则"，肩负筹划国防工业重任的实际负责人翁文灏和钱昌照，有着比他人更加深刻的体会。翁氏曾宣称，中国是一个贫穷的，基本上仍使用中世纪技术的农业国，枯竭的财政状况和不值一提的工业基础同短期内大规模发展国防重工业的艰巨任务形成鲜明的对照。他强调，严峻的形势迫使政府职能部门必须采用非常手段，"尽量利用外国资本，尽量利用外国技术"。翁的搭档钱昌照则表述得更加透彻和直接。

"我们认为，中国的国民所得很少，每年积蓄能力有限，资本市场又没有组织起来，要想加速工业化，非利用外资不可，……外资的流入，绝对没有可怕的理由，就看我们能不能利用……创办重工业总得迎头赶上，我们时间不多，不容我们从容研究，也不容我们随意尝试。"[93]

令人沮丧的是，虽然政府职能部门及当政者们在利用外资发展本国工业这一点上取得了共识，但是在实际操作过程中，寻找外国"合伙人"的努力却屡屡受挫，在南京国民政府执政后的头五个年度内，中国在引进外资方面，实在是缺乏可资谈论的具体成果。卡尔·雷麦、吴承明等人曾对此课题作过非常深入细致的考察，他们的结论是，在1933年以前，中国几乎未见像样的外国投资。

造成这种状况的原因，主要有三点：

第一，政局动荡不安，战乱连年，国民党对中国的统治尚不稳固，缺乏安全可靠的投资环境，唯恐血本无归的外国投资者望而却步。这是最重要最根本的原因。

第二，中国在发展工业方面缺乏统一的规划和部署。在国防设计委员会及资源委员会成立以前，筹备发展（国防）重工业的使命一直被许多互不相涉的政府机构分割。行政院属下的实业部、建设部、交通部、铁道部、工商部、直属国民政府的全国经济委员会、全国建设委员会等在涉及工业政策及工业规划等问题上都拥有发言权，他们都根据自己的需要提出了若干份自鸣得意的工业发展规划。例如，建设部长孙科曾经提出过《十年实业计划》，实业部长陈公博曾经提出过《实业四年计划》，宋子文的全国经济委员会则出台了一份《三年发展规划》。然而，由于政府内缺乏一个可以驾驭全局的协调机构，令人眼花缭乱的各种局部计划虽频频出笼，但全国性的工业发展战略规划却始终未能形成。在这种状况下，吸引外资办工业已成为官僚政治下政客们争权夺利的内容之一。划分领地，甚至互相拆台的事件亦屡见不鲜。例如，由孙科出面联系的中美合作建立国内航空运输网的计划和活动，即曾遭到交通部长王柏群的指责，因为王氏自1927年起，即已同德国汉莎航空公司接触，有关双方合办欧亚航空公司的谈判已近瓜熟蒂落。在王氏看来，孙科的举动，不仅刺激了德国人，还侵犯了自己向来控制的领地。作为对孙氏此举的回击，王柏群答应以更优惠的条件同德国人合作开发一个类似的航空网。

第三，南京国民政府登台后不久，适逢世界性的经济危机席卷全球，欧美各主要工业国自顾不暇，斥资中国挥师远东自然要受到较大的影响。

1934年以后，随着全球性的世界经济危机的解除，恢复了活力的西方工业国家渐渐对获取中国订单、参加中国工业建设，尤其是大规模国防工业建设重新表示出兴趣。与此同时，随着中国工农红军被迫长征及李、冯、阎等反蒋战争均以失败而告终，南京国民政府对全国的统治已渐趋稳固，再加之筹备工业发展的使命已有了新的职能部门——蒋介石亲自控制下的国防设计委员会及后来的资源委员会来协调，中国的投资环境大为改善，扰攘经年的"尽量利用外国资本"方才渐渐落到实处。

在中国试图向工业化目标迈进的过程中，几乎所有西方工业国，英、美、法、意、德、荷、瑞、比等，均曾为中国注入资金。在这些国家中，南京国民政府最信任且受惠最多的合作伙伴无疑是德国。柯伟林教授曾经恰如其分的指出："中国重工业的创立，是国民党努力的中心和中德合作的最重要的部分。"[94]人们完全可以这样说，在国民党政府朝着工业化迈进的历程中，处处可以见到马克的踪影。

中国重工业与德国马克的"联姻"过程中，德国传统贸易商行、大型私人财阀和德国政府直接控制下的国营公司"都在注视着中国"。在所有德国公司中，最堪注意且值得大书特书的当数奥托·俄普夫公司和合步楼公司。

奥托·俄普夫公司是在钢铁、矿业、造船和铁道、汽车等行业都具有实力的工业集团。在三十年代早期，该公司的年经营额已达3亿马克以上[95]。自1934年在上海建立办事处后，该公司即对向中国注入资金表示出浓厚的兴趣，并先后与中国铁道部、浙江省合建浙赣铁路，与航空委员会合办航空器材制造厂及与交通部合办中国汽车制造公司等项目中取得了成功。

除了在以上几个项目中获取订单之外，奥托·俄普夫公司尚致力于寻求与中国当局建立长期稳定的信用贸易关系，试图在参与中国工业化的活动中占据垄断地位，这充分反映了俄普夫老板的稳健进取的经营风格和勃勃雄心。

有关与中国政府建立"信用贸易关系"的动议是1934年底1935年初老俄普夫正式作出应邀访华的决定后，由该公司上海办事处向中方提出的。这个计划的主要内容可由老俄普夫亲自拟具的由上海办事处向中方转交的《发展中德贸易意见书》中窥见大概：

Otto Wolff中德贸易意见书

……中国欲推行其建设计划，必须大量输入大量机器及其他生产工业。但因资本缺乏，原料及半熟货输出之减退，以及银币贸易受世界市场之影响，建设计划之实行殊多障碍，而德国适居其反，正亟图增加其工业制造品之输出，保持其购买外国原料及半制品之能力，苟得两国通力合作，互济供需，实为两利。

德国工业发达，技术进步，对于中国建设所需之机器及其生产工具均有供给之能力，欲对此项供给加以长期之通盘筹划，实非难事。苟能使德国对于援助中国建设之贸易，力矫私人商家各自为政之弊，而作整个的计划，则中国所欠货债，不难以交换方法还之。中国可以供给多种德国所需之物，如桐油饼、饲料、若干矿物如锡、钨等。

此种长期的、整个的大规模货物交换，范围广大，事类繁杂，欲交易之畅行无阻，则非设立专门的管理机关不为功。购用德国货者，将不仅为中国之国有企业，而实遍及于地方机关及私家企业。同时，中国供给德国以作交换之货物，亦必于中国市场各处廉价采集。此种事务，似可组织一资金团（Konsortilm），由中国政府、中国工业界（尤以制造或贩卖输穗货物之厂家）及中国各银行共同参加。同时，德国方面亦由工业界及银行界共组同样之资金团，以利贸易之进行。

Otto Wolff曾以德工业集体领袖之资格于过去十年中与苏俄订立各种供给货物合同，以作经济复兴之用。战后首与俄国成立大规模贸易者，彼为第一家。彼与苏俄成立之第一次贸易为AEG共同贷出之一万万（马克）借款，以后数年成立之贸易远远超过此数若干倍。同时，彼亦曾与德国之工业组合共同对土耳其及罗马尼亚成立巨额之贸易。

就此种丰富圆满之经验，同时又以其在德国经济兼有大实业家及金融家之领导地位，该氏乃有上述中德合作之想，其规划与前此之对俄贸易相垺[96]。

透过奥托·俄普夫本人的自述，不难看出，他的建立"信用贸易关系"设想仍是此前该公司在苏联、土耳其、罗马尼亚等国开展的易货贸易在中国的翻版。即通过由该公司为中国筹措信用贷款及在中德两国间设置一种名曰"资金团"的协调机构来促进中国农、矿原料，半制成品与德国工业品的交换。质言之，奥托·俄普夫所设计的是一种以中国原料与德国机器相互交换的易货贸易计划。

奥托·俄普夫的计划与汉斯·克兰所促成的以《中国农矿原料与德国工业品互换实施合同》为基础的中德易货贸易计划不谋而合，如出一辙。所不同者，俄普夫的易货贸易系由私人组织"资金团"来推行，而汉斯·克兰的易货贸易后来成为两国政府间的官方贸易而已。由此可见，在推行中德易货贸易计划的过程中，汉斯·克兰合步楼公司曾经遭遇过奥托·俄普夫公司的强有力的竞争。

中国政府收到奥托·俄普夫的《发展中德贸易意见书》后立即将其发交主管工业发展战略职能部门——国防设计委员会，研究该"信用贸易关系"的可行性。在翁文灏的授意下，经济学家、国防设计委员会专员孙拯[字恭度]承担了这一工作。1935年2月6日孙氏向翁文灏呈交《Otto Wolff发展中德贸易意见书研究报告》，阐述了自己的看法。他认为，"由经济、财政、政治（军事）三方面言之"，"设立一种工商业之联合组织使为私人法人，对国外行交换办法，实为有效政策"，"Otto Wolff所提议资金团行交换贸易之办法，实适合我国之需要"。并建议，"对于Wolff君似可答以当局确有意愿与之接洽，至于详细的条件，容俟其来华接洽之后再行详细研究"[97]。

1935年中，奥托·俄普夫如愿访华。经法肯豪森的居中介绍，俄普夫受到了蒋介石、孔祥熙、宋子文、翁文灏、钱昌照等中国政府要员的礼遇。毫无疑问，他们之间谈到了所谓"资金团"和"信用贸易"的问题。然而，正如人们今天所见到的那样，这个自认为"德国工业集团领袖"、具有"丰富圆满之经验"及"在德国经济界兼有大实业家及金融家之领导地位"的工商界巨子，却在与一个自称为"小萝卜头商人"的投机取巧者汉斯·克兰的较量中翻了船，中国政府最终选择了合步楼公司作为易货贸易的合作伙伴。

由于案牍阙略，有关奥托·俄普夫公司与中国政府磋商"资金团"及易货贸易详情至今仍不清楚。有基于此，要想全面说明奥托·俄普夫公司被中方淘汰的原因的确是相当困难的。不过，透过与中德易货有关的一些资料，以下的推测当不致有大的偏差。

第一，汉斯·克兰有着复杂的政治背景。本书曾经多次提及，克兰本人虽是一个冒险者，但是，他的行动得到了德国国防军、经济部及在华顾问团负责人冯·塞克特的坚决支持。假如，将蒋介石对塞克特的信任及对发展中德关系的强烈渴望等等因素考虑在内，人们将会发现，与单骑闯中国的老俄普夫相比，汉斯·克兰的确具有无可比拟的巨大优势。

第二，奥托·俄普夫公司在其已经得到的参与中国建设的若干项目中，表现不佳，给中国政府官员留下了极其恶劣的印象[98]。

第三，奥托·俄普夫公司建立"资金团"协调易货贸易的思路与翁文灏等人确立的工业发展战略的总体原则背道而驰，大相径庭。翁文灏的工业发展规划是在这样的原则下制定的：工业的发展，必须置于国家的绝对控制之下（国营原则），"如果党的政府不过问生意（工厂、银行、商业）的话，就会失去对它的影响"。然而，奥托·俄普夫所设计的"资金团"只是"工商界之联合组织"，即私人法人。虽然它能够避免引起外交上的无谓纷争[99]，但是，它毕竟与翁文灏所设计的国民党的工业发展战略的国营原则大前提互相抵触，是不能接受的。相反，汉斯·克兰的合步楼公司则是专为中德易货而设立的，它一出台即有德国国防军撑腰，尔后更变成了德国政府直接控制下的国营公司，很好地适应了蒋介石、翁文灏等希望将中德工业合作及中德易货贸易变成政府之间的官方贸易的要求。

合步楼公司是德国政府直接控制下的国营公司，其董事长、总经理分由德国经济部部长沙赫特及经济部次长兼全德资源公司总裁克拉爱分任，董事会成员则包括：国家银行代表汇金银行经理德奥尔、粮食部代表、财政部代表尼梅茨、外交部代表经济司长卫勤、国防部代表国防经济厅厅长托马思、希特勒办公室代表开卜勒及戈林"四年计划办公室"代表佛斯[100]，几乎囊括了德国经济界的所有要员。揆诸这样一个阵营庞大的组合，我们如将其称之为经营公司，倒不如将其视作政府协调机构更为妥帖。

合步楼公司成立、收归国营的性质演变与拓展对华业务的历程，原本即是一部中德两国政府间寻求实施工业合作的历史。在三十年代所有由中德合作实施的工业规划中，本书前面已经提过的《三年计划》在规模上是最大的。这个计划在中国方面系由翁文灏、钱昌照主持的资源委员会执行，并通过合步楼公司来协调它与德国工业界的关系。

溯自《三年计划》酝酿伊始，德国工业界即已置身事中。该计划从制定到最后定稿，显然吸收了汉斯·克兰及其他合步楼公司派往中国专家的意见。更为重要的是，《三年计划》的实施基础，系于顾振代表团在德国获取的订单。如前所述，南京国民政府正式批准《三年计划》的时间是1936年6月底，而这个时间又恰恰是顾振代表团由德返国的日期，这绝不是简单的巧合。

《三年计划》中所有项目都是中德经济合作的重要组成部分。双方的合作方式是：德国公司、厂家通过国营合步楼公司向中方提供建设各个项目所需的全套设备及所需技术与专家，而中方则在合步楼信用贷款担保下向德国输出农矿原料，尤其是钨、锡等矿物，偿还德国设备的造价。质言之，这是一种透过易货贸易途径实施的政府间经济合作。

合步楼公司在对华输出机械设备的同时，尚负有对华技术援助的义务，这也是中德工业合作的重要组成部分。1936～1939年间，在资源委员会及其他机构的安排下，大批中国莘莘学子赴德留学"取经"。他们学成归国后，大多均能在自己的岗位上充当栋梁。自然，德国人在向他们"传经"的同时，亦有意识地为之注射了"亲德情结"。值得提及的是，这种"亲德情结"在1936年以后确实在中国上层中产生，大批中国政府要人纷纷将自己的子女送往德国深造形成风气，可为高涨的"情结"提供有力的佐证。直到抗日战争爆发，在华德国顾问团被希特勒召回，中德关系趋于紧张之后，仍有部分中国政要子弟滞留在德国，他们是：蒋纬国、戴安国、居伯强、丁基实、冯志理、张征正、张国魁、孔令杰等。

更为重要的是，合步楼公司不仅为中方提供了技术输出，而且还透过易货贸易的途径，解决了困扰中国工业发展的拦路虎——启动资金的难题。根据长期跟随翁文灏办理中德易货贸易的关德懋估计，中国透过合步楼信用担保向德国订购的机器设备，总价值大约已近3亿法币，揆诸南京国民政府当时的财政状况，这的确是一笔不可小觑的开支。

有关中德工业合作的个案分析，本章拟分四点略作阐述。

1. 中央钨铁厂

钨是一种重要的国防工业原料。中国钨的储量、产量均甲冠全球。然而，由于中国一直没有自己的炼钨厂，所产钨砂，只能贱价出口[101]。正因为如此，有计划地开采钨砂，建造自己的钨铁厂，垄断世界市场，一直是国人的梦想。在《三年计划》所标列的十个项目中，钨铁厂荣列榜首，正是这种梦想的延续。

有关筹设钨铁厂的最初酝酿，始于1935年，时翁文灏与汉斯·克兰间围绕《中德易货合同》而进行的谈判正在进行，《三年计划》亦只是一个模糊的轮廓。1936年初，顾振一行赴德。3月19日，经克兰居中斡旋，柏林合步楼公司与顾振代表团达成初步协议，拟向中国提供全套炼钨设备。这些设备主要包括"一千八百开维爱电熔炉三座及附件；十五吨引动五十公尺之起重机一具，所有电气机；压碾及其他机件"[102]，全部造价为一百余万马克。6月22日，经过近三个多月的讨价还价，资源委员会与柏林合步楼公司在前述初步协议的基础上达成正式协议，德方向中方提供炼钨设备的种类、数量等亦随之确定。它们是："（A）炼钨设备（由含65％ WO₃之中国钨砂内每二十四小时可炼制75％之钨铁六吨半），包括下列各项：1.三相炼钨电炉二座，每座各附三底盘、变压器、电机自动调节器及一切配电设备；2.十五吨平行起重机一架；3．一切电线电缆及其他附件；4．足敷六个月需用之电机、砌炉火砖及其他备用材料；5．修理厂机器及其他应用之设备等。（B）炼制电石设备一套。（C）电磁检锡机一套。（D）制筒厂机器全套。（E）发电厂设备，包括二千KW透平发电机二座，全部配电设备、电线、电缆及电灯等。（F）锅炉三座（内一座系备用）及一切水泵与水管等。"[103]

同年7月，合步楼公司派遣杜尔教授来华，会同资委会专员杜殿英赴湘赣考察钨铁厂厂址、原料及动力来源。经杜殿英提议，杜尔认可，双方决定将钨铁厂设于江西吉安县县城城南约十华里之神岗山。翌月，中央钨铁厂筹备委员会成立，杜殿英任主任委员，洪中、周迪评、徐鑫堂、曹懋德等任委员。筹委会成立后，一面派员前往吉安，办理购买厂基、划定界址等前期准备工作，一面由杜殿英与杜尔在南京就双方合作细节举行磋商。同年底，双方商定，中央钨铁厂的规模为日产钨铁6.5吨，合步楼公司必须在1937年1~4月内将前开所有设备交付中方，并负责安装调试及为中国培养工程技术人员。

万事俱备后，钨铁厂的土木工程在1937年初正式开工，全部工程分为三期，系招标承建。

期别	承建商	承建费	建设项目	完成情况
第一期	大昌公司		厂基工程、码头、驳岸、涵洞等。	1937年1月21日开工，5月完成厂基，10月完成码头、驳岸。
第二期	大昌公司	220,00（元）	重要厂房、发电厂、电炉厂、制筒厂厂房及办公室。	1937年3月开工，8月制筒厂厂房竣工，9月发电厂厂房竣工，12月办公室厂房竣工，翌年8月电炉厂厂房竣工。
第三期	徐广记公司	507,379（元）	员工住宅、试验室、自来水厂、货栈、医院、道路等。	1937年12月开工，1938年3月完成员工住宅，5月进水房竣工，7月试验室竣工，其余工程因战争关系被迫停止。

资料来源：据《中央钨铁厂沿革考》记载之施工进度归纳。

在从事土木工程的同时，督促德方赶运机器设备亦在加紧进行。按照当初协议，所有机器必须1937年4月全部运抵上海，再由沪运赣。然而，迄至1937年8月，合步楼公司运到上海的机器，尚不足全额的三分之二[104]，而由沪运赣者更是只有半数。旋八一三沪战爆发，上海沦为战区，资委会与合步楼只好将交货地点移至香港（已运沪而未运赣者亦转至香港），再由港经穗转粤汉线运赣。由于辗转波折，直到1938年8月，中央钨铁厂全部机械设备始全部到位，其时，吉安神岗山已隐约闻见日军的炮声了。

同年夏，日军侵占豫章，烽火漫及彭蠡，吉安已时有日机光顾。由于安全已无保障，7月，经蒋介石核准，资源委员会决定暂停中央钨铁厂工程，并饬令杜殿英、洪中等迅速组织人力"将所有机器，拆卸运至香港存储，以备将来"[105]。据《资源委员会中央钨铁厂筹备委员会民国二十七年度工作报告》记载，是时，"钨铁厂厂房已大致竣工，发电机器设备已装十之八九，电炉部分亦正在装置，依其进度，十月开工，绝有把握"[106]。拆卸工作，自七月下旬开始，至9月底全部完成。行将垂成之中央钨铁厂，正式宣告寿终正寝。江西吉安神岗山，复成社灶烟冷的不毛之地。

2. 中央钢铁厂

钢铁工业是国防工业的支柱，"一切军用器械莫不以钢铁为原料"。三十年代初，中国年耗钢约60万吨，内中国产者仅约6~7万吨[107]，供求差距甚巨。严峻的现实，迫使当局者急谋补救，故在资委会尚未成立，《三年计划》尚未制定之前，筹建一座大型钢铁厂的行动早已大张旗鼓地展开。

早期的筹备工作系由实业部及其前身工商部负责。实业部的做法是：寻找一个切实可靠的国外合作伙伴，筹资一亿元，在首都南京附近建立一个年产量为15万吨的大型钢铁企业——中央钢铁厂（该厂冠以"中央"之名，殆因其厂址将建在首都附近，靠近"中央"）。

1931年春，实业部国营中央钢铁厂筹备委员会成立，实业部长孔祥熙任主任委员，翌年1月26日，经过激烈地讨价还价，实业部与由德国喜望钢铁公司、迪麦公司、孟阿思公司及德国联合钢铁厂等6家钢铁企业组成的"德国钢铁联合体"签订《中国实业部向德国钢铁公司借款创办国营钢铁厂草合同》。双方商定，中央钢铁厂必须建在"安徽或江苏之适当地点"，确切厂址，将由双方会勘。德国钢铁联合体将向实业部提供2,000万美元启动资金及全部技术[108]。旋"中央钢铁厂厂址勘察团"成立，经该团近一年半的实地考察，1933年7月，双方确认厂址定在安徽当涂马鞍山[109]。8月，实业部长陈公博与德国钢铁联合体全权代表德曼·欧脱会同拟就正式合同草案，双方打算在三年内完成中央钢铁厂全部工程。翌月，行政院就中央钢铁厂建设召集有关人员举行讨论，令陈公博沮丧不已的是，会议的结果是，"正式合同暂缓签字"。

筹备经年的马鞍山中央钢铁厂中途下马，最直接的原因是翁文灏强烈反对。翁氏认为，在未对全国工业作统一规划之前，不宜耗费巨资，匆忙搞一个钢铁厂。未几，资源委员会成立，由于钢铁是最重要的国防资源，而资委会负有统制国防资源专责，加之陈公博因汪精卫被刺而退出南京国民政府，筹划钢铁厂事宜遂由实业部移至资委会。

资委会对全国钢铁工业的规划，见诸《三年计划》"乙"、"丙"、"己"各点，其核心内容是在马鞍山和湘潭各建一个年产15万吨的钢铁厂。其中马鞍山钢铁厂系自实业部手中接收，资委会打算将其租给外商；湘潭钢铁厂则被命名为"中央钢铁厂"（"中央"二字，取"国营"之意），系另起炉灶，由柏林合步楼公司帮助资委会建设，厂址选在距湘潭不远的下摄司。

1936年5月，资委会中央钢铁厂筹备委员会成立。6月，筹委会委员黄伯樵、程义法等赴柏林与德方就合作细节展开磋商。未几，合步楼公司派遣以杜尔教授为首的专家团赴湘，考察厂址，规划厂区，指导土木工程建设。翌年6月25日，翁文灏利用赴欧参加英王加冕典礼途经德国之机，与合步楼公司签订了《关于筹设湘潭中央钢铁厂之契约》。该"契约"的签订，使湘潭中央钢铁厂的规模及施工进度得以最后确定："在最初数年，每年年产量十万吨，迨技术成熟、炼钢、轧钢程序确当后，则年产量在50万吨左右"；"厂内设备之装置完成，至1939年7月1日止，厂内设备之试用及开始运用，至1939年10月31日止"[110]。

旋七七事变爆发，残酷的战争环境使中央钢铁厂的前途蒙上了阴影，但建设工程仍在同年秋如期破土动工。8月，资委会呈准行政院由1亿马克信用贷款中拨出一部分作为钢铁厂建设费，汇划合步楼公司，与此同时，由杜尔教授率领的德籍专家团亦络绎赴湘，督促施工进度，德方对中央钢铁的前途仍甚乐观。不幸的是，中德双方这种乐观的情绪并未维持多久。随着淞沪会战、徐州会战、南京保卫战相继爆发，中日战争全面铺开，大半个中国沦为一片焦土。在确认战争不可能于短期内结束后，唯恐血本无归的合步楼公司打退堂鼓了。1938年4月14日，杜尔致函翁文灏，称："在目前情况下，该厂（即中央钢铁厂）应暂行搁置，无须急急设立。"[111]此后，中央钢铁厂建设工作虽在"中国方面愿负一切意外之责"[112]的前提下勉强进行，但施工进度却因德方的消极、观望而大受影响。

未几，武汉会战结束，湖北大部沦陷，湖南临近战区，湘潭下摄司已毫无安全保障，中央钢铁厂的命运竟不幸为杜尔教授言中，被迫中止。1938年7月，资委会接到行政院指令，"中央钢铁厂厂地各工程暂停进行，所有机器工具拆卸，运存湘西"。资委会副主任委员钱昌照后来曾伤心地写道："多年的工作，在一日之内丧失殆尽。"[113]据《中央钢铁厂筹备委员会报告书》记载，奉令停工、迁移时，中央钢铁厂厂基工程已"完成过半"。

3．中央炼铜厂及其他项目

除中央钨铁厂、中央钢铁厂之外，《三年计划》中的其他项目尚有：中央炼铜厂（丁）、中央酒精厂（辛）、中央机器厂（壬）、中央电工器材厂（癸）等。由于案牍阙略，前述各厂的施工过程与最终结局已很难得悉其详。兹将笔者所知，缕列如后。

中央炼铜厂的规模为年产3,600吨，其中总产量的三分之一系由废铜熔炼，另三分之二则由铜矿石提炼。该厂设计方案完成于1937年春，并由资委会呈行政院核准，其主要设备均由合步楼公司在德国代购，通过合步楼向该厂提供设备与技术的德国厂家计有古特—霍夫隆冶金厂、联合钢铁厂及德国机器制造厂等。1937年秋，该厂正式动工，1939年4月，主要设备均安装完毕。抗战期间，该厂曾生产出少量铜丝。

中央机器厂设于湘潭，于1936年9月正式开工，筹委会主任是抗战前多次穿梭于中德两国之间的杜殿英。抗战爆发初期，该厂已完全竣工，且具备一定的生产能力。1938年1月，该厂迁往昆明。此外，中央电工器材厂亦在抗战初期于湘潭建成，随即迁往内地。这两个厂所用的机器设备均系资委会委托合步楼公司向德国有关厂商定制，并由合步楼派遣工程技术人员赴华安装调试。

4．德国与中国兵工制造业

在近代中国，德式装备向来享有极高的声誉。李鸿章曾在他著名的《筹议海防折》里对西太后说："西国水陆战守利器……英德两国新式最精，德国克鹿卜[克虏伯]后门钢炮击败法兵，尤为驰名。"中国近代兵器科学的拓荒者徐建寅是第一位考察欧洲的科学家，在他的《欧游杂录》中，这位一向对洋人不服气且十分自负的中国兵工前辈虽照例说了许多"吾国实古已有之"之类的撑门面的大话，但字里行间，仍处处流露出内心里对德国枪炮的钟情与爱慕。民元以返，经过先辈们推波助澜，对德式武备的推崇，俨成一代风气。南京国民政府上台后，这种风气愈演愈炽，"火"得无以复加。"工作余暇，好好补习德文，我准备派你到德国去留学"[114]，竟是第一任兵工署长张群召见下属时挂在嘴边的口头禅。

在这种状况下，德国军工设备自然成了中国兵工界追逐的目标，德国"专家"也每每被"畀以高位"。张群控制下的金陵、上海南京兵工厂，比李励协、密蜡伊等更不中用的德国"专家"中，冒牌货比比皆是。而在其他地区，德国公司同样"参与了好几个省的兵工厂现代化的工作，包括洛阳、太原、济南、昆明、重庆和南宁等"[115]。

经过化工界前辈洪中的短暂过渡后，俞大维于1933年1月26日继任兵工署长。俞氏早年曾赴德入柏林大学攻读数学和弹道学，爱因斯坦主编的期刊中，曾能见到他的大作。在兵工制造方面，他无疑是个内行。留德学生独有的恋德情结；多年主管柏林中国使馆商专处、参与购买德械的亲自体验；加之德国人的知遇之恩[116]，在在均足以使俞氏对德式装备另眼相待。

另一件为德国军工界进军中国大启方便之门的是塞克特出任总顾问和"委员长的委托人"。塞克特曾为中方起草了《中国军备工业之建设计划》，尽管塞氏对中国兵工制造业的实际状况缺乏了解，但重要的是，塞氏在为蒋介石拟具这项计划之时，亦将中国兵工制造业的动向传达到了德国。他"总是同德国工业集团中渴望得到在华投资第一手信息的人密切联络"[117]。不用说，中德军工合作，是塞氏设计中的中国军备工业建设计划的大前提，而塞氏密友汉斯·克兰导演的易货贸易则为该计划提供了财政基础[118]。而且，塞氏还曾直接向蒋介石提出，中国军备工业，尤其是各兵工厂，应该在克虏伯的帮助下按照循序渐进、由小到大、统一发展的模式实施全面改造[119]。

按照塞氏的建议，俞大维上任不久即对全国兵工厂实施调整。他的做法可用三句话来概括：一曰改造老厂，或停办，或合并，或充实改造；二曰筹建新厂；三曰创建兵工科研机构。所有这些都必须借助于外国的帮助，德国人自始至终扮演着主角。

中国近代最著名的兵工制造企业——汉阳兵工厂，在1933年前后已经残破不堪，为了使之恢复昔日的辉煌，俞大维指派自己的亲信郑家俊接替成绩不佳的钟毓灵任厂长，并"引用德国技术人员担任指导"[120]，购置了一批德式设备，实施全面整顿。1935～1936年间，该厂恢复了活力，并生产出民国兵工史上妇孺皆知的"中正"式步枪。这种枪当时亦称"汉造廿四式"，它的设计脱胎于"毛瑟"（Mauser）九八型。二者之间，"是如此相似，以至于它们可以互换枪机"[121]。

另一座历史悠久的兵工制造企业金陵兵工厂，其前身为李鸿章创建的金陵机器局，在俞氏上任时同样已经只剩断垣残壁。1934年9月27日，该厂厂长李承乾上书俞大维，要求扩建。翌年初，在蒋介石的亲自过问下，该厂在南京中华门外征地223亩，先后兴建了南弹厂、北弹厂、木厂、工具厂、物料库、试验室等[122]，并从德国引进了大批新式机器设备。与此同时，该厂还"获得了德国一九〇八式马克沁（HiramMaxin）机枪工作图样、工程程序、刀具、夹具、量具、公差、材料热处理等表册全套资料"[123]，并于1935年间仿造出中国式的马克沁机关枪——"宁造廿四式"，结束了中国不能自制机枪的历史，未几，该厂又仿造出德国博格门（Bergmam）手提机关枪。

巩县兵工厂经过整顿后，不仅已能生产一种德国式的迫击炮，而且还增建了一座化学厂。这个化学厂实际上是第一座"我国新式之化学兵工厂"。它于1933年7月开始筹备，设"巩县化学厂筹备处"于南京，由兵工署理化研究所负责人吴钦烈任主任，佛采尔的顾问团亦派出几位专家前往襄助。筹备处成立后，一面派员前往河南巩县孝仪镇勘察厂址，拟定建设方案，一面派遣有关专家前往欧美，选购机械设备。为了掩人耳目，对外保密，1933年10月，该厂改名为石河兵工厂，翌年5月，复易名为巩县兵工分厂。1934年10月11日，蒋介石前往河南孝仪，视察该厂施工进度。据称，因该厂规模宏大，蒋氏"为之色喜"[124]。1936年初，该厂全部建成，吴钦烈正式就任厂长。是时，全厂共设硫酸厂、食盐电解厂、催泪剂厂、喷嚏剂厂、疱脓剂厂、烟幕罐厂、炮弹装填厂、防毒面具厂、活性炭厂等9个单位。为了加强该厂与德国化工界的合作，翌年初，兵工署特派吴钦烈率领一批中国技术人员赴德，进入德国皇家威廉纤维化学研究院进修。未几，抗战爆发，该厂被迫内迁，并被改组为兵工署第23兵工厂。1939年初，第23兵工厂在四川泸县恢复生产，其产品"除供应防毒器材，如防毒面具、防毒衣、防毒靴、漂粉消毒罐、防芥子气油膏，及一部分之无烟火药纯系军品外，对于其他工商业所需之化学药品如硫酸、盐酸、烧碱、纯碱、泡花碱、漂钠液氯、酒精以脱氧气与氧化锌等，均可制造"。

对于这个德国顾问指导下筹建的我国第一个化学兵工厂，后人曾有这样的评价："该厂自筹建至西迁复工，就我国兵工史而言，不啻为一创举，但其制造规模，与诸工业先进国相较，只能当做一个多元性之大型化工试验场，始终未生产毒气，亦从未对敌实施毒气攻击，然对加强前线官方之防毒教育却大力推行……以增强官兵对于敌人毒气之精神防御……对抗战之贡献重大。"[125]

除参与旧兵工厂的改造外，德国兵工界还积极图谋与南京国民政府合办新兵工厂。（株洲）新炮厂和（南京）军用光学仪器制造厂就是这种努力的结果。

炮是导弹出现以前最重要的陆上远程重武器。抗日战争爆发前，中国自制（事实上只应称之为仿制）炮的产量大抵为：上海兵工厂月产七五山炮6门；南京兵工厂年产八二迫击炮1,800门，炮弹15,000发；汉阳兵工厂月产七五山炮2门，八二迫击炮107门；巩县兵工厂月产七五山炮炮弹250发，一零五榴弹炮炮弹250发。[126]

与以百万计的庞大军队数相比，中国炮的生产量的确微不足道，因此，自南京国民政府执政后，建立一个略具规模的新式制炮厂，即一直是蒋介石等人的夙愿。1932年1月31日，蒋介石指示军事委员会："民国二十二年度军事进行纲要中务列炮弹厂"；同年12月26日，蒋氏致电兵工署署长洪中，令其拟具一个切实可行的筹办炮厂方案。翌年，蒋介石又于6月7日及7月7日两度致电新任兵工署署长俞大维，令其务于1936年以前完成制炮厂及炮弹厂建设。迫切情形，急于星火。

根据蒋介石的指示，1934年~1938年间，兵工署与德国克虏伯集团合作，于湖南株洲兴建了一座全套德国设备组成的新兵工厂——株洲炮厂。

有关株洲炮厂的材料很少。不过，可以肯定的是，中德合建此以造炮为主的新兵工厂的计划酝酿，至迟开始于1934年夏秋之交。这年8月28日，经冯·塞克特的介绍，克虏伯集团董事长冯·波伦（von Bohen）致函中国财政部长孔祥熙及兵工署长俞大维，提出了一份中德合办新兵工厂的意向性计划书。在该计划书中，波伦打算帮助中国建造一个包括炮厂、炮弹厂、铜厂、钢厂、试验厂、动力厂等6个单位在内的新式兵工厂。他预计，这个兵工厂的造价将在4,884万元左右（如果再加上一个1,200万元的火药厂，则会突破6,000万元）[127]，中方将以易货或分期付款方式来偿还。

在中方表明有意与克虏伯方面进行合作后，1934年底1935年初，克虏伯集团驻华代表普莱与孔祥熙的代表李耀煌及俞大维等进行了数度磋商。1935年1月，普莱[128]向俞大维提出了一个他自认为双方都能够接受的计划。这个计划将筹划中的新兵工厂的规模规定为：

（一）制造厂：每月生产七生五步兵炮16门；建设费大约为940万元（国币）。

（二）制炮弹厂：每月生产七生五炮弹40,000颗；十生五炮弹12,000颗；十五生炮弹5,000颗；建设费约为18,225,000元。

（三）炼铜厂：每月生产铜片250公吨；铜条75公吨；建设费约为1,275,000元。

（四）炼钢厂：月产5,000~6,000公吨，建设费约为18,700,000元。

（五）审验厂。

（六）发动厂：（五）、（六）两厂建设费约为6,500,000元。

（七）药厂：月产枪弹药60吨；炮弹药150吨；黑药1,200公斤；炸药与白药不制；建设费约11,800,000元（因克虏伯集团素不制药，拟招标承办）。

这个方案"共约国币六千五百九十万元，此外，尚有各厂建筑费二千二百三十万元，总共约需八千八百二十万元"[129]，与波伦的计划相比，其规模又有较大幅度的扩充。然而，它并不是兵工署有限的预算所能承受的。1935年2月初，俞大维向即将返德复命的普莱表示：新兵厂的规模尤其是内中的炼钢厂的规模必须缩小，全部预算不得超过50,000,000元。同月晚些时候，波伦电告俞大维、孔祥熙等，原则同意中方的要求，"相信中国兵工署诸项要求均可圆满解决"[130]，并希望新兵工厂造价能以易货的方式偿还。

未几，负责全国重工业建设的资源委员会成立，新兵工厂中的炼钢厂、炼铜厂划归该会，另行筹办"中央钢铁厂"和"中央炼铜厂"，兵工署与克虏伯方面争执甚烈的兵工厂规模过大问题迎刃而解。此外，彼时普莱的老板汉斯·克兰所促成的中德易货贸易计划已趋瓜熟蒂落，波伦所要求的以易货的方式偿还造价亦已不成问题。1935年9月，在中国方面开具的《中德贸易货物概算初稿》中，新工厂的造价已被列入其中[131]，并拟俟中国代表团赴德对克虏伯炮厂进行实地考察且与德方专家进行详细讨论后即签订有关订单。

1936年3月，中国赴德代表团成员、军事工业专家王守竞与克虏伯集团董事长波伦签订以制炮为主的中国新兵工厂机械设备购买合同。与此同时，在远隔万里的中国，筹建新兵工厂的工作亦正式拉开序幕。同月14日，兵工署在南京设立"炮兵技术研究处"。这是一个为建设新兵工厂作准备的筹备机构，"德国德莱斯顿高工机械科特许工程师"[132]时任兵工署炮兵器材科科长的庄权任处长。

新兵工厂拟设在"新经济中心"湖南株洲。同年9月，炮研处于株洲董家煅设办事处，负责筹划建厂工程。翌年1月，该处复派龚积成、蔡其恕赴德接收所购机械，同时，原汉阳兵工厂所属制炮机械设备亦奉令移入该厂使用。1938年5月，该厂全部建成，并迅速投产。是时，全厂总占地5,400余亩，出产枪械计有20毫米、37毫米、75毫米和100毫米大炮以及相应口径的炮弹。未几，该厂奉令西迁重庆，并被改组为兵工署第十兵工厂。

另一座由德国人帮助兴建的兵工企业是（南京）兵工署军用光学仪器设备厂。

该厂始建于1936年秋。是年9月7日，在军政部长何应钦的亲自过问下，该厂筹备处于南京珞珈路5号正式挂牌，处务由一名德国专家及数名留德学生负责，主任由周自新担任。1937年7月，筹备处于南京中山门外百水桥附近觅得厂址，建厂工作正式启动。翌月，周自新率工程师龚祖同、金广路等赴德，与合伙人德国蔡斯（Zeiss）公司接洽器材购置及技术合作事宜。1938年1月，周自新一行完成了有关合同，带着大批设备由德返国。彼时抗战已经进行了半年之久，南京亦已陷于敌手，军用光学仪器厂被迫西迁。翌年1月，该厂于云南昆明南门外柳坝复工，并被改组为兵工署第二十二兵工厂。同年4月29日，在德国专家雅可波的帮助下，该厂生产出中国兵工史上第一具国产6×30双眼望远镜。抗战期间，该厂又开发出八〇公分测远镜、卜郎德瞄准镜、指北针等当时较为尖端的产品，为对日作战作出了突出贡献。

除直接参与中国兵工厂建设外，德国势力在中方兵器工业科学研究领域的渗透同样引人注目。

抗战前及抗战初期在军政部兵工署设置的各类研究机构中，德国专家一直发挥着重要的作用。在弹道研究所，俞大维的老师、德国弹道学权威克郎兹（O.Granz）教授不仅是位令人尊敬的导师，还是位"太上"所长；另一位专家，大名鼎鼎的沙定（H.Schardin）博士，同样被俞氏高薪聘作顶梁柱；在理化研究所，法本化学工业公司工程师、黑色火药专家布卢梅（Blume）几乎已成为所有研究项目的"保姆"；在应用化学研究所，杜尔豪泽尔（S.Dullhauser）同样担负着主要领导职责。所有这些，似乎已足以表明，"楚材晋用"的古老传统已被俞氏充分发扬光大。

德国势力对中国兵工领域无孔不入的渗透，不仅加速了中国军事现代化的进程，还培植了中国军界的"崇德"情绪。随着这种"情绪"日复一日的积累，中国兵工界领导层内渐渐出现了一股亲德势力，民国以来兵工领域中一向占据主导地位的留日学生群亦渐为留德学生所取代。不用说，这股势力的一号人物是兵工署长俞大维本人。在他的兵工署中，由柏林工业大学毕业的李祖冰担任总务处长，慕尼黑大学毕业的江杨担任兵工技术司司长，柏林大学毕业的戴安国出任总工程师，"德累斯顿机械科特许工程师"庄权担任炮科科长，德国参谋大学毕业的徐培根担任军械司司长，而俞大维的副手、兵工署副署长则由戴安国的校友杨继曾担任。

对于以克虏伯为代表的德国军工集团来说，中国军界的"崇德"情绪和"亲德势力"是他们进军中国所获得的重大成果之一。毫无疑问，与可以用马克来计算的利润相比，这种"情绪"或"势力"的重要性毫不逊色，依靠它，德国人即能确保自己的在华地位。

德国与中国"两广"地方的合作

在德国与南京国民政府发展友好关系的美妙合奏声中，始终伴随着一支低调而不和谐的插曲，这就是德国与中国两广地方实力派的"合作之声"。

广东省地方政府的对德关系，起源于孙中山南方革命政府时代。由于孙中山代表广东政府积极对德联络，形成了双方发展关系的历史渊源。国民政府北迁武汉之后，留守广东的李济深继续对德谋求合作。曾经是国民政府发动北伐革命大本营的广东，在蒋介石的南京政府成立后，却成为一支独立于南京政权之外的政治力量，保持了自己的政治、军事、经济上的独立性，变成了中央政府的一块"心病"。

1928年4月间，就在南京中央政府派遣考察团赴德接洽关系之同时，李济深也向德国派出了一支以前孙中山驻德代表朱和中为首的广东地方代表团赴德访问，在其旧友鲍尔的帮助下，推动了德广关系的发展，取得了实际成果。

1929年，"广东编遣区主任"陈济棠通电"讨蒋"，依靠手中兵权一跃成为掌握广东的地方实力派领袖。1931年5月，他又联合其他反蒋派系在广州召集"国民党中央执监委非常会议"，并成立"广州国民政府"，公开与南京政府分庭抗礼，广东独立之势基本形成。在南京国民政府辖权之外，陈济棠联络广西桂系李宗仁、白崇禧形成了两广反蒋政治军事联盟。虽然后因九一八事变发生，"广州国民政府"迫于外患加剧而不得不于1932年1月5日宣布撤销，与南京达成了某种程度上的妥协，但同时另设"西南政务委员会"及"西南军事分会"，继续保持了两广的独立性质。

在这一大背景之下，德国继续与两广发展特别的合作关系就不能不影响到他与南京国民政府的双边关系。

在德国政府看来，两广只是中国的一部分，发展德广合作，也是帮助中国的具体内容之一，更因为广东地方拥有他们所需要的农产品及矿产原料，陈济棠又向德方表示，他可以联络拥有丰富矿藏的湖南、江西等省当局对德提供易货资源，故而深得德方青睐，再加上陈济棠、李宗仁治理下的广东与广西地方当局，内政相对比较清明，办事效率较高，富庶的地方财政可为对德贸易提供德方急需的现钞，这一切对德方来说都具有很大诱惑力，使德方很愿与之发展贸易及合作关系。希特勒执政后，更加奉行"实利"外交，在此问题上与国防、经济两部主管办事人员的立场并无矛盾。

南京政府在开始阶段内忧外患左右不能兼顾，对德广"勾结"只能睁一只眼闭一只眼佯作不知，在这种情况下，德广关系继续得以发展推进。

德广间早期发展经济及贸易合作的过程是与德国与南京政府发展经济合作的历史紧密相连的，而德广间发展双边外交及军事合作的有关情形则更为南京政府所关注和忌讳。

谈到德广军事合作，就必须从德赴华军事顾问团中的要员、陈济棠的政治军事、经济总顾问——林德曼（Lindemann）中将谈起。

林德曼出身于德国一贫苦平民家庭，曾进入德国陆军充当一名炮手，依靠苦干渐渐发迹，升为军官。一次大战期间升任炮兵团长，并因战功获铁十字勋章[133]。与许多德国军官一样，林德曼在战后因"厌恶共和体制"，与德国陆军总司令芮因哈德等人持有相同观点而被赏识，进而被委任为"新军官教育政策之筹划人"。"卡普暴动"失败后，塞克特出掌军权，严格执行"军队中立"政策，林德曼坚持"道不同不相与谋"的立场，挂冠而去，改任步兵学校校长，从此奠定了他在军事教育界的地位。传闻他后来又因对纳粹党"恢复德国之光荣与军备完整"的号召很感兴趣，对学校内纳粹活动制止不力而被塞克特免职退役。这样，他便于1929年春受聘来华充当军事顾问。[134]

来华初期，他在北平陆军大学当教官。当时北平地区及陆大在冯玉祥、阎锡山势力控制之下，与南京国民政府保持着距离，实际上林德曼已成为冯、阎雇佣的德国顾问，所以连德国驻华使馆也没有把他算做南京政府的顾问，以至于后来在1938年希特勒勒令顾问团离华回国时，名单中也无林德曼的名字，使他得以在北平隐居下来。

林德曼以其在德国军事教育界的地位怎么没被蒋介石器重呢？其中当然自有原因。

当林德曼与中国驻德公使馆签订合约时，正值鲍尔顾问病逝，当时为其办理聘用合同的中国使馆商务专员俞大维一时高兴，随口表示以林氏的资历，蒋介石总司令可能会任命他为德国军事总顾问。林德曼信以为真了。后来当克里拜尔及佛采尔连续出任此职后，林氏大为不满，"且怨言百出"[135]，后来他便不愿为蒋工作。

蒋介石为什么没有注重林德曼呢？据一些推测，也许是因为林氏之特长在于军事教育，而蒋介石当时为应付"中原大战"，正急需军事作战参谋而并非擅长教育之人才，如曾任德军参谋本部作战处处长的佛采尔就适合了蒋的需要，备受其重视。但蒋介石决没有歧视林德曼之意，他曾通过中央军校教育长张治中数次电请林德曼来南京出任军校总顾问一职，但这项热心邀请却被正在赌气的林氏拒绝了，理由是他"太喜爱北平与陆大，不忍离开"云云[136]，实则是因为林德曼自以为官阶较高而不愿屈尊于克里拜尔或佛采尔之下受其领导之故。

林德曼认为蒋介石之所以不愿重用他是因为他与冯玉祥及阎锡山私人关系过于密切，"有被列为'不忠分子'之嫌"[137]。的确，林氏供职于北平陆大，其学生多为阎冯部下之中下级军官，他们之间建立了良好的友谊，以至于林德曼在1936年离开广东后即被聘为驻守河北的二十九军宋哲元部（原冯玉祥部下）的军事顾问，再赴北平。阎锡山也曾亲自派人邀请林氏去太原出任自己的总顾问，但被拒绝了，林德曼还在等待来自南京方面的器重与邀请。冯玉祥与林德曼在思想观念上颇为接近，比较注意军民结合，两人关系也不错，以至于在中原大战中冯军反蒋作战一度得手之时，便传出了林德曼辅佐冯军攻击蒋军的流言。当时，美国记者亚奔德曾有报导猜测林德曼担任了冯军的秘密军事顾问[138]。而林氏自己在回忆录中却对此加以否认。

九一八事变发生后，北平的安全渐渐受到了日本军队的威胁，陆军大学被迫迁至南京市郊，林德曼亦不得不前往他一直不想到的南京，并与德国军事顾问团长佛采尔共事。时克里拜尔已辞职，过去他与林德曼之间形成的各管一摊互不干涉的平衡局面也被打破。

林德曼与佛采尔的脾气十分相像，都自视清高恃才傲物，而两人的资历、经验迥异，在军事理论上又持着不同观点，矛盾便不可避免地产生了。

林德曼为人比较傲慢，在北平时他便与副手顾德威少将（Gudovius）相处不洽，最后竟使顾德威及另一副手洛森上校（Lassen）离平赴京，投奔蒋介石门下。后来林德曼自己也曾于1931年夏赴南京一次，与佛采尔、蒋介石等人共商中国军事教育改革问题，当时佛采尔曾盛邀林氏留京，领导顾问团内军事教育小组的工作，并将其扩大范围，林德曼仍因不愿与佛采尔共事而婉拒。现在冤家路窄，他们又走到一起来了。

林德曼在1931～1933年留居南京期间，其上呈蒋介石所有的各项改革建议，从陆大新教育方针到顾问团的工作以及中国全盘整军计划，无不沿袭十九世纪初期普鲁士军事改革方案之蓝图，"彼常将康德之道德理论、费希特之国家意识以及香和斯特与波盎等之军队自由论概念混杂其中"，"极力主张强兵之先决条件乃在民心士气之振奋……单靠机械与精兵不足以解救当前（中国）之危机，……首先须将军队之士气提高，使其具有高度之国家民族意志及钢铁般之纪律"[139]。而佛采尔的观点正与之相反，他"以我国正受强邻欺压，迅速发展一支现代化之武力配以最新式之武器与作战方式为目前首要工作，其他问题均属次要"[140]。这正适合了蒋介石与国府当局的想法，而对比之下，林德曼的设计却与当时内战频仍的中国情形不相适合，再加上与德国民族"尚武"的精神相反，中国社会自古以来"好男不当兵"的意识根深蒂固，林德曼的设计虽然正确，但在当时的中国却"无用武之地"。蒋介石此刻正忙于坐镇武汉指挥"剿共"，对林德曼"过分理想化"的建议无暇顾及，林氏等待许久不见回音，一气之下，他在1932年底聘约期满之时，准备辞职回国。

林德曼辞职消息传出后，四川省主席刘文辉立即请其入川为顾问，林氏以川省内战情况复杂，不愿前往。广东省主席陈济棠闻讯亦请其入粤充当总顾问，当时德国在广东的经营已有一定基础，林氏遂答应前往履新。西门子公司等德方大企业对林德曼赴粤寄以推进贸易之希望，便竭力支持其前往，给予了实际资助；而德国官方却对林氏此行充满忧虑，驻华使馆更是困惑不安；国防部指令林德曼申诉去粤理由，并要其随时报告行踪；驻广州德国领事则拒绝与林见面，更不愿提供帮助。南京政府对林氏此举则未持强烈反对态度，一则因为当时广东局面尚稳，陈济棠也没公开反蒋，德国人只要不助其反叛而专搞建设，并无害处；二则是因为大规模的"剿共"战事即将开始，广东处于江西战场之后方，南京还需要陈济棠的配合。

这样，林德曼便单枪匹马来到了广州。

林德曼当时将广东省看做是中国的"普鲁士"，认为这一地区具有自身的特点，很有发展前途，大有发挥自己才干的机会，这正是他一直所追求的

"实现价值"之所在。至于宁粤矛盾，他认为一旦大敌当前，中国人内部矛盾会自然弥合，他也可以居中做些调和工作，并非介入中国内争。

陈济棠对林德曼的到来寄以厚望，委任其为政治、经济及军事总顾问，聘期两年，同时委任他兼任广州军校教官，工作任务比较繁重。当时在广东已有数名先前聘用的德国顾问，但林德曼与他们互不干涉，各司其职，不存在统领关系，彼此倒也能相安无事。实际上林德曼赴粤后，在外界看来广东便形成了一个以他为首的"顾问小组"，后来被南京方面视为一大"祸根"。

陈济棠为考察林德曼的忠心曾刻意询问他一些尖锐问题。

陈问："当你在南京服务时，是否了解中央政府之军事秘密？"

林答："因在南京仅担任教官与负责军事教育政策之拟定，无法参与军事秘密。"

陈问："如果广东与敌人发生战争时，你是否愿为广东而战？"

林答："除非敌人是德国，我将为广东担当任何危险任务。"[141]

陈济棠这才放下心来，赋予林德曼以全部信任。

在广东的两年，是林德曼在华"最愉快之阶段"，与他自认的在南京近两年"最不得意"的时光形成了鲜明对比。他与上关系不错、与同事相处融洽，常忙到深夜仍不得休息。

林德曼在广东的工作包括以下几方面：其一：帮助陈济棠实施建设广东之"三年经济计划"。虽然他是否曾参与该计划的拟定尚不得而知，但林氏的确为实现这一计划起到过重要作用，而其中在发展广东空军方面，林德曼的作用尤其突出。陈济棠在计划中准备在1935年底前发展成一支拥有400架飞机的空军力量，为此曾发行1,500万元航空奖券及3,000万元国防公债，募集购机经费，而他的供货方则以美国道格拉斯（Douglas）飞机厂为主，计划还确定准备雇佣30名德国空军教官担任教练任务，林德曼对此曾起过促进作用。

当时德国自己并无空军，故无法插手在此范围内的对华竞争，美国及意大利趁机挤占了中国空军市场，还派出了空军顾问，林德曼为弥补德方这一缺憾，欲借中国之地利用美国飞机达成训练德国空军基础力量之目的，成功地使广东方面允诺聘用德国飞行教官，此可谓一箭双雕之举。林德曼在组建广东空军及将之布防于省内各适合地点方面，也起到过重要参谋作用，例如他曾提出为有效确保防空起见，机场须平衡分配，他提出以汕头为重要基地，以便与广州相呼应，而在各地修建机场设施过程中，他"当然充分地利用西门子公司的技术与器材"。

其二：作为陈济棠的政治总顾问，林德曼在辅佐其处理国内问题时也发挥了一定作用。当时南京政府欲藉"剿共"之机，重兵压迫中共红军退向粤境，而后再以"追剿"为名派兵入粤抢占地盘，林德曼为此曾专门撰写过一篇《设防与防卫的理论与方法》（Bestigung-und Abwehimethoden）的文章，告诫粤方"防卫的最佳方法在于攻击敌人"。遵照这一原则，陈济棠决定在1934年2月派兵参加"剿共"行动，并主动予以"追击"，以确保粤境之平安。

当时曾有一家德国报纸报导说："一位德国将军曾在中国南部广东省之北方边境，成功地阻止中国共产党之南移，并使之被迫向西往湖南与四川等省逃亡……"[142]而林德曼自己却在回忆录中否认其参加指挥"剿共"战争，说他当时正卧病在床，没有可能参加任何军事行动。实际上这种掩盖当时在德国顾问中是正常的现象，南京方面也有类似情况，为的是减少外界对于他们介入中国内战的指责。

其三：林德曼为陈济棠筹划了广东省境内的国防作战体系。他鉴于广东海岸线漫长，一旦中日战争爆发，日舰势将南下，威胁粤省沿海任何一点，故建议陈济棠效仿德国，划全省为100个防卫区（landswehrbetirke），并在区内组织亦农亦兵的民兵组织。他还建议修筑了广州至雷州半岛及至汕头之交通干线，以备战时之需。

其四：林德曼又利用职务之便，为回报西门子公司对其赴粤的支持，就广东建设问题与西门子公司开展了广泛的深入合作。他曾与西门子公司合作设计了开发海南岛与整顿黄埔港等重点建设工程项目，并亲自前往海南、雷州半岛考察。林德曼与西门子公司驻远东代表锡克（Sick）是好友，在合作建设广东方面甚有成绩。1934年锡克病逝后，林德曼与他的继任者希奥布（Schwob）也保持了友好合作关系，在双方努力下，举凡广东大宗经济、军事建设项目，皆有西门子公司参与其中。当然这也不是说林氏成了西门子在广东的推销员或代理人，在某些方面，林氏还是能够比较公允地对待来广活动的其他外商。例如，当他发现法国希乃德工厂（Schneider Creuzot）所生产之大炮射击准确、移动方便，比较适合于广东山地运行之特性，比德产卜福斯大炮更好时，便主动说服陈济棠改订法国大炮。这也体现了德国军人的另一种本色。

1934年底，正当林德曼在广东的工作蓬勃发展之时，他的聘约期满，即以健康不佳为由，辞去粤省总顾问一职，在游历日本后返回北平。

林德曼为何要作出这种意外选择呢？原因如下：

1933年5月，德国名将塞克特访华之时，带来了两位同行助手——克兰（Klein）与普莱（Preu），路经香港时，把他们留在了陈济棠身边，主办德广军经合作事宜。7月20日，克兰代表德方与广东当局签订了《中德交换货品合约》，12月14日又签订了《琶江口各兵工厂建筑物承建合约》，次年9月8日又签订了《建设防毒面具厂合约》[143]；普莱则为广东募集军事顾问。他两人在广东的活动受到了德国国防部的大力支持，1934年，德国国防部派出以退役中将泽姆斯道夫为首的6人军事顾问小组到达广东，出任陈济棠的私人顾问团，标志着德广官方合作的开始，塞克特便是其"幕后督导人"。而林德曼与塞克特一向不和，林氏眼看塞克特指挥下的德广关系急速发展，有使自己落入塞克特掌握之下的可能，遂起离去之心。难怪陈济棠曾对林德曼说过："你们德国人均不能彼此互信，叫我们如何能够相信你们？"[144]再者，1934年下半年起，宁粤关系恶化，随时可能再开战局，林德曼为避免使自己更使德国政府陷入中国内战漩涡，采取了"三十六计走为上策"的选择。有消息说当时德国政府曾劝林德曼速速离粤，惜经有关学者考证，关于这一问题德国外交档案见缺，无从证实[145]。

当时华北地区已被林德曼的旧友西北军宋哲元部所控制，成为居于南京政府之外的又一个"广东"。林氏自广东经日本抵达北平后，原拟回国，已购好船票，但二十九军军长宋哲元亲自前往相邀，欲聘其为二十九军总顾问，林德曼对华北怀有恋旧之情，也相信能有大展身手之机会，于是决定留在北平与西北军将领老部下"续缘"。他思考再三，决定以"健康不佳"为由向陈济棠辞职，是为了在拒绝其"续聘"时双方在面子上过得去。

当时二十九军中已有日本顾问，宋哲元为了平衡"外交"，欲借林德曼之力牵制日本人，而林氏则认为正因有日本顾问居于其间，才不致使他的履新召来日方的反对，给德国政府惹出麻烦。

可是德国政府却不同意林氏的看法。当他将与宋哲元的谈话报告德国驻华大使陶德曼之后，陶大使认为华北局势太复杂，德国人介入中日斗争大大不利。为使林改变决定，他急电柏林汇报，在得到国防部长柏龙白的批复之后，大使派专人将部长电令送往林宅，并坐待林氏允诺照办。林德曼于无奈之中只好答应谢绝二十九军之聘，并即电告德国国防部照办。从此他便以私人身份在北平"隐居"，仅与宋哲元等人保持私人联络关系，直至北平沦陷后的1940年。其间他撰写了自己的《回忆录》，对目睹日军在华各种暴行均有揭露，并断言日本对华这种无止境的侵略最后必将走上失败之途[146]。本来林德曼已在北平购置花园洋房，准备久居，但后来他却受到命运的捉弄，下场凄惨。

1941年，希特勒在大举攻俄前夕征召所有预备役军官复役，林德曼此时与众多德国顾问一样回国，以盲目效忠"祖国"而投入战场。1943年后，德军在各条战线上连遭失败，一些德军将领认为希特勒不除德国将永无宁日，于是在1944年7月20日发动了谋杀纳粹元首之举，可惜未能成功。阴谋败露后，数以千计的军官被杀被关，林德曼也名列其中，他以德军最高统帅部工兵部主管、炮兵上将的身份与许多高级将领一同于9月间被希特勒绞死在狱中，结束了他的一生。

林德曼虽然走了，但他所奠定的德广合作基础却赖以生根。以克兰与普莱抵达广东为标志，德广合作开始了一个新阶段。

说来也奇怪，南京中央政府与德国大规模的经济合作居然是在德广经济合作关系确立之后，因为南京方面对德国在广东的活动提出了异议，塞克特为了在中国人之间"搞平衡"，这才命令克兰转赴南京，代表德国政府开始与中国中央政府洽谈经济合作事宜。

德国人对于广东的器重是出自这样一种观念：即1934年的广东是一个相对独立的省份，而且其具有"最富庶的省份"的特征，与它毗邻的广西、贵州、云南、湖南都是与南京中央政府"不亲近"的，广东与这些富于矿藏的省份的关系实际上是一种"联盟"的关系，从这个意义上说，"南京能实际控制的地区似乎还不及它实在"[147]。德国人由此对广东寄予很大希望，国防部长柏龙白曾坦白地说过："只要能获得战略资源，管他是哪个政权。"[148]而陈济棠则更是拍着胸脯对德方保证，广东是一个经济上的"独立体"，实施发展项目时"无须获得中央政府的批准"，而广东发展军火工业则只是为了"抗日"[149]。

实际上，广东地方政府的力量并非像德国人想象的那么大，广东境内的矿藏也并非很丰富，尤其钨的产量十分有限。中国钨矿蕴藏量的80%在江西，集中在赣州附近地区，且被划分为小片，掌握在各矿主手中，广东省政府1933年颁布的统制钨矿出口的命令在各种外因作用下其效力是非常有限的。尽管广东的军队已被派往超越省境的矿区，但由于不是直接拥有产地，广州当局从未能有效地对此进行过贸易统制。

克兰却不知这些，他依然穿梭于南京广州之间，忙于和双边签署易货及合作协定，他甚至在1933年7月20日与两广签订易货协定时允诺给广州提供2亿马克的贷款，这比德方给南京的数目整整多出了一倍[150]。

总之，到1935年夏初，德国国防部鉴于南京方面的激烈反对，为顾全德国自身的根本利益，已决定按照外交部意图淡化德广关系，国防部长助理莱谢劳将军会同外交部长牛赖特联名急电驻南京使馆，命令克兰将工作重心由广州移往南京，并声明如果克兰要继续与陈济棠打交道就必须首先得到蒋介石的同意[151]。德方的这一命令当然也通过外交渠道向南京政府作了通报,使蒋介石非常满意。

由于南京军队对江西苏区的第五次"围剿"取得了成功,中共红军被迫进行战略转移,江西产钨区遂被南京政府控制。蒋介石对下一步谋占广东充满信心,在竭力对德扩大钨矿出口之余,他对德广合作项目之"善后"也采取了容忍的态度,深信这些建设项目不久之后将会成为自己的"囊中之物"。

到1936年夏,德广合作已近尾声,兵工厂等项目已经停工,陈济棠的6名德国军事顾问将被解聘,首席顾问泽姆斯道夫将军在宁粤开战前"适时地"病死了,德广之间也爆发了对德方"违约行为"之争吵,陈济棠气愤地发现,原来他计划从德国得到的现代化军备已经装备了南京军队并正被用来攻击自己。

6月1日,"两广事变"发生,陈济棠联合桂系出兵湖南反蒋。7月4日,在南京策动收买之下,粤方苦心经营的空军48架飞机叛陈投蒋,粤军第一军军长余汉谋亦同时倒戈,广东阵营土崩瓦解,7月18日,陈济棠被迫逃往香港,广东从此落入蒋介石手中。

长久以来一直困扰蒋介石的德广关系难题就这样彻底消除了。

日本的干涉

在中德双边关系的发展过程中,有许多第三者、第四者一直在以一种不安分的眼光注视着中德之间所发生的一切。其中反映最强烈者莫过于德国在远东的另一重要伙伴——日本。

民国时期对华关系最复杂的国家当为日本。日本军阀为了实现侵华野心,对中国的内政外交无一不给予密切注视,直至插手干涉,对于中德关系之发展更不能例外。因为德国与日本也存在着极特殊的关系,尤其在希特勒上台之后,日本成为纳粹德国的战略伙伴,就更不能容忍自己的朋友与"敌国"之间发展友好，何况这种友好的主要内容之一是德国在帮助中国整军备战！

在这种大背景下，中德日"三角关系"便成为远东国际关系中焦点问题之一，具有高度的复杂与敏感性。日本这个"第三者"的插足，给"热恋"中的中德双方带来了无穷的烦恼。

首先的麻烦是由日本的畸生傀儡——伪"满洲国"的出现而引起的。

1931年九一八事变后，日本武装占领我东三省，1932年3月又扶植了伪满政权。这一傀儡成立之初，国际上几无人承认，在外交上处于极端孤立状态。但是，世间万事总在变化，国际关系更为复杂，各国从自身私利出发，并不是都能严守正义与公德的。国民政府忙于内战，对收复失地无所作为，伪满在日本人枪杆支撑下苟延下来，渐渐地，我国东三省丰富的土地资源及其战略地理位置使得与之有关的国家，如苏联等等，再不能"稳守其贞"了，他们为了私利，不顾中国政府的强烈抗议，开始与伪满发展各种明暗关系。德国也加入了这一不光彩的行列之中。

1933年3月6日，一名从事贩卖鸦片与军火生意的商人斐迪南德·汉斯·海耶（Ferdinand Hans Heye）来到德国外交部，他表示已受纳粹党要人戈林之委托，向外交部陈述他的一项计划，准备用德国资金在"满洲国"组建一家银行，打开德国资本和工业产品在中国"满洲"及内蒙古地区"开发"之路。海耶表示，他的这一计划已得到日本人的支持，日方已经承诺负担1／3的费用，而那些与他有交的蒙古王公也愿出资。更重要的是，海耶表示这一计划实现后，他甚至可以说服日本人对苏采取军事行动，越过西伯利亚，"给布尔什维克主义以致命打击"[152]。

德国外交部对狂妄的海耶计划十分反感，不予理会。但海耶凭借他过去在满洲贩毒的经验与戈林的支持，决心实施他的计划。

唯利是图的德国财团对海耶计划则表示支持，希望由此向中国东北内蒙开拓市场。实业家费里茨·蒂森（Frifz Thyssen）与戈林联合出资，资助海耶于1933年夏赴满洲及日本活动。

海耶在东京与日本政经要员会谈，并赴满洲拜会了伪满官员及其日本关东军参谋长小矶国昭中将。海耶对小矶等皆自称他具有希特勒授权的特殊身份，小矶对他的资格深信不疑，托他转交希特勒一封信，表示：德国要想在"满洲国"获得"特殊经济地位"，必须以首先正式承认傀儡政权作为交换条件[153]。与此同时，日本政府也向德国新任驻日大使狄克逊（Dirksen）提出，希望德国正式承认"伪满"。

11月，海耶回德报告访日、访"满"情况。德国外交、国防二部坚决反对德方承认伪满，但在戈林的游说之下，希特勒同意委给海耶"德国临时代表"的身份，"在建立德国与满洲国贸易关系方面充当前导"[154]。

1934年初，海耶再次赴"满"，与伪满当局频频接触，自称"首任德国驻满洲公使"，一时间，德"满"合作之言论在德国到处传播，连德国驻哈尔滨领事也发表了类似看法。但海耶在"满"活动却迟迟不见实际成果。3月9日，日本驻德大使拜访德国外交部，解释日本"不重视海耶"的原因，认为他在"满"提出的换取正式承认要价条件太高，甚至超过了"满洲国"给日本的优遇。因此，日方不再喜欢这个"鸦片贩子"。另外，他的外贸知识水平也太差云云。

海耶尚不知道日本的意图，他还在四处活动。1934年6月5日，他宣布与"满洲国"达成一项《临时贸易协定》，却又迟迟不向柏林有关方面汇报，此事激起了德国政府的愤怒。6月21日，德国外交部决定，无论就政治或经济角度而言都不能批准这项"协定"[155]。1935年2月4日，希特勒正式将海耶免职[156]。

海耶的使命虽然就此结束，但德国与伪满建立关系却从此开始了。蒂森在与外交部官员讨论德国对外总方针时引用海耶的话说："从长期打算，就德国和俄国、日本、美国发展关系的全过程来看，德国在亚洲必须倾向日本而不是中国。"[157]希特勒听取了蒂森的汇报，表示同意这一基本原则。

中国政府对德与伪满建立关系表示了强烈的抗议。1934年2月22日，中国公使刘崇杰专门拜会希特勒，向他介绍了"东北问题"的真相，劝告德方停止与伪满傀儡政府往来。26日，刘公使又书面照会德国外交部，称：

"近来本人多次接到报告，在此地和远东正在进行着实现德'满'合作的活动，尤其是在经济方面。与此相应的，有关承认所谓'满洲国'的谈判，也在进行之中。

这些报告对中国政府产生了极为不好的影响。我已经收到南京外交部的来电，称国内普遍反映极坏。现在的事态表明，德国经济界对中国东三省问题缺乏正确的认识。

我相信德国政府不会抛却以往对华友好立场，并且希望阁下能重申这一立场。"[158]

3月3日，德国外交部复照中方，宣称德方不承认伪满的立场并无任何改变。[159]

德"满"往来反过来又促进了德日政治关系的密切化。

德国垂涎于满洲的是那里出产的高品质的大豆，德国从满洲进口大豆的交易成为德满日三角关系的重要纽带之一。自然，满洲的大豆是通过日本的公司对德供货的，支付的办法也是用德国对日贸易中出口的节余来偿付。1933年由于日元脱离金本位贬值，外贸大受影响，德国为减少外汇支出，不得不限制进口，德日贸易减少，再加上中德易货及经济合作的发展，日本人认为德方在经济上"侵占了日本的势力范围"[160]。他们对中德"合步楼协议"提出抗议，但德国政府对此敷衍了事，而德国赴华军事顾问团在南京影响却越搞越大。这一切致使日本人于1934年4月13日发表《天羽声明》，表示：日本反对中国利用其他国家反对日本的"以夷制夷"政策，更对外国对华"提供武器、派遣顾问"等不能"置之不理"。这份声明的内容在很大程度上是针对德国人来的，表示了日本对中德发展军事合作的强烈不满。亲日的德国纳粹党领导人也不得不因此给予日本某些安慰，试图减轻他们的不满。

1934年5月，塞克特将军二次来华，正式出任驻华军事总顾问。为平衡对日外交，希特勒连忙邀请日本海军中将松下访德。1935年5月，法肯豪森接任驻华顾问团长，希特勒又一次与戈林一同接待了日本海军访德舰队。是年秋，日本尚和钢铁厂总经理率日本兵器代表团在德考察了克虏伯各厂，并就购买该厂"直接制钢"技术与德方开展谈判[161]。到1935年底德日"满"经济合作又达到了一个新高潮。

1936年2月，中国驻德使馆商专处得悉情报：德方曾允许来德参观的日本军官察看莱因钢厂为中方生产的大炮，便立即告之南京。中国财政部表示，如此事属实，中方将停止向德方支付炮款。德国国防部闻讯，于2月15日急电蒋介石，保证："日本军官实未尝见大炮，敝方担保一切，均守绝对秘密。"3月3日，蒋介石回电柏龙白，表示"中国在德制造军器，自不应使他国人知悉，既承声明，中国约定应付款项仍应照发"[162]。这一风波才算过去。

随着德国扩军备战步伐的加剧，对油脂的需求膨胀，德方为了节省资源，致力寻求替代品，对满洲的大豆原料之需要因此加大。1934年8月，德国政府默许半官方的"德满进出口公司"与满洲"政府"谈判以德国工业产品换取大豆事宜。1935年底，当中国一个学术代表团启程访德之际，德国也向远东派出了一个经济考察团，主要目的是访问日"满"，建立正式的贸易合作关系，顺便也对中国进行了考察。

以奥托·克朴（Otto Kiep）博士为首的德国远东考察团，包括了工业、财经界巨头，他们在日"满"进行了有效的活动，而对南京政府只是作了一般性的应酬[163]。与此同时，日本军事、经济代表团频频访德，对撮合日德"满"勾结起了很大推进作用。

1936年4月30日，德国政府外汇局的代表同伪满政府的代表，在日本东京签署了"德'满'贸易协定"。该协定共14条款，主要内容如下：

1. 德国国外汇兑局允许价值1万万元之"满洲国"货物，于1年期内输入德国，其中3／4（7,500万元）以外汇（美元）付款，1／4（2,500万元）以德国马克付款；

2. "满洲国"当局应采取必要办法，保证德国货物于1年期内充分输入"满洲国"；

3. 德、"满"两国间之私人贸易清付行为，须得两国当局之许可；

4．德、"满"两国间贸易额，应由双方主管代表于每三个月在柏林查算一次；

5．本协定自1936年6月1日起生效，以1年为期[164]。

伪满"政府"对这一协定"深感满意"。为执行这一"协议"，伪满大量抢购大豆，以致造成东北大豆市场供应"恐慌"，年内大豆价格上涨了50％。由于日"满"对德订货并未增加，结果德国人以高价购买了大量"满"豆，使德国对其贸易赤字从1936年5月的2,890万马克一跃升为1937年5月的3,850万马克，并且在以后续约一年期间内继续扩大[165]。日"满"在这项协定中不仅捞取了大量经济利益，更重要的是通过这笔交易，使德国在实际上承认了伪满，从而造成了德国在中日问题上对日本的一大让步，给正在发展的中德关系蒙上了浓厚的阴影。

南京国民政府对德"满""贸易协定"之签署十分恼火，进行了多次对德交涉。

1936年4月29日，就在德"满"签约前一天，南京政府外交次长徐谟召见德国驻华大使馆代办，就此提出质询。德方解释说：德方之所以要签署这项协定"因我方需要满洲大豆，往时每年购量可达一万万元，近年已减至五、六千万元，而德方因无力给付外币，几无法增进贸易。依照现在新订办法，我方拟在满洲购买大宗大豆，其应付货价，在德国开一账目，逐次积存，满方即可利用此项存款，购买德国机械等货，如此我方可不必给付外币而谋对满贸易之平衡，同时我方大豆之需要，仍可尽量维持。"[166]德国代办反复说明，该协定只是贸易、技术性的，并无任何政治意义与作用。徐次长对此表示不可理解，保留意见。

30日，中国驻德大使程天放也奉令向德国外交部进行了交涉。

虽然德方故意拖延，不向中方送交协定全文，中国政府不能立即弄清内幕并提出抗议，但仍通过外交途径向德国驻华代办表示：就德方承认的协定形式而言，显然是由德国政府机关与伪满外交代表所签订，中方"对此不能不认为十分遗憾"，"倘贵方不予公布，又不抄示全文，则不能不令人疑为德、伪或已签订秘密协定"[167]。

在中方一再追究之下，6月1日，德方才向中国政府送抄了"德满协定"全文。中方经慎重研究，于6月8日向德方发出一份照会，内称："（中国政府）外交部于详阅该'协定'后，不得不有以下之结论：该'协定'实质上为一规定两国间某种关系之协定，又为德国政府机关代表与所谓'满洲国'代表所签订之协定，而德国政府深知所谓'满洲国'为一以非法手段造成且未经世界自尊国家承认之组织。中、德两国睦谊素敦，而德国政府竟签订此种性质之协定，不胜遗憾。中国政府虽不信德国政府已择取与世界各国对于所谓'满洲国'之共同态度相反之行动，但不得不询明德国政府于签订上项'协定'之时，是否业已对于目前存在于中华民国东北各省之非法组织予以承认。盼即见复为荷。"[168]

从这份照会内容语气分析，中方对德国与伪满往来仍保持了十分克制的态度，甚至连"抗议"一类字句也未使用，而是采用了十分温和的"非议"态度，并还应德方要求，没有公布这份照会。在德方答复中方不会正式承认伪满"政权"之后，南京政府也就停止对德交涉了。

但是，德国政府并没因中方的克制而中止与伪满的往来。

1937年3月，德国政府正式向伪满"新京"（长春）派驻了一名商务专员克诺尔（Knoll），南京外交部立即向德国驻华大使陶德曼表示了反对态度，并要求克诺尔不要介入政治事务。德国外交部经济司司长李特尔（Ritter）则向前来质询的中国大使程天放保证，克诺尔使"满"，完全是为了贸易需要，没有政治作用，不具备外交官身份，也不与伪满政府发生关系。他并表示，德"满"协定，德方应买的都买了，"满"方却没有买足，德国吃了亏，但他又支吾其词，不肯表示停止协定的意向。程天放两度交涉，无功而返[169]。

5月间，德"满"达成协议，将贸易协定延长三年。6月9日，正当中国政府特使、行政院副院长兼财政部长孔祥熙应邀访德，在柏林晚宴上与德方大员把酒欢宴之时，"在五千英里以外，德国贸易特派员（克诺尔）在新京设宴庆祝德'满'贸易协定续约。"他说："协定虽不理想，但牺牲是必要的，因为高于协定所追求的物质目的的是一种发展亲密友谊的愿望。"[170]这番话，道出了德国对日"满"的真实态度。

南京政府此刻正忙于准备抗战，需求德国军事外交之助颇多，因此也没有对德"满"往来作进一步的交涉。

"满洲"问题尚未解决，中德日三角关系又起波澜，这就是1936年11月25日，德国与日本签订了一份《反共产国际协定》。

就当时国际形势而言，反对共产主义的苏联是西方列强的共识，那为什么单单德日之间要搞这么一个"反共协定"呢？其"醉翁之意不在酒"也。

进入1936年后，希特勒领导的德国已渡过了"埋头苦干"时期，重整军备恢复经济初见成效，德国人自称再也不甘忍受在欧洲及世界上的孤立地位，为了对抗英法在欧洲对德国的"联合围困"，德国欲向全世界表明，他也有朋友，而且也有强国做朋友。于是，他需要拉拢亚洲强国日本，结为"政治同盟"，以壮声势。另外，在纳粹的"世界战略"上，他们一直是靠"反共"起家的，并且把苏联视为"死敌"，必欲除之而后快。对苏联一国的力量，德国人自称是不怕的，但他们害怕的是苏联与英法联手来对付德国，于是便急于在国际上寻找反共盟友，以孤立苏联。

日本此时正忙于准备侵华。从历史上中日俄三国解不开的"干系"着眼，日本侵华就必须防备中苏联手对付日本，日方很担心苏联援华抗日。为此，也想找德国人作反苏伙伴，从欧洲给苏联以威胁，使之无暇东顾，以利日本侵华。于是，德日为了自己的"全球政治战略"便走到一起来了。

1935年5～6月间，日本驻德大使馆武官大岛浩就与德驻英大使、纳粹党"影子外长"里宾特洛甫开始了建立德日反共联盟的谈判，经过双方的频繁外交活动，次年5月，德方提出了成立反共产国际共同阵线的建议，德日签约的时机已经成熟了。

11月中旬，英国《泰晤士报》详细报道了德日间准备签订协约的消息，并明确指出"它的内容一部分是共同反共的宣言，另一部份则是物品和军事技术交换的协定……意大利将来也会加入这个条约，而造成德意日反共阵线"。另外还预计：德意不久必将承认伪满，而日本也会承认意大利对阿比尼西亚的侵略。英报激烈抨击了这一事件[171]。

中国政府十分注意德日结盟的可能性。早在1934年底，就曾为此事训令当时驻德公使刘崇杰，向德方质询德日结盟的可能性与德日、德"满"合作内容，德方对此断加否认[172]。现在风波又起，中国驻德大使程天放，再次奉令就此事向驻柏林各有关国家使节探听消息，交换意见。法国驻德大使庞赛（Francois-Poncet）对程表示：德日皆反苏，订约不意外，但德国拉拢日本又要交好中国，在远东已陷入自相矛盾境地。美国大使都德（Wm.Dodd）认为德日反共早有合作，签约只不过是其公开化而已，美国对此态度有待于与英法协商后决定。他还私下告诉程大使，当年"九一八事变"发生时，美方曾与英方协商联合制裁日本，但因英方不同意而作罢，现在英国对此也有后悔之意。美大使最后说："罗斯福总统讲过，对侵略国家，全世界都应该实行经济制裁。"苏联驻德大使素立兹（Suritz）对程大使慷慨表示，苏联早已做好准备，即使德日同时进攻苏联，他们也不怕。接着他又故作关心地说：德日协定签订后，日本倒不一定敢进攻苏联，首先受害的将是中国，日本有德国为盟友，对华侵略将更肆无忌惮。程大使回复说：中国决不上日本的当，决不与他搞什么"联合防共"。国民政府与中共斗争是中国内政，不容他人干涉。如果日本扩大侵华，中国将出自一战以图救亡。如果日本占领华北内蒙，其犯苏将成现实。最后中苏两国大使达成共识，认为双方利害相同，应该加强沟通合作[173]。

11月27日，中国外交部长张群约见德国大使陶德曼，根据国际舆论传言，询问"德国是否已经和别国政府（当然指日本）建立了反布尔什维主义的共同战线？"陶大使对此断加否认，但他又解释说：德国认为目前布尔什维克主义危险空前严重，德国为免受其害，已经与意大利达成了谅解，并正在设法与别国也达成这种"谅解"。张群则强调说中国政府将尽自己的力量来镇压共产主义[174]。这次会见后，陶大使请示柏林外交部是否要将德日缔约谈判一事转告中方？柏林指示暂不通报。德国政府很清楚，他的对华与对日政策是相互抵触的，最终必须选择其一而不能兼顾，因此，为促成德日结盟，柏林曾一度下令暂停向中国提供重炮及鱼雷快艇装备，把对日关系放在首要位置[175]。

中国政府认为德日结盟将对中国大大不利，于是竭力试图加以阻止。11月17日，行政院副院长孔祥熙紧急约见"德国驻华易货代表"克兰，要其转告德方"我极为重视德中之间的亲密友谊，如果这种友好关系因德日结盟而受到损害，我将十分遗憾……"，"欧洲人对日本政府及其政策了解甚少，日本政府试图统治整个中国亦即亚洲，从而对欧洲造成威胁。日本是一个工业国，需要广大的原料产地和工业品市场，因此，日本总有一天成为德国最强大的竞争对手"。

"我们感到费解的是：在反共方面，德国为什么从各国之中选择日本与之结盟？日本是我们最大的敌人，……中国已经进行了5年的反共流血作战，在此过程中作出了数百万人的牺牲。"

"如果德国确实已同日本结盟，那么德国将因此而到处树敌。尽管中国希望以各种方式与德国合作，并能在各个方面襄助德国，但也将因此而被迫同德国疏远。"[176]

中国的劝说并不能阻挡德国的决心，11月25日，德日《反共产国际协定》正式公布。

11月25日当天，中国大使程天放前往德国外交部询问有关"德日协定"一事。牛赖特外长立即拿出这份协定抄本交给程大使，表示"这件事磋商了几个月，最近才商定，今天下午在柏林签约"。他郑重声明，除协定公开条文外，德日间并无秘密条款，英法报纸报导都是造谣。程大使立即回到大使馆，向南京外交部报告了德日协定之全文："条约内容非常简单，一共只有三条。第一条规定，两国共同防范共产国际的活动。第二条规定，如果第三国内部和平，受到共产国际的危害时，两国将共同邀请它采取防御措施，或者参加本条约。第三条规定，条约自签字日起生效，有效期间五年，德日两种文本，都是正本。议定书也只包括三条。第一条，两国对于共产国际活动的情报，应彼此交换，两国的反共宣传和防卫对策，应密切合作。第二条，两国在现行法令范围内，对在国境外直接间接替共产国际工作的人，应该严厉取缔。第三条，两国设常任委员会，研究和计划反共的防御政策。"[177]奇怪的是这份协定德方签署人不是按惯例由外长牛赖特执笔，而是由德国驻英大使里宾特洛甫（Joachim von Ribbentrop）代签，日方则由日驻德大使武者小路签字。这一反常现象，说明了以牛赖特为首的德国外交部并不同意希特勒的"联日"方针，希特勒不得已才令其"影子外长"里宾特洛甫出面办理。不仅外交部，德国国防部在柏龙白将军主持下对此也采取了"淡化"态度。

11月25日，签约当日，中国行政院长蒋介石通过克兰转致柏龙白部长一电，文曰："绝密。请以我的名义询问柏龙白元帅，（德国）国防部对德日协定持何态度？并请他给我明确答复。"[178]蒋介石最担心者唯恐德日协定影响到德国供华军火交易及德国军事顾问的在华活动，德国国防部体会到了蒋介石的担心，立即回电给克兰，柏龙白部长亦于次日致电中国行政院副院长孔祥熙（因当时蒋介石不在南京），反复强调德日协定"绝不反对任何一国家，亦不反对俄国"，"因另有原因，发表中闹得热热闹闹，扩张其词，实则无一此事实的价值"[179]。"德日协定内容仅系防卫国际煽动组织之合作，绝不反对任何国家，并对中德友谊关系，绝无影响，中德完全互信互助之合作，始终如一"[180]。27日，柏龙白再函孔祥熙，强调"我中德两国之经济繁荣，实有盼于两国之合作日增密切。私衷伫望，正与尊愿相同，德日防共协定之签订，全为防御赤化阴谋，决不影响于吾两国之共同建设事业，此柏所敢为部座断言者也。此项协定，对于国际共产组织之破坏工作，加以抵制。贵国亦常感受国际共产组织之威胁也"。"敝国人民所伫祷于贵邦者，为最近期间获取大量农矿原料之供给，倘蒙部座促进此愿望之实现，私衷庆慰，宁可言宣"，"关于敝国所能贡献贵邦之物品，柏终始如一，愿竭绵薄，促其供输"[181]。

由于主管军火贸易与顾问团的国防部长有了这般表态，使蒋介石心中稍稍平静下来。按照克兰的描述，柏龙白的电报在此危急关头挽救了中德关系，使其避免了一场危机。

原则问题虽然初步解决了，但中方仍不放心，生怕"德日协定"背后还有什么秘密协定。中国外长张群于28日再次约见陶德曼，就"德日协定"疑点进行了详细询问，陶大使一一作答，并再次转达德国政府意图：德方将在任何情况下保持同中国的友好关系，德方把发展对华友谊置于头等重要的地位。德日协定无论在文字上还是在含意上都不是针对中国的，与中日矛盾也没有任何关系，该协定不损害第三国的主权，也不具有结盟性质，目前也不打算邀请其他国家参加[182]。张群对德方的这些保证表示满意。

11月30日，蒋介石在洛阳行营"纪念周"上针对"德日协定"发表了讲话，他"一方面重申中国不容许外国干涉内政的决心，另一方面说明中德两国近年来非常友好，相信此种亲善关系决不致受此条约的影响"。12月1日，他再次电令驻德大使程天放对德方交涉，问清"德日协定"之细节内幕。

程天放首先拜会国防部长柏龙白，询问他德方会不会根据"协定"的规定对日本"交换"去有关中国军备的情报？柏龙白回答说：他相信日本不会提出这种无理要求，即使万一提出，德方也不会照办。因为"交换"情报只限于对共产党的活动而并不包括第三国的国防。他说：他是中国多年的朋友，以后也绝不会变更态度，请中方放心。

3日中午，程大使又拜访了德国外交部，他对牛赖特表示：中方对"德日协定"既怀疑又不满，虽然我方可相信德方并无恶意，但日本方面的用心就很难说了，因此有几点具体条款内容需向德方问清。

第一是对于"第三国内部和平受共产国际威胁时"一句的下文，德文本协定内容是德日将"邀请第三国共同采取应付措施"，而日文本则可理解为"共同对第三国采取防御措施"。究竟何者正确？牛赖特回复是以"德文本为准"。

第二是"协定"有无邀请中国加入之意？回答是德国了解中国情形特

殊，并无邀其加入之意。程大使要求德方正式发文说明此意，以免被日本钻空子。牛赖特以无此必要为由婉加拒绝，但他同意在华发表他的这次讲话以达其宣示效果。

第三是"缔约国对境内外共产党人要严厉制裁"是否包括除德日两国以外的其他国家公民？回答是"不包括"。

第四是"协定"议定书所规定的"常任委员会"有没有成立？回答是德国在警察总局中早已设立了一个专门的反共机构，并不另设"常委会"。

第五是该"协定"究竟是以谁为主体，谁先倡议发动？回答是：双方都有意思，但仍是"以德方为主体"。

程天放询问完毕表示，中国政府坚持反共立场，但决不许他国以任何借口来干涉中国内政。牛赖特表示：德方深知中国立场，早在对日谈判时就已屡次声明，德对中国毫无恶意，不许日本利用这一协定来做压迫中国的工具，深信中德友谊不致受该协定之影响[183]，中方对德方的这些表示颇感满意，蒋介石对德国军事顾问团之信任也一如既往。

德日《反共产国际协定》在签字之时，因签约双方的鼓噪宣传，一时引起全世界的重视，但其实并没有什么特殊的历史作用。虽然德方对中国撒了谎，该协定签订同时还附有一份秘密反共条款，规定"双方在反苏政治上合作，未得一方同意另一方不得与苏联签署任何条约，必要时两国可采取军事合作等等"，但因为当时国际形势的大局，日本绝不敢轻易对苏下手，而德国为了首先对付英法，对苏联反而采取讨好政策，这便使这一纸"协定"成为废纸。更有甚者，1939年8月23日，希特勒为了战略需要，首先违约，独自与苏联签订《德苏互不侵犯条约》，把日本甩在一边不理，而代表希特勒去莫斯科签约者，又是那个酒贩子出身的纳粹分子里宾特洛甫，这成为一桩历史大笑话。由此可见这一"协定"并无什么实际价值，唯一具有历史意义的是《反共产国际协定》的签订标志着德日在政治上结盟的开始，而这对于正在准备抗日的中国，对于正在发展的中德关系来说，的确是一件麻烦的事情。从此以后，中德关系更与德日关系密切相

关，陷入了更加复杂的境地。中方对该协定及其德日双方一举一动都紧张
关注，唯恐"城门失火，殃及池鱼"。

1937年春，南京政府探悉德日欲拉意大利加入《反共产国际协定》，
使德日同盟进一步发展，中国政府行政院秘书长翁文灏立即向"德国政府代
表"克兰表示："德日协约中如果更复加入意国，则意义显然更为重大，甚
盼德政府勿轻举妄动。"3月5日，柏林回电说：有关"三国行将订立同盟条
约之说，柏龙白元帅实毫无所闻"，"拟即向各主管机关访询，然后将事实
真相详细电告"[184]。蒋介石为此事召见克兰，对他说明了中方的"担忧"。
陶德曼大使奉德方命令对蒋表示，德中友谊仍是德国外交政策的基础，不会
动摇。而蒋介石则认为：尽管中方仍重视中德友谊，但因有了这份德日《反
共产国际协定》，不免使中国人普遍对德方产生了疑虑，他们无法理解德方
为什么要作出与日本结盟的决定，现在又要扩大化，这就与以往的情况不同
了。陶大使再次对蒋保证：德国无意介入中日纠纷，也不打算要求中国加入
这一《反共产国际协定》[185]。但无论如何，事情仍是按中方预料的方向在发
展。1937年11月6日，意大利终于宣布加入《反共产国际协定》，并与之结
盟，形成了世界法西斯侵略集团，德国从此逐步走向中国的对立面。

在结束本节内容之前，我们还有必要简略考察一下作为西方列强之首的
英美两国以及世界另一大国苏联对于中德发展关系的态度。

就美国人而言，他们对中德关系之发展早在鲍尔来华时代便开始给予
严密注意，华盛顿对德国在华建立"令人难以捉摸的垄断效果"尤为担心。
其在华武官掌握下的情报组织，对德国军事顾问的在华活动严密侦察，欲弄
清其中真相。因此，迄今尚保存在美国的有关情报档案，便成为记载德顾问
在华活动的为数不多的资料来源之一，尽管这些情报的准确性并不一定可
靠。在经济方面，当时美国人在华并无太大作为。1934年，美国货占中国进
口货总数的26.2%，到1936年上半年，这一数目却下降为17.7%，已接近
德货17.24%的水平，但美方似乎并不着急。美国国务院仍把中国列为投资
"危险区"。1935年3月，一个美国非官方组织"全国贸易委员会"（The

National Trade Council）派遣一个经济代表团赴华考察，准备推动中美经贸合作。虽然代表团回国后热情高涨，但他们遍访美国财经企各界，却饱受冷遇。对于美国人的这种冷淡态度，《远东评论》（Far Eastern Review）在1937年6月发表的一篇文章中尖锐指出："每一个迹象都已表明，德国人将成功地夺取英美在东方贸易的相当大部分。"[186]

英国是一个在华拥有大量殖民利益的老牌帝国主义国家，他当时在华的战略任务不是要急于扩大势力，而是要稳稳地保住特权。英国工商界人士在1934年前后不断地要求政府寻找在华投资新途径，必要时"甚至不惜牺牲英日关系为代价"。[187]

被中国政府英籍财政顾问李滋罗斯（Frederick Leith-Ross）称为"既无资本又无信用"的德国人在中国的崛起，使英国人慢慢清醒过来。1933年，当塞克特首次访华时，英国外交部并未加以重视，到1935年，德国已代替英国成为对华第三大出口国，英国在中国重要的铁路建设中只获得了5%的份额，这一切刺激了英国人。以李滋罗斯1935至1937年来华协助国民政府进行"币制改革"为契机，英方开始了与德国争夺中国市场的努力。中德"合步楼"贷款协议签订后，英国驻沪商务参赞路易斯·比尔（Louis Beale）悲叹道："这一协议的后果是在（中国的）发电厂、煤矿、工厂和铁路，到处安装的都是德国设备……这一趋势必使生产同类产品的英国制造厂商的利益受到危害，这是在中国发生的非常严重的事态。"[188]李滋罗斯强烈要求英国政府效仿德国对华提供相同优惠条件的贷款，并试图向南京派遣英国顾问及工作人员，以抵消德国人的对华影响。

中国政府为了在政治上争取英国同情中国抵制日本，给予了英方一定照顾。1936年末，南京将已下台的陈济棠与德方克兰曾订过合约的广州—梅县铁路的建设权交给了英方，并允诺将来予之更多的利益；蒋介石邀请英国人参与广州的国防设施建设工作，并要求英方将海南岛纳入其"保护区域"，以免将来被日本人占领[189]。

在这种情况下，英国在1936年曾向德方建议划分其在华利益范围，就信贷条款、市场界限等问题订立一个"君子协定"。以上这些措施，使英国在华利益有所恢复[190]。但不久之后中日战争爆发，连同"广梅铁路"在内的英国在华项目俱成泡影。

对于当时世界上唯一的社会主义国家苏联来说，因为他与南京国民政府的历史旧隙未复，两国关系直至抗战爆发前夕才因共同的国际战略利益而开始好转。1936年中国新任驻苏大使蒋廷黻抵达莫斯科。从11月至次年2月间，他在苏联进行了广泛的外交活动，意图争取苏方支持中国的抗日大业。

在蒋廷黻与苏方会谈中自然不免要谈到中德关系及当时国际上热门话题之一的德日《反共产国际协定》。苏联外交人民委员会副委员长斯多蒙涅可夫在1936年12月9日会谈中，对中国大使说明了苏方的观点，并着重指出了该协定对中国的直接危害。他说："此秘密议定书之范围甚广，'侵犯'及'侵犯威胁'等字句在日德两方面皆能作极奇异之解释也。秘密协定与反共协定相互为用，反共协定明言为防止第三国际，协约国得在国外采取必要行动。闻签字时，日德曾有对中国之了解。"蒋大使复问："日德签字时对中国之了解如何？"他说："详情不明，惟所谓'能在国外采必要行动'属于日本方面者系指中国，日本在运用上必联合公约与密约化为一约，日本能随时对德声明日本或满洲国已受侵犯威胁，因之派兵进攻中国，苏俄现在虽感德国之不存好意过于日本之不存好意，然日能助德，德亦能助日，且此约系侵略国集团实现之初步，意日之互认满洲国与亚比西尼亚即其明证，余可预料日、意、德必采共同行动，以达其侵占他国土地及势力范围之目的。"[191]

次年2月16日，蒋廷黻大使与苏联驻华大使鲍格莫洛夫会谈时也谈到了中德两边关系问题。鲍大使对中德发展关系表示了忧虑。他说："你我两国（中苏）的出路均在一个大联合之中……我觉得中德的关系不无困难……"

蒋大使答："中德之间并无特别联合。"

鲍又说："德国军事顾问是我们不能放心的一件事。"

蒋回答："军事顾问均是一个一个请来的，契约有定期，并且是我们政府与每个顾问的契约，不是中国政府与德国政府之间的契约。"

鲍："这事非小心不可，中国军事秘密恐东京无不知者，最近，中德经济的合作似乎是因为条件方便。"

蒋："正是如此，此外毫无政治意义。我希望贵大使将今晚的谈话报告李外委长，俾他作为制订训令的参考。"[192]

因为当时复杂紧张而又多变的德苏关系，苏方当然不愿看到中德接近，故力劝中方远离日德，以免"引火烧身"。但中方对德国还存有许多幻想，也并未下定决心与苏联联合，苏联的劝告并不能影响中国的外交战略决策。

【注】

[1] 徐天新等主编：《世界现代史（1917~1945）》，人民出版社1985年版，第257页。

[2] 同上出处。

[3] 希特勒：《我的奋斗》，第143~144页。

[4] 同上出处，第145页。

[5] 问上出处，第150~151页。

[6] 同上出处。

[7] 参见本书第一章第三节。

[8] 柯伟林：《蒋介石政府与纳粹德国》，第171页。

[9] 克劳斯·希尔德布兰特：《第三帝国的外交政策》（加州柏克莱，1973年版），第28页，转引自柯伟林：《蒋介石政府与纳粹德国》，第171页。Hildebrand, Klaus : The Foreign Policy of the Third Reich, Berkeley, Calif.1973.

[10] 转引自柯伟林：《蒋介石政府与纳粹德国》，第171页。

[11] 同上出处。

[12] 《东亚评论》第十四卷第一期（1933年11月），第474页，转引自柯伟林：《蒋介石政府与纳粹德国》，第171页。

[13] 二史馆馆藏档案：资源委员会全宗廿八1027。

[14] 二史馆馆藏档案廿八（2）238。

[15] 二史馆馆藏档案廿八（2）235。

[16] （日）外务省通产局：《独逸对支经济势力之全貌》，现藏中国第二历史档案馆，以及张嘉璈《中

国铁道建设》一书所载资料，商务印书馆 1946 年版。

[17] 这些互致贺电文件均藏中国第二历史档案馆资源委员会档案全宗廿八（2）。

[18] 二史馆馆藏档案廿八（2）689。

[19] 二史馆馆藏档案：《外交部致实业部咨文》（1935 年 11 月 11 日），四四（2）284。载《民国档案》
1991 年第四期，第 33 页。

[20] 《外交部驻北平特派员程锡庚筱电》（1936 年 2 月 17 日），同上出处，第 36 页。

[21] 《外交部驻北平特派员程锡庚筱电》（1936 年 2 月 17 日），同上出处，第 35 页。原文为英文稿，
由马振犊等翻译。

[22] 《郭秉文致吴鼎昌函》（1936 年 2 月 6 日），同上出处，第 33 页。

[23] 莱谢劳当时任职说法不一，此为傅宝真先生在（台）《传记文学》第三十三卷第六期第 102
页文中所述。又据二史馆馆藏柏龙白来电所称莱谢劳为第七军军长。

[24] 原件现藏中国第二历史档案馆，档号廿八（2）3652，载《中德外交密档》，第 4~5 页。

[25] 二史馆馆藏档案廿八（2）3652，载《中德外交密梢》，第 10~11 页。

[26] 二史馆馆藏档案廿八（2）3639，同上出处，第 11~13 页。

[27] 据同上出处柏龙白致蒋介石电介绍："此三车中有一辆与敝国元首兼总理及柏于检阅军队时
所乘用者相同，余两辆为敝国国防军所用之侦察车。"

[28] 关德懋：《关于"在华德国军事顾问史传"》，见（台）《传记文学》第二十七卷第四期，第 57 页。

[29] 傅宝真：《法尔克豪森与中德军事合作高潮》，见（台）《传记文学》第三十三卷第六期，第 102 页。

[30] 前引关德懋文，见（台）《传记文学》第二十七卷第四期，第 58 页。

[31] 吴景平：《从胶澳被占到科尔访华——中德关系 1861-1992》，第 141 页。

[32] 转引柯伟林：《蒋介石政府与纳粹德国》，第 168、361 页。

[33] 同上出处，第 361 页。

[34] 《德国外交政策文件》C 辑第 5 册 No.536，第 966~967 页。《同莱谢劳会谈备忘录》"费舍尔（南
京）致德外交部"（1936 年 9 月 16 日），转引自柯伟林：《蒋介石政府与纳粹德国》，第 168 页。

[35] 《德国外交政策文件》C 辑第 5 册 No.363 第 607~608 页。陶德曼：《德国与中国》（1936 年 6
月 10 日），转引自柯伟林：《蒋介石政府与纳粹德国》，第 168 页。

[36] 原件现藏中国第二历史档案馆，档案号廿八（2）3655，载《中德外交密档》，第 5~6 页。

[37] 《德国外交政策文件》C 辑第 5 册 No.536，第 966~967 页。《同莱谢劳会谈备忘录》"费舍尔（南
京）致德外交部"（1936 年 9 月 16 日），转引自柯伟林：《蒋介石政府与纳粹德国》，第 168 页。

[38] 《国民政府向德方要员授勋草案》二史馆馆藏档案廿八（2）3642，载《中德外交密档》，第 15 页。

[39] 二史馆馆藏档案：《克兰转呈柏龙白为蒋介石贺寿电致翁文灏函》（1936 年 9 月 19 日）、《莱
谢劳为蒋介石贺寿电》（1936 年 10 月 22 日）及蒋之复电、《托马思致蒋介石函》廿八（2）

3652，载《中德外交密档》，第 13~15 页。

[40] 二史馆馆藏档案：《蒋介石致柏龙白贺电稿》(1937 年 3 月 11 日) 廿八 (2) 3642，同上出处。

[41] 程天放：《使德回忆——从莱因区域到法比》，见 (台)《传记文学》第三卷第六期，第 29 页。

[42] 程天放：《使德回忆——第十一届世界运动会》，见 (台)《传记文学》第四卷第二期，第 28 页。

[43] 同上出处，第 29 页。

[44] 二史馆馆藏档案廿八 (2) 3642，载《中德外交密档》，第 28 页。

[45] 二史馆馆藏档案廿八 (2) 3642，载《中德外交密档》，第 28 页。

[46] 同上出处。

[47] 傅宝真：《在华德国军事顾问史传》，见 (台)《传记文学》第二十五卷第六期，第 72 页。

[48] 同上出处，第 75 页。

[49] 同上出处，第 52 页。

[50] 柯伟林：《蒋介石政府与纳粹德国》，第 136~138 页。

[51] 傅宝真：《德国与我国抗战前南方内陆工业区发展及其背景之分析》，见《逢甲学报》(台) 第二十一期，第 74 页。

[52] 这些文件现有可能保存在台湾档案机构内。

[53] 《德国驻华军事顾问团工作纪要》，台北，"国防部"史政局编，1969 年版，第 6~8 页。

[54] 辛达谟：《法尔根豪森将军回忆中的蒋委员长与中国 (1934~1938)》，见《传记文学》(台) 第十九卷第五期，第 49 页。

[55] 同上出处。

[56] 见 (台)《传记文学》第二十六卷第五期，第 54 页。

[57] 关德懋：《关于"在华德国军事顾问史传"》，见 (台)《传记文学》第二十七卷第四期，第 58 页。

[58] 吴景平：《从胶澳被占到科尔访华——中德关系 1861–1992》，第 136 页。

[59] 同上出处，第 136 页。

[60] 周亚卫：《蒋介石对德国顾问的幻想》，载《全国文史资料》第 19 辑，第 191 页。

[61] 《德国外交政策文件》C 辑第一卷，第 774~776 页，英国政府文书局 (伦敦版)，转引自吴景平：《从胶澳被占到科尔访华——中德关系 1861–1992》，第 135 页。

[62] 傅宝真：《在华德国军事顾问史传》，见 (台)《传记文学》第二十六卷第五期，第 58 页。

[63] 吴景平：《从胶澳被占到科尔访华——中德关系 1861–1992》，第 135 页。

[64] 傅宝真：《在华德国军事顾问史传》，见 (台)《传记文学》第二十六卷第五期，第 59 页。

[65] 同上出处，第 60 页。

[66] 转引自柯伟林：《蒋介石政府与纳粹德国》，第 145 页。

[67] 《朱家骅先生年谱》，第 34 页。

[68]　傅宝真：《塞克特将军第二次使华》，《传记文学》（台）第二十八卷第一期，第 32 页。

[69]　同上出处，第 33 页。

[70]　傅宝真：《在华德国军事顾问史传》，见（台）《传记文学》第二十八卷第一期，第 34 页。

[71]　柯伟林：《蒋介石政府与纳粹德国》，第 139 页、第 146 页。

[72]　周惠民：《德国现存有关中德关系史料》1-01-03，第 7 页，载中华民国史专题第二届讨论会
　　　论文，1993 年 9 月 9 日。

[73]　《朱家骅先生年诸》，第 35 页。

[74]　柯伟林：《蒋介石政府与纳粹德国》，第 144 页。

[75]　辛达谟：《德国外交档案中的中德关系》，《传记文学》（台）第四十二卷第二期。

[76]　二史馆馆藏档案：《中德易货合同》（副本）三零九 4054。

[77]　二史馆馆藏档案：《中德易货合同》三零九 3054。

[78]　马振犊主编：《中德外交密档 1927~1947 年》，广西师大出版社 1994 年 10 月版，第 469 页。

[79]　（台）《传记文学》，第四十二卷第二期。

[80]　郭恒钰、罗梅君：《德国外交档案：1928~1938 年之中德关系》，第 167 页。

[81]　《传记文学》（台）第三十卷第二期，第 94~95 页。

[82]　同上出处。

[83]　前引吴景平文及柯伟林书。亦可参见关德懋等人的回忆。

[84]　《近代史研究》1992 年第六期相关文章。

[85]　辛达谟：《德国外交档案中的中德关系》，载（台）《传记文学》第四十二卷第二期，第 126 页。

[86]　前引吴景平：《汉斯·克兰与 30 年代的中德关系》，亦可参见傅宝真、柯伟林等人的论著。

[87]　前引吴景平：《汉斯·克兰与 30 年代的中德关系》，亦可参见傅宝真等人的论著。

[88]　杨格：《中国建设国家的努力》，第 293 页。

[89]　《东亚评论》第十六卷第二期，第 32 页。

[90]　柯伟林：《蒋介石政府与纳粹德国》，第 98 页。

[91]　同上出处，第 342 页。

[92]　二史馆馆藏档案：钱昌照《两年半创办重工业得到不少教训——痛苦而深刻的教训》，廿八（2）
　　　6238。

[93]　同上出处。

[94]　柯伟林：《蒋介石政府与纳粹德国》，第 95 页。

[95]　二史馆馆藏档案：廿八（2）2133。

[96]　《Otto Wolff 中德贸易意见书》二史馆馆藏档案：廿八（2）2133，载《中德外交密档》，第
　　　199~200 页。

[97] 《Otto Wolff 发展中德贸易意见书研究报告》，二史馆藏档案：廿八（2）2133，《中德外交密档》，第 201 页。

[98] 本书将对此另作专门介绍。参见《俄普夫公司与浙赣铁路》一段内容。

[99] 二史馆馆藏档案：廿八（2）2133。

[100] 二史馆馆藏档案：廿八（2）3637。

[101] 一般而言，伦敦钨砂市价较诸中国钨砂收购价，往往高出 8 倍以上。参见洪诚《整理中国钨矿之记述》。

[102] 顾振致翁文灏电（1936 年 3 月 17 日），载《中德外交密档》，第 363 页。

[103] 二史馆馆藏档案：《中央钨铁厂备忘录》廿八（2）1021。

[104] 钨铁厂向德方购置之机器设备，以重量计，共为 1，600 余吨，至 1937 年 7 月，德方运沪机器仅为 1，012 吨。

[105] 二史馆馆藏档案：《中央钨铁厂筹备委员会民国二十七年度工作报告》廿八（2）1021。

[106] 二史馆馆藏档案：《中央钨铁厂筹备委员会民国二十七年度工作报告》廿八（2）1021。

[107] 二史馆馆藏档案：《筹划国营中央钢铁厂总报告及计划》廿八（2）1021。

[108] 二史馆馆藏档案："中国实业部向德国钢铁公司借款创办国立钢铁厂草合同"廿八（2）1021。

[109] 二史馆馆藏档案：《陈公博致蒋介石函》（1933 年 7 月 20 日）廿八（2）1021。

[110] 二史馆馆藏档案：《关于筹设湘潭中央钢铁厂之契约》廿八（2）6243。

[111] 二史馆馆藏档案：《杜尔教授视察中央钢铁厂报告书》廿八（2）1025。

[112] 二史馆馆藏档案：《翁文灏致杜尔函》廿八（2）1025。

[113] 二史馆馆藏档案：《中央钢铁厂沿革考》廿八（2）1020。

[114] 陈修和：《我所了解的上海、金陵兵工厂》，载《江苏文史资料》第 28 辑。

[115] 柯伟林：《蒋介石政府与纳粹德国》，第 259 页。

[116] 俞氏出掌兵工署，系出于德国顾问的推荐。

[117] 柯伟林：《蒋介石政府与纳粹德国》，第 230 页。

[118] 二史馆馆藏档案：《蒋介石致塞克特函》（1935 年 11 月 23 日），廿八（2）0688。

[119] 参见杨杰访德归来的报告，载《国防新论》，第 515 页。

[120] 王国强：《中国兵工制造业发展史》，第 90 页。

[121] 柯伟林：《蒋介石政府与纳粹德国》，第 260 页。

[122] 赵志中：《金陵兵工厂——第六十兵工厂》，载《江苏近代兵工史略》，第 63 页。

[123] 王国强：《中国兵工制造业发展史》，第 103 页。

[124] 同上出处，第 332 页。

[125] 赵志中：《金陵兵工厂——第六十兵工厂》，载《江苏近代兵工史略》，第 63 页。

[126] 抗战前兵工署所辖兵工厂生产概况表载王国强：《中国兵工制造业发展史》，第 280 页。

[127] 二史馆馆藏档案：《李耀煌致孔祥熙呈》（1934 年 11 月 4 日），三一八（2）554。

[128] 普莱是克兰的助手，关于他本书已作过多次介绍。

[129] 二史馆馆藏档案：《李耀煌致孔祥熙呈》（1935 年 2 月），三一八（2）554。

[130] 同上出处。

[131] 二史馆馆藏档案：《中德贸易货物总价概算初稿》及《中德军火、农矿品贸易洽商情况表》，廿八（2）3638、3650。

[132] 二史馆馆藏档案：廿八（2）694。

[133] 傅宝真：《在华德国军事顾问史传》，见（台）《传记文学》第五十二卷第二期，第 78 页。

[134] 同上出处，第 79 页。

[135] 傅宝真：《在华德国军事顾问史传》，见（台）《传记文学》第五十二卷第二期，第 80 页。

[136] 同上出处。

[137] 同上出处。

[138] 傅宝真：《在华德国军事顾问史传》，见（台）《传记文学》第五十二卷第二期，第 80 页。

[139] 同上出处，第 82 页。

[140] 同上出处，第 82 页。

[141] 同上出处，第 83 页。

[142] 同上出处，第 85 页。

[143] 马振犊主编：《中德外交密档（1927~1947）》，广西师范大学出版社 1994 年 9 月版，第 460~471 页。

[144] 傅宝真：《在华德国军事顾问史传》，见（台）《传记文学》第五十二卷第二期，第 79 页。

[145] 同上出处，第 85 页。

[146] 同上出处，第 87 页。

[147] 柯伟林：《蒋介石政府与纳粹德国》，第 157 页。

[148] 《德国外交政策文件》C 辑第四册 No.101，第 102~103 页。

[149] 柯伟林：《蒋介石政府与纳粹德国》，第 157 页。

[150] 同上出处，第 159 页。

[151] 《德国外交政策文件》C 辑第四册 No.101，第 192~193 页，《迈尔致陶德曼》（1935 年 5 月 24 日），转引自柯伟林书第 162、359 页。据说这一转变对莱谢劳来说十分不容易，过去他一直支持克兰在广东的冒险，因为他有位"不中用的兄弟"受雇于广东琶江口的工程。

[152] 《德国外交政策文件》C 辑第一册 No.50，第 104~107 页，转引自柯伟林：《蒋介石政府与纳粹德国》，第 172 页。

[153] 《德国外交政策文件》C 辑第一册 No.312，第 582 页《比洛备忘录》(1934 年 3 月 10 日)，转引自柯伟林：《蒋介石政府与纳粹德国》，第 172 页。

[154] 《德国外交政策文件》C 辑第一册 No.438，第 797 页《狄克森（东京）致德外交部》(1934 年 5 月 7 日)。

[155] 吴景平：《从胶澳被占到科尔访华——中德关系 1861-1992》，第 160 页。

[156] 《德国外交政策文件》C 辑第一册 No.478，第 904 页《诺伊拉特致黑斯》(1935 年 2 月 4 日)，转引自柯伟林：《蒋介石政府与纳粹德国》，第 173 页。

[157] 柯伟林：《蒋介石政府与纳粹德国》，第 173 页。

[158] 《德国外交政策文件》C 辑第二册，第 533 页。

[159] 吴景平：《从胶澳被占到科尔访华——中德关系 1861-1992》，第 159 页。

[160] 《德国外交政策文件》C 辑第五册 No.338，第 565 页《狄克逊（东京）致德国外交部》(1936 年 5 月 19 日)。

[161] 柯伟林：《蒋介石政府与纳粹德国》，第 174 页。

[162] 《就日本军官参观德莱茵钢厂供华军械事中德交涉电》，见《中德外交密档 (1927~1947)))，第 49 页，二史馆馆藏档案廿八（2）3653。

[163] 请参见本书第四章第一节有关克朴在华活动的内容。

[164] 详见秦孝仪主编：(台)《中华民国重要史料初编》第六编（一）(台北，1981 年版)，第 145~147 页。

[165] 《远东年鉴》(東京 1941 年)，第 670 页，转引自柯伟林：《蒋介石政府与纳粹德国》，第 175 页。

[166] 转引自吴景平：《从胶澳被占到科尔访华——中德关系 1861-1992》，第 161 页。

[167] 秦孝仪主编：(台)《中华民国重要史料初编》第六编（一），第 151~152 页。

[168] 秦孝仪主编：(台)《中华民国重要史料初编》第六编（一），第 153~154 页。

[169] 程天放：《使德回忆—— 1937 年初期》，见（台）《传记文学》第五卷第二期，第 31 页。

[170] 《东亚评论》第十七卷，(1937 年 7 月 17 日)，第 360 页。转引自柯伟林：《蒋介石政府与纳粹德国》，第 176 页。

[171] 程天放：《使德回忆——德日反共条约》，见（台）《传记文学》第四卷第六期，第 18 页。

[172] 吴景平：《从胶澳被占到科尔访华——中德关系 1861-1992》，第 163 页。

[173] 程天放：《使德回忆——德日反共条约》，见（台）《传记文学》第四卷第六期，第 18 页。

[174] 南京《中央日报》(1936 年 11 月 28 日)。

[175] 《德国外交政策文件》C 辑第六册，第 33~34 页，转引自吴景平：《从胶澳被占到科尔访华——中德关系 1861-1992》，第 164 页。

[176] 《德国外交政策文件》C 辑第六册，第 106~108 页，出处同前第 165 页。

[177] 程天放：《使德回忆——德日反共条约》，见（台）《传记文学》第四卷第六期，第18页。

[178] 《德国外交政策文件》C辑第6册，第105页，转引自吴景平：《从胶澳被占到科尔访华——中德关系1861–1992》，第165页。

[179] 二史馆馆藏档案：《德国国防部致克兰电译稿》（1936年11月25日），二八（2）3642，见《中德外交密档（1927~1947）》，第50页。

[180] 二史馆馆藏档案：《柏龙白致孔祥熙电译稿》（1936年11月25日），廿八（2）3642，见《中德外交密档（1927~1947）》，第50页。

[181] 《柏龙白致孔祥熙函》（1936年11月27日），同上出处第51页。

[182] 《德国外交政策文件》C辑第六册，第121~122页，转引自吴景平：《从胶澳被占到科尔访华——中德关系1861–1992》，第166页。

[183] 程天放：《使德回忆——德日反共条约》，见（台）《传记文学》第四卷第六期，第20页。

[184] 二史馆馆藏档案：《翁文灏致蒋介石电稿》（1937年3月6日），廿八（2）3462，见《中德外交密档（1927~1947）》，第52页。

[185] 《德国外交政策文件》C辑第六册，第590页，转引自吴景平：《从胶澳被占到科尔访华——中德关系1861–1992》，第167~168页。

[186] 《远东评论》第三十三卷第六期（1937年6月），第218页。

[187] 恩迪科特：《英国的金融外交与中国》，第484页，转引自柯伟林：《蒋介石政府与纳粹德国》，第270页。

[188] 英国外交部档案：FO405／276No.13《比尔（上海）致许阁森》（1936年11月24日），转引自柯伟林：《蒋介石政府与纳粹德国》，第271页。

[189] 恩迪科特：《外交与企业》第138~139页，转引自柯伟林：《蒋介石政府与纳粹德国》，第272页。

[190] 同上出处，第132页，转引自柯伟林：《蒋介石政府与纳粹德国》，第272页。

[191] 《民国档案》1989年第四期，第26页，二史馆馆藏档案。

[192] 同上出处，第29页。

并非正义的支援 | 第五章

中国代表团赴德

在"广东风波"愈闹愈僵时，虽然蒋介石曾向法肯豪森明确表示：由于德国政府放任克兰扶持广东当局，他对见利忘义的克兰促成的"合步楼合同"已觉兴味索然，但到1935年1月31日，"合步楼合同"仍经国民政府核准备案，完成立法手续。

同年2月7日，蒋介石致函塞克特，希望克兰能于3月间来华，完成最后之协定及解决各项细节问题。

同年4月，塞克特辞去总顾问之职，离华返德，临行前收到远在西南巡视的蒋氏电报，要求塞克特归国后，为"合步楼合同"早日付诸实施及开展中德贸易向德国各界疏通。

种种迹象表明，蒋介石非常渴望开展中德易货贸易——他对克兰的"南京方案"是"有所谓"的。事实上，溯自"广东风波"发生，蒋介石和他的政府即把"广东方案"和"南京方案"分开处理，既不因"广东问题"而放弃"南京方案"，也不因"南京方案"而稍事妥协。

1935年3月底，克兰重来中国，适逢蒋介石巡视西南各省。由于没有相晤的机会，这个脚踏两条船的投机商人只好在上海静候蒋的归来。其间，他曾与财政部长孔祥熙举行过数度会晤，但双方并未"获有完全清晰的发展"。

5月初，克兰委托法肯豪森恳请蒋介石早日赐见。未几，德国驻华大使馆致电克兰，饬其结束与"广东问题"有关的一切工作，集中精力与国民政府打交道。翌月，克兰赴成都晋见蒋介石，克、蒋之间谈到了"广东问题"，并达成了谅解。但是，究竟是克兰答应放弃在广东的投资项目（或部分放弃），抑或是蒋介石默许了克兰在广东的投资，史料并无记载。从数月后中德之间再度发生"广东风波"及有关旁证资料来看，这两种可能性都存在。美国学者柯伟林教授在《德国与中华民国》（Germany and Republican China）一书中写道："1935年6月……关于初期的广东兵工厂工程（克兰称之为小事一桩），和黄埔码头设备问题，显然获得蒋氏的默许。"但这只是一种推测，柯伟林在书中并未列举有力的证据。[1]

得到蒋介石的谅解后，克兰返回上海，与孔祥熙就全面实施"合步楼合同"开展易货贸易进行了磋商，磋商的细节包括：德国对华信用贷款的数额、利率、计账方式，易货的种类、数额，双方执行机构的运转、联系方式等。

在这期间，德国经济部长沙赫特致电孔祥熙，声称他本人及希特勒均对《中德易货合同》寄予很高的期望，德国方面已做好向华输出工业品及由华输入农矿产品的一切准备，并拟向中国提供数额为2,000万马克的商业贷款。为了使双方期待已久的《中德易货合同》早日付诸实施，沙赫特建议，经办易货的组织必须由各自的政府直接控制，希望中国政府派遣官方代表团前往德国进行具体谈判。

蒋介石要比沙赫特想得更远。同月晚些时候，他致电沙赫特，称：

"沙赫特部长先生勋鉴：……敝国政府与克兰君所签订之货物互换合同，已蒙台端承认，并予以货物借款之辅助，中正无任欣慰，谨向台端表示感谢之忱！敝国财政部长孔祥熙博士，将与台端直接联络，并将派遣全权代表，前往贵国，谋与台端结束最后交涉。

此项交涉结束以后，中德两国，为使在建设过程中，彼此互助，可由经济、文化之合乎沟通而结合一致，中正对此怀抱已久之夙愿，实现可期矣。台端示敝国以诚信，中正实不胜欢快，亦必贯彻始终，以实现台端对敝国所怀抱之期望也……"[2]

这是一个信号，标志着以"合步楼合同"为基础的中德易货贸易，将要"升级"为政府间的官方贸易。

之后，行政院秘书长翁文灏受命与克兰举行谈判。谈判的范围与经过为：

1. 关于信用贷款：

由于中德双方货价悬殊太多，翁文灏等建议，由德国政府向中国提供信

用贷款，以便在华货价值少于德货时仍能进行物物交易。如前所述，沙赫特
同意为中方提供贷款，但只打算提供2,000万马克。显然，这离南京国民政
府所期望的数目相差太远了。翁文灏等推测，沙赫特所允之信贷如此之少，
显系对中国供货能力心存疑虑。为了显示中方的供应能力，打消德方疑虑，
翁文灏要求克兰转告德国政府，中国政府即将设置专门机构专司对德易货，
并答应于同年冬季为德国提供2,000吨钨砂。这在当时是一个十分可观的数
目，相当于德国半年的钨砂进口额。由于中方的强烈要求，最后，德方则答
应信贷数额"可根据将来互换进行范围之大小随时增加"。

2．易货的范围、数额：

这是克、翁磋商的另一项重要内容。至10月底，双方原则商订易货合同
正式实施后的第一年内，中国向德方采购价值为1亿马克的工业品，并向德
国提供3,000万马克之农矿原料。

德国需要采购哪些农矿原料呢？同年10月29日克兰在致翁文灏函中声
称："敝（德）国农矿原料之需要，异常广泛，足以包括中国输出可能之全
部……计合要义如左：甲为国防实力储备方面之需要；乙为德国经济方面之
经常需要。"[3]

在该函中，"克兰依据敝（德）国政府电讯之结果"，将上述甲、乙
"两项所需之最关重要之农矿原料的最低数量"列表开示如下：

矿农原料	国防方面之存储 （吨）	紧缩经济方面之三月需要 （吨）	每年需要 （吨）
锑	2,000	750	300
石棉	5,000	6,000	24,000
铅	30,000	25,000	100,000
铁砂	2,000,000	2,000,000	8,000,000
铅	150,000	100,000	400,000
锰	50,000	100,000	400,000
镁	1,000	1,500	6,000
镍	8,000	2,500	10,000

水银	150	150	600
钨	2,000	2,000	8,000
锡	4,000	6,000	24,000
锌	10,000	55,000	220,000
锌砂		5,000	200,000
棉花	60,000	170,000	680,000
麻	5,000	1,250	5,000
丝	1,600	1,750	7,000
茶		1,500	6,000
油类果实		1,000,000	4,000,000

至于《中德易货合同》正式实施后第一年内德国希望中方运德之农矿原料则为[4]：

种类	数量	种类	数量
大豆	100,000吨	花生	100,000吨
油子	50,000吨	棉花	10,000吨
锡	4,000吨	锑	4,000吨
钨砂	4,000吨	镁	300,000马克
桐油	2,500吨		

中国第一年内向德方采购工业品之种类及数量，双方商订如下：

变款及投资　　　　　200,000,000元

钢铁厂　　　　　　　25,000,000元

其他重工业各厂机械　30,000,000元

军械　　　　　　　　60,000,000元

兵工厂机械　　　　　30,000,000元

总计　　　　　　　　165,000,000元[5]

（注：1马克等于1.35元）

3. 关于价格协定与运输

是项磋商，系在克兰提出之《运输及价目协定办法之建议》的基础上进行。至10月底，双方原则商定，中德易货贸易由德国政府指定特许公司会同中国政府协商办理。至于该特许公司究系国营公司抑或私营公司，则由德国政府决定。但德方必须对该公司"授予全权"。该公司负责运输中国供给德方之农矿原料，并会同中国政府或其全权代表商订是项农矿原料之价格。具体做法是，先将农矿原料之价格折合成英镑，然后按"当日英镑行市"折合成马克。货价借款由德方以马克计算，拨付中国存款项下。由英镑折成德国马克之计算，须按照中国交货之"当日汇兑行市为依据"[6]。

此外，孔祥熙、翁文灏、克兰等还打算成立双方合办"中德轮船公司"，以促进中德易货贸易之发展。据1935年11月1日克兰致翁文灏函称："去岁在牯岭与孔部长会商互换合同时，孔部长即曾提及，倘中德两国能合组一内河、沿海、海洋轮船公司，使两国互换合同之利益，充分表现，实有甚大意义。克兰对此问题，曾于去岁归国后与敝国关系各方，尤以与敝国领袖之特派经济专员开卜勒先生作较切近之商讨，开卜勒先生实已承认此事之重要，并在原则上表示同意，开卜勒先生并将此节通知"汉堡美洲"及"北德"两轮船公司，并获有了解同意之表示也。"[7]11月中，双方原则商订，中德轮船公司由中国中央政府、中国轮船公司、德国国家政府、北德及美洲公司四方投资，但中方股权应占50%以上。详细细则，则俟中国代表团莅德后再作最后定夺。

4. 中国赴德代表团组成：

中德双方决定将克兰与孔祥熙签订之《中德易货合同》升级为官方合同后，中国官方代表团访德已是顺理成章、指日可待之事。1935年秋，中国政府通知德方，中国代表团之筹组工作正在进行，翌年初即可赴德。

赴德代表团之筹备组织，系在克兰的协助下进行。受翁文灏委托，克兰于1935年8月间拟具出了一份"中国代表团计划"，建议代表团由"团主任一人（同时为委座特派专员）"、"军事专员二人"、"财政专员一人"、"技术经济专员一人"及翻译、随员数人组成。依据克兰的观察，代表团最佳人选为：军事委员会军事杂志社总干事杜心如，教导总队队长桂永清、兵工署军械司司长徐培根、参谋本部参谋郑介民、行政院秘书齐焌及兵工署技术司炮科科长庄权等[8]。

克兰建议，代表团访德期间之行程安排，应由"塞克特将军会同团主任确定"，他希望塞克特运用自己在德国军政各界的老关系，为代表团提供各种方便。在克兰看来，中国代表团访德，是促进中德关系进一步发展的绝好机会，因此，该代表团的任务不应以签订中德易货合同之最后协议——信用借款为满足，而应借此契机加强中德间之政治、军事、经济、文化乃至意识形态领域诸方面之多角度全方位之合作。代表团莅德后，应立即向德方接待人员表明，希望遍晤德国政界首脑，这些人至少应包括——按克兰开示的名单：德国总理希特勒、国防部长柏龙白、航空部长兼普鲁士邦总理戈林，德方特派经济专员开卜勒、经济部长兼国家银行总裁沙赫特、宣传部长戈培尔、财政部长施外林方格罗谢克、内政部长福力克、教育部长鲁士特、外交部长牛赖特、交通部长艾尔次吕拜纳赫、农业部长大莱、劳工部长塞尔吉等[9]，与他们进行广泛交谈，签订有关协议或意向书。从翌年初中国代表团出访德国的实际情况来看，蒋介石、翁文灏只是有选择地采纳了克兰的建议。

翁、克磋商结束以后，1935年12月初，克兰离华返德。他的公文包中，装满了各种意向性的合约和他本人呈送中国政府的种种建议案副本，这些东西已能够勾勒出旨在加强两国经贸关系的中德易货贸易的大致蓝图。不用说，克兰此次返德，即是要打通各种关节，将"意向性"的方案落到实处。

翌年1月10日，克兰拜会德国国防部部长柏龙白，向柏转交蒋介石的亲笔信，信中云：

"……前由克兰君赐交玉照一帧，并荷存问厚意，永志欣感。贵国国防军之新兴建设，殊足引起中正浓厚兴味及关切之心，将军之毅力决心，能使贵国于短期内，造成实力机构，给予贵国以实施和平经济建设工作之安全保障，尤足令中正钦佩者也。

中正之努力，欲由军事建设，以求中国之团结，由国防实力之保障，予和平耐劳之敝国国民以经济上发展能力，将军不啻为导师也。

由互换合同促成中德两国之合作，中正深为庆幸。敝国本有供给贵国以各种原料之可能，决不避困难，以救济贵国原料之恐慌，关于此点，将军尽可释意。

将军拟予中正以实施军事之导助，实深铭感。中正决心依照塞克特将军之意见，经由克兰君口头及书面叙述之计划亦必予实施。关于军事及军事技术方面，尚恳将军不吝博识，赐予南针，中正有意，以贵国系统为敝国新建国防军编制训练武备方式原则也……"[10]

蒋氏斯信中虽多外交辞令，但透过实施易货贸易、引进德国军备，加强军事建设的企望仍可见于字里行间。柏龙白是推行中德易货贸易、搜购中国战略原料、鼓励克兰数度来华的德方中坚人物，自然亦希望中德间迅速完成最后谈判。同日，柏龙白复电蒋介石称："此项计划如能早日着手进行，尤为本人所深切期待者也……贵代表团行抵本国之后，本人必竭尽绵薄，以助其早日完成使命，尚请放怀为祷。鄙人与代表团商洽之后，如蒙钧座不弃，拟略抒鄙见，藉献刍荛，冀邀亮察也。"[11]

在得到柏龙白上述保证后，克兰于1月16日前后先后拜访了经济部长沙赫特、外交部长牛赖特、外交部司长里特尔狄客霍夫、交通部长爱尔次吕拜纳赫、财政部长施外林方格罗谢克、国防经济厅厅长托马思等，这些政界要人均表示支持克兰一手促成的中德易货贸易及以此为契机加强中德在各个领域内的合作，并原则同意为中国政府提供数额为一亿马克的信用借款。

在打通各种关节后，1月24日，克兰随柏龙白、里宾特洛甫晋见德国总理希特勒。德国外交部职员艾得曼斯多夫在1936年1月24日所作的一份备忘录中曾对这次晋见记录如下：

"外交部长告诉我，他今天应召晋见元首兼总理，在座者有国防部长布隆柏尔（柏龙白）和甫自中国归来的克莱因先生。克莱因以诗情画意的语调描述他在华之计划，外长中断他滔滔不绝的话题说，他首先感兴趣的是克莱因如何获得南京政府的同意并实施到何种程度……克莱因旋即显示出他随身携带蒋委员长致元首兼总理之亲函，信中蒋氏强调克莱因完全获得他的信任，并声称随即有一中国代表团抵达柏林，以商讨物物交换之事宜……"[12]

辛达谟先生在其《德国外交档案中的中德关系》一文中对艾得曼斯多夫备忘录中所叙述之克兰晋见希特勒及与德国外长商谈中德易货贸易的具体时间捉摸不定，并推测说："根据塞克特于1934年11月致外交部【函】显示，此事大约发生在同年年底（即1934年年底）。"[13]显然，这个说法是不正确的，因为克兰此次晋见希特勒时，提到了中国代表团访德一事，而中国代表团访德，则是1935年下半年才决定的事。实际上，艾得曼斯多夫备忘录一开始就把克兰、里宾特洛甫等晋见希特勒的时间作了交代。"外交部部长告诉我，他今天应召晋见……"，这个"今天"，即是艾得曼斯多夫拟具备忘录的日期——1936年1月24日[14]。

希特勒对克兰中国之行及中德易货贸易与加强中德经济合作持何态度，艾得曼斯多夫备忘录中并未提及，但根据同月27日克兰致翁文灏电，克兰似已取得希特勒的支持。该电称："克兰与敝国领袖兼总理希特勒本月24日之晤谈经过甚为圆满，一切均以委座意旨为立论根据也。委座函件亦已面呈敝国领袖，即将肃请裁复。参照克兰建议，全部以经济为基础之中国建设方案甚邀敝国领袖赞许。敝国领袖必将襄助委座完成事业也，贵国代表团莅止后之一切准备极为圆满，届时将亲受敝国领袖之接待，一切供应由国防部主持负责，现正会同敝国国防部部长柏龙白将军、经济部部长沙赫特博士筹备——，俾重大节目得以循序实施，国防部部长柏龙白将军、经济部部长沙赫特博士将与委座与孔部长互通音候，以资联络。"[15]

与此同时，克兰还拜会了他的老朋友、德国国防军的缔造者塞克特。塞克特同意竭其所能促成中国代表团的访问成功，他在致翁文灏电中表示："关于贵代表团来德一切，塞克特甚愿介绍于敝国政府前，以便洽商一切。"[16]受德国防部委托，塞克特还多次致电蒋介石，敦促中国代表团早日起程，以便筹备经年的中德经济合作尽快达成最后协议。

万事俱备，只欠东风。经蒋介石同意，1936年1月21日[17]，中国赴德代表团正式组成。代表团以地理学家、资源委员会委员、开滦矿务局总经理顾振为主任，团员包括：资源委员会专员、军事工业专家、著名学者王守竞；中央信托局副经理凌宪扬；训练总监部军事教育处处长郦悌及行政院秘书兼翻译齐焌。这个名单令在柏林伫望多时的克兰稍感意外和沮丧，他所推荐的人选只有齐焌一人位列其中，而且只是个随员，并不是正式代表[18]。

2月初，代表团由上海乘轮西行，登上赴德的征程。经过近半个月的颠簸，23日上午，顾振一行抵达柏林，德方接洽专员、德国国防经济厅厅长托马思前往车站迎接，并一同前往代表团下榻的布列斯德饭店，商订日程安排。25日，代表团在德国国防部与托马思举行晤谈。托马思表示："德国政府希望尽快达成最后协议，并已组织一国营公司（笔者按，其实是将克兰之合步楼公司收归国营），专司中德合作事宜……凡我（中）国所需物品，嘱即开单，俾德方早日筹备。"其后，代表团先后与德国国防部长柏龙白、经济部长沙赫特及该二部其他官员举行了会谈，并于2月27日受到德国总理希特勒的接见。据在此期间代表团于柏林发回国内的密电显示，会谈进行得融洽而友好，柏、沙、希等德方政要均表示"竭诚与中国合作"，对中国要求订购之"各种新式武器及国防工业建设用品以及各种专门优秀人才均愿尽量供给……处处表示诚意与慷慨[19]，而且绝不提对于中国希望所办主事"。顾振等认为，"综观德国政府对于我国中央合作，确具诚意，并希望甚切"，并推测称："因德国不易向他国取得原料，又生产过剩，以巨量工业成品供给我国，亦即维持生产，借此促进二国更亲善关系，故对于数量限度不甚注意，我国所索物品愈多，以后可望得到我国原料亦愈多。"托马思甚至表示，德国供给中国之工业品，"不限于一万万马克之数"[20]。

很显然，在顾振看来，代表团与德方的磋商进行得十分顺利，双方坦诚而友好，签订最后协定已是顺理成章的事了。

"广东风波"之后的贷款协定

然而，顾振的估计未免太乐观了，他万万没有料到，原本已经平息了的"广东风波"又爆发了。

前已述及，1935年5月德国政府指示克兰将其工作由广州转向南京后，克兰不得不暂时中止了与两广当局签订的各项工程。据德国驻华大使陶德曼同年9月28日致外交部密电透露，琶江口兵工厂工程确已停工。但是，同年底，陈济棠再度与克兰及合步楼公司接洽，声称广东当局决不会在军事上与南京"中央"政府为敌，要求德方继续履行合同。陈还表示：德国重整军备所需之矿产原料，尤其是钨矿，实际上是垄断在广东省政府手中。出于扩大矿产原料进口的迫切需要，经不住诱惑的克兰表现了商人秉性的本来面目，再度背着南京国民政府与广东"暗度陈仓"，于是，1935—1936年之交，琶江口附近的几个军事工业项目又偷偷地上马了。

为了使琶江口各兵工厂如期完工，克兰不仅蒙骗南京国民政府，也蒙骗德国政府。据1936年1月24日德国外交部秘书艾得曼斯多夫之备忘录，克兰于同日随柏龙白、里宾特洛甫等晋见希特勒时曾向希表示，他此次回国携有一封蒋介石致希特勒的签名信，信中声明他与粤方再续前缘已获得蒋氏同意。的确，1935年年底克兰由华返德时，蒋氏确曾委托克兰捎带一封他写给希特勒的签名信，但这封信中是否提到蒋介石已同意两广工程继续上马呢？且看该信：

"希特勒总理先生勋鉴：前由克兰君赐交玉照一帧，猥荷荣宠，欣感无慨！向者接奉塞克特将军来函，藉审大总理对于由克兰亲向中正叙述之塞克持将军各种意见表示赞同，并拟藉两国经济互助，给予中国经济建设以一切提携，大总理果断若此，则中正谋与贵国亲切合作之夙愿一旦实现矣，谨向大总理表章欣感，并臻谢忱！德国民众仰赖大总理坚毅有方领导之力，能于困苦艰难之中，发奋上进，获取其继承光荣历史而应有之民族地位，良为中正之所钦仰者也。中正亦怀抱决心，致中国于自强之图，克兰所传达之塞克特将军意见，必依照实行。赖中德两国亲切友好提携合作之力，足使敝国易达自强目的，若夫两国经济能力之联络沟通与藉货物互换以救济两国之贫弱财力，实皆合作之目的也。两国势力相仿，目的相同，故此友好合作之基础，亦可昭示久远。谨致景仰之忱于希特勒总理阁下。蒋中正谨启。"[21]

该信中所提到的"克兰所传达……之意见必依照实行"是一句含混不清的话，但是，它被狡猾的克兰任意发挥了。

南京政府在获悉克兰与陈济棠再度勾结之后，立即由翁文灏向克兰提出诘问。1936年1月16日，翁氏致电克兰，称："中央对于合作事宜，诚意合作，但近接报告，广东方面于去年秋冬间收到由德国运去极重要之毒气材料，甚为诧异！究竟德国政府与中央政府合作之后，对广州取何方针？以后是否继续供给军用物品于广州？必须切实详细说明电告。"[22]然而，克兰却矢口否认曾与陈济棠再度勾结，他在同日回复翁文灏的密电中申辩道："粤省委托……均由粤省同意，归于停顿……原定供给粤省之毒气制造机（或简称毒气化合设备），迄今并未实行供给，钧方所得消息，全与事实不符。"不过，他同时又表示，"今后关于粤省或其他各省之一切委托事项，敝政府首须问明中央……克兰谨再恳求钧方信任，克兰决不致做损及中央与委座威信之举动也"[23]。为了获得蒋、翁等人的信任，同月29日，克兰再度致电中方，重申："关于中国任何一省委托敝国事项，首须经过中央同意始得实行一切，敝国政府绝对同意，克兰已亲将此点商诸敝国领袖之全权经济代表威廉·开卜勒先生，彼亦完全同意，贵国代表团并将正式获得敝方关于此点之同意答复也。"[24]

尽管克兰一再辩白，但蒋介石只当它是此地无银，他确信自己的情报很准确，并对克兰此种百般掩饰的态度极端不满。2月初，蒋介石召见德国驻华大使陶德曼称，尽管克兰予以否认，但他仍怀疑德方在向广东方面提供用于毒气厂和制造军械的机器设备。

　　蒋介石的态度透过陶德曼反馈到德国后，克兰顿觉事态非常严重，然而，他们不愿也不可能直截了当地向蒋介石道明事件的真相。

　　2月13日，克兰又致电翁文灏，但语调已显得有些低沉："克兰今日由国防部闻讯，据德使陶德曼来电内称委座质问克兰在粤建设兵工厂及毒气等事，并称委座曾直接向克兰提出质问。克兰已明白答复并无制造毒气机器供给粤省，唯中国方面似不以克兰为可信。等语。此电用意何在？尊方对于克兰何疑之深也？"他恳请翁文灏"面谒委座，面呈原委，并代为克兰解释'所谓制造毒气之基本机器，迄今并未有供给一件运粤'，今后无委座许可，亦永无供给粤省之可能，粤省无此机器，亦绝无制造毒气之可能"[25]。

　　与此同时，柏龙白、沙赫特、开卜勒等亦纷纷责怪克兰办事不力，致使即将到来的易货谈判平添波折。为了挽回影响，2月14日，柏龙白以国防部长的名义致电蒋介石，向蒋保证，在未得到中国中央政府的允许之前，德国政府绝不会向包括广东在内的任何地方当局提供军火或军事工业设备。自然，柏龙白不会也不可能断然承认克兰曾背着蒋介石向两广当局提供过军事设备。

　　3月初，南京国民政府又频频接获有关合步楼公司仍在不断向广东运送军火及军事工业设备之情报。3月19日，蒋介石再度召见陶德曼，毫不客气的对陶说：克兰是塞克特介绍来的，所以一直很信任他，但是，他做事蒙骗，就不再信他。蒋还表示，根据当初与克兰达成的协议，中国将于本月（1936年3月）向德国运送300吨钨砂，如果克兰立即停止向广东运送军火及军械设备，这批钨砂马上就可以起运，反之，如果克兰仍一意孤行，则不仅这批钨砂无运德之可能，在柏林的中国代表团所进行的谈判亦无成功希望。

　　同日，在蒋介石的授意下，翁文灏分别给在柏林的中国代表团和克兰各发一电。在致代表团的密电中，翁对广东风波死灰复燃而影响此次谈判十分忧虑："近据探报，德国仍供给广州兵工要器及制造毒气物品，委座甚诧异，……此事极重要，请兄（顾振）等向德政府说明，如不守信约，则所商势须停止，如愿合作，须各具诚意。"[26]但在致克兰的电报中，翁文灏的口气却十分生硬："中国政府对于物物交换事已诚意进行，乃近又据探报，德国供给广州军工要件及制造毒气等物，如果属实，则我等所商各节势须停止，究竟德国供给广州者系何物品？于何时起运？此后是否续运，请兄（克兰）从速详电蒋委员长切实声明。"[27]同时，翁文灏还在明知合步楼公司已被德国政府收归国营的情况下向兰打听："向广州运送军器之Hapro（合步楼）系何人主持？德国政府何以不能管理？"

在柏龙白于2月14日致电蒋介石表明德方绝不会背着南京政府供给任何地方当局军火以后，合步楼公司究竟有没有继续偷偷向广东运送军火及制造毒气机器，由于案牍阙略，已无从查考。但不管怎样，这件事已经使中国代表团在柏林进行的谈判乃至整个中德双边关系陷入了危机。据在此期间顾振等于柏林发回南京的密电显示，由于南京国民政府穷追不舍、喋喋不休地质问，德国方面在应付之余，亦渐渐产生了失望、厌倦、打退堂鼓甚至决裂的念头。

幸运的是，在这个节骨眼上再度发生的中德"广东风波"之争，很快便得到了抑制，而扮演居间弥缝角色的，正是中国赴德代表团。

1936年2月25日，当中国代表团到达柏林的第三天，顾振等即以德国仍在继续向广东提供军火及毒气制造机器一事向德方接洽专员、国防经济厅厅长托马思提出质问，托马思断然否认有此类事情发生，并承诺，为防止类似事件发生，"此后除由德方国营公司与我（中）国中央接洽供给军用品者外，商人不得私售。"但他同时又声称："关于商人已订而尚未完全交货之合同，政府未便干涉。"[28]顾振等当即提出，托马思的回答使人有德国政府仍支持合步楼公司继续向广东当局提供军备工业设备之感，因为该公司在广东的工程正是所谓"商人已订尚未完全交货之合同"，德国政府是否亦"未便干涉"？托马思答称，合步楼公司已被德国国防部收归国营，它的所有业务包括广东工程自然能够为德国政府所控制，况且，早在数月以前，该公司已与蒋介石有约在先，如无蒋介石允许，广东的各项工程当然没有复工的可能。顾振对这个解释表示满意，并要求托马思对所谓"商人已订而尚未完全交货之合同"的实际状况进行调查。

3月中旬，中方质问电一日数至，双方关系有迅速恶化的趋势。为了避免谈判破裂，忧心如焚的代表团成员迅速采取了两项补救措施：其一，要求蒋介石等暂时保持沉默，避免过分刺激德方。3月22日，顾振等致电翁文灏，建议"关于广州军火、毒气问题及其他与弟等在此间交涉有关事项，请委座及兄等对于驻德大使馆、柏林德政府及克兰等勿再有直接表示，如有意见，希能由弟等转达，由弟等负责交涉"。[29]翌日，顾等又急电翁文灏："关于广州军火、毒气事，请转恳委座于未接弟等报告以前缓复电柏龙倍（柏龙白），又，复电由弟等转交。"[30]其二，要求中德双方各自调查事实真相。顾振等一直怀疑所谓德方供给广州军火、毒气一事纯属子虚乌有，且多次致电翁文灏明确表示："弟等观察此事，似颇有误会。……振等之意，德政府既已屡次由国防部长及国防部经济厅长等郑重声明，决不致有私供广州军火及毒气物品之事，德政府愿与我中央政府合作，并有远大之用意，……决无私与广州接洽之事。"[31]基于这种认识，顾振等要求蒋介石等彻底查明事实真相，以便交涉时理直气壮。3月24日，顾振等致电翁文灏，"我国内如有向委座作关于广东及其他各省军火之情报者，应出具确实之证据，俾我国政府可以依据此项证据，向德政府正式交涉。如妄言耸听，或蓄意破坏，贻误国事，查明后，似应予相当处分"。与此同时，顾振等亦要求德国政府"侦查在华德人及德国商行之举动"[32]，以免受其蒙骗。

很明显，顾振代表团不愿看到中德双方由于"广东风波"而导致谈判破裂，希望双方都留有余地。所谓"侦查事实真相者"，不过是居间弥缝的一种策略罢了。因为，对于任何一方来说，均可以心平气和地从预先留好的台阶——"真相"上走下来，重新回到谈判桌上来。这些调停措施很快便收到了效果。

德方首先作出姿态。3月24日，德国国防部长柏龙白致电蒋介石，要求中德双方消除误会，这份电报对彻底解决"广东风波"起了至关重要的作用，其意义可与1935年5月克利拜尔致希特勒的密电相提并论。兹录其主要部分如下：

"据陶德曼大使电称：'于晋谒钧座辞行时，钧座曾谓倘克兰对于粤省供给尚无间断，则对于顾振、齐焌等代表团之接洽毫无兴趣'。查兵工原料之经由哈卜罗（合步楼）供应粤省者，须经钧方同意始能实施一节，业经本年二月二十四日电呈原委，谨此再度引证。关于哈卜罗粤者建设者，系一小规模工兵工厂，月制轻炮十四门，轻迫击炮九门，此外，炮弹三百发，轻迫击炮弹二百发，此项合同系于民国二十二年（一九三三）签订，当于次年八月曾由克兰报告钧座，并于去年（廿四）十一月十三日在京交由翁秘书长转呈钧座报告中详述始末矣。绝无军器及制造设备供运粤省，哈卜罗名称系敝国国营公司，其业务进行，统由敝部指导。敝方窃料陶德曼谈话中必有误会，谨恳迅予下列各点电示明白，即，由鄙人认可之克兰计划仍获钧方完全信任，顾君代表团仍负钧座使命委托并签订合同也。"[33]

这封电报的调子不卑不亢，但字里行间中透着哀的美敦书的气息，很显然，柏龙白是想表明，德方希望谈判成功，但绝不惧怕决裂。

与此同时，在顾振等人的交涉下，德方又作了一些让步，托马思于2月25日向代表团表述的"关于商人已订而尚未完全交货之合同政府未便干涉"之声称被修改为："国防部训令各德商，对于中国任何方面所需军火，须报告国防部，经国防部许可后，方能供给，而国防部则在未得我（中）国委座许可以前，不许德商供给中国方面任何军火。"[34]3月26日，托马思向顾振等通报中国各省在德已签合约尚未交货的军火订单，计有："（一）宋哲元订购步枪及手枪子弹共一千万粒，三公分七防坦克炮五十至一百门及子弹；（二）满洲需要手枪弹50万粒；（三）广东订购机枪；（四）广西订购步枪二万五千枝；（五）华南部需少数步枪及子弹；（六）上海方面要炸弹、千里镜、高远测量器、剪形千里镜、测量盘等；（七）柏林华大使馆订购浮桥材料。"并郑重声明，德国防部已训令各军火商，只有在得到中国方面的同意后，才能交货。[35]

德方作出姿态后，代表团立即于柏林急电南京，声称"德政府合作之诚意，不能有较此更切实之表示"，"此次与德经济合作为非常之机会，幸勿失之交臂"。显然，顾振等认为，德方的让步已经到头，可以见好即收，顺着台阶走下来了。3月26日，翁文灏电令顾振以代表团的名义转告柏龙白，中方希望谈判继续进行。28日，刚刚由溪口返回南京的蒋介石致电柏龙白，"所有交换事仍请即与顾代表等切实洽商进行，凡经中国中央政府所承诺者，自极愿诚意实行"[36]。自然，蒋介石亦不希望谈判真的破裂，否则，他梦寐以求的德式枪炮就要落空了。4月3日，蒋介石再度致电柏龙白，干脆把前此争执得不可开交死灰复燃的克兰"广东风波"轻飘飘地说成是"误报"，"克兰先生提议之经济合作计划余甚为信任，以前有人误报供给广州之说，既经兄于3月24日来电说明并无此事，并据顾振等详细报告，足见德政府对于中国诚意合作，余甚欣慰"[37]。显然，这份电报是一个官样文章，目的是为了向德方表明有关"广东风波"的没完没了的争执就此结束。

"广东风波"平息后，中德双方扫除了签订中德易货贸易最后协议的障碍。1936年4月8日，中国代表团团长顾振和德国经济部部长沙赫特签订了《德华信用借款合同》，并将这个合同视作是1934年8月23日克兰与孔祥熙在牯岭签订的《中德易货合同》的补充。

这个"合同"的底稿为德文，中文文本系自德文本中译出。负责"合同"翻译工作的是克兰的"密友"、行政院秘书兼代表团成员的齐焌。《德华信用借款合同》系齐氏的译法，此外，在南京国民政府的公文中，亦有将该合同译为《中德信用借款合同》或《合步楼借款合同》者。

在代表团与德方谈判初期，沙赫特曾经坚持"'合同'以德文文本为主"，但顾振等未同意。经长达半个多月的据理力争，沙赫特才作出让步，同意中德文本并重。"中德双方声明，中德文本具有同等效力"。

《德华信用借款合同》共十二条，剔除文中的商业文书"套话"，其主要内容为：

一、中国政府同意，将该政府与汉斯克兰君于1934年8月23日规定之货物互换合同由德国政府接受。

二、德国政府给予中国政府以货物信用借款一万万马克。

三、此项借款，中国政府可依据货物互换合同以提取德国工业品。

四、中国在德国应付之政府用款，及德国在中国应付之政府用款，中国政府及德国政府，如愿意时，可依据货物互换办法办理之。

五、此项信用借款，应按货物互换合同规定，由中国以农矿原料，随时抵偿，并得全额继续。

六、借款及其他（中国在德国）存款归由中国或其全权代表处理。

七、德国政府将此项一万万马克之借款交德意志国家汇兑银行在柏林收存，以供提用，并委托该银行办理此项借款，及货物互换所发生之付款手续。

八、中国政府委托中国中央银行办理由于货物互换所发生之付款手续。

九、此项借款，照全额拨付，毫无折扣。

十、已提用之借款之利息，及原料收账之利息，两方皆以年利五厘计算。

十一、此项借款附带合同，为货物互换合同之一部分，故须受原合同之一切规定限制。[38]

有关这份"合同"内容，有必要对以下两点略作说明：

第一，"合同"的签订，标志着中德两国政府间易货贸易通道正式开通，德国政府已由幕后走向前台。

悉心考察"合同"条文，不难发现，上述各条中，第一条和第十一条是"合同"的核心，它表明，中德之间已经就易货贸易问题达到最后协议。在此之前，《中德易货合同》只是中国政府和德国私营商业公司之间签订的物物交换计划，至少从表面上看，"德国政府没有参加这一计划"[39]，出面的是投机商人克兰，一旦这个计划失败，德国政府完全可以以局外人的姿态作壁上观，既无外交风险，亦无经济风险。在此之后，德国政府已从台后走到台前，"中国易货合同"已"升级"为政府间的协议。

就中国方面而言，自然希望德国政府早点揭开帷幕，直接与中方打交道。如前所述，早在1934年，蒋介石即已向德方表示了不愿将此重任托付德国私人公司的愿望。正因为期望如此之殷，所以"合同"签订后不久，蒋介石立即致电柏龙白、沙赫特等，称"对德经济合作，承先生热心赞助，商洽告成，合同现已签字，至为欣谢，余对此事甚为满意，因知其必能使两国邦交益敦亲睦也"[40]。虽为惺惺作态的官样文章，但欣喜之情，仍然溢于字里行间。再从德方来看，摆脱私人商行对华贸易的控制，建立政府直接下的对华贸易渠道，并藉物物交换式的易货贸易扩大中国战略原料进口，是重整军备大气候下的必然趋势，走到前台亦是时势使然。签订《德华信用借款合同》，达成易货贸易最后协议自亦求之不得。惟其如此，柏龙白、沙赫特等在收到蒋氏的来电后，亦立即复电称是，"该条约之缔结足以表两国友谊的经济密切合作"，"切盼两国邦交从此树立于新的基础上"。可见，易货贸易对于德方亦具有非凡的意义，绝难视其为可有可无之举。

第二，所谓德华信用借款者，实为向中方提供的易货贸易周转资金，在这一点上，这个合同将前此在牯岭签订的"易货合同"的精髓完全继承下来了。

除第一条以外，《德华信用借款合同》的其他条款俱是阐述有关一亿马克贷款的规定。悉心体会条文，不难发现，这个被指定了专门"用来购德国工业品"用途的借款实际上是德方为了保证易货贸易顺利开展而为中国提供的周转资金，以备平抑中国运德农矿原料价值小于德国运华工业品价值所产生的差距。实际上，这种情况是极有可能发生的，因为中德根本不是同一经济层次的国家。而且，这种周转资金可以随着中国农矿原料的不断运德而随时补充。例如，德方提供的信用借款为1亿马克，当年中国在德国已订购6,000万马克的德货，而同时又向德国提供了3,000万马克的农矿原料，则次年中国在德国金汇银行账上仍有7,000万马克可用于提取德国工业品。

据德方外交档案记载，德国政府依据《德华信用借款合同》为中国政府提供的一亿马克信用贷款是从德国国防部基金中拨付出来的。为了避免牵动国际视听，引起外交争端，尤其是日本的干涉，中德双方对贷款之事均守口如瓶，即使是深受中德双方信任的总顾问法肯豪森亦未通知。

从纯粹的经济角度来考察，这批信用贷款的年利仅为5厘，亦未要求中国政府提供财政担保或其他抵押品，信贷未动用部分和已偿付部分均不计算利息。实事求是地讲，是非常优惠的条件，与前几年中国外借的"中美棉麦借款"相比，实有天壤之别。

德国向中国提供信用贷款，是在1935年间中德双方领导人达成的共识，顾振代表团此番赴德，只是将这批信用贷款的数目、利率、运用方式作最后之敲定而已。正因为如此，顾振一行的任务也就不单单是签订《德华信用借款合同》了，他们的口袋里尚装满了种种的订单，因为中国方面早已将这一亿马克周转资金派上了用场。

事实上，在滞留柏林的近三个月时间内，顾振等人用于磋商《德华信用借款》的时间只有短短十天，其余大部分时间均在忙于采购。

据谈判期间代表团发回南京的密电显示，顾振等要求订购的"德国工业品"共有三类：

1，军火，分为三部分。（1）防空部分，如二公分高射炮等；（2）江防部分，如十五公分带盾长射程要塞炮、十五公分猛烈开花弹等；（3）步、炮、空物品，如三七坦克炮、七九钢心弹、步枪、机枪、钢盔帽、战车等。

2．国防重工工业机械设备。主要是中国资源委员会为即将创办以下各厂所需之设备：（1）钢铁厂；（2）废铜炼厂；（3）铅锌矿厂；（4）酒精厂；（5）氮气厂；（6）电线厂；（7）电灯泡及真空管厂；（8）电池厂；（9）电信厂；（10）锡矿电炼厂；（11）钨铁厂；（12）机器厂等。

3．开发农矿产品所需机械设备。包括开采钨、锰、铜、煤、锡、石油等所需之各种设备。

洽商结果，代表团与德国国防部之受托人合步楼公司签订了一大笔订购合约，并由柏龙白以国防部长的名义对产品质量、计价标准等作出两点保证：（1）德国为中国提供之军火，均为德国现役部队备用武器，"其型式效能，随时均与德国兵工发展程度以并进"；（2）输华军火及工业设备之价格，以德国国内价格（即德国政府向厂家购买时所出之价）为标准，厂家利润不得超过百分之五，并由德国国防部出具审核证明，中国政府亦可以派遣审计人员赴德复审。[41]

因该合同经国民政府核准备案后方能生效，为敦促中国政府早日批准《德华信用借款合同》，尽快组织华货运德，1936年6月，克兰再度来华。与前几次中国之行不同，这一次克兰已真正成为德国国防部的代表。为了加强克兰在对华易货贸易交涉中的地位，柏龙白致函蒋介石，对克兰推崇备至，"已签订之货物互换合同，实赖克兰先生为之奠定根基，而顾代表团之一切经过，克兰先生赞襄协作之力尤非浅鲜"，并要求蒋氏对他"不吝推爱，仍畀予信任，……不惜提携维护，以促其工作之完成也"[42]。7月初，莱谢劳访问中国，克兰参加了莱氏与蒋介石、孔祥熙等人的会谈，并建议加强德国对华军火输出。7月25日，《德华信用借款合同》由行政院呈准国民政府备案。

7~9月，克兰在德国政府派来的两名顾问协助下，与翁文灏等就实施中德易货贸易的最后细节举行谈判。总的说来，这次谈判还是比较顺利的，至9月底，双方达成两点协议：（1）供货种类：德国输华货物以军火及军事工业设备为主，中国输德货物以农矿原料尤其是矿产原料为主；（2）价格问题，德方重申柏龙白同年5月16日致蒋介石函中所作的声明，保证输华德货以德国国内价格计算，中方则同意输德华货以国际市场价格计算。

在围绕易货贸易而进行长达两年的谈判中，德方无时无地不表示出对钨的渴求。在中德两国领导层的来往函件中，钨是唯一被提及的原料，而中方亦始终视钨为手中的重要筹码。1935年9月3日，孙振曾向翁文灏建议："德人需此原料既如此之殷，将来国家订立正式交换办法时，我可坚持。"[43]

事实上，在近两年的谈判过程中，中国方面也多次拿钨砂作诱饵，吊德国人的胃口。这其中最明显的例子便是，1935年11月间，正当翁、克磋商紧张进行之际，翁文灏为了博取德国人的好感，并显示自己的权威，答应向德国运送两千吨钨砂。

这是件中德关系史上非常重要的史实，对它的记载，坊间流行的史学著作，互有出入。有的称："南京当局……在1935年10月一次便组织2,000吨钨砂运往德国。"[44]有的则称："翁氏在二十四年（1935年）运交给德国两千吨锰。"[45]其实，这两种说法都是错误的，这两种说法都来源于美国学者柯伟林（Kirby）所著《德国与中华民国》（Germany and Republican China, Stanford, CA, 1984），都是引用原文不慎误译所致。前者将"答应将向德方运送2,000吨钨砂"误成"一次组织了2,000吨钨砂运往德国"，后者则更将钨译成锰。

中国第二历史档案馆所藏之资源委员会档案保存了中德双方办理此事的部分文件，兹据此略作梳理。

1935年10月12日，翁文灏向克兰表示，鉴于中德易货贸易开展在即，中方打算于近期内向德国提供2,000吨钨砂。这2,000吨钨砂几乎相当于1934年全中国运德钨砂的总数（2,510吨），对德方的诱惑力可想而知。精明的克兰自然知道这是他向德国国防部表功的好机会，遂一面趁热打铁，催询钨砂起运日期，一面电柏龙白奏捷。11月初，孔祥熙委托宋子良办理交货手续，并通知克兰，"大约全部可分11月、12月、1月三期起运"[46]。

11月16日，柏龙白致电蒋介石，称："贵方与克兰接洽已获有良好结果，鄙人深为欣慰。并中德经济合作，以两国互有裨益之经济建设为原则，由是实际开始矣，更为欣慰承准，予迅速供给钨砂，谨此感谢莫名，敝方亦必积极帮助及供给贵方之需要。"[47]这封电报将此批待运钨砂看做是中德合作的起点，显然，翁文灏打出的"钨砂牌"已收到效果。

转瞬已到1936年1月底，已届钨砂交货截止日期，中国方面允诺的2,000吨钨砂一粒也未起运，德国方面十分不满。1月30日，柏龙白致电孔祥熙，称："德国国防部因需要甚急，谨向部座（孔）请询，部座允给钨砂之第一批，大约何时可以起运？"

中国方面并非有意爽约，手中无货是交货被迫延期的根源。1月30日，翁文灏致电先期返国接洽代表团谈判事宜的克兰，决定将交货时间推后："对于钨砂，中央已决定先设机关管理，不久可以成立，成立后当即购砂，三月间定可起运。"[48]对于一心想拿钨砂作给柏龙白、沙赫特等人见面礼的克兰来说，这无疑是一个很大的打击。1月31日，克兰复电翁文灏，埋怨道："关于中央供给钨砂一节……自去年10月12日后，敝国国防部已连接钨砂不久起运之正式电告……接读1月30日尊电所示，则第一批须至3月始有着落，经过一再延期，实令克兰陷于无颜以对敝国国防部之苦况，一切有关于钨砂何时起运之疑问，克兰均惶赧不知所答，如此苦衷，非所堪言，克兰有此原委，暂时不能对国防部道及。"[49]

不过，克兰并没有灰心。1936年2月间，他又连电翁文灏、孔祥熙、俞大维、蒋介石等，要求中国政府认清此批钨砂对于即将开展的中德谈判具有不可低估的影响。同时，这件事亦使克兰进一步认清了中国式的轻于承诺、办事拖拉的官僚作风与习气。为了使这批献给"元首的礼物"不致落空，他采用了"穷追猛打"的追击方式。3月初，他从国防军部发往中国、催问钨砂起运日期的电报往往一日数份，连篇累牍，他非常担心中国当局答应的"3月底起运"再度成为空花幻影。

2月底，顾振一行抵德，中德谈判正式开始。谈判期间，柏龙白、沙赫特及克兰等亦屡屡向代表团打听钨砂起运日期。转眼3月已过，所谓"3月底起运"的信誓旦旦的承诺又成明日黄花。德国国防部对此十分不满，柏龙白与顾振交谈时已显得缺乏"礼貌"，在德代表团亦因此处境十分被动。4月7日，顾振等致电翁文灏，称："钨砂究何日能在九江或上海交货？德方因我屡次表示交货日期，迄未照办，颇生怀疑，乞即示知确切交货日期，以便转达。"[50]

至1936年4月下旬，中国运德的第一批钨砂始由上海交付德方承运公司美最时洋行，第一批钨砂共700吨，分两次交运，第一次200吨，系资委会向江西省政府商调，第二次500吨，由资委会自国内收购。

1936年5月，资委会钨业管理处成立，中国政府始有可资控制的钨砂来源。同年9月，第二批钨砂300吨亦由上海起运。由于案牍阙略，此后中国起运钨砂的具体日期不太清楚，但据1938年初中央信托局编制之"代德购运农矿原料总表"显示，翁氏诺言的最终兑现是在1937年初[51]。

从1934年汉斯·克兰初上牯岭，到1936年《德华信用借款合同》最终签订以及莱谢劳将军访华，围绕"中德易货合同"而进行的谈判进行了将近两年，中德双方之所以能够在历尽波折之后达成最后协议，说明这个合同对于双方都有切肤之痛痒，符合两国当政者的共同需要。

1. 共同的国防需要

早在魏玛共和国时期，德国已悄然走上了重整军备试图东山再起卷土重来的道路。重整军备，就必须大力发展军事工业，而发展军事工业又以囤积战略原料为先决条件。德国基本战略原料的储藏量是令人沮丧的。在《凡尔赛和约》重新划定的领土内，煤炭是德国唯一能够自给的战略原料，85%的石油，80%的铁矿，70%的铜，90%的锡，95%的镍，98～99%的钨和锑，以及20%的粮食来自国外。德国国防军之父塞克特曾说："原料问题是我们政策的焦点。"[52]为了获取战略原料，魏玛时代的国防军与地大物博、矿产丰富的苏联合作，采用易货贸易的形式，以出让技术、机器为代价，换取苏联的钢铁与粮食，维持德国国内之军工生产。

希特勒上台后，重整军备已从秘密转变为公开，在"要大炮不要黄油"的口号下，德国军火工业迅猛发展，对战略原料的需求大大增加。与扩充军备密切相关的德国国防部曾打算仍将苏联视作德国战略原料的供应地和军工产品的倾销地。1933年5月，托马思访问苏联，与苏联有关当局就扩大魏玛时代的合作展开磋商。托马思回国后，立即向希特勒建议扩大德苏经济合作。但是，希特勒毫不犹豫地拒绝了这项建议，并立即决定中止国防军与苏联的联系，因为在他内心深处，苏联这个令他深恶痛绝的社会主义国家早已被列入待征服的对象，他既害怕德国过分依赖苏联的原料，更害怕苏联利用德国的武器、技术增加抵抗力。

中国亦是地大物博、矿产丰富的大国，其领土仅次于苏联。由于工业落后，在西方工业大国矿产原料开发待竭之际，中国丰富的矿藏仍深埋地下，天赋独禀。在希特勒"抛弃"苏联后，中国自然最有资格充当替代国。

早在希特勒上台以前，中国已成为德国武器和军火的主要倾销国，据中国海关统计，1929～1931年，德国对华武器出口总额已分别达1,203,500、4,008,800、3,402,704海关两[53]。与此同时，德国军工界亦通过民间自由贸易的方式从中国搜购了很多战略原料。

就中国方面而言，南京国民政府成立以还，内有军阀横行，外有日本窥伺，出于巩固自身统治的需要，寻求与西方工业大国在经济、军事诸方面的合作，增强自身国防建设，一直是蒋介石等人的宿愿。德国是世界公认的一流军事强国，精良的德式军备在中国军界有口皆碑，国民政府领导层中的"崇德派"亦不乏其人。更重要的是，德国是一战战败国，1921年《中德新约》签订后，至少从表面上看，德国已成为唯一一个与中国平等相处的西方列强。凡此种种，皆足以使南京政府有充分的理由选择德国为合作的对象。

德国需要中国的战略原料，中国需要德国的枪炮，双方都要加强国防建设，互利利用是彼此合作的前提，一旦契机出现，双方自然要走到一起。克兰来到，正好为双方提供了合作的契机。

对于德国来讲，重整军备所必需的战略原料，如锡、锑、铜、锰、铅、锌、钨等，都可以从中国找到，但最重要且吸引力最大的还是钨和锑，尤其是钨。

钨、锑都是稀有金属，锑合金是制造弹头、弹片不可或缺的材料，钨合金在军工生产中的作用更是无所不在。中国是世界上最重要的钨、锑出产国，中国钨的储量占世界60%，而锑的储量更高居70%以上。自第一次世界大战期间钨钢首次出现及二十年代初德国著名的军火企业克虏伯公司研制出碳化钨以后，西方列强即展开了对钨的全球性的搜购。早在魏玛时代，德国已通过民间贸易的方式从中国进口了数量相当可观的钨。据中国军工界前驱洪中在《中国钨矿统制方案》中的调查，1925年以来德国始终是中国钨最大的买主。希特勒上台以后，随着重整军备步伐的加快，对钨的追求更加如饥似渴，传统民间商行的自由贸易方式已不能满足其要求，建立由德国政府直接控制下的贸易渠道，广泛地搜购大量的包括钨在内的战略原料已势在必行。克兰的合步楼公司及中德易货合同正是这一形势下的产物。

2. 相似的财政背景

为了加强国防建设，中国渴望得到德国的枪炮、德国的军事工业设备。但是，中国却缺乏大量的外汇直接向德国军火商购买。同样，为了重整军备，德国需要中国农产品及矿产原料，但德国也不具备以外汇从中国直接购进的银行储备。相似的财政背景、互补的需求，是中德双方开通易货贸易通道的又一重要原因。

国民党政权在南京登台以来，窘困的财政收入与庞大的军费支出之间的矛盾，已是中国现代史上的老生常谈。长期以来，孔祥熙、宋子文、蒋介石等都在致力寻找一种既不花国库钱、又能买到外国武器、加强国防建设的途径，而易货贸易正是这种途径之一。

与此同时，就外汇匮乏、财政困难一点而言，德国当时的处境与南京国民政府非常相似。由于一战战败而被迫支出数额庞大的赔款，加上战后德国国内经济生产一直不景气，特别是1929年以后又受到席卷全球的世界经济危机的冲击，到1933年底，德国外汇储备已基本消耗殆尽。1934年6月，著名经济学家沙赫特出任德国经济部长及国家银行总裁。为了解决重整军备与外汇匮乏之间的矛盾，一方面，沙赫特采取了包括补偿贸易、"ASKI马克"、改进进口许可证制度等在内的数项措施，扩大出口，大力搜求外汇；另一方面，又通过易货贸易，大力搜购国外农矿原料，尽量减少德国外汇的消耗量。中德易货贸易正是这一背景下的产物。当时，除了与中国实施以军品换钨砂外，德国还与巴西（以巴西咖啡换德国火车机车）、土耳其（以土耳其烟草换德国汽车）、墨西哥（以墨西哥汽油换德国输油管道）等国家开展了性质完全相同的易货贸易，中国只不过是其中之一罢了。

从德国方面来看，中德易货贸易的实施，不仅能够为德国在不花外汇的情况下输回其所需要的中国战略原料，具有非凡的政治意义及军事价值，同时，它还为德国工业界，尤其是德国军事工业界打开了中国市场，同样亦具有经济意义。在第二次世界大战正式爆发以前，急剧膨胀的德国军火工业生产除满足自用外，必须借助于海外市场维持，才能不断开拓地运转与扩大。

相比较而言，透过中德易货贸易给南京国民政府带来的也许只有政治上和军事上的收益，如果从纯经济的角度考察，《中德易货合同》完全是一桩亏本的买卖。不过，这丝毫不影响中德易货贸易在中国现代史上的地位，它为中国换回的枪炮在抗战初期发挥了巨大作用，而这种作用绝不是只用经济得失可以衡量的。

德国顾问与中国抗日战备

塞克特不顾年老体弱，风尘仆仆第二次来华，替代佛采尔出任蒋介石的第三任德国军事总顾问。

鉴于他前任的经验得失，塞克特充分汲取了佛采尔的教训，除本职工作外，他对其他一切人事关系问题采取不多事的淡泊态度。他将顾问团的日常工作委给参谋长代管，自己致力于发展中国国防工业的谋划。

面对中日间的紧张局势，蒋介石要求塞克特为其制定一整套长短期的"应变"防备措施，塞克特同意先为中国设计在长江中下游地区的防御计划。在建军方面，塞克特认为：目前江西"剿共"虽已接近尾声，但中国内部并不稳定，更何况有日本的强大威胁，中方决不可贸然裁军。眼下之计是要集中有限的财力物力，赶快组建一支小型核心武力——"模范军"，他认为蒋介石提出的花费5,000万元重新装备60～80个师的目标过大，难以完成，不如首先新编6～8个师的军队，作为和平时期的基础兵力，然后再发展成18个师（30万人）。

以蒋介石宠将陈诚为首的中方军官反对塞克特的建议，他们主张训练军队应以整理旧军为主，并相对提出了整编旧军30个师的方案，对此塞克特坚决反对，并以辞职回国相威胁，蒋介石只得批准了塞克特的方案。最后的决定是：江西战事结束后新编6个师，现有各部队按比例压缩，在新编师练成之前，其全部军官要到庐山受训，同时给一部分"旧军"更换装备[54]。

此后，德国顾问组训的"模范师"得以按计划扩充，并参加了1934年春季镇压"福建人民政府"的行动，"取得了预想的成绩"[55]。到抗战爆发，初步编成了一支规模不大的德式中央军（Germantrained Chinese Central Army）在"八一三"淞沪抗日战役中发挥了明显的作用。

在中德军火贸易问题上，塞克特要蒋制定一个"精确的后勤供应计划表"，以备德方有计划地供应中方。蒋介石命令国防设计委员会及军需署在这方面配合塞克特工作。6月初，塞克特又与何应钦、朱培德、张治中等中方大员进行了多次会谈，讨论了军事改革各项实施方案[56]。

蒋介石委托塞克特一手办理长江与沿海地区的布防，塞克特认为这项任务艰巨，非一人可完成，他推荐了防空顾问史太邱中将（Streccius）及海防顾问赖文上尉（Rave），后来在法肯豪森任期内，他二人对草创我国的防空及江海防体系作出了重要贡献。在德国顾问帮助下，1934年中，首都南京举行了第一次防空演习。演习结束后，蒋介石召集全体顾问及中方军官训话，塞克特也对此次演习成果给予了高度评价[57]。

为了加强华南地区国防，塞克特曾建议国民政府在江南修建铁路网，这样一方面可解决战时军运问题，另一方面可以为从"剿共"战争中退出的几十万"淘汰"兵员解决一部分就业问题。塞克特为此特别介绍德国奥托·俄普夫公司以资本与技术来华投资。

奥托公司是德国一家大企业，曾在二十年代德俄军事合作中充当主角，希特勒上台后，逐渐疏远俄国，奥托公司便把注意力转向远东，塞克特介绍他们来华发展，正合其意图。奥托公司随即在上海开设了办事处，投资于浙赣铁路建设，开始了对华的有效合作[58]。

塞克特一贯认为，有效的国防实力要以相应的工作基础为后盾，否则现代化的国防军建设将无从谈起。他多次告诫蒋介石，整个国家经济与力量均需配合军事的需要，并以德国之技术与物质援助作为"工作起点"，这样便把中国国防的现代化与德国在远东的经济利益紧密地联系在一起了。塞克特曾应蒋介石所请，为中方制定了军火工业的发展计划，他与国防设计委员会秘书长翁文灏及兵工署长俞大维商定后，详细开列了6至18个整训师每月所需军火数量及拟建设兵工厂、钢铁厂、汽车厂的进度计划，得到了蒋介石的批准，并报告德国国防部备案[59]。此后在德国顾问及有关企业帮助下，这一时期中国国防军事工业有了较大的发展，在太原、济南、昆明、重庆、南宁及广东都新建了兵工厂，汉阳、巩县等地的旧式军工企业也得以改造，并能生产马克沁机关枪及德式迫击炮，巩县甚至在德国顾问指导下成立了防毒面具工厂[60]。抗战开始后的1938年5月，由德国援建的湖南株洲炮厂开始投入生产，可生产从20毫米至100毫米口径的各种大炮及炮弹。同年秋，该厂迁往重庆。在南京，德国顾问及专家也参加了创建军用光学设备制造厂以及理化研究所、弹道研究所、精密材料研究所的工作，而主管这类生产科研工作的中方机构兵工署，则几乎全由从德国毕业的留学生主持各类工作，署内执行的是德国工业规范，各种技术图表一律使用中德两种文字[61]。由此可见，德国对中国兵工业发展影响至深。国防工业的发展为支持中国后来的抗战奠定了必不可少的基础。

塞克特第二次来华期间另一项主要任务是负责顾问团全盘工作指导。由于他并不负责团内具体工作，而是形成了一种新的顾问体系，即：蒋介石→塞克特→法肯豪森的参谋班子→各军事顾问→各军事机构与部队，塞克特居于指导顾问团工作的地位而不负其具体责任，故而他上任伊始，第一件事便是改组顾问团组织。他在南京城东富贵山顾问俱乐部召集了全体会议，表示他受蒋介石之聘，来华接任总顾问工作，已被授予领导全权，并拥有延聘、开除、替换顾问之权力。他还说德国政府及国防部对来华顾问团的工作已表示了全力支持之意，他希望全体顾问汲取过去佛采尔时期工作教训及经验，服从"总顾问参谋长"的具体领导，努力工作，与中方工作人员搞好关系。

此时德国顾问团已扩充为61人，加上中方人员共120人[62]。塞克特将顾问团组织由三个组扩大为五个组，分别派往四个方面：原有部队、新编部队、军事教育及武器兵工系统进行工作。各组分工如下：

第一组：部队组，负责新编部队之编组、工事之筹建、情报之搜集等等，并协助筹划未来之作战方案；

第二组：补给、装备组，负责武器弹药之采购补给；

第三组：军事教育组，负责军校工作及部队训练安排；

第四组：组织人事组，专管人员调配工作；

第五组：编译组，负责教材讲稿编译工作。

与其前期相比，顾问团此期发生的一个重大变化就是所有的文职人员全部退了出去，顾问团的军事性质更加凸显，因为有了德国国防部的公开支持，顾问团再也不用披着伪装的外衣了。

蒋介石对塞克特统领下的德国顾问团的工作，给予了特别的支持，从中央军校毕业生中抽调350人专任德国顾问的翻译与服务。另外又专门设立了以李藩为首的"联络官办公室"，专事协调中方与德国顾问的关系，处理一切双边纠纷[63]。塞克特曾在全体顾问会议上说过："蒋介石元帅给我的权力之大，简直出乎我的意料之外。……我能以他的名义发布各种命令，作各种必要的安排。至于那些大元帅自己不知该如何处置的情况，我必须独自承担下来，用这样或那样的办法解决这些问题。"[64]

塞克特在南京期间，每周必与蒋见面一、二次。某日，已时隔两周蒋未召见，塞克特便十分不安，他急派秘书齐焌去见蒋，在得知是蒋因换装假牙不便见客的原因之后，塞氏才放下心来，由此足见两人关系之密切[65]。

塞克特的工作受到了蒋介石的高度赞赏，但两者的关系也并非完美无隙，而是时常发生观点分歧。例如：在对日国防战略部署方针上，二人便有很大分歧。1934年4月至5月初，他们就此问题会商数次。蒋介石主张对日国防重点区域应在长江流域而不在华北，他对塞克特说：一旦中日开战，他准备在必要时放弃华北而集中全部力量保卫长江流域。抗日之发动必须在江西"剿共"之后。他决定只有16%的军事预算可以用于华北，因而在那里只能选择战略要点构筑国防工事。塞克特认为如此则会造成日军很轻易地绕过要塞长驱直入，于整个抗战大局不利。蒋介石说："那么无论如何日本人是不能够占领这些战略要地。"[66]他又表示：从政治上来看，长江以南远比江北的地区重要，况且在华北的地方实力派军队"没有任何军事价值"。塞克特说："那么，是否在华北一旦危险时可以抽调在江西剿共的部队北上？"蒋介石给予否决，他说："当务之急是剿共，在江西剿匪战事未完成之前，不可能抽调主力部队去对付日本人。"[67]塞克特没有办法，最后只好表示，对蒋介石的华北防御方案不承担任何责任。[68]不过他仍然答应了蒋介石的请求，为其设计了从上海到南京间的江南国防工事图[69]，这条被称为"中国的兴登堡防线"的国防工事后来成为中国抗日国防的重要工程之一。

除了这次争论之外，塞克特在华期间还有两件事处理得"不如蒋意"，一是为克兰代表德国政府与广东陈济棠开展军事、经济合作之事，德方认为陈济棠与蒋介石都是中国人，在筹备抗日目标上应该是一致的，又因为广东方面"办事效率高"，对德贸易从不欠账，深得德方好感，极愿与之发展关系，而南京方面对此则坚决反对，并要塞克特出面，运用其在德之影响，阻止德方与广东发展"合作"。塞克特从德国利益出发，不愿干涉，又抱定不多管闲事的态度，对此回避，从不在蒋介石面前谈及克兰与广东问题。1934年底，蒋介石直接要塞克特对此发表意见，塞氏苦思再三，写了一份意见书，"避重就轻，尽可能推卸责任，未能提供任何具体建议"，蒋介石阅后，"甚感不悦"[70]。第二是关于德国对华出口重榴弹炮之事，塞克特并未能像蒋介石所期望的那样"发挥（促成）作用"，使蒋不快。为了准备抗日，中方急需筹建重炮部队。1934年4月，中国向德国莱茵金属公司订购了24门十五公分口径野战重榴弹炮，并24000发炮弹，总计价值900万马克。因中方无现金支付，须由德国政府出面担保，才能以延期付款方式成交。但德国外交部（包括驻华大使陶德曼）都不愿担保，原因是他们认为军火交易不同于其他贸易，必须钱货两清，否则会给日后留下纠纷，不易处理。而德国国防部为了促成军火外销，极力主张政府提供担保，双方争执不下，最后上报希特勒裁决，莱谢劳将军代表军方向希特勒阐述了遵守中德协议的重要性，希特勒却不以为然，他认为现在对华供应重炮将引起国际上日、英等国的反对，给德国带来麻烦，故而"表明其坚定立场，不允许此项交易进行"[71]，并就此引申说："在政治上必须会见风使舵，协定可随时缔结，亦可随时破坏。"最后经沙赫特居中说情，又决定1935年内不对华供货，拖到第二年（1936年）再说。据中方文献记载，这批重炮后来在1936年中旬运到了中国，它是用德方急需的钨砂换来的。这批装备武装了中国第一个摩托化重榴弹炮团，后来在"八一三"淞沪抗日战役中发挥了重要作用[72]。但塞克特及顾问团在这场纠纷中没有帮助中国，原因是塞氏认为德国军火商以高额佣金收买中方官员，提高重炮售价约30%的行为，令人不能容忍，他甚至建议中方向第三国购炮，而中方有关官员却不同意，德国顾问正直的一面及国民政府官员之腐败由此可见。蒋介石认为塞克特在这一问题上未能助华，说明其对德国政府的影响力有限，也造成了他对塞氏的误解。

但塞克特这种"不问闲事"的作风也有其有益的一面，日本政府曾通过德国驻日大使狄克逊要求塞克特在蒋介石面前运用其影响力，说服蒋介石在华北与日本妥协并承认伪满，塞克特认为这是中国的内政，他不能干涉，更不受任何外力之影响，故严加拒绝，受到了中方的好评。

塞克特第二次来华时仅十个月，他在促进中国军工业发展及增强中国国防力方面起了重要作用，蒋介石给予他优厚的生活条件，中国政府支付他的月薪高达2,000美元，等于佛采尔月薪的3倍。他还拥有专车、专机、侍卫、厨师甚至仪仗队，蒋介石外出时，他甚至可以坐在蒋的办公桌前召见中国军官，足见蒋介石对他的推崇及期望之高。但这一崇高而艰巨的任务对于一个年近古稀的老人来说已是不堪重负。当时有传闻说，塞克特某一天在庐山蒋介石官邸作客时，曾被火炉绊倒跌了一跤，从此就生病了[73]。1934年底，医生根据体检结果，要求塞克特停止工作，休养一段时间，塞氏即向蒋提交辞呈准备回国，蒋介石再三挽留，并拟安排他去杭州疗养，但塞不同意，蒋亦认为"塞将军这次来精神大不如去年相见的时候了"，遂同意了塞克特的要求[74]。

1935年3月6日，塞克特离华回国，蒋介石此时正忙于在西南追剿红军，不能送行，特派朱家骅向塞克特转交了一封亲笔信，全文如下："朱主任益之兄转萨克特将军勋鉴：将军启程在即，中正不克送行为歉！将军所拟中国工作计划书已详阅过，中正甚赞成。贵将军回国时请照所拟计划代筹一切，至中国方面应办之事，已切令各机关改良照办，勿念。途中辛劳，务望珍重，并祝健康。中正。微午。机渝。"[75]另送白杭绸一匹等礼物，被塞克特谢绝，并表示等身体好转将再度来华。

此时在德国国内，兴登堡总统刚刚去世不久，希特勒正急于争取军方支持，巩固其政权，并夺取最高权力，他对塞克特的回国表示了热烈欢迎，派人前往德瑞（士）边境迎接，并立即在总理府接见，塞克特向希特勒详细汇报了中国之行情况，并主张德国对华应有一长期、固定的友好政策，希特勒连连点头称是，并爽快同意将驻华使节由公使升为大使级。实际上希特勒是为了争取塞克特的好感与支持，帮他稳定纳粹政权的统治，他的对华友好实为一时的敷衍行为。不久之后，德国便与日本缔结了《反共产国际协定》，进一步勾结日本反华。

1936年底，塞克特最后病逝于家乡。1937年初，国民政府为塞克特举行了追悼大会，蒋介石因"西安事变""蒙难"之后急需休息，由何应钦代他致悼词，称赞塞克特之人格"已为中国军官团树立了良好的榜样"，给予了崇高的评价。

德国顾问团"塞克特时期"的历史就此结束，从而转入了最后一个阶段"法肯豪森时期"。

塞克特离华之前，曾以"最诚恳之心情"向蒋介石推荐他的得力助手法肯豪森将军正式接替他的职务，得到了蒋介石的批准。从此之后，法肯豪森便成为德国军事顾问团在华期间最后一任负责人，直到抗战爆发后顾问团被勒令回国。

法肯豪森在华前后共工作了四年多时间，经历了民国历史上最复杂最艰巨的一段历程，他对中国反抗日本侵略所做出的贡献，超过了他的几位前任。他与中国的关系一直延续到战后，延续到他生命结束之时。

亚历山大·冯·法肯豪森（Alexander von Falkenhausen）1878年出生在德国北部的一个贵族家庭，家中享有世袭的贵族称号。他早年毕业于德国陆军参谋大学，入伍后曾于1900年随八国联军来华镇压义和团，从此他对东方的社会文化历史发生了浓厚的兴趣。回国后，他曾专门在柏林大学东方学院进行过有关研究。1912年，法氏出任德国驻日大使馆武官，运用他的特长，对日本的军队及其军事战略做过深入的研究，这段经历使法肯豪森在后来赴华服务期间对中国的抗战战略贡献颇大。

第一次世界大战爆发后，法氏被派往土耳其服务，由此结识了塞克特，并成为至交，追随其左右。战后，法肯豪森历任德国军界各职，由军事教育与训练监督到步兵团长，后又转任步兵学校校长。当时的步兵学校是纳粹党人在军界活动的大本营，法肯豪森历来主张军队远离政治，他对纳粹分子在校内的活动严加制止，并为此曾几易校址，试图摆脱纳粹的政治影响。当时纳粹党人在政界已有一定影响力，并受到军中某些元老的支持。法肯豪森的行为引起了军界一些人物的反感，终于在1930年以52岁之壮年忽告退休，且"原因不明"。

法肯豪森退休后，纳粹党想要转而争取他，邀请他"入党"，并允诺给他担任"党卫军"（SS）中的高级官职，被法氏坚决回绝，他的这段抵抗纳粹的历史成为他后来博得蒋介石信任得以参与抗战军机的资本。在退休赋闲的情况下，法肯豪森于1934年4月4日尾随塞克特来华，接替佛采尔的职位，成为塞克特的参谋长、德国军事顾问团负责人。

法肯豪森来华后，受到了中方的礼遇，他并没有与中方签订服务合同，而是以"君子协定"的方式来处理双边关系。他曾说过："我和中国政府并没有签订书面的合同，我对蒋委员长表示，当他需要我时，我愿意留在中国，但我希望保留一种如果我认为必须离开时，随时可以离开的自由。"[76]

法肯豪森出掌顾问团时期，正式团员人数约40余人，每人分别与中国政府签订了服务合同，当时他们的工作，除协助蒋介石在庐山举办军官训练团而外，还参与了对中共红军的第五次"围剿"。法肯豪森曾在回忆录中描述了当时中国国内的情形。他写道："我在中国时，内政尚未稳定，南京中央政府的部署，主要是靠蒋委员长有效的措施而得以稳固，但在南部江西省仍有强大的共党势力正和政府军队作战，两广的司令企图尽可能保持自己的实力和独立的形势，云南、浙江、山西、山东以及内蒙古各省的司令们，仗靠着自己的军队，都非常稳固，但他们的军力，在蒋委员长指挥下，渐渐加入北伐军总队或逐步解散，曾经掌握东北军权的张学良领导着一支1932年在华北从日本魔掌中救出的强大军队进入陕西。扰乱和平的日军却在河北、热河一带不断地兴风作浪，布置其侵略的活动。二十年来历尽沧桑的中国，无日获得安宁与喘息。"他比喻当时的中国像一艘摇摆在暴风雨中的船只，要稳定中国的政局尚有无数的工作急需去做，而其首要者为必须建立一支强有力的武装力量。

法肯豪森认为，整顿中国军队的工作必须"从远处着眼，近处着手"，目前他的工作重心有三个方面："（一）迅速组织可资作战之机动部队；（二）尽可能保全长江以南之地区，因此长江布防与东南沿海防卫应列为急务；（三）发展自给自足之军火工业。"[77]为此，他曾在南京方面随员的陪同下赴镇海、乍浦、江阴、连云港等海防要地视察，为筹划未来的海防作准备。

法肯豪森与塞克特之间保持着和谐的合作关系，在中国的日子里，他们也常"在分析时事与战略上持有分歧的见解并引起争执，但经过商讨辩论之后，常能很愉快地照着决议去做"。法氏"一直很敬佩他（指塞）是一位精明能干、受过高等教育而修养卓越的军人"[78]，只可惜他们两人在华合作的时间并不太长，塞克特不久辞职回国，把顾问团重任移交给了法肯豪森。

1935年7月，法肯豪森应蒋介石之召前往四川峨眉山。31日，他与蒋介石、宋美龄以及他们的澳籍顾问端纳（Dr.Donald）、德籍侍从顾问史太邱（Streccius）一起进行了会谈，法氏虽未在其回忆录中记载这次会谈的内容，但据他后来撰文所载，他在会谈中向蒋详细提出了应付日本进一步侵略的对策，得到了蒋氏的称赞，并要其将有关建议汇文呈送[79]。

会谈结束后下山途中，法肯豪森还与四川省主席刘湘等欢宴一场。

当时中国的形势是：国民政府在迫使红军长征北上后，自以为"剿共"战事已近完成，加上日本不断在华北挑衅，中日关系紧张，抗日国防迫在眉睫。以法肯豪森为首的德国军事顾问团工作重心自然也就转移到中国对日国防方面来。

1935年8月20日，法肯豪森向蒋介石提交了一份《关于应付时局对策之建议》，全面阐述了他对于中国国防及抗日战略的构想。在这份文件中，他运用自己早年旅日期间对于日本军队的研究心得，联系中国目前实际，提出了自己的见解。

法肯豪森首先指出："目前威胁中国最严重而最迫切者，当属日本。日本对中国之情，知之极悉。其利害适与中国相反，故必用尽方法破坏中国内部之团结与图强，至少设法迟延其实现。华方宜求时间余裕，作整军经武之用，故日方益求急进。"[80]他批评了国民政府对日本在华北制造事端的"一味退让"，指出"日方苟遇真实抵抗，则局势迥异"，我政府应有"坚忍意志"，"断无不抵抗而即承认敌方要求，沉默接受。鄙意民气即是造成抵抗意志，故不容轻视。苟领袖无此种意志，则人民亦不肯出而抵抗"[81]。这种劝告正中蒋介石对日妥协政策之要害，正可谓一针见血。

按照法肯豪森的预计，一旦日本对华发动军事攻击，华北地区首当其冲，同时长江流域各海口也将受到侵犯。因此，中国军队必须在战略上确立一个"集结兵力区域"，以此为基地来部署对日国防，这个区域范围大概在徐州—郑州—武汉—南昌—南京一线，我军应在此区域向北推进，以"沧县—保定为绝对防御线"，"最后战线为黄河"。长江陆防须推进至上海附近，南京作为首都"宜固守"，华中则以南昌、武昌作为战略支撑点，全国以四川为"最后防地。"法肯豪森最后写道"综结言之，就民族、政治、经济、心理、军事上各种情况，俱有前方应战之必要，万不可不战而放弃寸土"，"仿二十一、二年淞沪及古北口等处成例，方能引起与长江流域有利害关系之列强取积极态度。中国苟不于起首时表示为生存而用全力奋斗之决心，列强断不起而干涉"[82]。

总结全文，我们发现法肯豪森在这份报告书内提出了以下几个具有重大战略意义的建议：

第一，他主张以长江一线为未来抗日战争的主战场，"因南北二大干路更要者为长江"，故而他赞同蒋介石的见解，提出自长江下游宁沪、中游南昌武汉到上游之四川，建立层层防御体系，以之为未来抗日战争的主战场。

第二，在长江一线防御方面，法氏主张"东部有两事极关重要，一为封锁长江，一为警卫首都，二者有密切之连带关系，屡闻长江不能守之议，窃未敢赞同"。"长江封锁于中部防御最关重要，亦即为国防之最要点，防御务须向前推进。江防须封锁江阴，陆防须利用许多江险及天然便于防御之地形，推进至上海附近"。"南京为全国首都，必应固守，故极宜增筑东正面及东南正面之工事。次之为南昌、武昌，可作主支撑点，宜用全力固守，以维持通广州之连络"。"终至四川为最后防地，富庶而因地理关系特形安全之省份（旁批：最后根据地），宜设法筹备使作最后预备队，自有重大意义"[83]。

第三，法肯豪森明确提出了黄河"宜作有计划之人工泛滥，增厚其防御力"的具体建议，后来抗战爆发后，国民政府在花园口掘开黄河大堤，以水代兵，阻止了日军在此线的西进攻势。这不能不说是法肯豪森的一项有价值的见解。当然，对这一行动所造成的"祸民"之后果当另作评价。

第四，法氏在报告中还提出了建立四川战略根据地的构想，他认为四川是个"富庶而因地理关系特形安全之省份"，"实为造兵工业最良地方。由重庆经贵阳建筑通昆明之铁路，使能经滇越路得向外国连络，有重要意义"[84]。"川省若未设法工业化，能自造必要用品，处此种情况，必无战胜希望，而不啻陷中国于灭亡"[85]。法肯豪森在这里不仅指出了四川工业化为抗战提供军需品之必要，而且指出了开辟西南外运交通线以获得抗日外援的必要性及重要意义。

法肯豪森的上述战略建议后来逐项被国民政府采纳，并在以后的抗战实践中加以运用，最终为以持久战"以空间换时间"夺取抗战的最后胜利奠定了必要的基础。在这个意义上来看，这不仅是法肯豪森而且是整个德国军事顾问团对于中国抗战事业的重要贡献。

法肯豪森以这份建议书为蓝图，开展部署，把它确定为顾问团的工作指导。他根据德国重建国防军的经验，按照塞克特的设计，着手训练与装备了8万中国军队，更之以全副德式装备，另成立了若干炮兵团与装甲旅，准备在战事一旦发生之后，迅速驰援前线。其中第八十七、八十八师重点驻扎在宁沪国防要地，在后来的"八一三"淞沪抗日之役中发挥了重要作用，给予野心勃勃的日本侵略军迎头痛击。

到抗战爆发时为止，在法肯豪森主持下，中国军队整编30万人的计划已完成了80%，这一计划未能全部完成的原因，一是由于时间的不足，二是由于在"剿共"完成后投入"整编"的部队比蒋介石与塞克特达成的协议数目为多，而"新编师"与旧式部队之间也存在一些矛盾，使蒋介石不得不放宽选择"整编"的标准，以求内部的公平与稳定[86]。

蒋介石十分珍惜他的经过德国顾问整训的军队，并改变了他过去的做法，不用之于内战而专待抗日。1936年10月间，军政部长何应钦曾通过国民党中政会代秘书长朱家骅去劝告蒋介石，欲将新编部队调往陕西"剿共"，替换不愿打内战的东北军，但被蒋介石拒绝了[87]。蒋介石对于这些新编军寄予未来抗日之厚望，德国顾问团的工作无疑在增加蒋介石的抗日决心方面起到了一定的作用。

法肯豪森曾向蒋介石拍胸脯说：尽管中国缺乏重炮和其他特种武器，但只要按照他的建议去做，在德国顾问指导下，中国军队"足以把日本人赶出长城"，他的乐观态度使蒋介石备受鼓舞，坚定了他的抗日决心。

法肯豪森旅华期间主要的工作是协助中国筹划对日国防，但他同时也参与了国民政府的"剿共"战事。1935年5月29日，他曾在致德国外交部的报告中汇报了跟随蒋介石参加"剿共"的情况。他写道："蒋委员长目前正在成都亲自指挥歼灭四川西北部最后的共军主力，我们也运送不少新编增援部队到那里，望能将共军完全歼灭，我想今秋即可大功告成。"[88]因为当时红军长征北上，"剿共"战事已近尾声，作为蒋介石的军事参谋，法肯豪森并没对中国的内战加以过分关注。

在中德工业、军工合作方面，法肯豪森在其任期内对德国企业的来华投资合作给予了有力的支持，他曾在奥托·俄普夫公司投资浙赣铁路工程时为俄普夫这个"肥胖而眼光锐利和狡猾的巨富"提供了多次咨询，并为这项工程器材输华税款问题特别去请求德国驻华大使陶德曼的担保，甚至不惜为此与陶德曼争吵起来，最终取得了大使的同意[89]。

在中德军品贸易方面，法肯豪森虽然忠于德国利益，但他却更忠于自己的职责，与那些唯利是图的德国商人保持着一定的距离。法肯豪森曾在回忆中记述到："我常出面以强调，宜斟酌中国特殊情况而提供意见为原则，职是之故，我常竭力介绍于中国最有利益而适合中国实际情况的物品及列定公平的价格，而不顾虑到原产地的情形和商号。上述这种立场我一直坚持到底。当时Hapro（合步楼）公司试图向中国销售一批军火和武器。这种武器固然适合于欧洲战场，但依中国人之需要却没有考虑的余地，因此我曾代表中国提出异议。……有一批德国年轻党员（纳粹党），其主要任务专作党政演说，明目张胆地以为只要有人给中国销售若干货品，不论品质优劣，中国人也就求之不得，尽够满意了。他们并要求我站在德国利益方面坚持此种立场。我却不以为然，并屡次给他们作辩论的解释，认为他们的此种立场不仅会损伤德国的信誉，也将减削商业方面的利益，因为我在中国服务，唯有介绍适合中国需要的物品，才算称职。

另一商号代理人，当我向西门子公司补购一批大型探照灯时，要求我将这批生意让给他，但我向他说明，因为我已向中国政府担保将来在灯光仪器受到损毁时，能补送具有同等功效的货品，或必要时可予退换，而且要照每一零件的完全同样模型重新订制。这公司代理人便以嫉愤的态度威胁我，宣称他在德国已同西门子订立合同，依此合同双方享有利益均沾的订货权，但我坚持强调订购货品的种类和厂商由买主自行决定，买主可自由同德国的公司直接达成协议。

经由国际贸易公司的介绍，中国拟订购大型德制军用货车，当时有四家德国厂商提供货样及单价，其中三家开出的单价每辆都在22,000至23,000马克左右，而另外一家却只索价12,000马克。起初我们认为其中必有错误，但经电询证实并无错误，因此这家厂商获得此项订货合同。其他三家厂商代理人则向我提出激烈的抗议，谓Ondirekt厂商有违反规定，不应提供国际市场价格而该提供国内价格，当国外市场标价低落时，方可减价，现在他们也愿意以同样的价格交货，但差额必须由德国关税担保弥补，但于此情况下已不成为真正的交易了。我并非蓄意谴责德国的工商界的不义之行，而只是说明他们处于一种进退维艰的局面之中。"[90]

以上这些例证充分说明，法肯豪森是一个保持了正直作风的德国军官。因为他对中国工作的认真负责态度，曾招来了德国军方及企业界中许多人的不满。

1936年5月至10月，德国军方为进一步加强中德军事合作及对华影响，派遣国防部长助理、同时又是希特勒亲信的冯·莱谢劳将军（von Reichenau）应邀访华，与蒋介石会谈。在这期间，因上述原因，作为德国军事顾问团团长的法肯豪森却被冷落在一边，未能参与会谈。"德方人士中许多人意图拒我于德国代表团之外，因为他们深恐在双方成交时我将为了中国的利益而可能对他们为难。莱希曼（莱谢劳）很清楚其中内幕，所以总是和我保持距离"[91]。

在另一方面，法肯豪森对于纳粹党势力及其政治主张也持有异议，"当时在南京，也有一个国社党国外组织的地方集团，由于德国顾问多半是反德国社会党者，所以他们的势力并不大，而且，凡有违背我们在中国职守的任何政治活动我均一律予以严厉禁止"[92]。法肯豪森这样做的结果使他在政治立场上与希特勒拉开了距离，然不幸的是，在第二次世界大战爆发后，他仍被纳粹党人拖下了水，此点容当后论。

随着中日间战争局势的逐步严峻及明朗化，国民政府积极开始对日备战，按照德国军事顾问团的具体建议并参照当时国内实际加以综合研究，国民政府确定"以四川为作战总根据地，大江以南以南京、南昌、武昌为作战根据地，大江以北以太原、郑州、洛阳、西安、汉口为作战根据地"，以此构成了国民政府抗战战略路线的主体。有关的具体工作内容包括：

（1）建立四川总根据地。根据当时中国地理情况，为有效地抵抗由东部及北部入侵的敌人，建立大西南基地便是抗战的必由之路。自1927年南京国民政府建立后，蒋介石一直在进行着分化、消灭盘踞西南地方军阀势力的努力。经过多方筹划，最后终于获得了成功。这一成功在客观上为在抗战爆发后建立以四川为中心的后方根据地创造了必要的条件。

（2）作为长江南北共同的作战基地，南京政府认为华中重镇武汉是"国防作战中心"。从1935年4月起，当局便在武汉行营内特设"武汉城防整理委员会"，先后由蒋介石的亲信钱大钧、陈诚主持工作，在武汉周围周长100公里范围内建立了环形防御线，并对深入长江内的日本海军舰只及汉口租界内日方潜伏势力作出了"歼灭性处理"的计划。按照蒋介石"选择要点构筑必要之工事"的指示，到1936年8月止，已在武汉周围田家镇、半壁山、阳逻、白浒山、城陵矶等江防要点设立了野炮掩体36处、观测所12个、兵员掩蔽部3个、重机关枪阵地11处及坑道、交通壕等；在葛店至新桥、豹子海、三里界、纸坊、龟山、信阳等陆防要地设立20处重机枪阵地及多处野炮阵地、观测所等作战设施。此外还完成了对日租界的作战设施。至此，用于武汉国防工事修筑总费用已达913,228元[93]。

（3）对于国民党统治中心宁沪地区，由于地处沿海，且必为日军入侵要道，对其国防设施的建设，当局给予了相当的重视。1931年起，国民政府就开始在这一地区建设国防战备设施，前后花费了一百几十万元的资财，修成了三道国防线：上海至杭州、吴江至福山（苏福线）、无锡至澄江（锡澄线）。到1937年，全部工程已基本完成。这也就是被塞克特称之为中国"兴登堡防线"的国防工事。关于具体作战部署，当局在制订1935年国防计划时，就已经规定"在江浙方面：驻江南部队应集结于京沪线及首都附近，一面防止长江内敌舰之侵扰，以维护首都"[94]。1936年国民政府还采纳了张治中等人的建议，成立了"京沪警备区"，由张治中出任警备司令，开始了以宁沪为核心的抗战准备工作，具体拟定了在紧急情况下采取先发制人的军事进攻手段，消灭驻沪日军后封锁海岸，阻敌入侵的作战方案，并调派已经德式整训换装完毕的第八十七、八十八师主力驻扎于此。同时宁沪铁路沿线各站也布置了军运准备。中方还以增加保安团的名义向上海市区增派了武装部队[95]，为以后中国方面发起"八一三"淞沪抗日之役做了必要的准备。南京政府几年来在长江中下游地区的战备努力及其在1936年国防计划中的设计都向我们展示了一个事实，即当局试图以长江一线作为未来抗日战争的主战场，这项战略意图已为以后的战争实际所验证，也正符合了德国顾问团的设计方案。

1936年11月13日，国民政府军事当局鉴于日本军队在我国华北的频繁挑衅，针锋相对地举行了大规模的军事演习，法肯豪森率领德国顾问参加了这次实战演习，中方共计出动了约5个师的兵力，演习获得了圆满成功。法肯豪森对中国军队的良好表现给予了高度评价，其后，他与蒋介石一起检阅了参演部队。

不久之后，法肯豪森又应蒋介石之邀与9位美国空军顾问一起视察了杭州笕桥航空学校，他对由意大利及美军顾问援建的这所航空训练基地位置海口表示了异议，认为这太容易遭受敌方攻击，"容易发生危险，如果深入内地，毗邻南京，则情势较为优越"[96]。

1937年6月，中日战争迫在眉睫，法肯豪森又应蒋介石的心腹要员陈诚之约，与意大利籍海岸防御专家诺达尔多洛（Notartolodi Villarosa）一起对南京以下所有长江堤防各要塞炮兵阵地进行了战前最后一次的巡视。在江阴要塞，法氏登上炮台察看了从德国进口的十五公分口径大炮，并观看了要塞守军阻击快艇过江的演习[97]。

据法氏记载，当时来自德国的先进军品正快速装备中方各重要部队，如桂永清的"首都教导总队"就装配了全套德式武器，并拥有克虏伯（Krupp）公司生产的野战重榴弹炮。此外，德国生产的特别适于中国士兵使用的Stockes-Brand式轻手榴弹、西门子公司生产的大型探照灯也已分发到基层各部队，首都"南京城防也配备了德制88毫米高射炮及德式防空警报系统，在南京街道上，可以看到75毫米克虏伯大炮和亨舍尔及M.A.N型坦克，梅塞施米特（Messerschmitt）和斯图加（Stuka）型战斗机即将被进口，补充在国内装配的容克斯飞机。中国海军已向德国订购了12艘潜水艇和几艘战舰"[98]。上述已运抵中国的武器装备，有效地增强了中国军队的作战能力，在抗战爆发后发挥了重要作用。正如当时在华考察的德国《民族观察》（Voelkische Beobachter）杂志记者报道的那样："整师整师的（中国军队），从步枪坦克到钢盔，都是由我们德国国防军使用过的德式军品装备起来的。"[99]

除法肯豪森之外，顾问团内其他顾问们也在各自岗位上为中国的国防事业尽职工作，其中值得一提者如受中央政府委托的史太邱中将（Lt.Gen.Streccius）前往对日前哨的山东省、史达开少将（Gen.Starke）前往山西省，协助当地方实地派人物筹划国防事务。

史太邱是位防空专家，原先一直在蒋身边及航空委员会工作，他受蒋介石之命前往山东，协助省主席韩复榘筹划国防，而史达开少将则去山西协助阎锡山晋军准备抗日[100]。关于他们在晋鲁两省的活动，因其一贯的严格保密制度，在史料中并无任何记载，因此无从详细描述。这种严格的保密虽然有效，但有时却起到了较大的负面影响，列强各国及中国国内舆论，皆知德国顾问在华活动，参与军机，却又不知他们在干什么，于是有关德国顾问为日本充当间谍刺探中国军情的传闻便渐渐传播开来，以致对德国顾问团的工作造成了较大干扰，中国政府当局不得不出面调查、辟谣，并重申对德国顾问的信任。是为后话。

到抗战爆发为止，法肯豪森率领德国军事顾问团为中国的抗日准备做了许多有价值的工作，从战略决策到作战计划，从引进武器到训练部署，国民政府抗战准备的每一环节都有德国顾问参与其中。在这当中，法肯豪森的贡献是显著的。可以说，抗战爆发前三年是中德军事合作的高潮时期，如果没有德国顾问的参与指导，我方的抗战准备也很难达到战前的水准。而法肯豪森则进一步乐观地认为照这种速度发展下去，如果抗战迟一、二年爆发，日本人将不可能侵入中国内地[101]。

为了表彰法肯豪森的工作，1937年5月17日，蒋介石亲自下令："派法肯豪森为军事德国总顾问"[102]，将中国国防军事大权全盘委托给法氏，再次表明了他对法氏的高度信任。而在这一时期，德国总顾问的权限也达到了前所未有的高度，就连主管对华易货贸易的德国合步楼公司派来中国的技术人员也应法氏所请，统一由他一手管辖[103]。

德国军事顾问团在中国的频繁活动，引起了日本方面的极大不安，他们深恐中国国防实力因此而加强。因此，日本政府通过外交途径向欲与他们结盟的德国纳粹政权频频施加压力，警告德国人不要插手中日战争的准备。希特勒及其党羽，虽然同情日方，但由于在华顾问团属德国军方控制，此刻尚未被纳粹党掌握，希特勒对日本的要求爱莫能助，而法肯豪森及其部下的行为则与德国政府的意愿有所背离。在这种情况下，恼羞成怒的日本军阀，终于按捺不住侵华野心而迫不及待地发动了对中国的全面侵略。

物超所值的军火贸易

塞克特在华出任国民政府军事总顾问期间，中德军事合作开始由民间合作向官方合作转变。但"万变不离其宗"，这个"宗"就是中方向德方购买成品军火，以供中国国防之需。

由于日本侵华日亟，中国国内阶级矛盾被日益尖锐化的中日民族矛盾所替代，南京国民政府的国防军事目标也渐渐由内而外，从"剿共内战"转向准备抗日，在这样的条件下，德国军火之输华被赋予了增强中国抗日力量的崭新意义，而且在当时的特定国际环境下，这种对中国来说恰如"雪中送炭"的军火贸易，也具备了超出它自身价值的作用，这种"超价值"的军火贸易一直持续到抗战后中德正式断交为止，但其对于中国抗战之历史作用则是巨大而影响深远的。

塞克特来华后，随着"合步楼"公司的组建，克兰成为塞氏援华建军计划的执行人，"合步楼"对华供应军火从此成为一项"官督商办"的贸易[104]。

1934年4月，蒋介石按照塞克特的建议准备筹建中国重炮部队，中方按照德国军火商的要求，通过瑞士索罗托公司（Solothrn）为代理人向德国莱茵金属公司订购了24门十五公分口径野战重榴弹炮并24,000发炮弹，总计价值900万马克，这批军火最后是在1936年运到了中国，装备了一个摩托化重榴弹炮团，并在"八一三"抗日之役中发挥了重要作用，而其最后代价则是以德方急需要的钨矿砂换来的[105]。

1935年3月，塞克特因健康原因辞职回国，他的助手法肯豪森将军接替其职务，成为最后一任驻华军事顾问团长，负责继续完成为中国供应军火及整军建军的使命。

1934年10月24日，法肯豪森在致其驻德联络人毕克曼（Brinckmann）的一封公文中曾说明，到1935年春，中国可整编完成下列各支部队：

1) 示范旅；2) 山地炮兵 9 个分队；3) 野战炮兵 7 个分队；4) 重型野战榴弹炮 2 个分队 (15 公分口径) 加 2 个钢制机动车榴弹分队（配德莱茵钢机动车）;5) 工兵团 3 大队；6) 一个战车大队（含 4.7 口径德制 Vicker 型大炮坦克车 16 部）。

同时向德方订购及即将交货之军火物资有：

1) 15公分莱茵钢防空大炮24门；2) 3.7公分莱茵钢地面野战炮20门；3) 7.5公分莱茵钢反地雷长程炮20门；4) 毛瑟24型步枪数千枝；5) 西门子公司通讯器材（价值数十万墨西哥银元）；6) 蔡斯望远镜（价值数十万元）；7) 15公分炮之机动战车100部；8) 德制坦克车36辆；9) 120公尺长全套架桥军用设备（包括舷外发动机浮袋等设备）；10) 其他设备如探照灯、窃听器、无线电对讲机、80～100公里西门子电缆（价值数十万元）。

以上订购物资加上每门大炮所配一千发炮弹，总价值超过1,500万银元。以上这批军火订货统由俞大维所掌的兵工署全权负责订购事宜[106]。

法肯豪森认为，在当时最迫切的组建基本国防军力量的各项工作中，为了迅速筹建东南沿海及长江内河之江海防防线，以备不测之需，他建议蒋介石"根据同时呈钧座之五年计划，设计兵器与弹药之补充"[107]，"购办国内不能自造而必不可少之兵器，最要者为江阴附近封锁长江之水雷（100具）

及十二与十五公分各种要塞炮之必要弹药（每炮50发）"[108]法肯豪森并具体拟划了各类枪弹每月拟增加供应数量，其中需自外国购买者为步兵枪弹3千万发，"绝对应购者最初为1千万发钢心尖弹"[109]。从法氏报告分析，当时中国武器弹药之贮存，仅可供部队作战三个月之用，国内兵工生产之严重不足，导致国防军火依赖外购情形日益严重。

中国政府为加速对日国防建设，按照法肯豪森等人建议，除一方面加紧国防军整训外，另一方面亦积极开展对德军火采购工作。

1934年4月，中国财政部长孔祥熙向蒋介石报告了对外军火购货情况，其中自德军火购货包括以下内容：

卜福斯高射炮16门；大炮牵引车32辆；高炮配件14件（7月初在瑞士交货）；15公分大炮12门；10.5公分大炮36门；轻机关枪5,000枝（8月底前在汉堡交货）；坦克车：中型6吨12辆、小型2吨12辆、4.7公分坦克炮弹3,200发（9月底前交货）；4.7公分坦克炮弹6,000发（11月前交货）；二十响驳壳手枪5,000枝配弹500万发（6月底前交货）；二十四年式七九步枪1万枝并子弹1亿发（1935年2月前在汉堡交货）；飞机炸弹样本5种（共215枚）（6月前到沪）；坦克车：中型4辆、小型4辆、4.7公分坦克炮弹2,860发（1935年5月1日前交货）[110]。

据国民政府资源委员会统计处处长孙拯1935年9月29日编定之《中德易货贸易数量统计表》显示，从1929年至1934年，德国军火输华数值变化如下（原表限"军用军械军火"类物资，不包括各种仪器及通讯器材）：

1929～1934年德国军火输华数值统计表

年份 \ 数值	1929年	1930年	1931年	1932年	1933年	1934年
价值（国币千元）	1,666	6,279	5,302	2,964	6,756	3,507

年份 数值	1929年	1930年	1931年	1932年	1933年	1934年
占全年进口总值 百分比 （%）	1.83	6.79	4.33	2.73	6.26	3.76

若以1929年为基数100计算，德国军火之输入价值指数1930年为361.88；1931年为318.25；1932年为117.91；1933年为405.52；1934年为210.50；[111]这些数据因出于当时主管长官之手，可认为具有较高的价值。又据兵工署军械司司长徐培根于1935年12月间报称：中方对德军火订货价值已超过一亿马克，是年内已由德运华之械弹有：1）2公分高射炮12门；2）3.7公分高射机关炮6门；3）79步枪钢心弹2,300万粒；4）3.7公分战车炮60门；5）79重机枪子弹500万粒；6）3.7平射炮炮弹14万2千颗；7）2公分高射炮弹36,000颗；8）探照灯9架；9）听音机（窃听机）6架；10）钢盔9万5千顶[112]。

1936年2月中国组成了以顾振为团长的代表团赴德访问，在前任赴华军事总顾问塞克特的帮助下，代表团会见了希特勒等德国军政经济首脑，磋商推进中德易货事宜，获得了很大成功，双方确认了易货贸易的具体原则，德方并向中方贷款1亿马克用以易货，双方签订了贷款协定。中方每年可用2千万马克向德方进口军火及工业设备，而以价值1千万马克的农矿产品偿付德方，为期十年。这意味着中方每年可获得德方1千万马克的信用贷款，可用于购买德国军火及工业设备，其利在于"我国既不须付现，得巨量军火，现时购办军火之款似可划作建设国防工业及开发供给德国农矿各物所需现款之用"[113]。这笔交易对中国发展国防事业无异是"雪中送炭"之举。

顾振代表团在德国期间还以"似甚迫切"的需求向德方订购了一批军火，同时并商定了军火付款的三原则：

订货时付款30%；装船时付款40%；在上海交货后付款30%[114]。德方国防部对此给予了有力的支持，"由其军备储量中抽拨一切，迅速供运，以应钧座之缓急"。"当尽现有存量，立予以供运"[115]。据资料显示，当时代表团对德方提交的军火订单如下：

1936年5月中国代表团访德期间订购军火订单[116]

订单号	货物名称	订货数量	1938年10月止交货情况	备 注
A.陆军订货：				
1001	钢盔	220,000	已到	
	花样 （钢盔）	241,000	已到	
1002	3.7cm练习炮弹	3,000	已到	
1003	SMK子弹 （79钢心弹）	30,000,000	已到	
1004	SS子弹	100,000,000	已到	
1004a	子弹盒	6,000,000	已到	
1005	燃料车	1	已到	
1006	3.7cm防战车炮	124	已到	
1006a	上项中：20门为摩托机化	（20）	已到	
1006b	余104门为马牵	（104）	已到	
1006c	3.7cm防战车炮瞄准镜	124	已到	
1008	3.7cm防战车炮炮架牵引架	104	已到	I比14／1
1009	3.7cm防战车炮炮弹	124,000	已到	
10020	6吨战车	15	已到	6个连
10030	侦察钢甲车	1 （连）	已到	
10040	10.5cm炮连同每炮1000发炮弹	60	4已到,36途中20须再订	I.F.H.18 炮
10040	上项10.5cm炮弹	60,000	已到8016发	
B.海军订货：				
11001	15cm炮	4 （1连）	已到	SKL

11001	15cm炮	4（1连）	运华途中	SKL
11003	轻汽油快艇	3	已到[117]	
11003	上项快艇用鱼雷	24	已到	
11004	快艇随护舰	1	制造中	
11006	江道封锁线、指挥器		制造中	
11010c	8.8cmSKL45炮	20（5连）	已到	
11010c	8.8cm炮连探照灯	8	制造中	
11020	快艇（地Diesel摩托）	5	制造中	
11020	上项快艇用鱼雷	40	制造中	
10021	水雷布艇	1	制造中	
C.空军订货：				
12001	2cm高射炮	120（10连）	已到	
12002	2cm高射炮炮弹	3,000	已到	
12011	3.7cm高射炮	60（10连）	已到	Flakls摩托化
12012	上项高射炮炮弹	180,000	已到	
12021	炮兵探照灯连全部装备	1（连）	已到	摩托化

注：根据资源委员会主任委员翁文灏1936年3月19日致顾振团长电，上表所列订货计划已作下列调整，并注明"此单与前开各单稍有出入，惟盼以此单为主"。

1200 22cm高射炮炮弹增至36万发；要求二个月内起运。

10020增订：载重车12辆；2公分战车炮弹1万5千颗；3.7公分战车炮弹1万5千颗；汽油车6辆。

　　另加：江防要塞用15公分带盾长射程要塞炮7门并弹药3千5百发爆炸弹；射击指挥器材全份。海军用15cm猛烈开花弹450颗；前撞碰炸引信150颗；前撞计时引信送药600发；钢壳10.5cm猛烈开花弹900发；前撞碰炸引信300颗；前撞计时引信2.7cm练习弹药3千发。[118]

　　从上表中我们可以看出，这批军火在后来抗战爆发前后绝大部分已运抵中国，有效地支持了中国的抗日作战。

　　为巩固顾振代表团访德成果，进一步推进中德关系，1936年7月，德国国防部要员莱谢劳将军（Reichenau）应邀访华，把中德合作推向一个新高潮。莱谢劳在与蒋介石会谈中，曾根据他个人意见，提出了由德方直接为中方装备60个国防师的建议，并提议由德方负责派遣军事顾问负责全部整训工作[119]，这一设计在当时国际背景下未能得到德国最高统治者的批准。

　　直接军事合作虽然告吹，但中德间军火买卖却在紧锣密鼓地进行着。1936年3月15日，中国负责农产品对德易货的中央信托局与德方礼和洋行签订了购买高射炮指挥仪的订货合同，8月8日负责矿产品易货的中方资源委员会又与德国西门子公司签订了《军用电话特种工具购货合同》，4月间，克兰又把合步楼公司股份所有权让予德国国防部，并增资300万马克扩大经营，成为一家国营公司，使中德易货贸易更具实力基础。

　　虽然中德易货是基于双方友好的基础之上，但在具体履行过程中仍不免存在若干麻烦。例如关于军火价格之争便是一例。

　　1935年11月24日，中国军政部长何应钦致函资源委员会主任翁文灏，就德方"交来之各项军械迄今不知其价格"一事提出质询，认为"此项物品间有与中国国情不甚相合之处"，要求"本部将派员……前赴德国，实地考察各项军械之制式是否合用及价格是否公允"[120]。由此引发了对于德国输华军火价格之疑问。为了平息中国军方对德军火性能价格之疑虑，1936年5月13日，德国国防部长柏龙白（Blomberg）按照顾振等人的建议致函蒋介石，表示"对于实行供给中国国民政府军器与工业设备及此项工业品之估价，敝部谨作左列之保证：（一）一切由国防部为中国军事机关所建议之器械子弹，均系德国陆军所备用，其型式效能，随时均与德国兵工发展程度以并进。（二）军器及工业设备之估价，系以德政府对于各项同等物品自行采办之价格为根据。……（三）德国供给品在德国国内之验收，系由国防部指定机关专任之"[121]。对于德国人的保证，蒋介石仍不放心，他复函柏龙白写道："据顾（振）首席代表返国报告……凡中国所购物品其价格概与德政府为自用计所出之价格相同，以上种种了解，鄙人均深为满意，唯有一点须述及者，照敝国法律规定，……以后对于贵国为中国政府所购物品之账目单据，拟由中国政府每年派员至贵国查阅，谅必能得贵国同意也。"[122]这场有关德国售华军火价格之争一直没有平息，由于包括克兰在内的德商们试图在中德军火贸易中赚得最大利润，即使德国军方开价不高，但最后货物交抵中国人手中之时，其售价早已超过国际市场之价格。难怪蒋介石在1936年12月7日致何应钦、翁文灏密电中痛斥"此等商人唯利是图得寸进尺"[123]。

在德国方面，为了争夺商业利益，几家军火企业也在对华贸易争夺战中进行了激烈交锋。莱茵金属公司与克虏伯公司曾为对华出售野战榴弹炮一事展开争斗。陶德曼公使认为"德国在华商业将会因此面临伤害"。在他建议下，德国外交部转告国防部方面尽快促成两大公司达成妥协，"如果德国政府认为莱茵金属公司应获得这个订单，克虏伯公司则将在其他军火交易中得到优先权"[124]。德国外交部还通知驻华军事顾问团团长法肯豪森，请其"勿干涉武器交易"，不要介入莱茵公司、克虏伯以及波弗公司等的商业角逐[125]。

1934年12月间，德国驻上海总领事克里拜尔（Kriebel）向柏林报告说：中国政府曾试图将对德军火贸易集中到莱茵公司一家进行，中国财政部已委托中央银行新成立的机构对德方接洽此事。德方认为：此举"将首开先例，并对原有在华公司造成严重损失，此外这也意味（会）泄露生产机密"，因此坚加拒绝[126]。其实中方这一建议在很大程度上是为了担心"若干不受南京控制的省政府会得到（德方）供应（的军火）"，因为南京坚决要求"对外军火交易将来必须在德国制造商与中国中央政府之间直接进行"[127]。

无论如何，自从《中德易货协定》成立后，两国间军火贸易有了飞跃发展。一项统计表明，1935、1936、1937年三年间，德国军火输华价值在其全年军火出口总值中的比率已由8.1%上升为28.8%和37%[128]，到1937年，中国政府所列国家预算中的"购械费"三千万元已全部纳入中德易货项目预算范围之内[129]。有关1936至1937年中德军火贸易统计数表如下：

附表一：1936年度中国政府对德易货输华军火订单[130]

区分	品种	已订购物	尚须订数	用途	备注
步兵武器	79马克沁机枪		1，131枝	补充三十个调整师之高射机枪	每机枪连配一排（2枝）
	2公分高射炮	120门		补充二十个调整师之高射炮用	每步兵团配一排（2枝）
	3.7战车炮	124门	100门	补充十个调整师用	每步兵团配属一连（六门）
炮兵武器	10.5公分榴弹炮	60门	60门		
高射武器	3.7高射炮	60门			编成10个连
要塞武器	新15公分要塞炮	8门			
	新7.5公分要塞炮	14门			
装甲武器	6吨中型我车及全部车辆	一全连			
	4吨半装甲汽车及全部车辆	一全连			

附表二：1936年9月至1937年2月间德国输华军火统计表[131]

到货时间	兵器品名	数量	接收编组机关	发予部队
9月末	2公分高射炮（机械化）	12门（3连×4）	防空学校	防空学校及新十五（师）防空之用
	3.7公分战车炮（机械化）	20门（2连×63排×2）	交通兵学校	一连编入战车营，二连暂归交通兵校，二门发给该校作教学用。
	3.7公分高射炮（机械化）	6门（1连）	防空学校	
	探照灯（机械化）	1全连	防空学校	
10月末	8.8公分迫击炮（兼高射用）（固定式）	4门（1连）	江阴要塞	南通要塞
	6吨级战车	14辆（1连）	战车教导营	战车教导营
11月末	2公分高射炮（马牵引）	24门（4连）		
	3.7公分战车炮	24门（4连）		
	3.7公分高射炮	12门（三连）	防空学校	高射炮第四营
	8.8公分高射兼迫击炮	4门（1连）	南京要塞	南京要塞
12月末	2公分高射炮（马牵引）	24门（4连）		
	3.7公分战车炮（马牵引有前车）	24门（4连）		
	3.7公分高射炮	12门（3连）	防空学校	高射炮第五营
	8.8公分高射兼迫击炮	4门（1连）	南京要塞	南京要塞
	装甲汽车	1连	战车教导营	战车教导营

1月末	2公分高射炮（马牵引）	36门（6连）		
	3.7公分战车炮（马牵行有前车）	24门（4连）		
	3.7公分高射炮	18门（5连）	防空学校	高射炮第六、七营
2月末	2公分高射炮	24门（4连）		
	3.7公分战车炮	32门（5连）		
	3.7公分高射炮	12门（3连）	防空学校	高射炮第六、七营

附表三：1937年春季中国政府对德军火订单[132]

订单号	货物名称	订货数量	交货情况	备注
A．陆军订货：				
10041	Maxim机关枪	900	先撤销	再新订
10042	Mauser毛则手枪	30,000	先撤销	再审核
10042M	上项手枪子弹	12000000	先撤销	再审核
10043	战车连用vickers汽车		已到	
B．海军订货：				
11030	15cmSRL55炮	4 （1连接）	制造中	
11031	缩小之海防瞄准圈	6	制造中	
C．空军订货：				
12041	2cm高射炮炮弹	120	可撤销	
12041M	上项2cm高射炮弹	360,000	可撤销	
12042	3.7cm高射炮	60	可撤销	
12042M	3.7cm高射炮炮弹	180,000	可撤销	
12043	3.7cm高射炮	20	可撤销	护路用
12044	2cm高射炮	24	可撤销	铁道部订

附表四：1937年夏秋中国政府及海军部对德军火订单[133]

订单号	货物名称	订货数量	交货情况	备注
A．陆军订货：				
10051	3.7cm防战车炮之补充用件	124	先撤销再订	(1)
10051	3.7cm防战车炮之补充用件	124	先撤销再订	(2)
10053	3.7cm防战车炮炮弹	50,000		补件已到
（10009）10054	载重车	144	先撤销再订	
10055	3.7cm防战车炮补充零件	124	先撤销再订	（中国驻德）商专处订
B．海军订货：				
11051	250吨鱼雷潜水艇	2	制造中	
11052	250吨水雷潜水艇	2	制造中	
11053	500吨鱼雷潜水艇	1	制造中	
11054	预备鱼雷	240	制造中	
11055	预备水雷	500	制造中	
11056	潜艇随护舰	1	制造中	
C．空军订货：				
12051	2cm高射炮补件	120	可先撤销再订	新订
12052	3.7cm高射炮补件	60	可先撤销再订	新订
12053	高炮队队部补件	15	可先撤销再订	新订
12054	2cm及3.7cm高炮队补订	各项车辆	可先撤销再订	新订
12055	2cm3.7cm铁道防空用	各项车辆	可先撤销再订	新订

据美国学者柯伟林统计，1936年中国对德订购军火总值为64,581,000马克，德方交货值为6,405,000马克，占是年德国军火总出口额23,748,000马克之37.07%[134]。而据英国学者福克斯统计：1936年中国订购军火价值64,581,000百万马克，德方实际交货为23,748,000百万马克；1937年中国订

购60,983,000百万马克，德方实际运交82,788,600万马克[135]。福克斯的这一高达数亿亿马克之估计显然是不正确的。

德国对华出售军火绝不是为了援华抗日，而是为了换取其在国防工业发展中不可缺少的钨砂等矿产原料。据资料显示，当时世界上钨产量的80%集中在亚洲，而中国又是亚洲产钨大国，1932至1938年7年间，中国钨产量占世界总产量之37.6%，德国每年需输入世界钨产量之半数，其中60～70%从中国进口，1935年更达90.6%。因此，德国人愿意以军火同中国易砂来节省大笔的外汇。到1938年时，中国钨输出量的79%输往德国，而从德国进口之军火则占其军火进口总额之80%[136]。

中德间这种急速发展的经贸关系完全是基于互相利用的需要，缺少政治基础的保障。相反地，德国与中国的敌人日本却在反苏反共政治目标上达成了完全的一致。德国纳粹政府的这种"二元化"远东政策之结果，势必导致其对华政策严重的不稳定，对华军火供应因此面临着不断的麻烦。

希特勒会见中国特使

时近1936年末，中国政坛上发生了震惊中外的"西安事变"，这场以团结抗日为最终目标的"兵谏"，在中国共产党的引导下，最终得以圆满结束。

"西安事变"和平解决之后，中国政局出现了一个前所未有的稳定阶段。随着日本侵华日亟，中国国内各政治力量趋于团结抗日，一致对外。第二次国共合作逐步形成，国民政府当局停止了内战，集中精力准备抗日，各项内外政策都进行了调整以准备实行抗战之需要。在对西方外交关系方面，依旧贯彻"以夷制夷"方针，试图运用一切可能的手段争取欧美各国的同情，迟滞或阻止日本侵华并继续对中国提供实质性的援助，中国方面争取欧援的重点对象之一便是与中日双方都有特殊关系的德国。

在这种大背景之下，中国政府派出特使率领代表团，对欧美各国进行了巡回访问，在全面抗战爆发前夕，进行了一场重要的"外交战役"。

1937年6月，应德国政府之邀请，国民政府行政院副院长兼财政部长、蒋介石的私人特使孔祥熙，在赴英访问之余，率领中国政府代表团抵达德国首都柏林，进行正式友好访问。

德方主动邀请中国特使来访问，有着自己的目的，当时中德关系由于德日缔结《反共产国际协定》及德方与伪满政府勾结，已受重大影响。中国政府认为，在日本侵华步步紧逼之际，德方与日本缔结"政治同盟"协定并与日本扶植的"伪满"傀儡开展"贸易"，实际上就是站到日本一边去了，因此不能不视之为是对中国的极端不友好行为，两国间关系因此蒙上一层阴影。德国当然竭力想冲淡这层阴影，因此，当2月间他们得知中国将派特使赴英，出席英王乔治六世加冕典礼的消息后，即由驻华大使陶德曼出面，邀请孔祥熙顺道访问柏林，"与希特勒总理详细讨论中德关系"。接着在3~4月间，德国经济部长沙赫特、国防部长柏龙白以及纳粹党第二号人物空军部长戈林都接连发来邀请函，表明德方"隆重欢迎"之意[137]。

面对德方的盛邀，中国政府也有自己的考虑。当时中国正面临日本帝国主义侵略的巨大威胁，中日战争似已不可避免。虽然经过西安事变的推动，国内第二次国共合作已初步达成，但大敌当前，彼强我弱，国民政府当局按照"以夷制夷"的老套路，希望通过国际力量的干涉，阻止或迟缓日本之进攻。德国因其与日本的友好关系，自然是中国首先希望求助的国家。于是，孔祥熙接受了德方的邀请，带着蒋介石交给他的特殊使命，开始了他的欧美之行。

5月间，孔祥熙一行乘船抵达欧洲。2日下午，他从捷克首都布拉格（Prague）转乘火车途经柏林去英国，在柏林做了短暂停留。尽管此次尚不属正式访问，德方外交部、国防部还是派了代表前往车站迎接。

孔祥熙在中国驻德使馆与程天放大使进行了密谈，他表明此次欧美之行的任务，除参加英王加冕典礼外，特别布置绕道欧陆各国以了解情况，"以做中央外交方针的参考"[138]。他特别说明，此行应邀访德的目的是要通过德政府内倾向中国的官员，劝告希特勒继续提供我们急需的国防军备，以助中国准备抗战，同时探寻德方调解中日矛盾的可能性[139]。

当时在德政府内部，已很显然地分成"亲华"与"亲日"两派力量。以沙赫特、柏龙白以及外交部长牛赖特（von Neurath）等非纳粹党人组成的"亲华派"，在对待中国态度上与戈林、里宾特洛甫等纳粹党官员的分歧越来越大。而居于最高领袖地位的希特勒，则持居中态度。一方面，他为了称霸世界的战略目的必须与日本结盟，另一方面，他也认为，为了继续获得中国的战略资源为发动战争做准备，目前还不能完全讨好日本而背弃中国。希特勒还在犹豫。虽然他在本质上持着与戈林等人相同的观点，但他从一国元首的角度考虑，为了德国的全盘利益，他不得不采取折中主义的做法。

在这种复杂的背景下，孔祥熙的来访，隐隐中已成为德国内部"亲华派"与"亲日派"的一次争斗。

6月9日上午8时，孔祥熙率领代表团在访英之后，由比利时首都布鲁塞尔乘火车抵达柏林，开始对德国进行正式友好访问。代表团团员有：行政院秘书长兼资源委员会主任翁文灏，他是中方主管对德贸易的负责人；另外还有海军部长陈绍宽、中央军校教导总长桂永清等军方要员，以及军事委员会秘书、德语翻译齐焌等共14人。[140]

柏林火车站张灯结彩，到处悬挂着"青天白日满地红"以及纳粹旗帜，双方持续多年而又隐秘的友好关系，在此得到了充分体现。这确实是中德外交史上不可多见的一幕。

火车缓缓驶进车站，当孔祥熙出现在车厢门口时，礼乐大作，欢声一片。德国财政部长兼国家银行行长沙赫特率领外交部礼宾司司长须望德、柏龙白元帅的代表等人走上前去，迎接孔祥熙一行。中国驻德大使程天放也带领使馆人员及侨胞、留学生代表共200多人前来迎接。

在车站候车室，举行了简短的欢迎仪式。而后，孔祥熙一行前往布列斯多宾馆（Hotel Bristol）下榻。

　　孔祥熙到达柏林后的第一件事，就是利用访问间隙，前往医院探视正在此地治疗眼疾的他的长女孔令仪。孔令仪当时正因个人婚姻原因避居柏林。随后，在程天放的陪同下，他又前往财政部拜会了沙赫特。双方讨论了中德双边关系。

　　孔祥熙首先提出了中方对于德日签订《反共产国际协定》的疑虑。沙赫特解释说："这仅仅是一项针对共产国际的协定，并不涉及其他，这一点可由德方以驻英大使里宾特洛甫而不是外长牛赖特签署该协定得以证明。"沙氏进一步告诉孔祥熙说，德国与日本签约是要向国际上仇德的国家表明自己并不孤立，也有强大的朋友，当然，德国对中国的信赖要超过对日本的关系，他举例说：德国在对中日展开贸易方面贷款1亿元给中国，但对日本却限定只用现金交易，这足以说明德方是亲华的。沙赫特并希望中方提高对德易货之工作效率。孔祥熙则要求德方增加对华供货价格透明度，保证货产品质量。双方对会谈结果均表满意。[141]

　　当天晚上，在德国国家银行总部大厅，沙赫特举行正式晚宴，欢迎中国代表团访德。装饰豪华的宴会大厅，四壁都镶嵌了大理石护板，双方来宾50余人围桌而坐。7时整，宴会开始，沙赫特首先起立致词，他代表德国元首及政府，对中国代表团的到来表示热烈欢迎。孔祥熙继而致答，他说："中德两国历史悠久，经济文化关系十分密切，中国是农业大国，德国是工业大国，彼此可以互补相成，今后合作大有前途。"在杯觥交错声中，晚宴达到高潮，十时顷，双方尽欢而散。

　　6月10日中午，孔祥熙在程天放的陪同下前往德国外交部拜访，适逢牛赖特外长出国访问，由副外长麦根森（von Mackenson）出面迎接。他首先向中国客人转达牛外长口信，欢迎孔祥熙一行来访问，并对不能亲自接待中国客人表示歉意。接着麦根森又说：中德两国关系密切，外面传闻德日协定威胁中国实为谣言。孔祥熙听罢十分严肃地表示："日本人是不可靠的。第一次世界大战时日本就曾利用德国战败之机夺取了德国在亚太地区的殖民地，对这些事实贵方总不应该忘记。在反共问题上，日本标榜反共是为了夺取苏联在西伯利亚的领土，而中国国民政府才是真正反共的。中国对德寄予很大信任，一切军事机密都对德国在华顾问公开，经济上也与德方密切合作毫无保留。"麦根森最后表示：牛外长与他本人十分重视对华关系，只要他们在任一天，中德友好就不会改变。孔祥熙得到德国外交部的这番保证，不禁表示满意。会见之后，德国外交部设宴招待孔祥熙一行。[142]

按照原定访问计划，下一个需要拜访的对象是一个令孔祥熙及中方头疼的人物，他就是纳粹党第二号头目、希特勒主要帮手之一的德国空军部长戈林。

戈林是德国纳粹党及政府中的亲日派代表，他对中国并无好感。按照纳粹党的观念，中国这个远东弱者是不值得同情的，戈林与其他纳粹党棍一致认为，日本才是他们的远东伙伴，因为日本军阀与他们有着相同的价值观和"征服世界"的"远大抱负"，可在共同战略利益基础上互相利用。而中国，戈林只不过把他视为一个德国在目前尚不可缺少的战略原料供应地，在没有找到替代者之前，中国还有点用途，可为德国扩军备战提供原料保证。因此，他同意邀请孔祥熙访德，为的是继续获得中国原料。至于中日矛盾等等，戈林并不愿多管，甚至还抱有同情日本的观念，认为既然中国落后，被日本侵略则是自然的。在这种背景下，孔祥熙前来拜访戈林，虽然怀有"化敌为友"的动机，试图尽最大可能多争取德方大员的支持，但客观上成功的希望则是微乎其微的。

孔祥熙与程天放在客厅中等候了许久，不见有人招呼，中国特使遭此冷遇，不禁心中顿生几分不快。正要起身告辞，大门一开，戈林手持拐杖蹒跚而出。他因几天前骑马时被踢伤，尚未痊愈。孔祥熙上前招呼，戈林用手随便一指，表示让座，随后，他便用十分傲慢的口气说："今天我们坦白地谈话，不用讲泛泛的套语。"接着，戈林又一次强调德日协定专为反共，并不针对中国，但他同时又表示如果中国共产主义活动太猖獗，则德国以后"非谈到中国"不可，言下之意仍将中国作为一个隐藏的对手来看待。对此，孔祥熙解释说："中国发生西安事变之后，中共军队已被政府收编，中国共产党问题可望通过政治途径加以解决。"戈林闻之表示了不信任之意。

孔祥熙有些气恼，他列举日本抢占德国远东殖民地的史实再次说明："日本是不可靠的。"戈林回道："日本是东方的意大利（指意大利曾在第一次世界大战中背弃盟约对德作战），我们并不相信他"。"但是"，戈林口气一转又说："日本现在有强大的海空实力，中国有吗？"言语中充满了傲慢与蔑视。孔祥熙闻言深感不快，也顾不得什么体面，大声回答说："德国在远东采取什么政策和哪一国订约，我们不想干涉，但是我们必须知道德国究竟是愿意与中国做朋友呢？还是和日本做朋友？"戈林见孔发怒，这才缓和态度勉强说："中国有成为强国的条件，德国自然愿意继续与中国做朋友，也希望看到中国今后成为强国。"孔祥熙要求德方给中国更多的帮助，供给更多的军火，戈林则要求中方为中德易货制定出长期的供货计划，确保向德方供给原料与农产品，否则德方将要求中国付给现款才能供华军火。他并建议说："中国必须发展其交通线，特别是铁路网，以利于一支强大的部队行动。德国将以提供产品的方式参加这一发展。"他还进一步强调说：进行易货贸易的德方代表不能再限于"国防部与克兰"，而应置于两国政府间协议的基础上[143]。戈林最后表示："对于中德间易货贸易的谈判，希望能有一个使双方都能感到满意的结果。"

谈话至此，已无继续进行的必要。孔祥熙余怒未消，起身告辞。当天晚上，原本定由戈林招待孔祥熙在国家歌剧院观赏歌剧表演，不料戈林以上午会谈的不愉快，竟托故不来，由其副手出面陪同，孔祥熙看了两幕即提前退场，回旅馆休息去了。

6月12日，按照德方的安排，中国代表团乘专车离开柏林南下，前往沙尔兹堡会见德国元首兼总理阿道夫·希特勒。

13日下午，孔祥熙一行专车队在希特勒派来的卫队护送下前往沙尔兹堡山上希特勒驻地"鹰巢别墅"（Eagle's Nest）。

汽车沿盘山公路曲折而上，沿途风光迤逦鸟语花香。孔祥熙心中盘算着如何与德国元首会谈，争取他对中德关系的维护，并无暇顾及欣赏山中风景。

数百名身着民族服装的乡村民众聚集在道路两旁，鼓掌欢迎，孔氏专车驶进戒备森严的大门，停在一幢两层楼的别墅前。侍者引导来宾进入大客厅等候。

这是一间略显长方形的大厅，前半间右置一张大圆桌及圈椅，左面是一座巨大的地球仪。中国客人围桌落座，透过客厅落地窗，可尽情欣赏群山秀色并远眺奥地利国境风光。此一独具匠心之设计，充分体现了生长于奥国的希特勒对故土的眷念之情。少顷，希特勒自客厅里间走出来，德国外交官赶忙上前，将中国来客一一介绍给他，一阵相机快门响过，孔祥熙与希特勒握手的照片从此载入史册，这是纳粹德国元首会见的最高级中国官员。

双方代表围桌落座，开始正式会谈。

孔祥熙首先代表蒋介石委员长并以他本人的名义向希特勒表示久仰钦慕之情。希特勒回答说，他对蒋委员长亦很敬仰，并问候蒋的健康。他称颂蒋介石是中国赋有天负使命的伟人。孔氏接着说道："四年前我曾到过贵国，此次重来，见一切都大有进步，我很佩服德国政府在阁下领导下重建国家收效之迅速。"希特勒说："四年来虽有进步，但仍不够理想，政治家的眼光，要看到几十年甚至几百年以后，不能以目前小小的成绩就感满足。"所以他正在为德国作远大的计划。

谈到远东问题与中德关系，孔祥熙强调了中德关系的重要性，他向希特勒介绍了日本侵华给中国东部、北部造成的危害，针对德日《反共产国际协定》，孔氏指出：中国现在政局稳定，不存在共产主义的危险，"中国绝大多数农民拥有小块土地，缺少构成共产主义基础的工业无产者"[144]。希特勒说："我希望中日间彼此友好合作，不要发生事故，应该共同合作，对付共产主义及苏联的威胁。"对于中日间现在的激烈矛盾冲突，如果需要他做中介调解人以促使双方和谈友好，那么他很愿意从中尽力。孔祥熙介绍了中国政府对共产党的态度，以及对共产主义实行的"防范"方针，并强调在反共立场上，中德双方是一致的。孔祥熙表示中国可以永远做德国的朋友，而日本则是不可靠的。如果时机成熟，中国欢迎德国出面调停中日之争。希特勒故作诚恳地说："我非常希望中国强盛，希望中德关系更加密切。"他还说：德国驻上海总领事克里拜尔对中国的情形很熟悉，经常有信向他报告中国情况。孔祥熙问："元首阁下对中国方面有什么建议或意见？"希特勒说：他同意克里拜尔的意见，认为中国现在最需要的是将军政大权集归中央，造成一个强有力的中央政府，而后一切问题都不难解决[145]。对于目前的中德关系，希特勒说：德国是一个工业国，中国则富有矿物和农产品，两国间自然要进行易货往来，德国在远东没有任何政治或领土的要求，只想发展贸易[146]。谈话至此，孔祥熙算是得到了德方元首对于发展中德关系的亲口承诺，这才放心地松了一口气。会谈气氛更趋缓和。

孔祥熙试探着询及德国在欧洲的政策，希特勒说："目前的欧洲，平安无事。有些无聊的报纸大谈德国如何备战，准备发动侵略，这全是无耻谎言。德国决不随意攻击别人，但也不怕别人来进攻。"希特勒越讲越激动，他大骂布尔什维克主义的俄国是世界秩序的威胁，然其危险性并不在苏联的军队，他拍着桌子说："如果苏联敢来侵犯德国，那么，德国用一个师的兵力就能击败苏联两个军团！"但问题在于欧洲的布尔什维克化，德国将会"因此而失去其主要市场"，例如"西班牙的内战就是由于共产主义的传播而引起的"，因此，德国对于共产主义的威胁不能不以全力加以防范。"德国在远东政治行动的目的也正在于此"。

会谈历时一小时而结束。希特勒请在座各位都去小客厅，观赏来宾所赠礼物。孔祥熙此次带来赠送希特勒的礼物有：一对朱漆雕花瓶、一册珂珞版精印宋画、两盒名茶及一幅湘绣雄鹰图，希特勒对鹰图及雕花瓶喜爱非常，连连称赞，并招来摄影师拍照留念。他随即将一叠印有亲笔签名之照片一一赠给来宾留念。

会见结束，希特勒亲自将中国客人送出别墅大门，全体在庭院中合影留念。五时顷，孔祥熙一行告别希特勒登上汽车，当汽车启动时，孔祥熙回首向窗外张望，意外地发现希特勒已出现在别墅二层阳台之上，他正高举右臂向客人致以纳粹军礼，庄严之中又透露出几分滑稽。

6月14日上午，孔祥熙回到柏林，他与德国国防部长柏龙白元帅见面。

柏龙白是德方亲华派人物，对中国一直抱着友好态度，在办理中德易货贸易过程中，他与孔祥熙多次函电往返，彼此已很熟悉。两人见面，十分高兴，如同老朋友一样亲切。柏龙白以其军人特有的直率对孔氏说："中国对德国有什么希望及需办之事，请坦白相告，本人一定尽力满足。"孔祥熙要求德方继续执行易货协定，对华供给军火及尽可能多的国防装备。柏龙白想了想说："德国现在也在整顿国防，自身所需武器亦多，但对中国仍愿尽力相助。希望贵方一定要拟出计划，早日通知我方，以便有充分准备，随时可以交货，千万不要随便增减改变计划，使我们无法应付。"由于德国国防部的充分友好的合作，中德间关于继续供华军火的问题得以顺利解决。数日后，双方经过会商，制定了下列易货原则：

（一）所有德方供给中国之军器，统由中国军政部或其他指定机关接洽办理。

（二）代表德方实施一切货运供给之机关仍为国营合步楼公司。

（三）德国政府再度说明愿将军事及技术方面认为必要之专门人员，随时调遣来华服务之诚意。

（四）国防部长柏龙白已准备按照蒋介石委员长的意见，调遣军官赴华服务，为首人物当系年事稍长之军官率领国防组织连同空军方面及军事技术方面所应有之军事专家。

（五）中国政府再度声明，同意所有德国军火及其他各货之由德国政府供给中国者，均由中国以国内农矿产品抵偿[147]。

此外，德国还重申了接纳中国军官及见习士官来德国国防军中深造以及德方为中国海军订造潜水艇之承诺。这一协议，使得德国军火继续输华得到了保证。双方还初步同意设立中德银行，并草签了德国援建中国钢铁厂合同。

14日当天，孔祥熙还应邀参观了德国陆军学院，观看了军事演习，并探望了前任驻华军事顾问团团长塞克特将军的遗孀。

晚上，德国国防部举行晚宴，欢送中国代表团，沙赫特、柏龙白以及德国陆军总司令凯特耳将军及海空军首脑皆出席，宴会在一片热烈气氛中进行。孔祥熙在席间又一次与沙赫特及柏龙白二人讨论了易货贸易协定具体执行的问题，取得了满意的结果。十时半，晚宴结束。十一时许，孔祥熙率领中国代表团部分成员乘火车离开柏林，德国外交、国防、经济各部首脑及中国大使馆、留学生代表齐往送行[148]。孔氏径往德国疗养胜地邦得纽海姆（BadNauheim）小憩，而陈绍宽、桂永清等人则留在柏林与德方进行具体合作内容的谈判。

孔氏在柏林期间，还接受了柏林工业大学授予的名誉工程学博士学位，并出席了德国远东学会、中国实业研究会、汉堡东方协会等组织和团体为他举办的欢迎活动[149]。

7月23日，孔祥熙前往伦敦与德国驻英大使、具有纳粹党"影子外长"之称的里宾特洛甫进行会谈。里氏提出了一个建议，说他从中方利益考虑，希望中国加入《反共产国际协定》，欲"拉中国下水"与德日站在一起。孔祥熙对此断加拒绝。他说："这绝不可能，因为中国一旦加入，则日本肯定会借口'反共'，对中国增兵，扩大侵略以达成自己的目的。"[150]双方话不投机，不欢而散。

孔祥熙此次柏林之行在客观上获得了预期的效果，得到了德国最高领导维持两国友好关系的承诺，同时亦获得了德方经济、外交、国防三部首脑的实际支持，使中德易货协定得以继续执行。对中方来说，这就意味着能够获得更多的德国军火装备，用以补充脆弱的国防，增加对日抵抗的力量。在德国方面，由于亲日的纳粹分子尚未把持全部的国家机器，特别是经、军等要害部门，而主持这些部门工作的又都是"亲华派"人物，最根本的还在于以希特勒为首的纳粹德国对于中国战略原料的需要，这就在客观上为维护中德继续合作创造了基本条件。加上当时世界大局仍处于战争前夕的和平背景之下，希特勒对远东中日冲突不感兴趣，甚至希望调解中日矛盾使其一致对苏，以配合德国的全球战略。希特勒对中国尚寄予一定希望。

在这种情况下，孔祥熙访德之行尽管遇到一点不愉快的插曲，但总的来说仍不失为一次成功的外交，也是国民政府与纳粹德国友好关系史上的最后一个里程碑。

【注】

[1]　柯伟林：《蒋介石政府与纳粹德国》，第 162 页。

[2]　二史馆馆藏档案：《蒋介石致沙赫特函》廿八（2）686。

[3]　二史馆馆藏档案：《克兰致翁文灏函》（1935 年 10 月 29 日）二八（2）690。

[4]　二史馆馆藏档案：《克兰致翁文灏函》（1935 年 11 月 1 日）廿八（2）690。

[5]　二史馆馆藏档案：《中国对德易货贸易购货计划表》廿八（2）3650。

[6]　二史馆馆藏档案：《运输及价目协定办法之建议》（1935 年 8 月）廿八（2）693。

[7]　二史馆馆藏档案：《克兰致翁文灏函》（1935 年 11 月 1 日）二八（2）694。

[8]　二史馆馆藏档案：《克兰拟具中国代表团组成人员及推荐名单》二八（2）694。

[9]　二史馆馆藏档案：《克兰拟具之中国代表团之组织及访问计划内容》廿八（2）694。

[10]　二史馆馆藏档案：《蒋介石致柏龙白电》廿八（2）3654。

[11]　二史馆馆藏档案：《柏龙白复蒋介石电》二八（2）3654。

[12]　辛达谟：《德国外交档案中的中德关系》，载（台）《传记文学》第四十二卷第二期，第 128 页。

[13]　同上出处，第 129 页。

[14]　二史馆馆藏档案：《克兰致翁文灏电》，1935 年 12 月 9 日 ~1936 年 1 月 31 日，二八（2）3638。

[15]　二史馆馆藏档案：《克兰致翁文灏电》二八（2）3638。

[16]　二史馆馆藏档案：《柏龙白致翁文灏电》廿八（2）3654。

[17]　二史馆馆藏档案：《翁文灏致克兰电》（1936 年 1 月 29 日）二八（2）3654。

[18]　从中方的角度考虑，防止克兰插手太多，居间操纵，也是不得不如此耳。见翁文灏：《中德易货应行注意各点》廿八（2）3654。

[19]　二史馆馆藏档案：廿八（2）3654。

[20]　二史馆馆藏档案：《顾振等致翁文灏电》廿八（2）3654。

[21]　二史馆馆藏档案：《蒋介石致希特勒函》（1935 年 11 月 23 日）廿八（2）684。

[22]　二史馆馆藏档案：《翁文灏致克兰电》（1936 年 1 月 16 日）廿八（2）3654。

[23]　二史馆馆藏档案：《克兰致翁文灏电》（1936 年 1 月 16 日）廿八（2）3654。

[24]　二史馆馆藏档案：《克兰致翁文灏电》（1936 年 1 月 29 日）廿八（2）3654。

[25] 二史馆馆藏档案：《克兰致翁文灏电》（1936 年 2 月 13 日）廿八（2）3654。

[26] 二史馆馆藏档案：《翁文灏致顾振电》（1936 年 3 月 19 日）廿八（2）3654。

[27] 二史馆馆藏档案：《翁文灏致克兰电》（1936 年 3 月 19 日）廿八（2）3654。

[28] 二史馆馆藏档案：《顾振等致翁文灏电》（1936 年 3 月 22 日）廿八（2）3654。

[29] 二史馆馆藏档案：《顾振等致翁文灏电》（1936 年 3 月 22 日）廿八（2）3654。

[30] 二史馆馆藏档案：《顾振等致翁文灏电》（1936 年 3 月 23 日）廿八（2）3654。

[31] 二史馆馆藏档案：《顾振等致翁文灏电》（1936 年 3 月 24 日）廿八（2）3654。

[32] 二史馆馆藏档案：《顾振等致翁文灏等电》（1936 年 3 月 24 日）廿八（2）3654。

[33] 二史馆馆藏档案：《柏龙白致蒋介石电》（1936 年 3 月 24 日）廿八（2）3653。

[34] 二史馆馆藏档案：《顾振等致翁文灏电》（1936 年 3 月 24 日）廿八（2）3654。

[35] 同上出处。

[36] 二史馆馆藏档案：《蒋介石致柏龙白电》（1936 年 3 月 28 日）廿八（2）3641。

[37] 二史馆馆藏档案：《蒋介石致柏龙白电》（1936 年 4 月 3 日）廿八（2）3641。

[38] 二史馆馆藏档案：三零九 4054。

[39] 杨格：《1927 年至 1937 年中国财政经济情况》（中国社会科学出版社），第 415 页。

[40] 二史馆馆藏档案：《蒋介石致沙赫特电》（1936 年 4 月 14 日）廿八（2）3653。

[41] 有关顾振代表团在德国与德方签订订单的详细情况，可参见《民国档案》1993 年第二期刊载之《顾振代表团赴德签署信用贷款期间与翁文灏等来往文电选》。

[42] 二史馆馆藏档案：《柏龙白致蒋介石电》（1936 年 5 月 13 日），廿八（2）3652。

[43] 二史馆馆藏档案：《孙拯（恭度）致翁文灏函》（1935 年 9 月 3 日）廿八（2）692。

[44] 《近代史研究》1992 年第六期，第 186 页。

[45] （台）《逢甲学报》第二十一期（抽印本），第 30 页。

[46] 二史馆馆藏档案：《克兰致翁文灏电》（1935 年）廿八（2）619。

[47] 二史馆馆藏档案：《柏龙白致蒋介石电》（1935 年 11 月 16 日）廿八（2）692。

[48] 二史馆馆藏档案：《翁文灏致克兰电》（1936 年 1 月 30 日）廿八（2）3654。

[49] 二史馆馆藏档案：《克兰致翁文灏电》（1936 年 1 月 31 日）廿八（2）3635。

[50] 二史馆馆藏档案：《顾振等致翁文灏电》（1936 年 4 月 7 日）廿八（2）3654。

[51] 据《代德购运农矿原料总表》记载，至 1937 年 12 月 31 日止，由中国政府经办之运输钨砂已达 3,357 吨。见二史馆馆藏档案廿八（2）2103。

[52] 柯伟林：《蒋介石政府与纳粹德国》，第 129 页。

[53] 辑自《中华民国海关华洋贸易总册》各该年分册，转引自王正华《抗战时期外国对华军事援助》，第 51 页。

[54] 柯伟林：《蒋介石政府与纳粹德国》，第 151 页。

[55] 王洽南：《德国顾问在南京时期工作的回忆》，见（台）《传记文学》第二十卷第四期，第 55 页。

[56] 柯伟林：《蒋介石政府与纳粹德国》，第 153 页及第 356 页。

[57] 傅宝真：《色克特将军第二次使华》，见（台）《传记文学》第三十卷第二期，第 99 页。

[58] 同上出处，第 98 页。

[59] 吴景平：《从胶澳被占到科尔访华——中德关系 1861-1992》，第 138 页。

[60] 柯伟林：《蒋介石政府与纳粹德国》，第 260 页。

[61] 同上出处，第 261 页。

[62] 同上出处，第 152 页。

[63] 吴景平：《从胶澳被占到科尔访华——中德关系 1861-1992》，第 138 页。

[64] 柯伟林：《蒋介石政府与纳粹德国》，第 152 页。

[65] 关德懋：《关于"在华德国顾问史传"》，见《传记文学》（台）第二十七卷第四期，第 58 页。

[66] 德国联邦军事档案馆藏《塞克特与蒋介石会谈记录》（1934 年 5 月 4 日）No.W02-44 ／ 5，第 209 页。

[67] 德国联邦军事档案馆藏《塞克特与蒋介石会谈记录》（1934 年 5 月 4 日）No.W02-44 ／ 5，第 207 页。

[68] 同上出处，第 235~237 页。

[69] 柯伟林：《蒋介石政府与纳粹德国》，第 151 页。

[70] 傅宝真：《色克特将军第二次使华》，见（台）《传记文学》第三十卷第二期，第 94 页。

[71] 前引郭恒钰、罗梅君主编：《德国外交档案：1928~1938 年之中德关系》，第 164~165 页。

[72] 傅宝真：《色克特将军第二次使华》，见（台）《传记文学》第三十卷第二期，第 97~98 页。

[73] 周亚卫：《蒋介石对德国顾问的幻想》，见全国政协编《文史资料选辑》第 19 辑，第 191 页。

[74] 同上出处，第 191 页。

[75] 傅宝真：《色克特将军第二次使华》，见《传记文学》（台）第三十卷第二期，第 99 页。

[76] 辛达谟：《法尔根豪森将军回忆中的蒋委员长与中国》，见《传记文学》（台）第十九卷第五期，第 48~49 页。

[77] 傅宝真：《法尔克豪森与中德军事合作高潮》，见《传记文学》（台）第三十三卷第六期，第 100 页。

[78] 辛达谟：《法尔根豪森将军回忆中的蒋委员长与中国》，见《传记文学》（台）第十九卷第六期，第 85 页。

[79] 《总顾问法肯豪森关于应付时局对策之建议》，见《民国档案》1991 年第二期，第 24 页。

[80] 《总顾问法肯豪森关于应付时局对策之建议》，见《民国档案》1991 年第二期，第 24 页。

[81] 同上出处，第 25 页。

[82]　同上出处，第 27 页。

[83]　《民国档案》1991 年第二期，第 27 页。

[84]　同上出处。

[85]　同上出处，第 25 页。

[86]　柯伟林：《蒋介石政府与纳粹德国》，第 263 页。

[87]　《何应钦致朱家骅函》（1936 年 10 月 16 日），转引自柯伟林：《蒋介石政府与纳粹德国》，第 385 页。

[88]　《关系》，见（台）《传记文学》第四十二卷第五期，第 132 页。

[89]　辛达谟：《法尔根豪森将军回忆中的蒋委员长与中国》，见（台）《传记文学》第十九卷第六期，第 87 页。

[90]　辛达谟：《法尔根豪森将军回忆中的蒋委员长与中国》，见（台）《传记文学》第二十一卷第一期，第 66~67 页。

[91]　同上出处，第 66 页。

[92]　辛达谟：《法尔根豪森将军回忆中的蒋委员长与中国》，见（台）《传记文学》第二十一卷第一期，第 66 页。

[93]　二史馆馆藏档案：《陈诚私人回忆资料》，载《民国档案》1987 年第一期。

[94]　二史馆馆藏档案：《1935 年国防作战计划》七八七 1356。

[95]　见《张治中回忆录》及余湛邦：《抗日战争中的张治中将军》，载《团结报》1984 年 8 月。

[96]　辛达谟：《法尔根豪森将军回忆中的蒋委员长与中国》，见（台）《传记文学》第二十一卷第一期，第 67 页。

[97]　辛达谟：《法尔根豪森将军回忆中的蒋委员长与中国》，见（台）《传记文学》第二十一卷第一期，第 68 页。

[98]　柯伟林：《蒋介石政府与纳粹德国》，第 263 页。

[99]　同上出处，第 261 页。

[100]　傅宝真：《抗战初期法尔克豪森与德国顾问团之撤退》，见（台）《传记文学》第四十六卷第六期，第 111 页。

[101]　傅宝真：《法尔克豪森与中德军事合作高潮》，见（台）《传记文学》第三十三卷第六期，第 105 页。

[102]　二史馆馆藏档案：《国民政府军事委员会办公厅函》七六七 75。

[103]　二史馆馆藏档案：《法肯豪森关于来华德籍顾问任用及管理问题致王文宣函》（1937 年 6 月 30 日）七七三 643。

[104]　辛达谟：《德国外交档案中的中德关系》（四），见（台）《传记文学》第四十二卷第二期，第 127~128 页。

[105] 傅宝真：《色克特将军第二次使华》，见（台）《传记文学》第三十卷第二期，第 97~98 页。

[106] 辛达谟：《德国外交档案中的中德关系》（五），见（台）《传记文学》第四十二卷第三期，第 82 页。

[107] 《总顾问法肯豪森关于应付时局对策之建议》（1935 年 8 月 20 日），见马振犊主编：《中德外交密档 1927~1947）》，广西师范大学出版社 1994 年 10 月版，第 177 页。

[108] 《中德外交密档》，第 177 页。

[109] 同上出处，第 178 页。

[110] 二史馆馆藏档案：《孔祥熙为德订购武器事致蒋介石函》（1934 年 4 月 26 日），（三）22586。

[111] 《中德外交密档》，第 211 页。

[112] 《何应钦致翁文灏函》（1935 年 12 月 23 日），载《中德外交密档》，第 234 页。

[113] 《顾振致翁文灏电》（1936 年 2 月 26 日），载《中德外交密档》，第 361 页。

[114] 《何应钦致翁文灏函》（1935 年 12 月 23 日），载《中德外交密档》，第 324 页。

[115] 《克兰致翁文灏电》（1936 年 1 月 31 日及 2 月 22 日），载《中德外交密档》，第 356、358 页。

[116] 二史馆馆藏档案：廿八（2）2101。

[117] 此三艘快艇来华后分配江阴雷电学校使用，编为"岳飞中队"，在抗战中损失一艘，战后仍存二艘。

[118] 《中德外交密档》，第 364 页。

[119] 傅宝真：《法尔克豪森与中德军事合作高潮》，见《传记文学》（台）第三十三卷第六期，第 102 页。

[120] 《中德外交密档》，第 233~234 页。

[121] 同上出处，第 244 页。

[122] 同上出处，第 245 页。

[123] 同上出处，第 249 页。

[124] 《陶德曼致柏林报告》，二史馆馆藏档案Ⅱ八（2）2101。

[125] 《德国外交部致法肯豪森电》，二史馆馆藏档案Ⅱ八（2）2101。

[126] 《克里拜尔致柏林报告》（1936 年 12 月），二史馆馆藏档案Ⅱ八（2）2101。

[127] 《翁文灏致克兰电》，（1936 年 1 月）二史馆馆藏档案Ⅱ八（2）2101。

[128] 此统计数出自（美）William Kirby：Developmental Aid or Neo-Imperialism? German Industry in China（1928~1937），转引自王正华：《抗战时期外国对华军事援助》，第 57 页。

[129] 《何（应钦）上将抗战期间军事报告》（上册），第 115 页，二史馆馆藏档案七八七。

[130] （台）"国防部史政局"档案《整军建军方案》570.3／5810。

[131] "国防部史政局"档案《整军建军方案》570.3／5810。

[132] 中国第二历史档案馆档案廿八（2）2101。

[133] 中国第二历史档案馆档案廿八（2）2101。

[134] William C.Kirby：Germany and Republican China，P.220.

[135] John P.Fox：Germany and the Far Eastern Crisis 1931~1938（London School of Economics and Political Science，1982），P.241.

[136] 傅宝真：《色克特将军第二次使华（续）——在华德国军事顾问史传（十）》，（台）《传记文学》第三十卷第二期，第90页。这一数据当然仅指当时南京政府进出口数额而言，当时德国除了向中国中央政府提供军火外，也向广东、广西、冀察，甚至伪满政权出口军火，据1936年3月26日顾振自德电告国内，华北宋哲元对德私订进口步手枪子弹共一千万粒，3.7防坦克炮50~100门并炮弹，伪满订购手枪弹50万粒，广西购步枪25,000枝，广东亦订购机关枪若干。（见《中德外交密档》，第368页）因篇幅所限，这里对德国向中国地方当局提供之军火数目不拟讨论。

[137] 前引吴景平：《从胶澳被占到科尔访华——中德关系1861-1992》，第168页。

[138] 程天放：《使德回忆——日内瓦商谈》，见（台）《传记文学》第五卷第三期，第35页。

[139] 关德懋：《抗战前夕孔特使团访德之前因后果》，见（台）《传记文学》第四十七卷第一期，第69页。

[140] 程天放：《使德回忆——孔庸之应邀访德》，见（台）《传记文学》第六卷第三期，第21页。

[141] 引自吴景平：《从胶澳被占到科尔访华——中德关系1861-1992》，第170页。

[142] 程天放：《使德回忆——孔庸之应邀访德》，见（台）《传记文学》第六卷第三期，第22页。

[143] 引自吴景平：《从胶澳被占到科尔访华——中德关系1861-1992》，第170页。

[144] 同上出处，第170~171页。

[145] 前引程天放文，见（台）《传记文学》第六卷第三期，第24页。

[146] 引自吴景平：《从胶澳被占到科尔访华——中德关系1861-1992》，第171页。

[147] 秦孝仪主编：《中华民国重要史料初编——对日抗战时期》第三编（战时外交）（二），（台）中央文物供应社，1981版，第705~706页。

[148] 程天放：《使德回忆——孔庸之应邀访德》，见（台）《传记文学》第六卷第三期，第21~24页。

[149] 前引吴景平：《从胶澳被占到科尔访华——中德关系1861-1992》，第168页。

[150] 《德国外交政策文件》C辑第六册，第964页。

尴尬的第三者｜第六章

德国人左右为难

1937年7月7日，日本华北驻屯军在北平发动七七卢沟桥事变，开始了全面侵华的军事行动。中国国民政府在万般忍让之后，被逼向死路，终于下定决心，实行全面抵抗，中日战争正式爆发。

7月17日，蒋介石在庐山发表重要谈话，号召全国人民投入抗日战争。紧接着，国民政府在短期内公开采纳了中国共产党倡导的团结抗日主张，实现了抗日民族大联合，中国人民反侵略的神圣抗战从此开始了。

国际社会对中日战争的爆发表现出了各不相同的态度。美英法列强明知日本是侵略者，却不肯仗义执言，更谈不上援华抗日，美国国务院甚至还发表声明说中日战争之爆发，"双方都有责任"，美国对此严守"中立"[1]。当时只有苏联为了保护自己的安全，公开声援中国抗日，并给予了实质性的帮助。战争爆发后不久，苏联便与中国缔结了"互不侵犯条约"，成为在抗战初期唯一给予中国公开声援的国家。

对于中日战争的爆发，最为尴尬的恐怕就要数德国人了。一方面，当时中德关系正趋高潮，中国政府特使、行政院副院长兼财政部长孔祥熙刚刚结束在德访问，得到了德国元首希特勒关于维护德中合作与友好的亲口承诺。两国经贸合作轰轰烈烈，德国军事顾问正在马不停蹄地帮助中国训练国防军；另一方面，德国与日本签订了《反共产国际协定》，政治上的联盟关系已奠定基础，德日外交往来亦热闹非凡。在这种时刻，同为德国之友的中日两国刀兵相见，作为第三方的德国极感尴尬，无所适从。

如果单从对待中日战争的态度出发实际分析，德国人在内心深处还是同情中国而不满日本的作为的。

数月以前，当里宾特洛甫代表德国与日本签订《反共产国际协定》之时，除了"反共"的本意之外，按照德国人的算盘，他们之所以要冒损害中德关系之风险与日本缔约，是指望日本作为一个新崛起的军事强国，能够在德国未来世界战略中助其一臂之力，拖住苏联与美国，因为"要想使欧洲日耳曼化这个宏大计划变成现实，必须搬走这两个巨大的障碍"[2]。现在日本对华开战，与德国的希望南辕北辙，一旦日军陷入中国战场，日本也就失去了作为德国战略盟友的意义。另一方面，日本现在侵略的是一个正在供给德国战略资源的国家，中国如战败，不仅德国要失去一重要市场及其在华经济利益，而且也将失去一希望之中的"反苏朋友"。因此，德方在内心中是对日本侵华很不满意的，只不过为了"盟友"面子，只能宣称"中立"罢了，但其暗中依然同情中国，采取了一些不利于日本的实际援华措施。

"七七事变"爆发后，德国社会舆论因迫于纳粹党宣传部的压力，不敢公开抨击日本，一些民营报刊，如《柏林日报》、《哥龙新闻》等，在报导事件消息时都只能在字里行间隐约表示战争的责任在日方。

7月12日，日本驻德大使馆发表了一纸声明，推卸战争责任给中方，驻德大使武者小路还约见德国外长，以"恶人先告状"手段诬陷中国挑起战争。中国驻德大使程天放，被迫发表严正声明，向德国人民说明事件真相。他并拜会牛赖特外长，详告日军在中国挑战行为，表明中方抗战决心。由于纳粹宣传部长戈培尔的"袒日"倾向，德国报章大都不敢登载中国声明，只有《柏林日报》转载了其中一节。

牛赖特外长在与程大使会见时表示，他已对日本大使表态，德国不希望日华开战，如果冲突扩大，对双方都不利，"只有徒然给苏联及共产党制造机会"。程天放同意外长这一观点，并指出这一切责任应由日本负担。程大使坦率询问德国政府对中日战争的态度，牛外长说：两天前他见到希特勒，讨论了这件事，"德国政府对华北中日军队冲突，认为是极不幸的举动，希望双方能和平解决"。程天放又问：万一事态扩大，德政府将采取何种对策？牛答：德政府对中日双方都很友好，必然采取不偏不倚的中立政策。他又进一步说：现在有许多德国军事顾问在华服务，由此事可以看出，德国决不至于帮助日本来压制中国，中方大可放心。德方再次重申：德日反共协定与目前日本侵华之举没有任何关系[3]。

在柏林交涉的同时，7月27日，在南京中央军校校长官邸内，中国最高统帅蒋介石也约见了德国驻华大使陶德曼，就中日军事冲突事件对中德关系之影响及德方对此事件的态度，进行了会谈，蒋陶两人围绕以下几个问题有所问答。蒋介石首先询问德国政府对七七事变的态度。

陶德曼回答："余最近接得敝国政府电报，敝国外交部长曾晤见程大使，谈及此次事件，极为关怀！敝国在贵国虽无其他政治关系，但为维持两国商业利益计，极希望贵国与日本能和平解决。昨日与王部长晤谈时，余曾表示敝国政府甚愿以第三国对日本为友谊之劝告，或出而调解，但日本已申明不愿意第三国干涉，故敝国虽欲调解，恐亦不能收效。"[4]

蒋介石又问："日本政府最近对贵国曾否提起日德防共协定？"

陶答："关于此项协定，日本尚未提起只字……自从此项协定签订以来，敝国与日本从未根据此约有所作为……两国外交仅限于普通关系，一如往时。"

蒋介石仍不放心，追问说：如果中日战争引发世界大战，英俄被卷入战争，在这种情况下，德国会不会为支持日本而作战？

陶德曼仍坚定回答："如贵院长所说的情况，与德日协定并无关系，盖此项协定之目的在防止共产党之活动，其中并无军事条款。"

紧接着，陶大使又代表德方提问："如贵国与日本因此次事件而发生战争，苏俄最后是否参加？"蒋介石答曰："余可明告贵大使，截至目前，敝国与苏俄尚无何项关系。唯此事如引起远东战争，苏俄态度如何，颇值注意，而战争之责任则全在日本！"

蒋介石表示，虽然日本不要第三国干涉，但现在与日本具有特殊关系者唯有德国，希望"贵国政府即应趁此机会对日本进友谊之忠告"。陶大使表示："敝国政府始终不愿日本在华北有何冒险行动！但日本方面则以此事为局部问题，敝国虽欲调解恐亦无效。……但无论如何，贵院长之意见谨当报告敝国政府。"

最后，陶德曼又谈到了在华德国军事顾问团的问题。他说："余日前曾晤见法肯豪斯（森），余今愿奉告贵院长，如果中日战争发生，希望勿派敝国顾问前往前线工作，自从贵国满洲事变起至淞沪战争止，敝国始终抱定此一贯之态度，因彼等派往前方工作，恐妨碍敝国之中立也。此意余并未对法肯豪斯（森）等言，惟请贵院长注意而已。"

蒋介石允之曰："对贵国之外交困难余甚知道。"[5]

这场谈话，基本明确了德国政府对中日冲突的立场，说明德方此时尚处于中立地境，既不想得罪日本，又不想得罪中国，他们希望中日停战，但在中日战争面前，德国正处于一个第三者的尴尬地境。

日本方面在为其侵华行为辩护，对德方解释说他们对中国发动战争是为了执行"德日反共协定"，把"中国从共产主义的阴影下解放出来"。陶德曼大使一针见血地指出："这是日本人惯用的伎俩，没有人会相信他们的鬼话。"[6]德国外交部于1937年7月28日训令其驻日大使狄克逊，指出："日本欲以中国为基地对抗共产主义以履行防共协定，此举令人无法理解。须知，在第三国领土上以中国为基地对抗共产主义并非防共协定之目标。我们认为，日本的做法已违反防共协定，因为日本阻遏中国之团结统一，导致了共产主义在中国之成长与蔓延，而其最后结果将驱使中国投入苏联怀抱，日本因此不能期望获得德国的支持。"[7]这表明了德国对待中日战争的基本观点。

当时在德国内部，"亲日派"与"亲华派"仍在对华外交态度上分歧很大，沙赫特、柏龙白、牛赖特等当然反对日本侵华，并且根本反对纳粹党人联日联意反对英美法苏的外交政策，他们主张继续对华友好，保留顾问团在中国，提供军备，执行《中德易货协定》，他们甚至还进一步认为：如果日本占领了中国，那么对德国来说，则将完全失去了这一大市场与原料供应地，这真是一大不幸。

以戈林、戈培尔、里宾特洛甫为代表的纳粹党"亲日派"分子，虽然主张"联日"，但他们也不赞成日本将力量消耗在中国战场上，从而不利于纳粹党的全球战略。于是，他们也不明确支持日本。由戈培尔控制的德国宣传机构虽然在报道中日战争时偏重于选择来自日本的消息，但也不进行正面评论，保持了一种含蓄的有保留的态度，这种态度起码是与当时德日两国"联盟"关系不相适合的。

日本政府对德国的这种态度很不满意，他们通知德国方面，表明日方坚决反对德国介入中日冲突。7月28日，日本驻德大使东乡茂德拜访德国外交部，对德方不承认日本侵华是反共行动表示强烈不满。并谓德国此种表态已使德日联盟蒙羞，太不够朋友。而德国外交部则冷淡地表示：德方对中日冲突无能为力，中日之争只能有利于共产党。

日本政府告诫德国驻日武官，认为德国军事顾问在华参与抗日，严重危害到日本军方对德之情感。日本外相广田弘毅照会德国外交部，指出共产国际在华活动激烈，为此日本出兵中国，日方坚决反对德方供华军火物资，支持中国抵抗。德国外交部对此反驳说，日本的行动才损坏了"德日反共协定"的价值，德方坚持自己的观点[8]。

8月10日，中国行政院副院长孔祥熙受本国政府之命从美国起程再次赴欧活动，争取抗战外援，于该日上午抵达柏林。中午，孔氏拜访了沙赫特。

在位于柏林市郊的沙氏林道（Lindow）别墅，柏龙白、魏茨泽克与沙赫特一起招待了孔祥熙。孔首先介绍了日本侵华现况并询问德方政府态度。沙、柏、魏三人面面相觑，一言不发，一时间场面极为难堪。最后还是沙赫特出面解围，他请魏茨泽克说明德国政府之立场。

魏茨泽克说："中日都是德国的友邦，德国愿双方言归于好，和平不致破裂，德国驻日大使曾奉命告诫日方，可惜未发生效果。德国在远东只有经济利益而无政治力量，中国如需第三者出面干涉，以邀请英美为宜。"

孔祥熙说："日本侵华的目的是要最后称霸世界，万一中国被占，日本挟其人力资源将成为世界灾祸。现在仅有德国还被日本称为朋友，故德方说话也许对日有用。"

沙特赫问孔祥熙："万一中日冲突扩大，中国对德抱有什么希望？"

孔答："中国当然不指望德国加入中方对日作战，但希望德方给我们精神与物质上的援助。"他还向德方提议，召开包括德、英、法、美等国参加的国际会议，"以迫使日本恢复理智"，但德方对此不加表态，表现了冷淡态度。

关于中德贸易，沙赫特表示："中日冲突如不演变为正式战争，中德签订的易货协定自然继续有效，万一两国正式开战，德是中立国，情况就不同。如果苏联加入，形势就会更加复杂（即德方就有加入日方的可能）。"

柏龙白也表示："如果战事延长下去，苏联卷入漩涡的可能性极大。他提议为了避免日本的反对，中德双方易货是否可能通过第三方来转手进行？"

孔祥熙向德方解释说："中俄改善关系，完全是出于中方政治及战略上的需要，但蒋介石更希望来自西方的帮助。"他代表中国政府向德方保证尽一切努力继续满足德方对矿产原料的需求。对此，柏龙白等深感满意。因此柏氏也向孔承诺：尽管目前德国在远东处境困难，但他仍将坚持中立政策，国防部将尽力争取希特勒的支持，维护中德友好关系，继续对华供应军火并不召回军事顾问。甚至戈林现在也赞成在秘密方式下对华提供军火。德方尤其不赞成日方以执行"德日反共协定"为名对华作战。孔祥熙对柏龙白的这番表态基本满意[9]。

这次会见虽然是由德方"亲华派"经济、国防、外交三部的负责人出面，但由于中日战争，德方态度就冷淡得多，除此次招待外，别无应酬。8月13日，孔祥熙邀请柏龙白午餐，柏氏餐后匆匆离去，不再细谈。下午，孔氏又拜访德国外交部，麦根森副外长出面接待。孔祥熙对其做了一小时的说服工作，希望德国用支持中国抗日的行动来洗刷因德日协定给世人造成的不良印象。麦根森对此不置可否，只表示可向牛赖特外长转达意见而已。孔祥熙见在德活动无望，便于当晚离开柏林，结束了他第二次无效的访德之旅[10]。

无可否认的是，在日本的压力下，德方暗中同情中国的立场正在悄悄后退与改变。

在这种背景之下，1937年8月16日，德国元首希特勒对其部下就中日问题表明了他的态度：

第一，他"原则上坚持同日本合作的观点"。这一观点在8月21日中苏订立"互不侵犯条约"后就显得更加坚定。因为远东问题并非首要，德国也没有必要冒险支持中国，开罪日本。

第二，但目前德国在中日之间应该保持中立，对中国仍然维持关系。他命令只要中国用外汇支付或用原料抵偿，过去按中德间易货协定已同意供华的武器和物资就要尽快运往中国，并"相应地运回原料，此事必须尽最大的可能瞒住日本人"，但应拒绝进一步对华提供信用贷款，或新的军火订货[11]。

希特勒的这种决定充分反映了纳粹党人对中日战争的态度将要起质的改变。另一方面，他的这一指示对于目前维持中德关系还是有利的，因此受到国防、外交等部门的支持。

9月3日，孔祥熙直接致函希特勒，为中苏订立"互不侵犯条约"进行解释。他说此举只是中国抗日战略的需要。在这封信中，孔祥熙还称赞希特勒是一个"有远见的伟大政治家"，是"为正义、民族自由和荣誉而斗争的伟大战士"，是"我们的楷模"。他驳斥了日本侵华是为了反共的观点，说中国是一个"以儒家思想为统治的国家"，有一个"唯一的民族主义政党，一个强有力的领袖"，中国决不会倒向共产主义。相反地，日本倒是一个"有着日益腐朽的社会制度，国内无产阶级力量日益增长，随时都可能爆发赤色革命"的国家。孔氏最后表示：中国希望德国积极加入中国的经济振兴，中国将优先满足德国对重要矿物及原料的需要，即便因战争而影响原料出口，中方也将用外汇来支付德国军火价款，中国"能最大限度地满足德国对原料的需求"[12]。然而可怜的是孔祥熙的讨好与说辞并未能对希特勒起任何作用。

10月，南京政府又特派曾留学德国的著名军事家蒋百里率领代表团访问德国，希望其利用在德的旧关系影响德国当局，保证对中日冲突严守中立。德方对蒋百里态度冷淡，使其闲居柏林郊外而无从开展工作。戈林最后见了蒋百里一面，不过仍重复了一些"中立"老调而已[13]。

随着苏联在远东影响的扩大，加上德英谈判毫无结果，希特勒更感有必要拉紧日意来为自己壮声势，对抗英法之间可能出现的反德联合。他甚至公开表示，必要时，不惜牺牲其在华利益。

尽管中方委曲求全，但由于希特勒已经为德国的亲日政策定了基调，德国在对日政治利益与对华经济利益两者不能兼顾时，必然一步步倾向日本。政治目标所在，决非金钱利益所能改变。在这种大前提下，此一时期德国之"对华友好"，便越来越成为德国外交、经济、国防部门中"亲华派"的自主行动。德方三部门利用希特勒指示中有利中国的一面，坚持维护中德关系大局，惨淡坚持到最后。

9月间，日本驻德大使东乡会见牛赖特，要求德方召回其驻华大使陶德曼，牛外长立即严词拒绝，他说："按惯例我们绝不召回大使，即使日本轰炸机把炸弹投在大使所在城市亦然。"[14]而陶德曼此时在中国亦发表了一系列同情中国之演讲。一时间，德国内部"亲华派"俨然占上风。德国外交部在致其驻日大使馆训令中，就德日间矛盾明确指示说："在日方提出抗议前，德国外交部长业已通知日本驻德大使，表示目前及稍早德国并未供应中国任何军火武器，日本指责德国将少量军火卖给中国毫无根据。中德交易纯以经济为基础……供应中国军火不应成为德日谈判的目标。为保持中立态度，德国将不再供应中国军火物资。"

"在目前情况下如自中国撤出德国军事顾问，即意谓与南京政府为敌，德国将不考虑采取此项行动。德国军事顾问如撤出中国，将使苏俄乘虚而入，日本亦不愿见此事之发生。日本大使馆武官已向德国国防部表示，盼在华的德国军事顾问勿参加实际战斗任务，在华德国军事顾问对此均获有明确的指示。"[15]

这份文件具体表明了德国外交部对日本要求的态度。

为了表彰牛赖特主持外交期间对中德友谊所作出的贡献，10月1日，程天放大使受国民政府委托，将一枚一等彩玉勋章颁授给他，借以拉拢关系，同时也算是对前次为德方大员授勋的一个补充[16]。

9月10日，国际联盟召开第99届常委会，中国代表顾维钧奉本国政府之命，正式向国联提出申诉，控告日本侵华。15日，18届国联大会决定接受中国要求，受理中国控日申诉。9月28日，国联大会通过决议，谴责日本侵略中国，日方恼羞成怒，宣布退出国联，并怂恿德、意两国支持他的行动。于是德国政府通知国联会议召集国比利时政府：德国对此次布鲁塞尔会议决定不参加。同时，日本又进一步加紧了侵华军事行动。由于日本退出国联，使一向仇视国联的德国纳粹政权与之更趋接近。恰逢本月在中国新疆有一架德国飞机的失事，导致了中德关系的一次新危机。

德国汉莎航空（Lufthansa）公司飞行员加不伦兹（Gblenz）驾机由中东飞往上海，途经新疆上空时失踪，德方为此事要求中方同意他们派机赴新搜索，被中方拒绝了，中方主张由自己自行处理，这下大大地得罪了主管德国航空业的空军部长戈林，他向国防部的托马思说：中国这样不顾全中德友谊，虽断绝邦交，亦在所不惜[17]。中国外交部决定由欧亚航空公司总经理李景枞亲自驾机赴新寻找，并训令新疆省当局提供协助。中国大使程天放拜会德国外交部副部长魏茨泽克，转告中方的决定。程天放表示：因新疆省当局采取亲苏政策，与国民政府关系并不融洽，万一南京同意德机前往而新省不同意，势必造成更大麻烦。魏氏表示：对此外交部方面可以理解，但戈林不理解，而他又是主管外贸的人，中国如果得罪戈林，恐怕德国的武器就不会再运往中国。所幸的是，加不伦兹原来是因飞机机械故障而迫降迪化，被新省当局扣留三周后放往阿富汗，他于9月27日由喀布尔电告汉莎公司事件经过，此事才算结束[18]。而戈林所下达的停止供华军火令也被国防部长柏龙白否决。10月20日柏龙白通知戈林，他已命令部属以更隐蔽的方式来进行对华贸易，将供华军火伪装起来，由丹麦轮船运至新加坡的一所英国公司，再转运中国，并责成各方负责人及办事员严格保密[19]。

此事虽未酿成大不幸，但中德关系的裂纹已经凸现，蒙上了一层阴影。

10月间，随着德日关系之增进，日本政府又向德方提出了新要求，要德方立即停止支持中国，否则就以中止德日"反共协定"相恐吓[20]。希特勒在日本要挟之下左思右想，最后决定出面调停中日战争以解除德国之困境，如调停失败则改变方式公开支持日本[21]。于是这便有了中日战争史上著名的"陶德曼调停"之举。

陶德曼调停的前因后果

中日战争开始后，日军在中国北战场连连得手。国民政府为了扬己之长、改变日军侵华路线而发动了"八一三"淞沪抗日战役，在上海投入了中国陆军主力，与日军开展南战场的空前大战，战争呈现持续胶着状态。

在南京国民政府方面，从战前抗日战略设计开始，便抱定了"以打求和"的指导方针，蒋介石一刻也没有忘记他的"以夷制夷"的老一套手段，在决心与日本一战的同时，仍在其作战计划中明确规定："中枢除积极准备发动全面抗战外，仍秉不求战而应战之一贯主张，准备彻底牺牲。若寇方能停止侵略，恢复7月8日前之状态，则犹可（原文如此）最后一线希望。"[22]这就是说，只要日方能同意恢复"七七事变"前状态，中方的抗战也可停止。蒋介石之所以要在上海开战，除了军事战略上的原因而外，还有一国际战略的大目的，这就是要把中日战火引向集中了英美各国在华利益的上海地区，从而使各列强再不能隔岸观火，最终如"一·二八"战役时那样组织国际调停机关或由第三国出面干预，从而达成"以夷制夷"阻止日本侵略以结束战争的目的。为此，战争开始后，中方上自蒋介石本人，下至驻列强各国使团都在积极寻找路子，请求第三国出面调停。

但正如前述，对于中方的请求，英美法各国俱抱冷淡态度，而当时苏联政府也因为当时苏日关系不佳，不愿单独出面调停，表示只能联络第四方共同出面，从旁协助。在这种情况下，蒋介石能寄予最大希望者，莫过于同为日本与中国好友的德国。

在日本方面，虽然日本政府内阁在开战之初仍想"以打求和"，通过战场与外交并举，从谈判桌上轻易得到在战场上要费劲攻取才能得到的东西，但日本军方少壮派军人却好战心切，一心想要以武力进攻，"赖此一举解决多年悬案"，把战争"彻底地扩大下去"[23]，在他们的擅自策划下，日本内阁不得不同意并随之将侵华战争逐步升级扩大，演变成中日间大战。

战争开始阶段，日军进攻一路顺利，根本不想与中方谈和。"八一三"淞沪战役打响后，日本陆海空主力南调投入淞沪战场，受到了中国中央军的猛烈抵抗，部分已经过德式训练并以德式装备武装起来的中国主力部队发挥了顽强的战斗力，日本的攻势被遏止在上海，无法向前推进。在这种情况下，加上日本侵华在国际上受到一致谴责（虽然并不是干预和制裁），处境孤立，其政府内部"主谈派"意见又开始抬头。日本政府与军部想通过谈判来巩固已有的侵略"成果"，迫使中方再次让步，就如同战前多次"中日协定"那样，达到"不战而胜"的目的。但是，军部方面坚持不让英美出面调停，认为英美将袒护中国，思虑再三，还是请德国人出面比较好，这一意见得到了日本政府的同意。于是，在严厉对付国联谴责的同时，日本秘密请求德国出面，调停中日之争。在他的软硬兼施下，德国政府答应做一次试探努力。

最早以"调停者"身份出现的是德国驻日本武官欧仁·奥特（Owen Ott）。他在日军参谋本部的要求下于10月22日秘密抵达上海。

奥特在沪与陶德曼大使会见，并向他转交了一份日军参谋本部的《停战条件备忘录》，奥特并介绍同行的日参谋本部代表马奈木敬信与陶大使见面。马奈木表示希望陶通过德国驻华军事总顾问法肯豪森把这份对中方要价的"备忘录"转达给蒋介石，他还指责德国顾问在华帮助抗日，且德方又不肯向日本提供新式飞机。陶大使回答说：在华德国顾问不会起有害作用，对日本来说，与其让苏联顾问来华还不如让德国顾问留在中国。马奈木又要求德方向日本提供有关苏联援华的军事情报，被当场拒绝。陶德曼与奥特反责日本侵华已严重损害了德国在华特别是在上海地区的商业利益。10月28日，奥特把"调停"任务转交陶德曼，自己返日复任去了[24]。

　　陶德曼并未立即向中方转交日本的停战条件，因为他还需等待德国政府的正式指示。

　　10月21日，日本外务大臣广田弘毅会见德国驻日大使赫伯特·冯·狄克逊，表示"日本随时都准备与中国直接谈判，假如有一个与中国友善的国家，如像德国和意大利，劝说南京政府觅取解决，日本也是欢迎的"[25]。狄克逊立即将此消息电告柏林。次日，德国外交部回电陶德曼："就目前来说，（中日）直接谈判比较有希望，如果有机会的话，我们并且愿意作联系的途径。"于是一场"调停"闹剧正式开场了。

　　10月30日，德国驻华大使陶德曼奉德国政府之命在南京会见了国民政府外交部次长陈介，正式转达了德国政府愿意为中日直接谈判进行斡旋的意向。陶德曼要陈介转报蒋介石，不要对九国公约会议抱有什么希望，也不要指望这个会议的一纸决议就能使日本从中国退兵，希望中国立即改变其联合苏联抵抗日本的外交战略，以与日本开始直接谈判的方式来结束中日间的冲突。

　　10月31日，德国驻华参赞斐尔诗在南京汉口路廿号他的寓所，有意约请汪精卫、何应钦等南京政府"主和派"人士与陶德曼共进晚餐。晚餐时，陶德曼与汪精卫另坐一隅，"款款深谈……所谈自与目前中日关系有关"。临别时，陶氏约汪"礼拜三晚宴会"，汪氏又约陶"礼拜六晚宴会"，其"用意尤为显明"[26]。

　　既然中国最高当局有此停战意图，日德方面便开始了积极的行动。

　　11月2日，广田外相再次会见狄克逊，提交了日本政府的7项议和条件，其中包括"建立华北与上海两个非军事区"、"内蒙古独立"、"建立华北新行政机构"、"停止抗日"、"共同反共以及降低日货关税"等等[27]。广田并要德国转告中国方面，如果中方不接受这些条件，日方将继续作战，直至中国完全战败为止。那时，日本提出的条件要比现在更加苛刻，企图威胁中国屈服。

　　3日，德国驻日大使向德国政府报告了日本政府提出的议和条件，他建议德国政府"对南京施加压力，使他接受这些条件"，并令德国军事顾问

"在向蒋介石报告战局时鼓吹和平谈判"。同日,德国外交部长牛赖特电令陶德曼将日本的条件通知蒋介石,称"我们觉得那些条件可以接受,作为开始谈判的基础"。

11月5日,陶德曼在南京会见了蒋介石。会谈中蒋介石首先感谢德国政府所作的努力,他要求陶德曼谈谈意见。德国外交部曾要求陶德曼和狄克逊严守中介人的界限,不要"超出一个递信员的地位",特别要求陶德曼"避免陈述官方或私人意见,并应勿使中国政府对德国担任此项任务可能成为日本玩弄花样的工具产生反感",但陶德曼急于使中方接受日本的条件,他向蒋介石表示:德国从第一次世界大战的经验中已经看出,一个国家不应该等待到筋疲力尽的时候再觅取和谈之路。不过,陶德曼称他不能对军事形势作出判断。

蒋介石则表示:假如日本不愿意恢复七七事变前的状态,他不能接受日本的任何要求。日本提出的某些条件,当然可以讨论并且觅取友好的谅解,但是必须在恢复战前状态之后。假如他同意日本的要求,中国政府会被舆论的浪潮冲倒,中国会发生革命;日本正在执行错误的政策,他们现在不对中国作友好的姿态以奠立日后友善的基础,却提出要求;假如日本继续作战,中国当然不会有在最后获得军事胜利的机会,但是中国也不会放下武器;假如因日本采取的政策而导致中国政府垮台,那么唯一的结果就是共产党将会在中国占优势,但这就意味着日本不可能与中国议和,因为共产党是从来不投降的。

在这次谈话结束之际,蒋介石还告诉陶德曼,由于"列强是有意要在华盛顿条约的基础上觅致和平的",中国目前是布鲁塞尔会议关心对象,因此中国目前尚不能承认日本的这些要求。除此而外,蒋介石还特别关照陶德曼对这次调停活动要"严守秘密",而且蒋要德方自始至终为中日的调解人,陶氏连声答应[28]。

也就在这一天,日本军队从杭州湾登陆成功,上海战局开始发生不利于中方的变化。不久之后,上海失守,中国军队溃退南京。抗战战局十分危急。

此后十几天内，陶德曼与德国军事总顾问亚历山大·冯·法肯豪森等人，秉承德国政府旨意，在南京政府军政界要员中开展了频繁活动，散布"和谈"空气，鼓吹中方应适时结束抗战，以免造成最后崩溃，"使共产主义在中国发生"[29]。11月下旬，"九国公约"会议在通过一纸谴责日本侵略的空文后便宣布休会了，国民政府指望国际力量阻止日本侵华的企望落空，加之日军进逼南京，战况激烈，德国人又不失时机地开始继续其"调停"的工作。

11月26日，陶德曼主动向孔祥熙表示，德国仍愿意负责调停中日冲突。此后，陶德曼又先后访晤孔祥熙和外交部长王宠惠，称奉德国政府之命，向中国政府转达日方的议和条件，希望再次面见蒋介石。陶德曼还向外交部次长徐谟谈到：中国抵抗日本至今，已表示出抗战精神，如今已到结束时候了。第一次世界大战时，德国本来有几次好机会可以讲和，但始终自信自己力量，不肯讲和，最后搞到战败签订《凡尔赛和约》，任人提出条件，德国不能不接受。他还称日本的条件并不苛刻，希特勒也希望中国考虑同日本议和。

在柏林，德国外交部长牛赖特也向中国大使程天放提出：希望中国政府"不要不加以考虑便拒绝日本的和平建议，还是尽速议和为好。中国方面就是尽最大的努力，也不能把日本的军事胜利扭转过来"。他并且说："中国政府迟延议和的时间越久，中国国家解体的危险也越大。""德国虽然诚意调停，但感觉前途困难很多"，因为日方内部也不是意见一致，少壮派军人因军事顺利，气焰极高，无法约束他们。恐下面会提出更无理要求，届时就晚了[30]。

12月2日，蒋介石召集在南京的军事将领会议，讨论对陶德曼调停的态度。徐谟报告说，陶德曼转达的日本议和条件并没有变化，也无附加条件。白崇禧认为不可接受"共同防共"的条款，并担心与日本议和后，中国"从此在国际间陷于孤立，使日对俄得有力布置后，仍来迫我，将如何"。顾祝同也赞同白崇禧的意见。徐永昌则主张，可先接受德方的调停，再"徐议条件"；他并且谈到：既能在不亡国的条件下，有第三国调停（非直接交涉矣），在能忍受范围内，当毅然接受之；且我今日与人和解，乃求生之和解，非有野心之和解，各国对我安得再得苛求也。蒋介石的最后表态是："（一）德国之调停不应拒绝，并谓如此尚不算是亡国条件。（二）华北的中国政权要保存。"[31]

当日，蒋介石再次会见了德国大使陶德曼。陶德曼重申了日方的7项议和条件，并说，如果中国现在不答应，战事再进行下去，将来之条件恐非如此。蒋介石则表示了以下几点：1．中国接受日本的要求，作为和平谈判的基础；2．华北的主权完整和行政独立不得侵犯；3．在和平谈判中，自始即由德国人任中介人；4．在和平谈判中，不得涉及中国与第三国之间的协约。

陶德曼对这几点谈了他的看法。

对于第一点，陶德曼认为中国必须宣布愿意以协商的精神和达成谅解的意念来讨论日本的要求。蒋表示同意，但希望日本也这样做。

关于第二点，陶德曼要蒋注意日本的条件，即华北的最高首长应该是对日本友善的。蒋介石答说，假如要选派一个人去担任那个职务，那个人自然不会是反日的。

关于第三点，陶德曼声明德国无意直接参加和平谈判或主持谈判，而宁愿力所能及地在幕后尽量帮助中国。蒋则希望德国能够斡旋到底。

关于第四点，陶德曼提醒蒋介石注意到日本的反共要求，但他又认为这个要求与中苏"互不侵犯条约"并不冲突。蒋介石对陶德曼的这一意见未表示异议。

陶德曼还提到中日停止敌对行动的步骤，即在蒋介石的声明交给日本、而且日本的同意答复收到之后，由希特勒向双方政府建议停止敌对行动。蒋介石表示同意。

蒋介石最后要求日本政府对于初步的谈判、特别是条件，保守秘密。陶德曼建议德国政府应尽量支持蒋的这个要求，否则蒋介石的地位将会大大动摇以至于下台，而使亲苏的人掌握中国政府；他还提出，日本应对蒋介石愿意和谈的态度给以种种便利，俾使蒋能够完成谈判。最后他还提醒说：中国要放弃"同俄国友好接近的一切尝试"，否则德国将"不得不重新考虑其对华关系"。

12月5日，徐谟把蒋介石对陶德曼的谈话以书面照会的形式交与德方，并且重申中方的立场："中国在华北的主权和行政权不得改变，它们的完整必须维持"；日本必须"停止敌对行动，以为恢复和平的初步"；日方所提出的条件可以作为谈判的基础，但这些条件"在任何情形之下都不该被认为是以最后通牒的形式提出来的不可改变的要求"。

正当南京保卫战激烈进行之时，12月6日，国民党国防最高会议副主席汪精卫在汉口主持召开了第54次国防最高会议常务委员会议。会上介绍了有关德国大使在中日间联络媾和的经过，讨论并通过了接受日本停战条件的决议，在国民党最高决策阶层达成了对日媾和的共识。会上决定派孔祥熙向蒋介石汇报会议决定，由蒋介石作出最后裁决。

12月7日，德国驻日本大使狄克逊把陶德曼调停经过备忘录交给日方，探询是否可以按照原来的条件进行谈判。但这时，随着日军在南北战场的不断推进，日方已不满足于过去所提的议和条件，而又进一步提出了新的要价。

12月13日，日军占领了南京，气焰更加嚣张。翌日，日本政府发表声明，称"国民政府毫无反省之意，日本决心提携亲日政权，彻底惩罚抗日政权，从而根本解决日华间的问题"。在日军扶植下，北平伪临时政府粉墨出场。12月21日，日本内阁会议通过了《为日华和平谈判事项给德国驻日大使的复文》，狂妄提出：如果中国政府承认日本提出的下列条件，向日本政府"表示乞和态度，则帝国准备答应开始进行日华直接谈判"。日本要德国向中方转达的新的4项基本条件是：

1. 中国应放弃容共和反抗日满的政策，对日满两国的防共政策予以协助；

2. 在必要地区设置非武装地带，并在该地区内各个地方，设置特殊机构；

3. 在日满华三国间，签订密切的经济协定；

4. 中国应付日本赔款。[32]

12月23日，广田外相将上述复文交给狄克逊，并且向德方提出：中国必须以反共的行动来表示接受日方基本条件的诚意；蒋介石须在规定的时期内派遣和平谈判的代表至日本所指定的地点，日本希望在本年底左右获得答复；希望德国不要劝告日本双方停战，而是劝告两国直接谈判；在和谈期间，日本必须继续军事行动，不到和约缔结时，敌对行动的停止是不可能的[33]。他还进一步威胁说：如中方再不接受日本的条件，那日方"就将被迫以完全不同于前此所持的观点来对待目前的局势"[34]。无疑这已是对中方的最后通牒。

狄克逊对日方的苛刻条件感到惊讶，他向广田指出，这些新的条件远远超出了11月初日本所提出的内容，要中国政府接受这些条件是极端不可能的。但广田回答说，由于军事局势的改变和舆论的压力，不可能有任何其他的方案。

德国方面虽然极感棘手，但还是准备作最后的努力，促使中日双方开始直接谈判。

12月26日，根据德国外交部的指示，陶德曼在汉口向孔祥熙和宋美龄转达了日本的新条件。陶德曼并要求中国政府不要向苏联作任何进一步的亲善，否则德国将重新考虑同中国的关系。12月30日，法肯豪森也向中方军事首脑表示，军事形势对中国不利，"不能乐观看待抗战力量"。

蒋介石接到陶德曼关于日方新提各项条件的通报后"表示极其惊讶"。他于29日在汉口约集于右任、居正等国民党元老，商讨应付之策。

当时国民党内，虽有汪精卫等少数"亲日派"、"抗战亡国论"者鼓吹和谈，但爱国的"主战派"人士坚持抗日救国的主张仍占绝对主流，再加上国内外舆论已经注意到"中日秘密媾和"的动向，并有所披露，这一切给蒋介石造成了很大压力。在这种情况下，他听从了党内元老一番有识之见："目前言和者，无非以为和则国民政府之生命可以延长。实则目前言和，必须变更政府一切立场，自行撕碎'九国公约'与中苏'互不侵犯协约'。和议成后，政府内受国人之攻击，外受日方之继续压迫，不出一、二月，政府必不能维持。[35]"因此，蒋介石最后慨然表示："与其屈服而亡，不如战败而亡，日本所提条件，等于灭亡与征服，我国自无考虑余地。"[36]对于日方的条件，则决定暂时不予正式答复，另向英、美、法、苏各国秘密透露，探询各国的态度。1938年1月4日，蒋介石离开汉口去河南前线继续指挥抗日作战。

国民党当局向德国方面表示了对日本所提条件的不满。孔祥熙向陶德曼抱怨说：日方的条件实际上是要求在中国为所欲为，日本将使中国绝望并倒向布尔什维克主义。陶德曼认为中国方面的解释过于悲观，但也感到可以理解，他把中国的反应报告给了德国外交部。

德国方面对中、日双方迟迟未能达到妥协而感到焦虑。在德国政府特别是其驻华外交官看来，中国政府眼下接受日本的条件，符合中国的最大利益。另外，德国政府又认为日本也应当适可而止，并由狄克逊转告日本方面：德、日在反对共产国际方面的共同利益，需要中国尽快地恢复正常秩序，即使这意味着不能全部满足日本的条件[37]。

于是，经过德、日之间的磋商，陶德曼于1938年1月1日又向中方转达了"狄克逊的个人印象"，即对日本提出的条件的解释，仍有松动之处。次日，孔祥熙在与陶德曼的谈话中，要求德国促使日本修改其立场，孔并称，日本认为中国军队已经被击败，这是个错误的想法。直到1月10日，陶德曼询问行政院副院长张群，有无对日方的正式答复。张群仍然答称："目前对日本的要求还正在研究之中。"显然中方是在采取拖延的策略。

日本政府通过德方催逼中方作出最后答复。1月10日晚，根据广田外相的要求，狄克逊电告陶德曼，"要求中国政府立即答复"。12日下午，日本外务省次官再次要求德国"尽全力向中国政府要求迅速答复"。

1月13日，陶德曼向中方转达了日本政府的要求：中国方面须于1月15日前作出答复，否则，日本保留自由行动的权利。当天，中国外交部长王宠惠向陶德曼递交了根据12日行政院会议决议而给日本政府的正式答复："经过适当的考虑后，我们觉得，改变了的条件，范围是太广泛了。因此中国政府希望知道这些新提出的条件的性质和内容，以便加以仔细的研究，作出确切的决定。"陶德曼向王宠惠提出，中方是否想到日本会认为这样的答复是搪塞，陶德曼本人也认为中方这样的答复没有表示希望和解的意念。王宠惠则答称：除非知道了日本的要求的详细内容，中国政府不能作决定，也不能表示意见。

1月15日，孔祥熙在会晤陶德曼时再次说明了中国政府的立场。他指出：中国政府绝不是想采取搪塞的态度，政府中曾经多次讨论，因为关于这个问题的决定对于国家和国际都有很重大的关系；中国已经受到了很大的损失，愿意同日本实现真正的谅解，以保证持久的和平；因此，中国诚恳地希望寻觅每一条可能的和平途径，同时他要求更多的主权，孔祥熙并要求陶德曼向日方转达国民政府的如下声明：

中国和日本竟会从事目前的武装冲突，使两国都蒙受灾害的后果，这是极为不幸的。中国仍然抱着与日本达成真正谅解的愿望，俾东亚的持久和平得以保持。

我们已经表示了诚恳的愿望，希望知道日本所提出"基本条件"的性质和内容，因为我们愿意尽每一份努力来寻求恢复两国之间和平的迹象。有了补充的说明，我们就更好表示我们对于日本所提出的条件的意见。[38]

陶德曼认为，孔祥熙的这个声明要比1月13日王宠惠的答复显得适当些，中日和谈的前景还有一线希望。

但是，日本人却再也等不及了，他们要立即看到中国政府俯首帖耳地伏地投降。

日本方面对国民政府的"毫无诚意"十分恼火。1938年1月11日，日本内阁御前会议通过了《处理中国事变的根本方针》，决定对华继续用兵，文件规定："如中国现中央政府不来求和，则今后帝国不以此政府为解决事变的对手，将扶助建立新的中国政权，……对于中国现中央政府，帝国采取的政策是设法使其崩溃，或使它归并于新的中央政权。"[39]13日，日方限定中方在72小时内作最后表态。16日，日本首相近卫文麿发表了《不以国民政府为对手的政府声明》，宣布："国民政府不了解帝国的真意，竟然策动抗战……因此，帝国政府今后不以国民政府为对手，而期望真能与帝国合作的中国新政权的建立与发展，并将与此新政权调整两邦交，协助建设复兴的新中国。"以后又在其《补充声明》中坦言："所谓'今后不以国民政府为对手'，较之否认该政府更为强硬。"

也就在16日当天，日本外相广田向德国大使狄克逊宣布：日本政府决定放弃通过德国政府帮助而进行的中日之间的谈判。狄克逊对日本关闭和谈之门甚为不满。他向广田抱怨说："日本的答复断绝了此后的一切商谈，日本不能忍耐中国的延宕和不能令人满意的态度，虽然是可以理解的，但在全世界人的心目中，日本却要负断绝商谈的责任。"[40]

对于日方的挑衅，国民政府立即作出反应，1月18日发表《维护领土主权与行政完整之声明》，宣布"中国政府于任何情形之下，必竭全力以维护中国领土主权与行政之完整，任何恢复和平办法，如不以此原则为基础，决非中国所能忍受"[41]。同时中日两国互相召回驻对方大使。至此，中日"和谈"之闹剧暂时收场，"陶德曼调停"也自此宣布完全失败。

德国人出面调停中日战争之举，当然主要是出于自身利益的需要，因为"德国考虑到，日本的行动会促使中国共产主义化，把中国赶到苏联一边，便通过驻华大使陶德曼进行调停工作。然而，日本方面的条件是，全面压迫中国让步，使和谈没有调解的余地"[42]。这次"调停"虽然没有成功，没有使中国的抗战"夭折"，但其对于中国抗日大局的影响却是十分有害的。

其一，它有利于日本侵略者。开始阶段它作为日本抵挡国际联盟压力的一种手段，勾引中国政府堕入其直接谈判之圈套，起到了掩盖日本野心的作用；后来又成为日军欲利用谈判来达到军事侵略目的的另一种手段，要诱使中国不战而降。

其二，它暴露了国民政府内部"主战派"和"主和派"的分歧，加大了双方的矛盾与分裂，对最后导致汪精卫叛国集团的投日起到了"催化剂"的作用，难怪汪氏投敌后要以公布以前和谈内幕文件来"拉蒋介石一块下水"。当然，从另一角度来分析，这未尝不是件好事，因为经过这一回合的斗争，使中国抗战阵营更加纯洁而坚固。

其三，它对于中国正面战场上的抗日作战，起到了十分恶劣的破坏作用。因为顾及"调停"，使蒋介石一直心存一线"和平生机"，使他在上海、南京诸战役中作出了一系列脱离战争实际的错误决策，如严令上海前线已开始撤退之部队重返前线，直接造成前方陷入混乱与失控状态；在南京保卫战中又作出不切实际的"坚守"决定等等，把最后希望寄托于一旦"调停"成功，使抗战战役指挥不断受到非军事因素的干扰，最后一溃千里，不可收拾，直接造成了淞沪战役的大溃败与南京战役的决策错误，这是十分令人痛惜的。

无论如何，德国人"调停"中日战争之举在客观上欲达到的目的是为了恢复远东的"和平"，但聪明的德国人这次想错了，他们对日本的侵华野心与中国人民抵抗侵略的意志都犯了估计不足的错误。

中日战争严酷的现实摆在了希特勒及德国政府的面前，他们必须作出一个重大的选择：是要日本，还是要中国？！除此之外，别无选择。

德国顾问在抗日前线

七七事变爆发后，蒋介石于7月17日在庐山发表谈话，宣布开展全民族反对日本侵略的战争，正面战场上我国军队的抗日作战由此开始。

卢沟桥事变发生之时，德国军事总顾问法肯豪森正在南京，拟率领随员赴庐山休养。

也许是出于职业军官对于战争即将到来的敏感，法肯豪森鉴于北方军情紧张，曾于7月5日以《总顾问办公厅公函》（第7500号）向中方发出了《关于整理军平时驻地暨弹药补给之建议》一份文件，他认为"目前时机已届，亟宜指定各整理师固定及永久之平时驻地"，他主张将已整训完毕之国防军立即开赴各国防要点，抢占战略要点阵地，以备不测之需。同时"先以屯储两排弹药（等于八日所需）"分别补充部队及战线附近弹药库。法肯豪森认为：目前华北形势最危险，日本不久将会在华北开战，故主张"以甲种师（二十个师）战斗力为最强，且特宜于北正面作战"，"乙种师（十师）大概用于华中"。"北正面最重要之地区为黄河以北之冀省，而东正面最重要地区则为上海正面"。接着他在文件中详细拟定了南北两大战场我方兵力布置及具体军师驻地、弹药补给、兵员补充的方案，希望中方立即照此办理[43]。

7月7日，军政部参事王观洲奉命上报对法总顾问建议书的审查意见。他认为："总顾问主张，平时即驻重兵于前线，借以迅速占领国防要点，掩护集中，甚有见地，似可采纳。"但他同时又结合我方实际，指出了我军受各种内外因素制约，"保定沧县以上平时即驻重兵，又非事实之可能"。对法氏的布兵计划进行了适当修正[44]。然十分可惜的是，就在中方往复讨论之同时，日本已在华北发动了卢沟桥事变，并大举向中国增兵，实行全面侵略，而中方"纸上谈兵"的计划尚未来得及实施。不过从这份文件中我们仍然可以看出德国总顾问的战略眼光及其对中国抗战的有效帮助。

7月10日，法肯豪森率领克鲁马赫（Krummacher）上尉等人登轮，离开南京，于次日抵达牯岭。蒋介石立即召见了法总顾问。法肯豪森向蒋介石表示，他将随时准备返回南京指挥作战，蒋介石却要他在山上休息几天，静观战事之发展再作决定。

法肯豪森随即拜访了蒋介石的澳籍顾问端纳，同他讨论了北方战争，两人一致认为"日本的措施和要求苛刻之至，即使（中国）政府竭尽各种善意的心计和努力，亦无法阻止或挽救此一意外事变"，目前"情势严重"[45]。第二天上午，蒋介石再次召见法肯豪森，同意他立即下山返回南京，法肯豪森向蒋强调了时间的重要性，并"申称我们必须准备应付此一严重的长期战争，这场战争必定是全国性的，而且必须全力以赴，蒋委员长亦颔首为然"[46]。

7月14日，法氏返回南京，此时北方战争已展开，但掌握华北政权的冀察地方当局还想与日方谈判解决事变，从而保住地盘，地方部队临战准备不足，而南京中央军因受"何梅协定"的限制又不能开往河北，日军利用这一时机，向华北大举增兵，准备放手扩大战事。几天之后，蒋介石回到南京，他立即委派法肯豪森动身前往中央军在华北的指挥中心保定参与军机，法肯豪森抵保后进驻了他38年前随八国联军来华时住过的旧"总理衙门"——集会堂，在此与华北前线中方指挥官会商抗日作战方案。

由于华北地方当局的犹豫态度，冀察实权人物宋哲元对日方还抱有"万一"的一丝和平幻想，连蒋介石及中央政府的备战令也不肯执行，法肯豪森作为一个客卿顾问，自然也不能在推动华北抗日方面发挥什么特殊作用。7月26日，华北日军完成了增援部署计划，向中国军队发动了全面攻势，尽管我守军进行了激烈的抵抗。但终因准备不足，30日，北平、天津先后失守，华北战事告一段落。

法肯豪森此时已回到南京，他向蒋介石报告了华北情况。在此前后，他曾收到柏林方面某外交官员打来的电报，要他严守"中立"并运用其对蒋介石的影响力，说服蒋放弃武力抗日的计划，与日本做符合德国利益的妥协。法肯豪森没有照办，他说："如在当全中国人民对日充满愤恨之际，余所提之谈和建议，将被彼视为背叛友人之不忠行为。"[47]

鉴于日本海军已在上海一线准备发动新的进攻，8月13日，国民政府军事当局下令采取"先发制人"的手段，以原驻扎在宁沪一线的八十七、八十八师精锐部队围歼上海日本驻军，八一三淞沪战役就此打响。

担任主攻任务的两师部队是在德国军事顾问一手训练下整编出的我军精锐之师，拥有德式装备的强大火力。上阵之后，开始阶段一路冲杀，进展顺利。

法肯豪森认为八十七、八十八师的投入战场，实为考察检验德国顾问团整军工作的大好时机，因此他不顾德政府的禁令，立即赶往上海前线协助指挥战事。

8月29日，他在《介绍在前线军队的战术与军队组织》一书序言中写明了他对正在进行的淞沪战役的认识："为了进行一场持久战，一定要永远守住上海。"10月间，他又在写给德国的汇报中认为：中国军队的出击如此勇敢，日军占领上海、攻击长江江阴要塞的计划不会得逞[48]。

八一三淞沪战役持续了三个月之久，经德式训练之我军在日军强大援军攻击压力之下，成功地抗击了敌军无数次疯狂进攻，显示了较强的战斗力。因为八一三战役中中方参战部队从装备到战术，从训练到指挥都与德国密切相关，据我方统计，当时前后加入上海前线的德国军事顾问就达71人之多[49]，故当时有些日本及西方人士称此战役为"德国战争"（The German War）。当时日本陆军的水准堪称世界一流，但在中国军队顽强抵抗之下，猛攻三个月而未得推进其攻势，这一事实充分证明了经过德式训练装备的我国军队的作战能力比以往有了较大提高。当然，在这当中，官兵们保家卫国的精神所激发的勇气和力量也是不能低估的因素。

11月5日，日军新援兵力从淞沪南边杭州湾登陆，对我上海守军形成包抄之势。因我方最高指挥机关的这一关键性疏忽，使我主力在淞沪陷入被围，直接导致了上海防御战的溃败。8日，我统帅部决定上海守军全线向吴福线国防工事转移，但因战局变化太快，"部队已陷于极度紊乱状态，各级司令部已很难掌握其部队了"，结果演成了我军无秩序的大溃退。在这种混乱情况下，部队抵达既成国防工事后无人接应，"既无守备部队又无指示文件，各部很难找到工事构筑，即使找到后又无法打开工事大门。因此各路电话纷纷打到大本营汇报情况索取钥匙，侍从室派人到处找工兵指挥，蒋介石闻讯也气得跳脚大骂"。但战事混乱至此，一时也无法扭转。部队越过吴福线，继续后撤锡澄线。25日，日军占领无锡，中国军队在溃退之中又再次弃守锡澄线。就这样，经过几任德国总顾问设计监造，耗费了一百余万元资财修建的"东方兴登堡"国防线，在中国军队溃退之中没起任何抗敌作用就被舍弃了，闻之怎能不令人扼腕叹息！

上海战役的另一直接后果是我方已整训完毕的中央军精锐部队几乎丧失殆尽，德国顾问团的工作成果迅速消失[50]。重整与补充一时绝不能办到。在这种情况下，又因蒋介石忽视了法肯豪森关于防守南京的战术建议，1938年12月间，在南京开展的南京保卫战自然没守几天便告结束了，而德国顾问团的大多数团员都随国民政府后撤，迁往华中抗战中心武汉。

虽然中国丢失了平津、上海、南京等大城市，但从整个中日战局着眼，中方却依靠自己的抵抗与谋略，一步步地达成了吸引日军主力从华北南下，以长江一线为中日主战场，以及"以空间换时间"的战略目的，这也正是符合了法肯豪森总顾问的战略思想——即"以机动的战术在广阔的国土上，打击首尾不能兼顾的侵略者，如同第一次世界大战中德军在东非殖民地与强大的英军作战方式相类似。"[51]

德国顾问团撤往武汉之后，曾一度陷入无事可干的境地，后经宋美龄等出面协调才担负了新的工作[52]。受客观形势的影响与限制，其主要任务仅在于协助作战计划及巡察长江沿岸各要塞之防御，并督促武器生产。其具体的工作内容如练兵、教学、维护新式兵器等等暂时皆告结束。总顾问法肯豪森及一部分高级顾问在此期间参与了德国政府交付的以驻华大使为主的"陶德曼调停"工作，企图说服同为"德国之友"的中日双方停战讲和。法肯豪森曾对孔祥熙、白崇禧等人"指出战局之严重"，要他们注意"如果战争拖延下去，中国的经济崩溃，共产主义就会在中国发生"[53]。其后12月30日及次年1月10日，他又与中国军界高级将领及蒋介石直接会谈，表示"不能乐观看待抗战力量"。鉴于新组成之"模范军"部队已损失殆尽，他希望中方在能够接受的条件下与日方谈判停战。但在此同时，法氏仍继续在协助国民政府最高当局指挥正面战场抗战，尽他的一份力量。

日本占领南京后，急于沟通南北两大战场，使其占领区连成一片，于是发动了旨在打通津浦线南北两端的作战。1938年4月，在鲁南重镇台儿庄，我第五战区司令长官李宗仁将军指挥所部，击溃日本精锐部队的进攻并成功地围歼了孤军深入我内线的日军一万余人，造成了轰动一时的"台儿庄大捷"，这是抗战以来我军在正面战场上取得的最大一次胜利。法肯豪森在前线指挥部协助了我军作战指挥工作，他主张采取诱敌深入方法加以聚歼，他将此战役与1914年德军在塔恩堡战役中围歼俄军的经验相提并论，宣称：
"这是我们给敌军致命一击的最后战机。"[54]此役给予日军以迎头痛击，鼓
舞了全国人民的抗战意志，并向全世界表明了中国军民的抗日卫国决心，受
到了国内外正义舆论的热烈欢呼。

"台儿庄战役结束后，各国驻华武官纷纷前往战地参观，当时史迪威
为美国驻华武官，他会见了法肯豪森，与他讨论了战果"。美国女作家巴巴
拉·塔奇曼（Barbara W·Tuchman）在她的《史迪威与美国在华经验》
一书[55]中这样记载："德国首席军事顾问法尔肯豪森将军因中国军队没按他
的计划行动，气得狠命揪自己的头发。他说：'我告诉委员长要向前推进，
要发动进攻，要乘胜前进，可是，他们什么行动也没有采取，日军很快就会
把8到10个师的部队调到徐州前线，到那时就来不及了。'白崇禧同史迪威
和德国顾问们一道分析了这场战斗，白崇禧对进攻的经验不感兴趣，仍念念
不忘靠拖垮日军取胜的理论。[56]""这位了解日军个性颇深的德国顾问对史
迪威预料，日军将会卷土重来进攻徐州，果然不出所料，徐州不久即陷于敌
手，日军转而进攻河南。"[57]法肯豪森在台儿庄"很可能施展了他们对中国
人战略的最大影响"[58]。

巴巴拉·塔奇曼的这段记载是否完全如实尚有待研究，但她至少反映了
这样一个事实，即法肯豪森本人及其同事们在抗战初期的确是与中国人民共
同地在反抗日本的侵略，帮助中国的反侵略事业。尽管法氏出于一个德国军
人的习惯及观点，对于台儿庄大捷后我军乘胜扩大战果抱有不合实际的过高
期望，但其对中国抗战胜利之热切期望已跃然纸上，令每一个中国人不能不
为之感动。

国民政府由南京迁往武汉后，当时随同一起后撤的德国顾问们便成为
不久之后在纳粹政权威逼之下被迫离华返德的顾问团主要成员，其统计名
单如下[59]：

姓　名	来华及合同到期日期
von Falkenhausen（法肯豪森上将）	1934～?
Streccius（施太乃斯中将）	1934～1940
Starke（史达开少将）	1933～1939
Nolte（诺尔特上校）	1931～1939
Wilck（魏尔克上校）	1932～1940
Voigt Ruschenweyh（沃特·鲁希维中校）	1933～1939
Newiger（纳魏格中校）	1935～1939
Aderholdt（阿德霍尔德中校）	1936～1940
Baumbach（包姆巴赫少校）	1933～?
Brundel（布伦德尔少校）	1933～1938
Heinrichs（海因利希斯少校）	1934～1939
Lindemann（林德曼少校）	1929～1939
Krummacher（克鲁马赫上尉）	1929～1939
Mayer（马约上尉）	1929～1939
Baron von Stein（斯坦因上尉）	1931～1941
Stennes（斯特纳斯上尉）	1933～1939
Von Boddien（薄弟恩骑兵士尉）	?～?
Arnade（阿拿德上尉）	1936～1939
Bauer（包尔中尉）	1930～1939
Boegel（毕格尔中尉）	1932～1938
Hummel（胡默尔中尉）	1928～1939
Schmeiling Diringhofen（希麦林·狄林斯豪芬少尉）	1934～1939
Borchardt（波洽德少尉）	1935～1939
Stoelzner（史脱次纳中尉）	1928～1939

此外，还有一批非现役军人的顾问团员，名单如下：

姓　名	来华及合同到期日期
Bautz　（包兹，装甲车修护师）	?～1939
Bernhardt　（班哈持，骑兵保养官）	?～1939
Heinrich　（韩利希，工兵士官）	?～1939
Kubik　（库必克，工头领班）	?～?
Lohmann　（劳曼，后备少尉，工程师）	?～1939
Martin　（马丁，装甲车维护师）	?～?
Pohle　（波革，士官）	?～?
Senczek　（森克柴克，政府监督官）	?～1939
Schultze　（舒尔茨，士官）	?～1939
Lebsanft　（莱布桑浮持，哈布罗公司代表）	1937～?

抗战开始后，由于德国政府采取亲日的远东政策，使中国国内及国际上反对日本侵略的人士，对德国顾问在华参与抗战军事行动的可靠性产生了怀疑，加上德国顾问们行动神秘，更加加深了国内外舆论的疑惑。

1937年8月12日，国民政府军事委员会办公厅根据武汉警备部所获情报发出致军政部密函一件，转达了外电关于德日双方就德国顾问供给日方有关中国军事情报达成协议的消息，引起了中方的极大忧虑，该函全文如下：

案准外交部情报司本年八月七日密函开："顷据上海密报：据哈瓦斯社方面消息，日德之间已有密约，由德籍顾问供给日方关于我国之军事秘密，日方允于事后与德以青岛及山东之权益"等语。查所报告各节关系重大，相应密达查照。等由，准此。案关国防，相应密达，即希严切注意为荷！

此致

军政部

中华民国廿六年八月十二日

国民政府军事委员会办公厅印[60]

经过中方军事委员会的缜密调查，确认这一消息尚无事实根据。8月21

日，军委会又向军政部等各有关机关发出公函，命令各部门"对于德顾问等应照常信任服务"，"各机关须彻底令知各级遵照"。25日，军委会又一次密令各部属机关将8月12日关于防范德国顾问的密函"即行一并销毁"，唯恐让德国顾问探知而影响双方的友好关系[61]。这场风波至此告一段落。不仅如此，因为这一缘故，连军需署呈报在该署服务的德国顾问申莱克聘约到期，又"于教材及教授法微乏统系，有失学子信仰，不拟继续聘请"一案，也由军务司下令"暂勿庸议"，大有愧对德人聊以补偿之心态，中国官方对德顾问之优遇，由此可见一斑[62]。

尽管中国官方采取了实事求是的态度来处理与德顾问团之间的纠纷，但在中国军队基层部队中，下级士兵与军官同他们的德国顾问的关系仍然并不那么融洽。

1937年8月25日，德方合步楼公司曾致函中方军政部长何应钦，对驻江阴要塞的中方炮兵部队官兵不信任其德国顾问陈门苏上尉之事提出交涉。该函认为，陈门苏发现中方官兵不得其指导就擅自装填德炮炮弹，造成炮管损伤，并委过于德炮质量不佳。另外"当地中国军官对于敝公司供给之炮颇有反对之论"，"此项不合理而含有恶意之批评颇予敝公司人员难堪"。该函在强调德炮质量"最优"的同时，特别指出"在江阴目前情况之下，敝公司人员为谋中国福利，不顾其个人生命危险而与中国士兵患难与共，其对于是项论调可发生使人不快而难堪之影响"，"最使其难堪者，某日军中全体竟无只字通知开往他处而遗弃（顾问）一人于原处，又当士兵寻觅危险较少之处时，亦不通知其离开危险处所，更不为其谋膳食及安全处所在，如此情形之下，敝公司不得不决定将其召返南京。惟为中国政府利害关系计，拟请钧长在此艰难之时期中，饬令对于敝公司人员施以与中国官兵同等之保护及待遇"[63]。

与双方基层人员时有矛盾形成明显对比的是，此期中方与顾问团上层人士间的合作还算完美，除了前述法肯豪森等人的致力援华抗战及中方领导人的对德友好信任态度外，其余高级顾问也在积极地为中方抗日作战出谋划策。

1938年9月，正值武汉会战紧张之时，德顾问史太邱曾向中方军委会办公厅上函一件，提议中方效仿德国组织"冲锋队"，抽调精兵强将，配给精锐武器，在战场上发挥"排头兵"与"模范军"的作用，并在航空兵、海军、坦克兵中加以推广，"使用于战争之重点，担任有限定范围之任务"，如能照办，"则不特构成国军之骨干及攻击胜利之必要前提，且亦为万一国内发生事变时，政府可恃之力量也，一至复员之时，彼等乃为平时建军之核心"[64]。军政部奉军委会之令，采纳了他的这一建议，"拟就此种武器较为完备且经训练有素之步兵学校、教导总队抽编一营先行试办"[65]。

以上这些便是德国顾问团在我国抗战初期对于正面战场抗日战事的部分贡献。由于此期中德关系正在日本干涉之下渐趋低潮，而德国内部纳粹党人逐步夺取军队大权，采取"亲日疏华"的远东政策，因此中方对于德国顾问的在华活动，尤其对其参与抗日战事之行为严格保密，以免泄露从而引发中德日外交纠纷。所以，关于这段时间内德国顾问团的在华活动，极少有资料留存可供参考。我们对于德国顾问参与中国抗日战争的种种活动，只能根据其在战争爆发前后的言行及史料中残存的若干零碎文件，艰难地加以考证汇集，保留这一点珍贵的历史，以供后人了解。

永远的拉贝

正如民国时期中德关系中其他众多事件一样，抗战时期德国侨民的在华活动作为双边关系的一项内容，直到半个世纪后才得以慢慢揭秘。

在民国时期的首都南京，也是民国史上中德关系许多重要事件的发生地，至今还在传扬着一位德国人的名字，和他在半个多世纪前在南京非凡的人道主义努力。在日本侵略者攻陷南京之后长达6个星期的震惊中外的"南京大屠杀"暴行中，约翰·拉贝（John Rabe），这位德国商人，联合一批在宁外国人士，担负了"南京国际安全区委员会"的工作，勇敢地保护了近

20万的南京难民，使之免遭日军的屠杀，他们运用自己的特殊身份，部分地阻挡了日军对手无寸铁的中国人疯狂野蛮的残害，在腥风血雨之中扬起了一面人道主义的旗帜。正因如此，拉贝便成为中国人民永远怀念的德国友人，被誉为"南京的辛德勒"，拉贝的这段事迹亦成为中德两国人民深厚友谊的写照。

因为拉贝当时的特殊身份、他与希特勒、纳粹党的关系，和他离华回国后的遭遇，在在体现了当时中德、德日关系的实质。

约翰·拉贝生于1882年，1908年来华，先后在北平及天津从事商业贸易活动。1937年中国抗战爆发时，他的身份是德国西门子公司驻南京代表。拉贝在中国前后生活了近30年，他的子女及外孙女都出生在中国。他对中国人民充满感情。"南京大屠杀"发生后，拉贝曾在致希特勒报告日军暴行的书信中开头这样写道："在这里（指中国），我生活安宁并在生意上取得了成功，我一向（哪怕在大战期间）都得到了中国人的厚待！"[66]

1934年，拉贝为了在他供职的南京创办一所德侨学校，需要得到德国政府及国社党的批准。按规定，只有纳粹党员才有资格申请教师及办学经费，为此，他加入了德国纳粹党[67]。当时，希特勒及纳粹党对外侵略扩张、对内独裁专制的本质尚未充分暴露，拉贝一直生活在中国，对国内情况不是很了解。他对该党的认识还停留在希特勒上台前，许诺为工人、为穷人谋福利的党纲上。他曾在日记中表示，自己心目中的纳粹党是这样的："我们是劳动者的士兵，我们是工人们的政府，我们是工人们的朋友，我们决不会抛弃困境中的工人（穷人）！"[68]南京城陷前，拉贝又代理了一位休假朋友的纳粹党南京支部负责人的职务。但这一职务却使拉贝能够直接与纳粹党要员直至希特勒发生了联系，并在他阻止日军暴行时获得了意外的效果。

1937年11月末，鉴于淞沪失守，战争很快将波及南京，金陵大学部分中外人士欲按照上海国际安全区模式，在南京发起组织国际安全区委员会。当时留在南京的外国人有27名，其中15名参加了国际委员会。22日下午，"国际委员会开会讨论成立一个南京平民中立区"，拉贝被推选为主席[69]。会上草拟了建立安全区的建议。他们的建议得到了英国和美国驻华大使的同意，并通过美国大使馆转交日本方面[70]。

12月2日，间接传来了日本当局的答复，日本政府对"国际安全区"予以否决，但是，却又表态说"只要与日方必要的军事措施不相冲突，日本政府将努力尊重此区域"[71]。

与日方相反，中国市政当局对拉贝的"国际安全区"计划给予了肯定与大力支持，拉贝从中国军政负责人手中得到了划定"国际安全区"内的行政管辖权及警力指挥权，并得到了充分的人力、粮食与资金补给。中方还按拉贝等人的要求派人拆除了"安全区"内的军事与空防设施。

在此前后，拉贝又给德国元首希特勒发去电报，企图通过他迫使日本政府同意承认安全区。他曾对此举抱有很大希望，但最终结果却出乎他的意料。

12月8日，国际安全委员会贴出《告南京市民书》，动员滞留城内的市民到安全区内避难。

拉贝不是安全区的发起人，但他被推为主席，概出于以下几种原因：

（一）拉贝是德国人，又是德国纳粹党南京小组长。他出任主席，"有望更好地与日本当局进行谈判"[72]。鉴于1936年11月德国与日本缔结了《反对共产国际条约》，两国建立了政治、军事同盟，这使得德国人与日本人之间有了"盟友"关系，由德国人出任"国际安全区"委员会主席，也可以说是一种对付日本人的策略，期望对日交涉能够顺利些。

（二）拉贝的能力、学识足以担当此重任。拉贝当时50多岁，可以说是一个中国通。上海八一三抗战后，他就参加了马吉牧师在南京创设的国际红十字会南京委员会，为救济伤兵及上海方面涌来的大批难民做了大量的工作[73]，有一定的工作经验和工作能力。

（三）拉贝对中国人民怀有深厚的感情。当国际安全委员会成员推选拉贝为安全区主席时，他"毫不犹豫就接受了这一职务"[74]。他当然清楚此时留在南京意味着要冒生命的危险，但他谢绝了朋友的劝告，表示"但愿我能够胜任这个也许会变得十分重要的职务"[75]。

在以后一个多月时间内，拉贝与十几万中国难民一起度过了日军大屠杀最为残酷、将南京变成一座人间地狱的一段血腥岁月，他以巨大的努力证明自己不负众望，尽到了他的责任。

拉贝和他领导下的国际安全区，在南京大屠杀中为保护中国难民和财产所起的作用是巨大的，拉贝功在首位。其功绩主要在以下三方面：

（一）救助了20多万中国难民，使他们免遭屠杀、蹂躏。

（二）安全区内保护了一大批房屋财产，其中一些是无法用金钱估价的近代优秀建筑，使之免遭日军焚毁。

（三）拉贝留下多达2,400多页的战时日记及其他史料，以及安全区内其它外籍人士拍摄的电影、照片、纪录的文字，是日军南京大屠杀的铁证。在这一点上，值得一提的德国人还有当时滞留在南京城内的德国外交官罗森（Rosen）。1937年12月至1938年3月，他在致德国外交部的报告中多次如实地报告了日军在南京的暴行，成为在德国官方文件中唯一的记载"南京大屠杀"的历史资料。罗森的这份报告1988年在德国波茨坦档案馆被发现，它与拉贝日记一样，成为当时德国人记载日本军队暴行的重要文件[76]。在七十多年后的今天，这些日记与报告依然发挥着巨大的史证作用，成为回击日本右派否认"南京大屠杀"的最有力的根据。

在这场奋斗中，拉贝全身心地投入了对日本占领军的交涉抗议与斗争，不分昼夜地工作在"国际安全区"，阻止日军闯入与施暴，维护安全区内难民的生命安全，保护妇孺免遭日军摧残，他还要四处寻求食品，供应难民们食宿。在他租住的广州路小粉桥1号的宅院里，也收留了600多个附近的居民，由他负责供给衣食。日本兵曾多次偷偷爬墙而入作恶，拉贝则一次次地利用纳粹党"卐"字标记来对付这些强盗，往往具有意想不到的效力。那些强奸中国妇女的日本兵一见到这个高鼻子蓝眼睛的德国人，就连呼："德意志！德意志！"被迫停止作恶悻悻而去。

例如1938年1月30日，拉贝在日记中记载了这样一件事："下午4时，在去平仓巷的路上，我的汽车在汉口路被约50名中国人拦住，他们请求我去解救一名妇女，她刚被一名日本兵带走，后者欲强奸这名妇女。我被领至薛家巷4号，该日本兵就是把这名妇女带进了这所房子。这所房子已被抢劫一空，地上到处是各种各样的碎片……我在隔壁一间堆着稻草和杂物的房间的地上发现该日本士兵正欲强奸那名妇女，我硬把他从房间里拖到走廊上，当他看见这群中国人以及我的汽车在外边时，便夺路而逃，消失在邻居住宅的废墟里……"[77]

又一天下午，6个日本兵又攀越拉贝的住宅院围墙。拉贝用手电筒照射一名日本兵，该兵举起手枪，欲加射击，但他大概意识到伤害一个德国人后果不会太妙，于是悻悻地收起枪，日本兵不愿意再爬墙，要拉贝打开大门让他们出去。"我严厉呵斥了他，并把卐字袖章举到他的眼前……"[78]质问日本兵明不明白这袖章的含义。这枚黑白图案的袖章使日本兵望而生畏。他们只好乖乖地爬墙出去了[79]。

就这样，几只德国纳粹党"卐"字标记的袖章便使拉贝和另外两名德国人，成为日本兵最奈何不得的人物。而其他在安全区工作的英美人士则遭到了日本兵的武力对待，以至于美国人金陵大学教授贝德士说他恨不得也能拥有一个纳粹标记来对付日本兵[80]。

屠杀、强奸、抢劫、纵火，日军暴行仍在步步升级，"暴行报告，纷至沓来"，日本占领军当局对此并不采取任何有效的干预措施。

拉贝义愤填膺，多次召集国际委员会成员紧急会议，20多名外国人联名在抗议书上签字。拉贝带着14名代表将抗议信送到金陵大学对面的日本大使馆。函中措词尖锐地说："贵国军队在难民区续施骚扰，鸡犬不宁，20万难民痛苦呻吟，敝委员会不得不请求贵使馆，转呈贵国军事当局，迅速采取有效行动，阻止不幸事态。"[81]田中参赞答应转告军队，但情况并未好转，暴行报告仍不断地送到安全区总部。

拉贝和他的委员们只能疲于奔命，每天奔走在各出事地点，一处一处地驱赶日本兵，尽可能地阻止暴行。拉贝他们每天提交日军暴行的详确报告，同时分送美、英、德等国使馆，向日本使馆抗议再抗议。经拉贝"国际安全委员会的竭力交涉，敌兵明目张胆的兽行，略见减少，但其灭绝人性的残暴程度，并未降低"[82]。

拉贝作为安全区的负责人，他面对着的是无法克服的重重困难。除了要防止日军的恶意侵扰和屠杀外，难民区的衣食药品供应也是个大难题。在总面积只有3.85平方公里的难民区内，拥挤着20多万难民，每幢房子里都挤满了人，人们只能一个挨一个勉强躺下。所有的空地上都搭满了芦席棚子。天寒地冻，这么多人要吃、要穿，粮食、煤炭、饮水、药品，少了哪一样，几十万人都将难以生存下去。

拉贝致函日本大使馆，要求与日本军事当局洽商，"能否赴难民区外装取存米"。这些存米，"除了（原南京）市政府拨交国际委员会的3万担，还有中国军事当局在南京附近尚存的米10万担。随着南京的陷落，都落入日军之手"。他要求日军准许安全委员会"装取其余2万担"[83]。

日方先一度允诺出卖一些米面，后又自食其言，不予供应，让拉贝去找伪"自治委员会"，而"自治委员会"汉奸们奉令只准许向"国际安全区"每3天出卖1,000袋米[84]。拉贝得知此情后不禁大怒，说30万人1,000袋米怎么够吃？问问日军，他们每天吃多少？

1月14日，拉贝致函日本大使馆福田参赞，斥责日军当局的不人道行为。同时提出"目前必须设法使平民每天购米1,000袋，并迅速增加到1,600袋"。此外，需解决大批面粉、燃料，以减少冬季难民的痛苦[85]。拉贝又派员前去与日本军方交涉，进一步提出，难民还应补助食品，否则"如仅仅吃白米饭，数星期后，恐将疾病丛生"[86]。要求日军出让花生、豆油、菜蔬之类，供给难民。遭日军拒绝后，拉贝设法与上海联系，募集捐款，购买副食品600吨。而日方有意刁难，不许国际安全委员会从上海装运食品[87]。

拉贝为此反复向日方交涉，他又敦请英、美、德使馆出面，给日军施加压力[88]。国际红十字会主席马吉也四处奔走，通过各种关系和国际舆论压力，终于迫使日军同意难民区每天可购米1,000袋。拉贝又亲自拜访英、美使馆负责官员，希望国际人士能向中国难民伸出援助之手[89]。经过他的努力，终于从美国红十字会、英国市长基金会、中国银行家协会、上海救援南京委员会等处募得21.5万元捐款，并购买到了一些急需的粮食和药品。日本当局闻讯竟厚颜无耻地提出，要“没收各方捐助的款项物料”给日伪机关支配[90]。拉贝则坚决地予以拒绝，并通报美国大使馆，指责日军如采取这种行动，“将招致全世界舆论的责难”[91]。

在拉贝的努力下，难民区一度停炊的粥厂又升起了炊烟，濒于饥饿死亡的大批难民又得到了一份维持活命的食物。

总之，在南京沦陷最初最危急的两个多月内，受拉贝和国际安全委员会救济保护的难民达20多万人，受保护免遭屠杀的难民达10万多人，妇女受庇护免遭日军蹂躏的有数万人[92]。

此外，由于日军四处抢掠纵火，“南京城中房屋总数的89%都由于纵火、抢劫、掠夺各种原因被破坏了”。然而，唯一得以幸免火灾的地区，是面积占全城总面积八分之一的国际安全区。“安全区内没有发生火灾”，而且与外面的破坏和暴力比较起来，安全区里的待遇要优厚得多”[93]。这是拉贝及其领导的安全区经过与日军的多次斗争抗议而取得的成功。南京城内金陵女子文理学院（今南京师范大学）、金陵大学（今南京大学）、鼓楼医院等一批近代优秀建筑得以幸存，宁海路、颐和路一带几百幢私人小洋楼得以保留，作为历史文化遗产，其价值是无法用金钱估量的。

抗日战争结束后，拉贝和当时在南京的27名西方人，都得到了中国政府颁发的彩玉勋章，以表彰其在南京保护中国民众与财产的功绩。

在共同的患难日子里，拉贝与南京人民结下了深厚的友情。

1938年1月13日，当西门子公司上海总部要拉贝离开南京时，拉贝一再要求延期，面对20多万时刻处于日军屠刀下的难民，拉贝深感自己责任重大。他在1月14日给上海理事会主任迈尔去信，陈述了南京难民区的危难情况，“为此，我特请求允许我在难民委员会解散前留在这里，因为实际上许多人命运取决于少数欧洲人的去留”[94]。

南京25所难民收容所的所长和各区区长闻讯后都联名给西门子公司上海

总部去信，要求让拉贝再留一段时间。

直至2月22日，拉贝不得不在最后时刻被迫离去，他乘英舰前往上海，于4月底回德国，结束了他在南京的一段难忘的生涯。

拉贝在南京的经历，不仅对他个人有深刻之影响，而且涉及此期的中德关系与中德日三边关系。

日军攻陷南京后，拉贝每天都撰写战时日记，记录他所目睹的日军暴行。他在日记中对此一再表示出震惊与愤怒。他真实地记录了500多个惨案。日军屠杀、奸淫、放火、抢劫等罪行，使拉贝陷入痛苦反思之中，他开始思考日军侵略战争的本质。南京人民的鲜血也使拉贝经历了对希特勒及其纳粹党由信赖到怀疑，进而放弃幻想的过程。

在筹备国际安全区时，拉贝一直幻想通过希特勒来迫使日本同意设立安全区。1937年11月25日，拉贝通过上海德国领事馆领事克里拜尔和上海国社党中国分部负责人拉曼给希特勒发电报，请求"元首阁下劝说日本政府同意为平民建立一个中立区，否则即将爆发的南京争夺战将危及20多万人的生命"[95]。

第二天，日本的一家报纸刊登了一篇否认安全区的文章，拉贝十分担心这反映了日本政府对安全区的态度。他为此忧心忡忡，"如果计划（指设立安全区）不能实现，我们该怎么办呢？困难确实很大！我寄希望于希特勒"[96]。

这时的拉贝，显然把希特勒看成一个能力挽大局和同情中国的英雄："我仍然希望希特勒帮助我们。一个和你我一样普通而朴实的人想必不仅对自己民族的灾难，而且对中国的灾难也有着最深的同情。我们当中（德国人或外国人）没有一个人不坚信，希特勒的一句话（也只有他的话）会对日本当局产生最大的影响，有利于我们建立中立区，而且这句话他一定会说的！！"

从两个感叹号上，我们可以看出当时拉贝对希特勒的崇拜和迷信。希特勒的话确实能影响日本当局，然而拉贝不知道，此时的希特勒已不是当初给工人、穷人许多许诺的希特勒。德国已和日本、意大利在政治上结成轴心国，在军事上积极扩军备战，有了侵略扩张的长远的规划。最后三国结成划分世界势力范围的法西斯同盟。拉贝处于德国的中下层，对德国纳粹政府侵略扩张的规划自然一无所知，也不知道希特勒决不会为了中国而和盟国日本交恶，影响其称霸世界的"大业"。

12月1日，德国大使馆秘书罗森从美国人那里得到消息，电报已发出去了，估计柏林已收到。拉贝因而十分高兴，他对希特勒充满了幻想："谢天谢地，现在我敢肯定，我们有救了。元首不会丢下我不管的！"[97]

然而，无情的现实让拉贝一次次地失望了，柏林方面没有任何动静。12月2日，拉贝又从罗森处得知驻华大使陶德曼对拉贝的行为持非议，认为他没有必要给希特勒发电报，拉贝从此明白已不能再指望希特勒了。但至此拉贝仍然没有完全失去对希特勒对日本影响的期望。

回到德国以后，拉贝于5月2日至25日在德国外交部等处作了五场演讲[98]，他向人们展示自己日记的内容和日军暴行照片，揭露日军在南京的暴行。他还于6月8日特别给希特勒本人寄去了一份揭露日军在南京暴行的报告。

拉贝回国后的一系列行为，动机十分明显。他是基于一位正义之士对侵略战争的憎恶，对日军暴行的痛恨和对中国人民的同情。拉贝在离开南京之前，就已得知滞留南京后先行回国的两名德国人，因为揭露日军暴行而遭盖世太保逮捕。但他回国后仍然义无反顾地揭露日军，毫不考虑此举会给自己带来的后果。

此时，拉贝对希特勒仍抱有一丝幻想，"我并无意和德国的政策以及德国当局唱反调"[99]。他多次演讲，向德国有关人士揭露日军南京大屠杀的真相，以期引起国际舆论对日军罪恶行径的谴责。在遭到盖世太保多次警告"不要再作此类的报告及出示与此有关的照片"[100]后，他仍寄希望于希特勒的态度有别于纳粹下层分子，于是他"为了履行我对身在中国的朋友们许下的诺言"[101]，向希特勒"通报南京的中国平民遭受的苦难"，希望希特勒出面干预日军在南京仍在继续着的屠杀暴行。与此同时，拉贝希望对希特勒加以规劝，要德国警惕日本这样凶残的友邦；警惕日本在远东的行为是否会构成对欧洲的威胁；警惕日本作为德国的轴心盟友，其所做所为会给德国带来的影响。"虽然我十分同情遭受不幸的中国，但我首先是亲德的……这并不阻止我坚持原则……报告在南京发生的真实情况"[102]。

后来的情形是：拉贝在寄出致希特勒报告后没几天，便遭到秘密警察的逮捕，他的6本日记和有关日军暴行的照片也被搜走了。拉贝被强令保持沉默，不得再举办报告会、出版书籍，特别是不允许展示日军暴行照片。三天后，拉贝在西门子公司保释下被释放。1938年10月，拉贝拿回了他的日记，而部分照片却被没收了，"帝国经济部通知我，说我的报告已被最高层阅过，但我们的外交政策不会改变"[103]。

此时，拉贝对希特勒的幻想彻底破灭了。拉贝已看清了纳粹的本质，勇敢地提出了退出纳粹党的要求[104]，这在当时是需要巨大勇气的，但当局拒绝了他的退党申请。

1942年，拉贝开始整理他在南京的战时日记和资料。这一举动与当时时代背景有直接的关系。

1939年9月1日，法西斯德国进攻波兰，点燃了第二次世界大战欧洲战火。与此同时，希特勒开始大批屠杀共产党人、进步人士，特别是推行灭绝犹太民族的政策更达到了疯狂的程度。1940年成立的奥斯威辛集中营是纳粹对犹太人进行大屠杀的集中场所，在德军占领区各地，纳粹屠杀了几百万犹太人和进步人士。这一切，和拉贝在南京亲眼目睹的日军南京大屠杀又何等相似！

拉贝没有在刚拿回日记的1938年，也没有在1945年希特勒倒台后整理日记，而是在1942年希特勒"全盛期"中，花了一年多时间和精力来整理战时日记，是其深思熟虑的结果。他意识到了，日记是一份历史文献！是记载侵略战争罪行揭露法西斯罪恶的历史见证！此举表明他不仅彻底看清了纳粹党的本质，而且对法西斯已十分厌恶、痛恨。他一再劝说家族中的几名年轻人退出纳粹党之举则从另一个方面证实了他的政治立场的这一转变[105]。

在纳粹的淫威下，西门子公司也未再给他安排与他能力相当的职务。拉贝的生活从此每况愈下。

1943年11月，拉贝的住宅在柏林大轰炸中被炸毁。到1945年战争结束时，拉贝已是63岁的老人，全家6口人，失去基本生活来源，靠吃荨麻和橡子粥维持生活。

1946年6月，在清算纳粹罪行时，拉贝因为他在中国的人道主义行为，被脱掉了纳粹分子的帽子[106]。

拉贝对南京人民做出了贡献，崇尚报恩的南京人民更没有忘记他。1948年初，拉贝生活窘困的消息传到南京，引起市民的强烈反响。当年受拉贝庇护免遭日军凌辱的妇女，躲过灭顶之灾的男子，得到衣食相助的老人，无不尽己所能，解囊相助。南京市参议会还成立了救助拉贝劝募委员会，不几日便募得1亿元国币，经特别批准，按市价购买美金2,000元，辗转汇至德国援助拉贝。

因当时在德国有钱也买不到食品，南京市长闻讯后，即命人在瑞士购买奶粉、香肠、茶叶、咖啡、牛肉、奶油、果酱等，分成4大包寄交拉贝。后来，南京各界又决定，从1948年6月起，按月寄赠实物一包。

3个月后，南京人接到了拉贝充满感激的复函，告知包裹已到法兰克福，待领到包裹许可证就可领取。他说"我们只有收集野菜野果，为孩子们加汤，而我们大人都靠干面包与汤糊度日，最近连面包亦难以得到，至于马铃薯与我们早已绝缘了。处于此种艰难处境，我作为一家之长，接到这些食品，对我具有多么重要的意义啊！"

数日后，拉贝又复一函，说包裹已收到，全家"均感无限快慰"。南京人民的友谊支持，使他重新建立起了生活的信心。

此外，南京市政府还提议给拉贝发放退休金，请他携带家眷到中国来安度晚年。但他因故终未能再回到中国。

1950年，约翰·拉贝患中风在柏林去世。去世前，他将已精心整理好的8本日记托付给家人，并注明只供近亲好友阅读。从此拉贝日记在拉贝儿子家的地窖里沉睡了几十年。

时光飞逝，一转眼过去了40余载。

1996年12月，拉贝日记最终由他的外孙女莱茵哈特夫人在美国公之于世，激起了中国、德国乃至全世界人民的反响，德国国家档案馆收藏了拉贝日记原本，而其复本亦被拉贝后人转赠给南京市"侵华日军南京大屠杀遇难同胞纪念馆"收藏。经过中德双方协作,《拉贝日记》中德文本已分别于1997年8月及10月在南京及德国出版,并被译为英、日、意大利等多种文字在世界各地出版。这份珍贵的史料终于发挥了它应有的作用。

为完成拉贝先生的宿愿,莱茵哈特夫人代表其家族向南京市捐赠了拉贝先生的墓碑,并于1997年9月亲自前往南京出席了墓碑安放及拉贝事迹展览开幕式。

现在,拉贝先生的墓碑已由德国飞越万里运抵中国,安放在南京"侵华日军南京大屠杀遇难同胞纪念馆"内,与曾经与他共患难的南京人民长久相伴。拉贝先生的事迹将为南京人民世代传颂。

拉贝对南京、对中国人民的贡献,是民国时期中德两国人民友好关系史上的一个突出例证。人们将记住在中德友好关系史上这位"永远的拉贝"。

在本节最后,我们不能不补充另一件有关德国与中日战争的重要情节,这就是本节前已提及的在南京城沦陷后,留守的德国外交官对于侵华日军南京大屠杀暴行的记录与披露。

1937年11月22日,陶德曼大使离开危城南京撤往汉口,南京城内留下了德国外交官罗森(Rosen)代理德国大使的工作。12月8日,在日军的猛烈攻击之下,罗森与美英等国使馆留守人员撤往长江中的轮船上以躲避炮火,18日,当他们稍稍心定之后,试图登岸返回大使馆,但已占领南京的日本军队不允许他们上岸,原因是"日本人不愿让我们看到恐怖的日本军队对南京市民们的失去理智的报复行为"[107]。

到新年过后的1月15日,罗森又在南京报告说:"在最近几周恐怖的日子里,日本人完全毁坏了市区商业中心,虽然攻占南京已逾一月时间,但直到今天,日军仍在市内纵火。"[108]5天后,罗森又报告了在南京的德国与美国外交官对日军南京大屠杀暴行的目击证词。2月10日,罗森又做了一件具有重大历史意义的事,他把一份由美国传教士马吉(J.Magee)拍摄的日军暴行电影胶片之复本拷贝送往柏林,尽管当时罗森此举的动机不是为了揭露日本法西斯的残暴,而只是尽他向国内反映情况的职责,但此举的客观效果对于保存日军大屠杀历史证据的意义是不言而喻的。直到3月4日，罗森一直在连续不断地报告日本军在南京城内各种烧杀奸淫的残暴罪行[109]。他的这些珍贵的历史记录，保存在"德国驻华大使馆档案"中，成为我们今天揭露侵华日军南京大屠杀罪行的有力佐证。

据说，纳粹外长里宾特洛甫及其手下看了罗森的报告及转来的影片，他们"几乎不相信这些已在1938年1月6日由陶德曼大使证实了的罗森来自南京的毫无夸张的报导"[110]。

罗森在这些报告中还涉及蒋介石的行踪、南京"国际难民区委员会"的工作、南京守城卫戍司令唐生智弃城而逃以及日本在南京组织的伪"维新政府"汉奸头目介绍等多方面情况，具有较高的史料价值，他甚至于在报告中还谈及了"台儿庄战役"的有关情况。

与此相类似的，当时德国驻华各地领事馆领事与外交官们也纷纷向柏林报告了有关中国抗战的情况、日军在中国各地的侵略及暴行活动，有的还介绍了中国共产党及其武装在华北等地抗日的行动。如1938年3月底，德国驻北平使馆办公室主任比德尔（Bidder）在给国内的报告中就介绍了中国共产党及其领导的八路军在华北的活动，并对八路军的抗战成绩给予了高度评价。他写道："一支独立的中国军队，完全得到了人民充分地支持……他们的这些以人民群众为强大后盾的斗争，使得所谓的北平'临时政府'甚至连河北省也不能控制，何况在全国范围内，中国民族抵抗力量确实在增长。北方的这些独立区域将越来越多地被游击队的活动所控制。正因如此，位于北平与太原府一线中部的这一大区域中心——五台山区，至今仍能视之为北方无可非议的中国防卫司令部"[111]。比德尔称赞中共八路军是一支"正在增长的政治力量"，他有"集中统一的领导和有计划地招募士兵装备军队"，以及"意志坚定的、遍及每一座茅屋的关于抗日目标的政治教育"，"这支军队及其领导者的名字传遍各地"。比德尔认为必须对此给予足够的关注。他同时认定，"中国人民以绝不投降和不妥协来坚持他们的这种信念：这场战争的最后胜利是必定无疑的"[112]。

德国外交官的这些记载以及对于日本侵华军事战略的悲观分析并不是出于他们的正义感，他们对于日军在华暴行的谴责是出自他们自己角度的考虑，正如罗森在1937年12月24日报告中所写的那样，因为他认为："伴随着日军的残忍行为，日本人制造出了一种有利于共产主义的危险气候。"[113]他甚至公然声称，他不反对日本对中国的占领，而只是要求这是一种"比较文雅"的占领[114]。驻天津德国总领事斯托那尔（Stoller）甚至露骨地说"目前仍然期望日本军国主义取得对蒋介石作战的胜利"，但他下面的一句话却又不得不说明了这样的一个事实，"日军仅仅占有一条由铁路网构成的钢铁动脉，伴随着他们军事上的胜利，遍及广大土地上的反抗斗争也开始了"[115]。

由明变暗的军火贸易

七七卢沟桥事变爆发后，中国国家体制转入战时轨道，正如战前所估计的那样，全面抗战的开始使中方对于外购军火军备的需求愈加迫切。开战前夕，中国政府派出了以行政院副院长、财政部长孔祥熙为首的中国代表团出访欧美各国，寻求外交及军事支持，德国自然是其争取的重要目标之一。

孔祥熙访德期间，向德方订购了大批军火，其中包括各类轻重武器，这批军火不久即装船运华，及时赶上了在上海发生的抗日战役。当时中国对德军火订货之情形如下表所示：

一、根据蒋介石手谕指示对德订购军火表[116]

品　名	订货数量	至1937年底供货及改订情况
一、陆军方面：		
轻型战车全套	120辆	已全部撤销
2.5吨Diesel重油摩托机	400台	已全部撤销
脚踏摩托车　（两轮）	120辆	已全部撤销
脚踏摩托车带附车　（三轮）	70辆	已全部撤销

1.5吨摩托机修理工作车全套	20辆	已全部撤销
2.5吨摩托机修理工作车全套	11辆	已全部撤销
二、空军方面：		
2公分高射炮	240门	已撤销
3.7公分高射炮	120门	已撤销

二、孔祥熙访德期间订货表[117]

品　名	订货数量	至1937年底供货及改订情况
一、陆军方面：		
防毒面具	50万具	撤销40万订货，10万在运华途中。
听音机（窃听机）	27架	
SSPatronen子弹	1千万发	已到货（货号10072）
子弹： 其中：SS式 SMK式	5亿发 4.5亿发 5千万发	1.6亿发已到货，余3.4亿发撤销以后再订。（货号10073）现在途中。
二、空军方面：		
HS123型飞机	100架	减为12架（在运途中）余撤销
飞机子弹	12万发	
燃烧弹	10万枚	在运途中
10公斤飞机炸弹	5万枚	在运途中
50公斤飞机炸弹	1.1万枚	3千枚普通性及8千枚缓性炸弹均在运途中
150公分探照灯及附带件	50套	减为29套（27套在途中，2套再议）其余撤销
60公分探照灯	36套	在运途中
8.8公分摩托化高射炮	24门（6个连）	先撤销以后再订

随同孔氏访德的中国海军部长陈绍宽，曾在柏林与德方海军司令达成合作协定，由中方派遣80名海军军官前往德国受训，随同舰艇、潜艇出航，并向德方订购潜艇数艘，德方甚至同意将海军正在服役之一艘舰艇拨归中方等

等，这些计划后因中日战争的爆发而停止执行。

中日战争爆发后，德国居中十分为难，不便左右袒护，只能表示中立，"万一战争扩大，德政府必抱定平允态度"，"甚盼能和平解决"[118]。22日，日本驻德大使正式向德方提出停止对华出口武器的要求，被德方婉拒。德国外长强调："德国武器输往中国，保持适当的限量，中德经济之发展是基于纯粹商业基础并非经由德日谈判所能解决。"[119]8月初，孔祥熙复访德国，得到了国防部继续供华军火之保证。他通知德方准备取消在德订购之潜艇并增订价值1千万马克之枪弹。17日，德国元首希特勒宣布了他的远东政策：原则上坚持同日本合作的观点，但目前必须在中日间保持中立。关于对华军售，只要中国用外汇支付或用原料抵偿，过去已同意运华的武器和物资就尽快运往中国，并相应地运回原料，但对下一步对华提供贷款或新的军火订货应予拒绝[120]。

中国方面对此却未能迅速觉察，相反地对德国支持中国抗战还抱有极大期望。孔祥熙结束二次访德之时还致函希特勒，保证中方将继续供德钨砂以换取军火[121]。抗战开始后，美英法等西方列强唯恐开罪日本惹祸上身，因此采取隔岸观火的态度，由袖手旁观，或讲几句不痛不痒的官话，完全抹杀了正义与良知，更无论及支持中国抗战，只有苏联表态支持中国，但有关军援正在洽商中，远水不救近火，在这种情形下，中国对德国军火之依赖越发加重。

到1937年11月1日止，中方又向德方追加订单催运军火以供抗战前线之需，其补充订单包括：

10.5公分榴弹炮36门并炮弹3.6万发；3.7公分高射炮30门并炮弹19万8千发；15公分海防重炮4门并炮弹900发、炮弹引信2,000个、引信火药2,000单位；8.8公分海防炮射击吊引机器4架、炮弹320发、炮弹引信火药1,350单位；6ME瞄准测量仪器2架；Henschel汽车100辆[122]。

另外还要求德方紧急提供下列武器：

步枪10万枝；机关枪1万～1.2万挺；10.5公分榴弹炮80门并炮弹2千发，以及2公分和3.7公分口径高射炮并炮弹若干，总价值5亿马克的军火武器[123]。

抗战爆发后，中方对德订购武器订单作了较大调整，撤销了一批远期及重型装备订货，增加了陆军急需的枪炮弹订货，例如对德潜艇订货，即"由500吨一艘、250吨四艘另潜艇母舰一艘配鱼雷240具、水雷500具"缩减为"250吨二艘各配鱼雷十具，另配鱼雷一百具"，将节余资金"移购陆军武器"[124]。

当时中方对德尚未取消的订货有：

载重车72辆；脚踏摩托车130辆；汽车补充零件若干；钢甲侦察车4辆；钢甲车用2公分炮弹4，800发；2公分高射炮连用之通信工具9套；快艇用散雾酸液若干单位；8.8及15公分炮用电话及指挥仪若干部；18公分轻迫击炮炮弹4.556万发另加德方补偿前欠军火数；防战车炮炮管10架；防战车炮炮弹5万发及各类机器若干，以上军火总价值约为200万马克。连同孔氏在德订货以及开战后追加新订货，共计抗战爆发初期中国对德军火订货总价值达5，300万马克之巨[125]。

由于德方按照希特勒指示要求中方以外汇支付武器价款，否则便中止交易，"我不付款，德不拨货"，中方不得不在战时外汇异常吃紧的情况下，于1937年9月拨出专款1，030万美元（折合2，500万马克）支付德方，以求维持军火供应，从这一例证也可看出德国以军火援华的商业性质。9月间，因德国民航飞机事件，德国航空部长戈林对华态度一落千丈。在此前后，作为纳粹党要员之一的戈林已奉希特勒指示出任"四年经济计划执行人"，插手经济领域，掌管德国外贸大权，并于10月间正式接管"合步楼公司"，由于他的亲日疏华态度，曾一度下令停止供华军火，使中德关系骤然降温。10月20日，在国防部长柏龙白调解下，供华军火才得以更隐蔽的方式恢复运输。

据统计，1937年12月间德方起运两批军火输华，其品种数量如下表：

（1）1937年12月初起运之军火：

50公斤飞机炸弹2，500枚；10公斤飞机炸弹20，000枚；燃烧弹25，000枚；150公分探照灯2套；防毒气罩10万只；3.7公分高射炮弹72，000发；

10.5公分大炮36门并炮弹36,000发；步枪子弹3千万发；15公分海防重炮4门并炮弹400发、测量仪器2件；8.8公分炮弹320发；13公分高射炮汽车及零件13套；轻迫击炮炮弹原钢25,000发；HSl23速坠轰炸机12架。

以上军品价值1,900万马克。

（2）1937年12月15日起运之军火：

50公斤炸弹8,500枚；10公斤炸弹30,000枚；燃烧弹75,000枚；

150公分探照灯27架；听音机18架；60公分探照灯36架；3.7公分高射炮炮弹54,000发；3.7公分防战车炮炮弹50,000发；步兵子弹2,000万发；（以上价值1,500万马克），7.5公分高射炮24门（6连）并炮弹92,000发，另外还有Jü86战斗轰炸机（数不详）。

以上军品价值2,500万马克。[126]

这些军火运华后，对支持中国军队在正面战场上的抗日作战发挥了重要作用。与此同时，用德国设备建立的中国兵工企业及由德式枪械武装、德国顾问训练的中国陆军"示范部队"，已全力投入抗日作战，发挥了有力的效能。

1937年12月8日，德国国防部国防经济署署长托马思（Thomas）致电孔祥熙，表示对德订购之HS123轰炸机及Jü86式战斗机已装运，不能退货。10日及23日，他又分别致电何应钦、孔祥熙及克兰，催促中国对军火订货付现，"此间外汇之奇缺实为无可讳言之事，……"并表示中德易货前景堪忧，似不能长久继续。次年1月24日、2月3日，托马思又两次致电中方，以加紧付款为条件答应对华继续供给军火[127]。

12月11日，翁文灏报告孔祥熙：德方已交货价值253万5千多马克，合国币330万元[128]。资源委员会还通过克兰转告德方，希望仍以易货方式取得军火，中国努力每月供德原料300～500万马克，希望德方增加对华贷款以利易货[129]。

进入1938年后，中德关系开始出现逆转。在日本压力下，纳粹德国为了自己的全球战略利益开始逐步疏远中国。2月20日，德国宣布承认伪满，中国政府为了继续得到军火，只能维持中德关系，对德方不友好行为保持了克制态度，仅仅抗议一下而罢。

蒋介石眼看中德关系大局终难挽回，准备尽量多买些军火。12月底他致电资源委员会，命令"已在进行中之事需积极进行，切勿中止"[130]。1月间，他指令孔祥熙通过其子、中央信托局秘书孔令侃在香港办理对德订货，购办一批最急需之作战武器。他表示："中国政府正在商洽借款之中，短期内当可结束。一俟结束后，中国政府即可对于德国12月间已运出并准备起运之军火分期偿付外汇，其详细规定当亦可通知德国。因种种关系此项问题之解决较缓，本国无任抱歉也。"[131]

这批急订武器计有：

步枪30万枝并配子弹3亿发；自来得手枪3万枝并子弹1千万发；重机关枪2万挺并子弹2亿发；迫击炮500门并炮弹1百万发；3.7公分战车防御炮500门并炮弹50万发[132]。3月1日和2日蒋介石又电令驻德商务专员谭伯羽向德加订一批武器，包括：迫击炮300门并炮弹90万发；20响驳壳手枪2万枝并手枪子弹4千万发；Hochkiss（哈乞开斯）1.32公分单管高射炮300门，每门配炮弹五千发[133]。

其中3月中旬，这一大批军火由德轮运至香港，其作用及意义是不言而喻的[134]。

据资料统计，在1938年1月中国进口的3万余吨军火中，绝大部分来自德国。2月间，德国又运华12架德制HS123型轰战两用机。3月间，一批价值3000多万马克（合1000余万美金）的军火又自德运抵香港，计包括上述订单中的迫击炮300门（各配炮弹3000发），高射炮300门（各配弹5000千发），驳壳枪2万枝（各配子弹2000千发）等等。虽然这些交易都是秘密进行的，甚至连德国外交部也不知道，但3月运华的军火不幸已成为德方供华的最后一批军械[135]。

进入4月以后，日方就军火问题对德压力越来越强。4月底中方已探知消息：希特勒准备接受日方要求中止军火输华。4月27日，主管对华贸易的戈林亲自下令，停止一切对华的军火输出。

5月3日，希特勒访问罗马，与墨索里尼商谈建立轴心国"同盟"问题，中国驻德使馆已估计到希特勒回国后将公布停运军火决定，但没想到他还在罗马就已与意日达成了三方"合作"的协议，并电令国防部立即停止供华军火。

在中国，5月9日，蒋介石约见了陶德曼，告诉他日本压迫德方停止供华军火，希望德方以执行中德合同为理由拒绝日方的无理要求，以免再伤害中国人民的感情。蒋介石一方面明确告诉陶德曼：如果在包括意大利在内的国家仍然对华供应武器的情况下，德方就贸然中止供华军火，则"中德关系将受到严重影响"[136]。另一方面他也采取决然措施，密令孔祥熙致电中国驻德商务专员，尽一切可能最多地把已订好的军火运回国内。

尽管希特勒下达了禁令，但德国内部对输华军火问题的观点仍不能统一。德国经济部和军事工业署从自身利益角度考虑，认为德国一旦停止向中国交付军火，那么今年中国的军火订货单就会落到别国手中，这对德国的军事工业以及运输行业将是一个沉重的打击。据德方统计，当时中德间军品贸易需履行的合同额仍高达2.8亿马克[137]。德国军方及企业界人士不愿轻易失去中国市场。

"合步楼公司"负责人普莱转告翁文灏说，德国政府虽作出了上述表示，但供华军火仍在秘密装船运往中国，易货协定仍要执行。克兰亦转告孔祥熙等，表示将继续对华秘密提供军火[138]。陶德曼大使也强烈反对中止中德军火贸易和其他经济往来。他向德国外交部指出：德国目前的做法，不仅会使约4亿马克的德国在华投资受到损害，其在政治上的副作用也不能低估，甚至会影响到战后，德国从此将被排除在中国经济建设之外，名利皆失。德国经济部和外交部经过磋商后，达成一项秘密谅解：军火禁令不包括已同中方达成的协定，合步楼公司仍可起运中方以外汇支付的军火订货。

合步楼、西门子、克虏伯等大公司还联合上书德国政府，表示他们赔不起对华违约造成的赔偿费，要求政府取消输华军火禁令[139]。

7月9日，中国兵工署又与香港禅臣洋行签订了1.5万挺机枪的购料合同。经过德方友好人士的暗中协助，原定7月起运的一批军火乃假借芬兰、卢森堡等国商人的名义秘密运出德国，辗转运华。这批军火计有：

克虏伯生产15公分榴弹炮炮弹6,000发，4.7公分炮弹18,000发；毛瑟枪5,000枝，合步楼公司枪弹3,700万发，以及汽车备件、水雷等；其余毛瑟步枪1.5万枝、4.7公分坦克炮弹32,000发未及交货运出[140]。

行政院长孔祥熙急电中国驻德商务专员谭伯羽，令他用一切努力把已购好的军火尽快启运国内。谭伯羽接电后马上四处活动，与德方上至托马思将军、克兰，下至各军火工厂老板联络关系，得到了这些对希特勒禁令不满人士的暗中帮助。他们决定改变运输交货方式，以更秘密的方法用货船以第三方的名义直接从德提货。德方军事工业署署长托马思还曾十分坦白地告诉中方，为了保密，中方不要把委托提货的第三方的国名及有关商号名称告诉他，以免他居中为难。结果，中国订购军火得以假借芬兰、卢森堡等国商人名义运出德国。这在当时是十分不易的"义举"，因为托马思等人本来完全没有必要为中方去冒失职的"背叛"的危险。

正是由于有了这种默契合作，中方才没有就中止军火供应再向德方提出任何抗议，但德国军火的进口渠道由此却开始曲折不畅。中国政府为维持抗战大局计，不得不转向他方觅取支持以备不测。

其后的数月间，德国对华关系在希特勒干涉下急剧降温，驻华军事顾问团连同陶德曼大使一起被勒令回国，中德关系已到崩溃的边缘。

8月间，德方一些主张继续对华交往的人士绕过纳粹首脑，尝试恢复中德贸易。经济部部长冯克（Walter Funk，他是前任经济部长沙赫特的亲信助手）派其亲信、"国社党对华经济顾问"佛德（Hellmuth Woidt）以"合步楼公司专员"名义来华，探求双方继续经济合作的可能性。10月4日，佛德与孔祥熙见面，他表示希望继续对华易货以求互利，中方对此当然持赞成态度。

经过双方磋商，达成了一份协议，在继续合作的共识下，佛德还与中方清理了过去易货欠账，并提出了处理意见。据合步楼公司统计，当时中德双方易货总账如下：

中德双方清理易货贸易总账合步楼公司报告[141]

（1938年8月）

1）自1934年8月中德货物互换合同实施以来中方对德方订货总值为4亿马克以上。

2）经过部分撤销订货后订货总值降为3.89亿马克。

3）1937年秋季前进口德货以"互换合同"为依据办理。

其长期订单内容为：

A．已实施之长期订单：

☆钢铁厂、军工厂设备：7,200万马克

（包括琶江口兵工厂扩充部分）

☆海军快艇及母舰：1,600万马克

☆潜水艇及其母舰、水雷、鱼雷设备：4,200万马克

☆水雷布放艇、内河水雷、15公分海防重炮等其他军备：1,000万马克

以上共计1.4亿马克

B．至1937年10月止由德国运到之军火：5,000万马克

C．1937年内中方追加军械订单：1.99亿马克

（其中蒋介石交下订单为5,800万马克、孔祥熙交下订单为9,200万马克）

以上德方总计输华军火价值（包括已交货及未交货者）总计为3.89亿马克

至1937年10月止，中方输德矿产原料价值2,150万马克，加上德方贷给中方之1亿马克信用借款，计1.215亿马克。德方供华军火、工业品总计价值1.9亿马克，减去上述款额1.215亿马克，中方尚欠德方未抵偿数为6,850万马克。（1.9亿−1.215亿＝0.685亿）

抗战爆发后中方对德短期军械之紧急订货，1937年11月1日由德国防军装备中紧急抽运来华，该项军火价值：

①孔祥熙以往订单催办者：1,400万马克

②孔祥熙临时追加订单：3,700万马克

③其他旧订单价值：200万马克

共计5,300万马克

中方已汇德方美金1,030万美元（据德方要求以现汇付款），价值2,550万马克，尚欠2,760万马克（＝1,100万美元）。（\$：M＝1：2.475）

1938年8月19日，合步楼公司代表普莱致函孔祥熙，报告中德易货状况：（1）截至8月19日止，中方付交德方美金1,257.5万美元，德方已交货及在运途中之货计值724万美元，结存美金533.5万美元；（2）自1937年9月4日至1938年8月19日输华军火以美金结账，其后仍恢复以货易货方式，希望中方交付钨锡矿砂等原料，并以"即予起运为先决条件"；（3）"双方货值之清算应以国际市价为根据"[142]。同时中方驻德商务专员谭伯羽亦报告国内："合步楼"所购1,300万马克军火及Jü86飞机正交涉起运，仍以易货方式偿付[143]。

佛德来华是由于"合步楼公司"（此时已由戈林手下转归经济部管辖）及有关方面竭力运动放松对华贸易限制的结果，也是因为德方并未从中国沦陷区日伪当局手中捞到任何经济利益所致。

为实现独霸中国的目的，日本违背了对德诺言，对德意在其中国占领区的利益亦加以排斥，并不许其购买原料，这就使得希特勒、戈林等人深感懊恼，不得不放松对中国政府的贸易禁令，以求得到德方必需的原料资源。德国政府很快批准了佛德对华的"口头协议"。10月19日，佛德代表德政府与中方在重庆签署了新的易货协议，除上述内容外，还规定双方易货额每月可达1千万法币，约合750万马克[144]。希特勒与戈林的对华军火禁运令自此失效，大批德国军火又源源运往香港，转至中国抗战前线。在香港，合步楼公司代表路德维希·维尔纳（Ludwing Werner）与中国军方开设的一家伪装公司合作，将军火机械经广州绕道越南海防运往中国西南后方[145]。

5月间，中国交通部、兵工署分别又与德国西门子公司香港办事处及奥托公司签订了军用电话及卡车购货合同。最后到1940年9月27日，德国为全球战略之需与日本、意大利结成军事同盟，法西斯轴心集团形成。德国政府为了"尊重日本在建立东亚新秩序中的领导地位",不能不全面舍弃中国,停止易货贸易,而此时(1940年5月止)合步楼公司仍有价值9,900万马克的订货需向中国交付[146]。其中我方所付款项一直留到战后才得清算。

综上所述,德国军火输华对于中国抗日战争具有重大的意义与作用。德国军火之输华,其主要作用是提供中国整军及更新装备,并且在抗战爆发初期对我国军队的抗日作战起到了重要的保障作用,有效地提高了中国军队的作战能力。

根据上文分析,我们可以得出以下几点结论:

第一,德国军火之输华,其早期作用包含有用于中国内战的目的。中德军火贸易始于1928年,在其开始阶段,德国军火被用于中原大战、江西"剿共"以及平息十九路军反抗、"两广事变"等内战,从当时具体情形分析,在这些内战过程中,德制军火初步崭露头角,尤其是德制炮兵武器装备的威力刚刚为南京政府及其军队所认识。在另一方面,在这些内战中,南京方面的对手所拥有的武器装备也并不先进,中央军对于新式武器的需求也不是如抗战后那样迫切。总体来看南京政府军队在内战时期还是以旧武器装备为主。如果说在抗战前德国军火输华也有为内战服务的性质的话,那么与后来其服务于抗战的重要性相比较,则明显地处于第二等的次要地位。从德国军火输华的品种、质量、数量来看,1935年前主要以陆军枪弹野战武器为主,重型武器不过为坦克大炮,这是与当时中央军作战需要及一般装备水准相适应的,且从其输华数量来看远不如后来抗战时期之水平,尽管都在进行大规模军事行动,但德国军火在当时中央军作战武器中的比例,显然不高,与后来用于抗日的作用相对比,德国军火用于中国内战的意义是次要的。

第二,德国军火输华的主要作用是帮助中国建立了抗日国防军并支持了中国的前期抗战。1935年以后,随着日本侵华步伐加紧,国内趋于团结抗日的大局渐渐形成,从1935年春蒋介石委派陈诚出掌"陆军整理处",负责全国整军工作开始,中国军队由"内战型"向"国防型"转变,这一整军计划与德国有着紧密的关系,全盘工作都有德国军事顾问参与指导,按德式组织训练方式进行，其结果当然也是以德式装备全面改装中国军队，使其接近于现代战争之要求，到抗战爆发之时，便出现了以八十七、八十八、三十六师为代表的"示范军"部队，而这些部队都是以全副德式武器装备起来的。可以推论，如果抗战迟几年爆发，则中国军队的武器装备及作战能力将会有进一步的提高，这是毋庸置疑的。正因如此，在1936年以后便出现了中方购买德国军火的高潮，其中以顾振率中国代表团访德及孔祥熙两次访德为重点，订购了大批海陆空军装备及军火，大到飞机潜艇，小到手枪子弹，细到电话线，无所不包，这一方面表明了中德外交、经贸关系之发展，另一方面也说明了中国军队在军种、质量、能力上的进步，这些进步大大缩小了中国军队与当时号称世界一流的日本军队之间的差距，其直接效果便是抗战爆发初期中国军队在"八一三"、"台儿庄"以及武汉会战中抗战能力的提高，其中德国军火之作用是显而易见的。况且在当时国际环境下，西方列强对中日战争袖手旁观，不肯援助中国，苏俄军火尚未到达，是德国军火填补了这段真空，从这个意义上来看，对德国军火在中国整军备战及初期抗战中的历史作用应有切实的肯定的评价，这一点也不过分。退一步言之，如果没有这大批的德国军火源源来华，中国抗战正面战场能否抵抗到如此成绩则是很难设想的。

第三，正如评价德国军事顾问对中国抗战的作用一样，在肯定其成绩的同时，我们必须看到：对于德国军火输华，应该有一个历史的、客观的分析。最基本的一点是：从德国方面来看，绝没有一点帮助中国人民反抗日本侵略的主动性与积极意义。纳粹德国与日本都是侵略者，希特勒与戈林等纳粹头目完全是为了获取中国资源的自身需要而对中国网开一面，勉强默许军火输华。在这里，我们当然应该看到德国政府内部"亲华派"人物在这当中的积极促进作用，甚至也不否认陶德曼大使、法肯豪森、塞克特、奥托·俄普夫、托马思及其他对中国有感情的德方人士，以个人的资格同情甚至帮助中国抗战之举，但在希特勒的控制下，他们的影响还是很有限的。总体看来，不论是德国国防部、经济部还是其他企业公司，其之所以竭力保持对华贸易，根本是为了其自身的需要。正如中国中央信托局副总经理凌宪扬在1939年3月的一份报告中所分析的那样："德方屡借口以政治关系不得不对我国表示冷淡，而暗中仍供给军火助我，实则运来军火……价格亦较市价为高，目的在赚我外汇，同时则向我国换取德方切需之农产品。德国于我国坚苦抗战之时，不但在政治上抛弃数年来之中德友谊以祖护侵略，即国内舆论亦对我横加侮蔑，而我国对于德国商人则仍顾念数年之友好精神，予以种种便利。"[147]这表明，即便是在当时，中方对德政府之举动亦有本质的认识。这种十分勉强脆弱的合作，随着世界两大阵营对立的形成，在纳粹世界战略的压力下很快便归于崩溃消亡了。

因此，我们最后只能得出结论说：尽管德国军火之输华在客观上帮助了中国的抗日战争，但就其本质而言，它不过是一种商业生意，其在政治上的影响与作用不过是其商业性质的副产品。

【注】

[1]　刘庭华：《中国抗日战争与第二次世界大战系年要录·统计荟萃》，海军出版社 1988 年版，第 171 页。

[2]　爱德华·米德·厄尔利著《现代战略之设计家》（Edward Mead Earle：Makers of the Moder Strategys），第 508 页。

[3]　程天放：《使德回忆——抗战初期之中德关系》，见（台）《传记文学》第七卷第一期，第 17 页。

[4]　《与德大使陶德曼谈话》（1931 年 7 月 27 日），载（台）《总统蒋公思想言论总集》，中国国民党中央党史会编 第三十八"谈话"，第 79~82 页。

[5]　《与德大使陶德曼谈话》（1931 年 7 月 27 日），载《总统蒋公思想言论总集》，中国国民党中央党史会编，第三十八，"谈话"，第 79~82 页。

[6]　《德国外交政策文件》D 辑第一册 No.476，第 742 页。

[7]　同上出处，第 748 页。

[8]　张水木：《对日抗战期间的中德关系》，见《近代中国》第三十五期，第 531 页。

[9]　福克斯：《德国与 1933~1938 年的远东危机》，牛津大学出版社 1982 年版，第 240 页。

[10] 程天放：《使德回忆——抗战初期中德关系》，见（台）《传记文学》第七卷第一期，第 17~18 页。

[11] 《德国外交政策文件》D 辑第一册 No.478，第 750 页。《里宾特洛甫备忘录》（1937 年 8 月 17 日）。

[12] 《孔祥熙致希特勒函》美国华盛顿国家档案馆馆藏，编号 T-20，Ser195，roll164，137456~463。

[13] 程天放：《使德回忆——抗战初期中德关系》，见（台）《传记文学》第七卷第一期，第 18 页。

[14] 前引张水木：《对日抗战期间的中德关系》，见《近代中国》第三十五期，第 532 页。

[15] 段培龙译：《抗战初期德国居中调停之经过》，见（台）《传记文学》第四十三卷第四期，第 48 页。

[16] 程天放：《使德回忆——抗战初期之中德关系》，见（台）《传记文学》第七卷第一期，第 21 页。

[17] 《中华民国重要史料初编——对日抗战时期》第三编《战时外交》（四）（台北，中央党史会编 1981 年 9 月），《中德关系》，第 678 页。

[18] 程天放：《使德回忆——抗战初期中德关系》，见（台）《传记文学》第七卷第一期，第 22 页。

[19] 《德国外交政策文件》D 辑第一册 No.52，第 722 页，《海德——林希备忘录》（1938 年 10 月 22 日），转引自柯伟林：《蒋介石政府与纳粹德国》，第 280 页。

[20] Frank William lkl é：《德日关系 1936~1940》（纽约，1968 年版），第 60 页。

[21] 张水木：《对日抗战期间的中德关系》，见《近代中国》第三十五期，第 534 页。

[22] 《抗战史料丛稿》第十种《战纪》，《上海之战》第三册，二史馆馆藏。

[23] 转引自马振犊：《血染辉煌——抗战正面战场写实》，广西师范大学出版社 1993 年 9 月第一版，第 62 页。

[24] 《德国和 1933~1938 年的远东危机》，第 261~262 页，转引自吴景平：《从胶澳被占到科尔访华——中德关系 1861–1992》，第 179 页。

[25] 施子愉译：《抗战初期德日法西斯诱降的阴谋（1937 年 10 月 ~1938 年 1 月）》，载《近代史资料》1957 年第三期。

[26] 用五：《汪精卫脱离重庆始末记——抗战日记摘录》。

[27] 同上出处。

[28] 前引文施子愉译：《抗战初期德日法西斯诱降的阴谋》（1937 年 10 月 ~1938 年 1 月）。

[29] 同上出处。

[30] 程天放：《使德回忆——日军暴行、德国调停与巴黎商谈》，见（台）《传记文学》第七卷第三期，第 17 页。

[31] 《徐永昌日记》（手稿本）第四册，（台）（中央研究院近代史研究所 1991 年影印本），第 194 页。

[32] 复旦大学历史系日本史组编译：《日本帝国主义对外侵略史料选编（1931 ~1945）》，上海人民出版社 1975 年版，第 247~248 页。

[33] 《日本帝国主义对外侵略史料选编（1931~1945）》，第 248 页。

[34] 施子愉译:《抗战初期德日法西斯诱降的阴谋》(1937年10月~1938年1月),出处同前注。

[35] 《王世杰日记》(中央研究院近代史研究所1990年影印本)第一册,第158页。

[36] 董显光:《蒋总统传》,(台)中国文化学院出版社1980年再版,第285页。

[37] 转引自吴景平:《从胶澳被占到科尔访华——中德关系1861-1992》,第188页。

[38] 同上出处,第188页。

[39] 《日本帝国主义对外侵略史料选编(1931~1945)》,第258页。

[40] 《中国近代对外关系史资料选辑》下卷第2分册,第52页。

[41] 袁旭等编著:《第二次中日战争纪事》,档案出版社1988年第1版,第140页。

[42] 池田斌:《抗日战争与中国民众》(求实出版社,1989年),第202页。

[43] 二史馆馆藏档案:《总顾问办公厅公函》(壹字第7500号)(1937年7月5日)七七三746,《中德外交密档》,第187页。

[44] 二史馆馆藏档案:《军政部参事王观洲签呈》(1937年7月7日)七七三746,《中德外交密档》,第193页。

[45] 辛达谟:《法尔根豪森将军回忆中的蒋委员长与中国》,见(台)《传记文学》第二十一卷第一期,第68页。

[46] 同上出处,第69页。

[47] 傅宝真:《在华德国军事顾问史传》,见(台)《传记文学》第二十四卷第一期,第97页。

[48] 苏顿:《在南京十年:德国的建议与军阀主义残余对于国民党军事训练及战略方面的影响》,见《军事历史研究》1989年第二期。

[49] 张水木:《德国对中国抗日战争之调停》,载(台)《抗战建国史讨论会论文集(1937~1945)》,台北1985年12月版,第271页。

[50] 据资料统计,从1937年8月13日到12月15日间,经德国顾问整编的30万中央军至少损失了1/3,有人估计为60%之多。基层军官死伤万余人。见柯伟林:《蒋介石政府与纳粹德国》,第265页。

[51] 傅宝真:《抗战初期法尔克豪森与德国顾问团之撤退》,见(台)《传记文学》第四十六卷第六期,第111页。

[52] 苏顿:《在南京十年:德国的建议与军阀主义残余对于国民党军事训练及战略方面的影响》,见《军事历史研究》1989年第二期。

[53] 施子愉译:《抗战初期德日法西斯诱降的阴谋》(1937年10月~1938年1月),见《近代史资料》1957年第三期。

[54] 苏顿:《在南京十年:德国的建议与军阀主义残余对于国民党军事训练及战略方面的影响》,见《军事历史研究》1989年第二期。

[55] Barbara W.Tuchman, Stiwell and American Experience in China 1911~1945（New York，MacMillan 1971）。巴巴拉·塔奇曼：《史迪威与美国在华经验1911-1945》（上）（下）。中文版为商务印书馆于1985年1月第一次出版印刷。

[56] 前引巴巴拉·塔奇曼：《史迪威与美国在华经验1911-1945》（中文版）（上），第259~261页。

[57] 傅宝真：《抗战初期法尔克豪森与德国顾问团之撤退》，见（台）《传记文学》第四十六卷第六期，第111页。

[58] 同上出处，第111页。

[59] 同上出处，第117~118页。

[60] 二史馆馆藏档案七七三463，见《中德外交密档》，第131页。

[61] 同上出处。

[62] 二史馆馆藏档案：《军政部军务司致军需署函》（1937年9月6日）七七三643，见《中德外交密档》，第132页。

[63] 二史馆馆藏档案：《合步楼公司致何应钦函》（1937年8月25日）七六二1379，《中德外交密档》，第133~134页。

[64] 二史馆馆藏档案：施太乃斯拟《冲锋队之组织》七七三711，《中德外交密档》，第195~196页。

[65] 二史馆馆藏档案：《军政部政军委会办公厅函》（1938年9月10日）七七三711，同上注引书出处，第194页。

[66] 侵华日军南京大屠杀遇难同胞纪念馆编印《"拉贝日记"发现始末》，1997年6月南京（内部版），第81页。以下所引《拉贝致希特勒报告书》概引自该书。

[67] 《拉贝日记》，江苏人民出版社、江苏教育出版社联合出版1997年8月版，第13页、第717页。

[68] 《拉贝日记》，第13页。

[69] 同上出处，第97页。

[70] 同上出处，第103页。

[71] 同上出处，第124~125页。

[72] 《拉贝致希特勒报告书》，载《拉贝日记》。

[73] "南京市政府参议会档案"，南京市档案馆藏。

[74] 《拉贝致希特勒报告书》。

[75] 《拉贝日记》（中文版），第97页。

[76] 关于罗森这些报告，请参阅安悟行（W.Adolphi）：《1937~1938年德国驻华大使馆搜集的有关中国抗战档案史料》（马振犊译），载《民国档案》1988年第一期，第98~101页。

[77] 《拉贝日记》，第535页。

[78] 同上出处，第213页。

[79] 《侵华日军南京大屠杀史料》，江苏古籍出版社 1985 年版，第 214 页。

[80] 《南京大屠杀》，中华书局 1995 年版，第 144 页。

[81] 《侵华日军南京大屠杀史料》，第 234 页。

[82] 《侵华日军南京大屠杀档案》，江苏古籍出版社 1987 年版，第 642 页。

[83] 同上出处，第 242 页。

[84] 同上出处，第 247 页。

[85] 同上出处，第 247 页。

[86] 同上出处，第 248 页。

[87] 同上出处，第 248 页。

[88] 同上出处，第 249 页。

[89] 同上出处，第 251 页。

[90] 同上出处，第 258 页。

[91] 《侵华日军南京大屠杀史料》，第 258 页。

[92] 南京市档案馆藏战后南京市政府秘书处档案及《侵华日军南京大屠杀档案》，第 706 页。据日伪方面统计南京在事变后人口只有 17 万人。

[93] 《侵华日军南京大屠杀史料》，第 273 页。

[94] 前引《南京大屠杀》，第 144 页。

[95] 《拉贝日记》，第 106 页。

[96] 同上出处，第 109 页。

[97] 同上出处，第 123 页。

[98] 同上出处，第 703 页。

[99] 《拉贝致希特勒报告书》，载《拉贝日记》，第 704 页。

[100] 同上出处。

[101] 同上出处。

[102] 同上出处。

[103] 《拉贝日记》，第 704 页。

[104] 拉贝外孙女莱茵哈特夫人访谈录。

[105] 同上出处。

[106] 《盟国肃清纳粹法庭复议庭认定拉贝为非纳粹分子的判决》，《拉贝日记》，第 717~718 页。

[107] Wolfram Adolphi（安悟行）:《1937~1938 年德国驻华大使馆收集的有关中国抗战档案史料》（马振犊译），载《民国档案》1988 年第一期，第 99 页。

[108] 同上出处。

[109] 同上出处。

[110] 同上出处。

[111] 同上出处，第 100 页。

[112] 同前安悟行文，见《民国档案》1988 年第一期，第 100 页。

[113] 同上出处，第 99 页。

[114] 同上出处。

[115] 同上出处，第 101 页。

[116] 根据二史馆馆藏档案廿八（2）2101 几表综合而成。

[117] 同上出处。

[118] （台）中华民国外交问题研究会编：《卢沟桥事变前后的中日外交关系——中日外交史料丛编（四）》(台北，1966 年版），第 503 页。

[119] 同上出处，第 504 页。

[120] 《里宾特洛甫备忘录》（1937 年 8 月 17 日），载《德外交政策文件》D 辑第一卷 No.478，第 750 页。

[121] 《孔祥熙致希特勒函》（1937 年 9 月 3 日），载前引郭恒钰等《德国外交档案》，第 60 页。

[122] 见二史馆馆藏档案二八（2）2101。

[123] 见二史馆馆藏档案二八（2）2101。原订单为德文稿，不完全。

[124] 《陈绍宽致蒋介石电》（1942 年 11 月 4 日）二史馆馆藏档案，载《陈绍宽文集》，海潮出版社 1994 年版，第 292 页。

[125] 二史馆馆藏档案二八（2）2101。

[126] 《翁文灏致蒋介石电》及统计表，二史馆馆藏档案二八（2）2101。

[127] 《托马思致克兰等电》，二史馆馆藏档案二八（2）2101。

[128] 《翁文灏致孔祥熙电》（1938 年 12 月 11 日），二史馆馆藏档案二八（2）2101。

[129] 克兰：《与中国政府商洽之结果》，二史馆馆藏档案廿八（2）2101。

[130] 《翁文灏致孔祥熙电》（1938 年 12 月 11 日），二史馆馆藏档案廿八（2）2101。

[131] 《蒋介石批复》二史馆馆藏档案二八（2）2101。

[132] 《蒋介石致孔祥熙等电》（1938 年 1 月 14 日），见《中华民国重要史料初编——对日抗战时期》第二编（作战经过）（二），第 290 页。

[133] 《中华民国重要史料初编——对日抗战时期》第三辑（战时外交）（二），第 708~709 页。

[134] 程天放：《使德回忆》（单行本），（台）正中书局 1979 年第三版，第 264 页。

[135] 程天放：《使德回忆——柏林最后五个月》，见（台）《传记文学》第七卷第六期，第 29 页。

[136] 《德国和 1933~1938 年的远东危机》，第 315~316 页。

[137] 吴景平：《从胶澳被占到科尔访华——中德关系 1861–1992》，第 200 页。

[138] 二史馆馆藏档案：《普莱致翁文灏函》廿八（2）2101。

[139] 二史馆馆藏档案：《合步楼公司报告》廿八（2）2101。

[140] 《谭伯羽致蒋介石电》（1938年7月2日）、《谭伯羽致孔祥熙电》（1938年7月8日），载《中华民国重要史料初编——对日抗战时期》第三编（战时外交）（二），第711~712页。

[141] 二史馆馆藏档案廿八（2）2101。

[142] 二史馆馆藏档案：《普莱上校呈院长函译文》（1938年8月19日）二八（2）2101。

[143] 二史馆馆藏档案：《蒋介石致孔祥熙等电》（1938年8月25日）廿八（2）2101。

[144] 柯伟林：《蒋介石政府与纳粹德国》，第294页。

[145] 同上出处。

[146] 同上出处，第298页。

[147] 凌宪扬：《办理中德易货案意见书》（1939年3月1日），见《中德外交密档》，第344页。

友好末途 | 第七章

大势将去

"陶德曼调停"失败后，德国人还没来得及检讨其远东政策之得失，自己阵营内部便发生了一次重大的变化。

以希特勒为首的纳粹党虽然取得了政权，但政府中几大重要部门却一直仍被非纳粹党的技术官僚所掌握，他们不时地对希特勒的内外政策提出异议，使其耿耿于怀，早欲去之而后快。在过去"整军建设、恢复元气"阶段，希特勒还欲借重于沙赫特、牛赖特这些专业人才为他重整旗鼓效力，他对柏龙白等德国军方将领还要笼络而使用之。1937年后德国经济突飞猛进，重整军备工作大致完成，随着上述目标的逐步实现，希特勒开始准备下一步的对外侵略扩张，这就需要高度的军事独裁与有力的统治手段相适应，为此，他必须"纯洁政府"，清洗军方及外部的反对者，实现"一切权力高度集于元首手中"[1]的政治目标。

1938年初，希特勒利用国防部长柏龙白个人婚姻问题引发的陆军内部矛盾[2]，于2月4日下达"改组令"，将国防、外交两部一并改组，接受柏龙白"辞职"，并决定今后不再设国防部长一职，由希特勒自兼陆海空军统帅；并将牛赖特免职，转任外交咨询机构"内阁参议会"主任，由纳粹党"影子外长"里宾特洛甫正式接替外交部长一职，戈林则擢升为元帅。同时在国防、外交两部中下层干部中大力清除非纳粹分子。这些人事变动再加上1937年9月经济部长沙赫特的辞职，使希特勒政府大改组的计划得以顺利完成。这件事在纳粹德国历史上具有深远意义，它标志着纳粹党对国家机器的完全控制，加深了德国成为战争策源地的危险性，引起了世界各国的关注与不安。

德国政府之改组对中德关系影响尤大。政府中最为倾向中国的官员纷纷"落马"，取而代之的又是"亲日派"纳粹分子，中德关系前途由此变得暗淡无光。驻德大使程天放于2月5日致电国内,预测德日必定更趋勾结,"请中央预筹良好对策"[3]。

一个完全纳粹化的德国政府在希特勒领导下对其远东政策作出了新的调整。对于日本,希特勒认为他是德国的政治与战略盟友,具有不可替代的重要地位;而对于中国,德方觉得最有价值者不过是农矿产原料,是出于经济利益的考虑。两者相比,前者必定是最主要的,而后者则是可放弃的,何况希特勒已经在与苏联开始秘密的贸易谈判,希望从苏联获取重要的稀有金属。这样,希特勒抛弃中国的条件就一步步地具备了。

不久后,在一次德国企业家会议上,针对企业界人士要求保持对华关系的呼吁,戈林的一位亲信干部作了如下的"精彩"发言:"日本是东亚最强国家,只有日本有力量使东亚安定,目前中日战争中德国商务虽受相当损失,将来局面稳定后(也就是日本占领全中国后),商务必更可发展,于德国有益。所以德国商人应该忍受暂时的牺牲,以求长久的利益。"[4]这一番话标志着德国准备实行"弃华联日"政策的开始。

据中国武汉警备部情报获悉,希特勒在准备疏远中国之前,曾密令其驻华外交、军事人员调查三件事:①中国第二期抗战实力如何;②苏联援华抗日情况;③中国共产党的活动及其军事组织如何。这足以说明希特勒绝不是贸然抉择盲动,而是有备而来[5]。

德国"弃华"过程的第一个行动就是公开承认伪"满洲国"。

1938年2月20日,希特勒在德国议会上发表了一次长达三小时的演讲,首先为纳粹党执政摆功,而后谈到外交问题,他宣称德国不放弃对殖民地要求的政策,必要时将"以铁的力量实行自卫"。最后谈到远东问题。他宣布:德国将正式承认"满洲国",使"过去法律与事实不符的情形作一结束"[6]。

希特勒进一步解释说:德国反对共产主义在任何地方发展势力,日本如失败,非欧美文化之福,仅为苏俄之利;中国本身精神与物质力量尚不足以抵御共产主义,德国与日本订立反共协定,对华向来友好,为真正中立之旁观者,希望东亚两大民族恢复和平,现在最好使中国明了自身处境之严重。

希特勒在演讲中公然支持日本在反共旗号下的对外扩张,他说:"德国认为日本为安全之因素,日本虽得最大胜利,无损于白种文化,如共产党胜利,可毁减数千年文化;德国在东亚无领土兴趣,只愿经营商务,故无偏袒何方之必要,但须知共产主义胜利,则一切均归乌有。德意对日本的合作是东亚免于赤化的伟大砥柱,希望这种合作,更加密切。"[7]

希特勒的这篇充满狂妄的演说引起了世界各国的普遍不满,尤其对中国伤害最大,它不仅承认了"伪满",而且认同了日本侵华的"合理性",且明白表示希望日本胜利,引起了在德华侨及中国使馆等的一致强烈抗议。驻德大使程天放,立即将有关情况电告国内并认为德国已不再对华友好,撤退顾问、断绝军火供应在所难免。过去中国为了大局,对德方一再委曲退让求和,现在"我国对德再行退让也无法挽回,采取强硬态度德国也无奈我何,所以我建议政府召回大使,并正式通知各国,以表示我对德承认伪满的不满意"。最后,程大使"自觉工作不力,自愿回国,不愿再居德国"[8]。

中国政府在此之前已获悉德国即将正式承认伪满。1938年2月19日,外交部长王宠惠在召见陶德曼时,曾表示:希望有关德国承认伪满的说法只不过是无稽之谈,并要求德国对中日战争继续保持中立态度。陶德曼则表示希望中方不要对希特勒的演说产生误会,德国对"满"政策是其既定政策之一部分,而这一既定政策是为了反对国联及共产主义的,并非是为了反对中国,对中德友谊并无损害[9]。

德国承认伪满之后,中方经过仔细商讨,仍然觉得就目前实际情况而言,依赖于德方事情仍不少,德国军事顾问还在参与抗战,德国军火仍是中国军队主要武器来源之一,不可中断供应,因此,必须继续维持同德国的关系。所以,对德方不友好之举再一次表示了妥协态度,除表示抗议外,不采取其他外交举动,并授意各报刊不要对德国做过多的谴责。至于程天放自己提议的召回驻德大使,也决定"应毋庸议"。

2月21日,德国外长里宾特洛甫召见程天放谈话,他为德国承认伪满作辩解,称这只是"承认事实,非对中国有恶意";如非日本,远东恐早成共产党势力范围；德日订立《反共产国际协定》时，原希望中国加入，可惜未成事实，德国现在仍然希望中日早日恢复和平。程天放反驳说，所谓"满洲国"，世人皆知系日本军阀武力造成之傀儡，绝对不能认为由人民自由意志组织之合法国家；近年来中德邦交甚形敦睦，德国政府以前曾一再声称对中日纠纷采取中立态度，今竟不顾对华友谊，承认伪国，实使中国政府和人民异常不满，且对中德友谊也是一大打击。

里氏狡辩说：世界上的殖民地都是由军事占领而得来的，如英国之占领印度。程大使反问：那1923至1924年法国占领莱茵，设立一个"莱茵共和国"，要其脱离德国独立，德国为什么不承认它？反向法国提出抗议呢？里氏对此无言以对，只好反诘说：中国既不承认"满洲国"，为什么失去了6年还未收回？程答道："我承认中国目前没有能力收回东北，但五年、十年以后，中国总有收回东北的一天。"里氏说：在德国人看来这件事是很难做到的。

程、里二人唇枪舌剑争论不休。最后里宾特洛甫表示：德国仍希望中日和平，对两国战事保持中立。程大使讲：过去德国是中立，可自从承认伪满后德国就不是中立了，这件事显然对中国不友好。里说：中苏签订互不侵犯条约，德方很不满，故而不友好。程大使问：是否德国对所有与苏联签订互不侵犯条约的国家都不满？回答："是的。"程大使又反问：那为什么德国要同意大利如此接近？意苏也是签了约的。里氏又被问住了，无法回答，其不善外交会谈之弱点暴露无遗。临别时他只好讲他个人对程大使表示的中国人要抗战到底的精神很钦佩，但他仍怀疑中国是否有这种能力[10]。此次吵架式的谈话就这样无结果而结束了。

24日，程天放又向德国外交部送交了一份国民政府致德国政府正式抗议照会。照会书中称："德国政府现已承认中华民国东北四省内之伪组织所谓'满洲国'者，中国政府闻悉之余，深感遗憾。该非法组织原系出自日本之侵略，其产生之者、统制之者、维持之者皆为日本之军阀，事实昭然，无待指明。世界各国对于不承认伪组织之原则，几全体坚持遵行。且该伪组织之成立，完全由于日本之军力一层，即德国自身，亦何尝与其他各国正式确认……中、德邦交素称敦睦，因是中国人民对于德国政府此次公布之行动，倍感失望，中国人民对于德国一年来之发展，辄怀关切与了解之意，方谓德国政府与人民对于中国发生之事态，亦必以同样情绪予以观察，乃德国政府对于东亚现有之痛心事态，似有误认或误解之处。对于所谓既成事实过分注重，而未经正确之透视。凡承认主观方面以为真正之事实，而对于该项事实之如何发生，与最有关系方面之权利，未尝详加研究，则其推演结果，国际间进行其正当有秩序之国交，势必受其影响而趋凌乱。

由于上述各国政府此时对在中华民国国土内非法成立之伪组织加以承认，中国政府不得不提出抗议。"[11]

这是中方在德"满"勾结问题上第一次对德方提出的明确抗议，但是从这份照会语气分析，中方依然保持了妥协、低下的姿态，"暂不作进一步之表示"[12]，仍处于迁就退让的立场。

程天放在递交这份照会之后，当场向德国外交部声明："中国人民对德方这次不友好的举动非常愤慨，但蒋委员长则依然愿维持友谊，所以劝导人民不要走极端。今后中德友谊能否维持，要看德方事实表现如何，不是空言所能够挽回的。"

虽然中国在继续退让，但德方政策既定，仍加步步紧逼。3月3日，德国借口中苏订立贷款协定而进一步降低中德关系，德外交部通知中国大使馆，为维持真正"中立"，德方决定在中日战争未结束前，各军事院校不再接收中国学生，已在德学习的则要尽快结束。原定随德海军赴南美的中国海军学员实习计划也随之取消。中方认为这是德方将召回军事顾问团之前兆[13]。4月底与5月初，希特勒在访问意大利期间应日方的强烈要求，下令停止军火输华。

中国政府训令程天放大使再度向德外交部提出抗议，程大使希望德方重新检讨其全盘远东政策，他指出：在不到三周时间内，德方再次自食其言，又一次破坏中德关系。麦根森国务秘书（副外长）推说这是希特勒总理的亲自决定，他实在无力挽回。程天放询问军火与顾问是否将受影响？回答是到目前为止，外交部尚无所闻。这样，持续近十年的中德军事教育交流合作遂告完结。

在中德关系急剧降温同时，德日与德"满"关系却热闹起来。1938年5月12日，德国外交部国务秘书（副外长）魏茨泽克（Ernst von Weizsaecker）同伪满政府代表（驻德商务专员日本人加藤日吉），在柏林签署了所谓《德"满"修好条约》，宣称为"树立增进友好关系之永久基础"起见，"立即开始两国间之外交及领事关系"，并"从速开始关于缔结一般通商航海条约之交涉"，"任何一方应尽量应诺他方之要求"。同年7月15日德"满"双方批准该条约后，希特勒、里宾特洛甫还同伪满"皇帝"溥仪、"总理"郑孝胥互相致电庆贺[14]。德方此举无疑使中国政府非常难堪。

随着德日关系的不断紧密，日本方面继续以各种手段向德方施加压力，逼其撤退在华军事顾问与停供中国军火，欲完全切断中德关系，使德国彻底倒向日本。1938年2月初，日本外相广田向德国驻日大使狄克逊提出，德国必须停止向中国供应军火，如果这些军火是供给日方的，则远东局势早就解决了。日方还威吓说：德国顾问在华就是与俄国人合作，一起助华抗日，这是日本绝不能同意的。

希特勒按照他的既定国策，决定满足日本的要求，用进一步损害中德关系的手段来讨好日本。

1938年4月27日，德外交部国务秘书魏茨泽克召见程天放大使，通报了德国准备召回赴华军事顾问团的意向。

魏茨泽克说："德国对中日战争维持中立，故不愿有军事顾问留在中国。"

程天放反问道："军事顾问们在中国是他们自己私人的行为，与德国政府的中立政策并不相违背。"

魏："虽然是私人行为，究竟和政府政策相违反。"

程："那么德政府对西班牙内战也标榜不干涉，然却有德国志愿兵在佛朗哥部下作战，德政府又为什么不召回他们呢？"

魏："德政府在远东是真正严守中立，在西班牙却希望佛朗哥取胜。"

程："德国在远东似乎也在袒护日本……"

魏："你有什么证据？"

程："贵国总理在议会演说，日本战胜于欧洲文明无碍；日本失败，则非欧洲文明之福，这还不是袒日吗？"

魏茨泽克无言以对。程天放又说："我今天来并不是和你辩论，而是要确实知道，德国是否要召回军事顾问，以便报告给政府。"

魏答："国防部已将德国政府不愿意军事顾问留在中国的意思，通知了他们，但还没有正式下令。"

"既没有正式下令，则请德方将此事搁置，不再追问。在华服务的外籍顾问，不仅有德国人，英美人都有，英美政府并不认为这就是不中立的表现，德国政府又何必一定要召回顾问？"[15]程天放表示："最近德方承认伪满，已给中德关系造成不良影响，若再召回顾问，必对两国邦交更为不利。"[16]

魏茨泽克答应考虑考虑。

在中国，以法肯豪森为首的顾问团获知德国政府的决定后，起初并不愿意离华。1938年4月30日，法肯豪森曾就此问题向德国政府发去一份报告，指出德国顾问均以个人身份受聘于中国政府，绝大部分顾问的聘用合同要到1939年或1940年才到期；现在单方面中止合同，会遇到法律上、经济上的困难。就连德国大使陶德曼也认为不宜一下子马上撤回顾问团，否则将使德中关系再趋紧张。然而，德国外交部长里宾特洛甫却以希特勒的名义，下令陶德曼立即为此向国民政府交涉。

1938年5月23日，陶德曼大使向中国外交部长王宠惠正式提出了撤回德国军事顾问团的要求。他说：德国领袖（指希特勒）现在决定对于中日战事绝对守中立，希望中国政府允许德国顾问解除契约，准其一律回国。德国对蒋委员长及中国政府近年在建设事业和反共方面的成绩表示敬佩，但各国报纸宣传德国顾问帮助中国作战，这与德国政府所定国策颇有妨碍，故不得不决定召回在华顾问；但此举对中国毫无任何恶意，希望勿发生误会。王宠惠回答说：德国承认伪满政权，已经对中国不利，但中方仍希望两国关系维持以往良好状态；但德国政府现在突然决定撤回顾问，"吾人不独失望，且中国国民必以为德国此举如果实行，将间接袒日而反对中国……且贵国顾问系以私人资格在华服务，他国国民亦有以私人资格在吾政府机关服务，该顾问与各该本国政府，实无何等关系，自不致涉及中立问题，望贵政府再加考虑"[17]。

然而德方决心已下，不会再有犹豫。

5月25日，陶德曼对报界公开发表了德方的要求，而中方则以蒋介石军务繁忙无暇处理此事为借口加以拖延。27日，德国国防部国防经济厅长托马思（Thomas）暗告中国使馆商务专员谭伯羽：召回军事顾问不是国防部的主张，而是里宾特洛甫的决定。至于军火，已订货的当然可交付，但不能直接运华，需经第三地转运，但欲续订恐不太可能了[18]。

拖到6月中旬，蒋介石经不住德方多次催促，只好同意允许大部分德国顾问离华，但他要求必须留下5~6人，特别是总顾问法肯豪森必须留华，可以委以德国驻华武官的名义，但德方对蒋的这点建议仍不答应。

6月20日，里宾特洛甫又以希特勒的名义，电令陶德曼向中方作紧急交涉，并指令以中断两国关系威胁国民政府。与此同时，德方也向驻华顾问团发出了威胁。里宾特洛甫通过陶德曼电令法肯豪森："本部长亟待留华全体德籍军事顾问凡职务未停者一律立即停止，并尽速离华，必要时虽违反中国政府意旨，亦在所勿恤。由现居住地起程及离开华境日期，请电达柏林。顾问中倘有起程遇有障碍，着即向就近德国官署报告详情。"电文措辞严厉地声称：在华顾问若违反上述训令，"即认为公然叛国，国内当即予以取消国籍及没收财产处分。该顾问等毋再犹豫为要"。

于是，1938年6月21日，陶德曼偕同法肯豪森一起向国民政府外交部次长徐谟声明：

"如同于6月23日（星期四）以前，中国国民政府对于全体德国顾问之即时离华不予明白表示同意，并担保该顾问等之离华（安全回国之意），则本大使奉令立即将所有职务移交于代办，离华回国。

本大使又奉令表示下开意见：中德外交关系之是否继续维持或由我方（德方）予以断绝，须视关于顾问问题之以后发展而定。"[19]

这无异是给中方的最后通牒。中国行政院长孔祥熙即于6月22日表示，同意解除与德国顾问的聘用合同，并对德国顾问以往在中国从事的有价值的工作表示谢意。但孔没有提到德国顾问离华的确切日期。

在柏林，里宾特洛甫认为中方故意拖宕撤出德国顾问，是对他个人权威的挑战。于是，他又于6月24日断然下令召回驻华大使。

蒋介石终于意识到：中德外交大势已去，两国关系之"蜜月"时代已经无可挽回地结束了。6月25日，他下达了最后决定：通知陶德曼，所有的德国顾问最迟在半个月内全部撤离中国。

6月26日，陶德曼这位纳粹德国派驻中国的首任大使，也是最后一位大使，离开汉口回国。

7月5日，在国民政府军政部长何应钦的陪同下，法肯豪森率最后几位德国顾问离开汉口赴广州，然后取道香港回德国。临行前，德国顾问们纷纷向中方起誓：他们知晓的军事秘密，决不会被用来反对中国，体现了他们对华感情及良好的职业道德。

就这样，作为中德关系两大支柱之一的德赴华军事顾问团被迫结束了他的历史使命。

法肯豪森将军回国后，仍然十分挂念中国，他在回忆录中记载，曾不断通过中国驻德使馆将有关德方情报透露给中方，以供中国政府决策参考。苏德战争爆发之后，1942年他担任了德军驻比利时及北法陆空军总司令，驻在布鲁塞尔。可他依然对纳粹党持着不满态度，他是凭着一种"对祖国的忠诚"而与纳粹"合作"的。因此，在执行纳粹一些灭绝人性的政策时，他采取了暗中抵制的态度。他的司令部也因此成为德军中"基督徒"及"保守派"军官的"大本营"。1944年7月，他因掩护刺杀希特勒未果的军官而被盖世太保逮捕，并押回柏林投入监狱，先后在多处牢狱中备尝铁窗之苦，直至战争结束。1951年，在他七十三岁高龄时，又因战争罪被比利时政府判处

12年劳役，不久后即以其人格清白及反纳粹历史被从宽处理，开释回家。在他生命的最后阶段，他致力于写作回忆录，共完成了12章书稿，其中第10章内，他详述了1934年～1938年间赴华出任军事总顾问期间的工作情形。在这段时间内他依然与退居台湾的国民党人保持了密切关系。1966年，88岁高龄的法肯豪森病逝于纳塞（Nassau）河畔的厄姆斯（Ems）村庄[20]，是为后话。

德国军事顾问中也有数人，因有犹太血统或负有特殊使命而不敢或不能回国，如施坦音（Stein）、史脱次纳（Stoelzner）等等，其中如史脱次纳在离华经香港赴河内后，不久就去了中国沦陷区上海，以后又转往北平，利用他的无线电专业所长，为纳粹在远东的特务机构服务，窃听远东美英盟军电讯，曾取得不小的"成绩"，整个战争期间，他们都待在中国，直至战后被盟军逮捕判刑，此亦为一段插曲。

在命令军事顾问团回国之同时，双方的军火贸易也成为德国准备拆除的另一个"障碍"。希特勒为巩固德日同盟，决心完全抛弃中国，切断所有的中德关系。

早在1938年初，虽然纳粹党人已不准备对华供应军火，但由于德方内部意见尚不统一，争执不下之余，中方尚能在获取原订购武器的同时，继续暗中向德方增加新订货。

当时中方对德方最后两招"杀手锏"之担心有几方面，对于撤退顾问，担心一旦顾问骤然撤出，会影响中国军队业已形成的工作秩序，并担心顾问回国会泄露出中方军事机密。这两点倒也不是最重要的，对于中国抗日战局来说，最直接的致命影响将是军火供应之中断，因为当时中国尚不能生产重武器，唯有依赖外援，而德国是中国主要的武器进口国，这一点比顾问团问题更使蒋介石感到着急。然而德方"弃华联日"决心已定，大局不可逆转，德国输华军火只能越来越少。

中国驻德首任大使程天放鉴于中德外交关系已落入最低谷，认为自己未尽到责任，数次坚请辞职，都被慰留。德方撤退顾问停运军火之后，程天放认为再留德国已无任何意义，他对希特勒的亲日弃华政策已有了根本性的认识，便最后申请去职归国。1938年5月30日，中国外交部复电批准程天放辞职，改派外交部常务次长陈介来柏林接任驻德大使，充分体现了国民政府对中德关系陷入死局心犹不甘，尚抱一线希望的心态。

程天放临离柏林之前拜谢了曾为对华友好作出贡献的老友，沙赫特对他坦然地说：德国目前的对华政策与他的主张正相反，可惜他无力回天，盼中国政府能理解他的立场。他深信，中国民族有很深的信念，不管目前战事如何，中国将来一定会复兴[21]。程天放在告别宴会上对德方人士慷慨陈词：中国人民现在正在患难之中，"此时如有人对中国表示同情，我们将认为是患难之交，永远不忘"，但"我们自然以自力争生存，并不倚赖外援。……我在临别时特别提出这句话，贡献德国朋友"[22]。

以程天放大使离任为标志，中德关系已经进入了病入膏肓的垂死阶段，下一步来临的将是变友为敌的断交与宣战阶段。但是，历史的发展又总是那样复杂而又反复，谁能料到在这一片萧瑟之中的中德关系竟又出现了一丝回光。

最后的晚餐

1938年8月5日，中国军事委员会秘书齐焌（专任中德外交翻译）上呈财政部一份《关于中德关系现状之报告》，声称濒于死亡的中德关系又透露了一丝希望。他写道："中德关系自顾问问题以来更是隔膜，我国上下对德不能不抱怀疑态度。除由职等电询克兰先生并请其协助澄清局面外，合步楼驻汉代表普莱上校亦曾屡电德方负责人员，促进德政府对于中德关系之努力。顷据合步楼接柏林来电内称德国经济部（查经济部部长为冯克、四年经济计划总裁戈林将军所举荐次长为布林克曼，沙赫特为经济部部长之左右手）拟派合步楼专员名佛德者（Hellmuth Woidf）乘飞机来华，其使命为说明德政府对于中德经济关系之立场，并希能消中国政府对德之怀疑，而求更进一步之合作（货物互换合同等等促进办法）。佛德君将于8月3日抵港，拟于5、6日来汉，亦可转渝。

德政府并将电驻汉代办，正式转达我国政府以为介绍，合步楼代表普莱上校今日赴港，候接来汉，拟请赐予接见。"[23]

佛德原为上海德国普通电料公司经理，此时为德国经济部亲信要员，"国社党党部对华经济顾问，并与外交部方面甚为融洽一致"[24]，"奉经济部命为合步楼公司全权专员，与中国政府暨中央信托局洽商货物互换合同共同加紧进行之办法，必能使两国经济关系更有重要进展，并可消释中国方面对德之疑虑"[25]。当然，我们可以想见，佛德来华并不是德国最高领导的抉择，更不是其想要恢复中德关系的行动，他只是德国经济部的决定，目的是纯从经济角度出发，"拟将德国与西班牙之贸易办法实行于中国"[26]。

佛德抵达汉口后，会同普莱上校与中方政要会见，密商中德经济合作事宜，中方出面洽谈的是国民政府军事委员会办公厅主任张群、经济部长翁文灏。不久，因汉口即将失陷，双方易地重庆，继续洽商。

佛德在会谈中表示：他是受德国政府委派来华，向中方表示德国愿与中国进行事实上合作的诚意。自从中日战争爆发以后，德国在华北的商务日益衰减，德商纷纷要求德国政府出面帮助，德国政府原来指示他前往华北地区调查，但他本人最大目的在于增进德国同国民政府的合作，不愿因华北之行而引起中方的疑虑，所以直接与国民政府进行接洽。佛德并且指出，希望中国方面继续向德国提供以矿产为主的大批原料，这样不但中国可以早日获得军火，而且两国在经济、政治等方面的关系都将获益匪浅[27]。

重庆政府对佛德"代表德国政府"的这种主动行为喜出望外，认为中德间恢复友好合作已指日可待，这对于中国持久抗战大局将产生极为有利的影响。为此双方需要立即重建双边经济交往，恢复易货贸易。

10月初，佛德和中方口头达成如下各点协议[28]：

1. 明确规定《中德易货协定》及信贷合同继续有效，其有效期暂定为1年。

2．在本合同范围内，中国若付以现款时，德国则按国际市场价格及出口货物价格计算，向中国提供军械及弹药除外的各军事工厂所用的一切材料、半成品、汽车等。

3．中国不需提供其他担保，即可在德国订购2,000万马克的货物；德国循环不停地向中国提供1亿马克贷款，年息仅为5厘。

4．中国方面每月向德方供给800万元法币的原料（依正式汇兑价计算，若以普通汇价，合1,200万元法币），1年之内向德国提供约合7,000万马克的原料；中国供给原料中须有50%为矿产，即每月须向德方提供钨、锡各500吨，锑300吨。

5．今后各项货品采购，买主与卖主双方可直接进行，合步楼公司和中央信托局仅作为会计、统计暨顾问机构。

6．中国政府组成中央采购统制委员会，由交通部、军政部、经济部、财政部、军事委员会各派1名代表组成，负责审核中国对德各项货品的订购申请并监督其采购范围及预算情况。德国方面应派技术专家来华协助该委员会工作。

此外，双方还检查了以往各项采购合同的执行情况。德方同意在最近4个月里，再向中方交付总价为720万美元的军火，作为孔祥熙访德时所订购军火清单履约之一部分，另一部分则由合步楼公司保留计划，由中方以付现方式购买，包括2.2亿发子弹、数万发15公分及2公分大炮炮弹；按目前行市计算，中方在同期内向德方交付钨砂和锡各3,000至4,000吨、锑3,000吨，充抵720万美元军火价款。德方同意中方撤销不急需的订货合同，数额合2亿马克；中国在德国订购潜艇合同依然有效；中国海军仍可派军官学员赴德学习训练[29]。

佛德之所以敢于对中方承诺以上内容，是因为他有德国经济部作后台。当时接替沙赫特继任经济部长的冯克（Funk），继承了沙氏对华友好的传统。在中德中止贸易之后，冯克曾同意容克飞机公司对中方退还已交付的飞机预付款，戈林出面阻止说："偿还意味着支持蒋介石！"但冯克不理睬他，私下保证通过德华银行对中方退款[30]。

此时，作为中德贸易主渠道的合步楼公司已从1937年起由国防部划归戈林的"四年计划局"管辖之后，又从戈林手下转划经济部管辖，这是德国经济部与国防部军工署向希特勒力争的结果，这样便使合步楼的业务能够少受纳粹远东政策之影响。

更主要的原因还在于希特勒外交政策之变化不定。进入1938年，德国与英法关系趋于缓和，由于英法当局实行"绥靖政策"，对希特勒连连让步，9月又达成了《慕尼黑协定》，希特勒在庆幸自己的欧洲政策步步成功之余，他对日本支持的依赖也减少了，更何况日本在中国占领区处理德国利益时并未给德方予照顾，使德方大失所望。因此，希特勒等纳粹领袖对于经济部恢复对华关系之举采取了不再阻碍的模糊政策。

德国政府很快批准了"佛德口头协议"。1938年10月19日，佛德正式代表德方在重庆与国民政府签订了新的"易货协议"。

以顽固亲日著称的德国外长里宾特洛甫曾在1939年4月间准备干涉中德新协议，他声称为了"德国利益"，要求经济部停止对华交易。经济部长冯克断然拒绝之，并复函说：正是为了德国的利益才需继续进口中国原料，无论如何，每天进口30万马克原料是必需的，为此只好请里氏"谅解"了。为了照顾面子，冯克答应今后供华军火将以散件形式运华，抵达后再组装。至此，里宾特洛甫也就无话可说了[31]。虽然德方还在亲日，但此时期德日关系之发展却不如德国人想象的那么顺利。

平心而论，希特勒还是对得起日本的，为了德日同盟，他抛弃了中国，牺牲了不少经济利益。而且，在1938年9月中国新任驻德大使陈介抵达柏林后，德方故意冷落中国大使，迟迟不接受其递交国书。与之相对照的，德方却忙于与伪满互派"大使"，递交国书，热热闹闹，使陈介在柏林如坐针毡，大丢其脸，中国政府甚至准备撤回陈介以免再出其丑。

11月16日及24日，蒋介石连电陈介，令其去英国暂住或回国，"不可再驻德，否则国家与政府威信与体面全失，此种耻辱将无法湔雪矣"[32]。直至

12月底，德方才勉强接受了陈介呈递的国书。

在此阶段，纳粹党头目们亦接连发表祖日反华的言论，攻击中国以讨好日本。1938年7月，纳粹宣传部长戈培尔在纽伦堡召开的纳粹党年度大会上，把中国军队为阻挡日军而采取的炸毁花园口黄河堤坝的行动，称为比日本军队的轰炸更惨无人道。1939年1月，希特勒又在一次演讲中宣称：中国的胜利将意味着"布尔什维主义在东亚的胜利——这个胜利只是对世界犹太主义有利"[33]。

在中国沦陷区，德方也直接开始与日本及其扶植的华北伪政权谈判经济合作与"易货贸易"。

1938年初，克虏伯公司与礼和洋行（Garlowitz）与日本华北占领军签署一项易货合同，以德国工业品来交换天津产的羊毛，赶走原来的生意主顾美国人，"分享"日本独占下的中国资源。但日方本着独占中国的既定宗旨，绝不让包括德国在内的欧洲列强分享其侵略果实。8月间，日方以军事需要为由，规定华北占领区的原料农矿产品只能向日"满"出口，其间厂家也只能向日本公司订货，开展贸易。德国人被毫不留情地排挤出去了，面对与日合作结出的"苦果"，德国人只能"打落了牙齿往肚里咽"，有苦难言，自认倒霉。经过德方的多次交涉，到1938年底，德国对华北贸易有了一些进展。"驻青岛德国商务专员与华北当局洽妥，订立易货协定，由华北供给花生仁及花生油，以易德方工业制造品，由横滨正金银行及德国国家银行分别资转"[34]。中国政府认为："查上项物品系沦陷区域出产，德方并未向我方请求供给，今竟转向日伪接洽，德我邦交陵替于此，可见一端。"孔祥熙为此批示："似此情形，中德易货自有重新考虑必要。"[35]但就德伪协议而言，"按规定汇价，德商处于吃亏地位，故须在总结时，由日商负责补偿"[36]。然这项口头协议尚未落实，德国在华北的实际利益却已大受影响。

不仅在华北，在中国所有日占区，德国人都没有得到任何优遇。

在华北，德国产品的输入量从1937年占总进口量的18%一直降到1938年至1939年的平均占6%，德国人深感华北已成为第二个东北，成了日本独占的殖民地。天津德国商会报告说："有迹象表明华北的事情正如满洲国发生的一样。"[37]在南方的上海，德国商会哀叹"经营了二十年的心血"全被日本"毁于一旦"；上海德侨团体领袖、保伦医院（Paulun Hospital）院长爱德华·伯特（Edward Birt）竟在大街上被狂暴的日本兵痛殴；中德欧亚航空公司的飞机不断被日机骚扰迫降。德方领事向日方抗议却不了了之。日本控制下的南北伪政权则一直在日方唆使下吵吵闹闹，公开宣称与德国"没有外交关系"，拒绝给予其任何特权，欲逼迫德国与重庆政府断交。至于日本原来许诺的一旦占领江西可源源不断对德提供原料等等"美丽的诺言"，也因日军陷入对华持久战的泥坑而不能兑现。日军无力西进，北上攻击苏联更成为泡影，日本政府明确对德表示出兵西伯利亚已不可能了。正如一位日本军官在酒后向他的德商朋友透露的那样："尽管德日是好朋友，但德国人总有一天会被踢开。"[38]

希特勒万没想到他的亲日远东政策，结果会落到一个如此的地步。现在，他对日本还图个什么呢？什么也没有了。这个一贯"讲实际"的纳粹元首发怒了。1939年8月22日，他在一次军官会议上对部下嚷道："我发现，自从1938年8月以来，日本就没有和我们无条件合作过……我和日本人的结盟总是不受欢迎。我们在远东必须不停顿地推进我们的事业……我已决定同斯大林合作……"[39]

希特勒"与斯大林合作"是为了减轻来自东线的压力，以便他集中力量对付西线的英法。为此，1939年8月，德苏忽然签订了《互不侵犯条约》。德国的这一举措立即引起了日本的不满，日本通知德方将7月28日签订的德日"华北地区易货合同"，无限期推迟实施，这更加深了德国对日本的不满。

里宾特洛甫对于日本的"不够朋友"无可奈何，德国外交部断定日本军方正"力求使东亚经济处于日本统治之下，按照日本的利益独自运用这种经济，并要排斥与消除所有外国的势力"。德国"最多不过受到同其他外国利益"同等之待遇[40]。德国人把自己的不满和在华利益今昔比较之损失罗列出清单开给了日本人，里宾特洛甫对日本驻德大使外五说："瞧瞧，德国在中国已为日本作出了多大的牺牲。"外五大使故作惊讶地说:"看了这份清单我们才知道,过去你们给中国提供了数量这么庞大的军火物资呀!"[41]把德国人气得无言以对。

中国方面当然也注意到了日德关系的这些新变化。

1939年7月17日,蒋介石在重庆接受了德国海通社驻远东总经理美最时先生的采访,就目前中德关系、中日战争及国际形势之发展等问题,回答了他的提问。蒋介石表示:他很关心德国政府及人民对远东战局之态度,并慨然表示"德国政府之对华态度,并非出于情感之隔膜,乃欧洲方面之环境使然",并称"中德一般关系可称满意,中国为德国之老友,其意义自较一般新友为重要,并请美最时君将此意转达德国人民"。对于德日发展关系,蒋介石认为:"德日携手,实无真正可靠之基础,且劝告德国与日本发生关系,务必慎重将事,否则恐有不利也……日本外务省对于德国,心中并无十分亲善之情绪,日本军阀所以与德国保持目下之关系者,仅出于事实之需要耳……日本为一缺少政治观念之国家,故与之相交,宜存戒心。"

至于中日战争,蒋介石表示:"日本军队一日不自中国领土撤退,即无和平希望可言。今全中国之目的欲驱除敌寇,在未达到此目的以前,中国政府不能考虑任何方式之和平谈判。至于第三国出面作调停建议,倘其中并不包括日军撤退问题,亦绝无接受可能……目前战事仍继续进行。战场虽消息似觉沉闷,然战事则绝未停止……今中国全体人民一致团结,如坚硬之砖石,日本侵略益亟,则此砖石因锻炼而益为坚固。"

关于战争准备及物资供应,蒋介石称:"中国实际上已无须仰给国外之输入,即可在经济及军事方面继续作长期之抗战。目前中国在经济方面已能自给自足,上海及香港入口之断绝反而增进国内之情形,使国人度其简单朴素之生活,并省去大批奢侈品之输入。"此外,蒋介石还回答了有关国共关系问题及南北汉奸政府性质等提问[42]。

蒋介石的答记者问表明,中国依然重视中德关系,对德方满怀友好之望,试图恢复两国间的友好合作。

8月28日，中国驻柏林大使陈介奉命拜访了德国外交部，向国务秘书魏茨泽克表达了中方愿意改善双边关系的愿望。而德方也相应作出了一些扩大双边关系的行动。德国在昆明开设了一间领事馆，集中处理运经此地的中德易货物资事宜；陈介大使在柏林也不再受冷落，一些中国老友，如法肯豪森、克里拜尔以及托马思将军等常来访谈，对中德关系之密切，连英国驻德使馆都感到十分惊奇[43]。

日本人对中德重趋接近恨之入骨。1939年初夏的一天，日本飞机在轰炸中国战时首都重庆时，向德国驻华大使馆及合步楼驻渝办事处投下了大批炸弹，大使馆被夷为平地。覆盖在屋顶上的纳粹旗帜正好成了日本人醒目的标靶[44]。

与中德关系之改善相配合的是德国调停中日战争之议的再起。

早在1938年7月佛德来华之前，就曾有克兰来电，说沙赫特承日本内部一些"和平人士"之托，准备来华调解中日战争并顺便洽商中德恢复经济往来事宜。中方对沙赫特访华谈经济表示欢迎，但对他调解中日战争已不感兴趣。蒋介石对日方"谈和"真意表示"严重怀疑"[45]。此事便这样搁置下来。几个月之后，1939年3月，中德两国的经济部长翁文灏与冯克就此再次进行了联络。

1939年9月1日，德国进攻波兰，挑起了欧洲大战，世界两大阵营之划分开始渐显端倪。

德国方面颇为担心中国就欧战局势发表的声明，会公开反对德国支持英法，因此急于向中方讨好。德国外交部国务秘书魏茨泽克向中国大使陈介表示，德国迫切希望增进同中国的关系；欧洲战事不会长久，战后两国在经济合作方面将大有可为。德国驻华代办毕德（Bidder）也向中方表示了相同的愿望。另一方面，德国在对华交付军火物资方面，也比以往公开化了。只是德国为中国制造的潜艇等大型装备被德军方征用，未能交货[46]。而重庆政府则在避免公开谴责德国侵略行为之同时，秘密对德方表示仍愿保持双方友好关系。10月，中国使馆照会德国外交部：中国政府"仍是非常亲德的"，并重提"德国的调停将给德国在中国未来的经济带来优越的地位"[47]。11月间，中国行政院长孔祥熙向德国代办毕德提议，签订一项扩大中德易货规模之正式协定，他并表示只要德方同意，中国"保证今后5年内均可向德国提供钨砂"，必要时可转移已供苏联之钨砂先给德方。但这两项提议最后都被里宾特洛甫否决了，虽然他也开始厌恶日本，但为了德国全球战略，外交部只同意把中德关系维持在一个低水准之上，即限于一项对德国产品的易货贸易，且不包括武器交易在内[48]。

合步楼公司并不买里宾特洛甫的账，仍在一意发展对华贸易，公司常驻中国代表路德维希·韦尔纳（L. Werner）一直在重庆居留活动，并在孔祥熙处领取津贴，直至1941年中德断交之后，蒋介石还曾为韦尔纳的生计及安全特别下令翁文灏要其给予庇护[49]。韦尔纳与居住昆明的合步楼前驻华经理易嘉伟（W. Eckeyt）等人一起，已成为中德关系继续维持的一种象征。此外曾于1937年底专程来华访问的德国著名工业家奥托·俄普夫（Otto Wolff），不仅一直坚持对华友好合作，反对纳粹，而且以批准中方缓付所欠该公司借款本息700万马克的实际行动，支持中国抗战。他们甚至在德国停止援华后，仍设法帮助中国进口汽车及工业设备，体现了德国人民对华友好的感情。1940年俄普夫病逝后，中国政府曾隆重悼念，称之为对华"最好，帮助最大的友人"[50]。直至1940年5月，合步楼公司仍有高达9,900万马克的订货须向中方支付[51]。

随着德军在欧洲横扫丹麦、挪威、荷兰、比利时及法国等地，德国气焰十分嚣张。重庆政府认为：希特勒在解决了欧洲问题后，将会转而重视远东地区，因此欲主动向德方拉关系。

6月1日，蒋介石会见了德国驻华代办毕德，他以老朋友的身份就欧战问题对德方提出三点忠告："（1）避免联日作战，以免战区扩大，拖累德国自己。（2）德国若联日作战危及太平洋时，美国势必联合英法参战而对德国殊为不利。（3）德国应及时把握和平机会，结束欧战，如战争扩大则德国前途殊难预料。"[52]1940年7月1日至8日，国民党五届七中全会在重庆举行，会议在讨论对德外交时"空气更浓"，与会者提议派出对德外交得力大员如朱家骅等，赶快赴德联络，以期争取恢复关系。中德文化协会也积极展开活动，呼吁德方"不为日本所惑"、"权衡轻重"，"有重新考虑对远东外交政策之必要"[53]。国民政府军事委员会秘书长张群曾于7月初密电陈介大使，令他"相机进行"对德交涉，并要陈介拟出具体步骤及办法。陈介向重庆建议：在欧洲战事未最终结束之前，先与德方暗中接洽，商谈经济合作原则，使德方认为有利可图，从而改善双边关系；然后由德国政府派代表来华协商整个合作计划；中方再派要员赴德签署修好条约，最后德国重派大使来华。陈介也确实在柏林进行了"暗中接洽"，根据1940年7月11日陈介致张群的密电，德国政府中，戈林和国防部军工署、经济部的官员都有"亲华"表示，只有外交部长里宾特洛甫没有表态；军工署的托马思将军为"亲华"的"主动中心人物"，他与经济部长冯克等人甚至设想在欧战结束后，德国向中国提供军火抗日，然后帮助中国建设国防工业，中国则向德国提供原料[54]。陈介甚至提出以承认伪"满"及日本在华北的经济特权为条件请德方调解，换取日本从中国的全面撤军[55]。但陈介同时也如实报告了6月28日他与德副外长会见时，德方拒绝了中方要求他们阻止日本侵占安南（越南）的请求，表现了不友好的态度[56]。

1940年7月7日，国民党中央组织部长朱家骅致函德国元帅、武装部队总司令威廉·凯特尔（Welheim Keitel）。朱家骅对德国军队在欧洲战场的"胜利"大加吹捧，不但表示了"兴奋"和"贺意"，还把这一"胜利"说成是"对我国人民奋发自振之良好教育"，当然，朱家骅的真意还是在于促使德方改变亲日疏华的远东政策，重圆中德合作的旧梦："国民党战后之各项建设，必多借助于贵国之处，而中国之复兴，在任何方面可有助于贵国者亦匪不可想象……余深信贵国人士高瞻远瞩，将来必能促成此伟大计划之实现，以解决此次战后之需要，其有裨益于贵我两国及世界和平者，实非浅鲜也。"[57]7月11日，朱家骅又在一份致蒋介石关于加强对德外交意见书中表明了他的观点："且德联苏以来，德日轴心早趋疏淡，德国为其自身将来计，亦必知助日之举有害无利。德与我关系原极亲密……其民间与国防军方面，对我仍多抱好感……我国今后外交，除对美更宜全力加强活动，对苏维持友好而外，似亟宜以德国为中心，加紧欧洲之工作，力谋分化日本与德意轴心之关系，更使德国为我声援。"为此，朱家骅提议我国对德外交应"于不动声色之下，迁就事实以为之上"。"盖外交重在大体，拘泥细节则转失灵活"。他主张中方应调整外交阵营，适应"德在欧洲已成盟主之局面"，满足德、意在已侵占领土上变更原来对华外交形式的要求，以达到维系中德、中意关系的目的，遵循一条实用主义的外交路线[58]。不久之后，德国国防部一名记者兼军事情报员沃尔夫·申克（Wolf Schenke）从重庆报告说，蒋介石打算派遣一个高级代表团赴柏林谈判。德国方面认为，蒋介石很可能要求德方出面调停中日关系。

德军在欧洲大陆的节节胜利，不仅使希特勒冲昏了头脑，甚至在万里之外的中国，国民党内也有一帮人为之刺激兴奋，认为德国一定会成为欧洲霸主、世界强人，因此急欲与之交好，为此不惜提出了许多荒唐建议，发表了一些荒谬言论。如国民党上海市党部就有人在报纸上公开发表文章，歌颂希特勒，鼓吹"中德友谊"，并竭力诋毁谩骂英美等国，最后被重庆国民党中央党部严厉制止并查办[59]。而在重庆召开的国民党中央全会上也曾有人在欲"联德"情急之下，公开建议中国"进兵缅甸，唤起（当地）被压迫民族（反英）自主运动，俾对英报复，促德善我"[60]。这些主张都被国民党内头脑清醒者斥之为"作单相思无用"[61]。虽然它并不可能改变中国的基本外交立场，但其代表的一种倾向，依然值得引起人们的重视。

在另一方面，德国人的胜利也在很大程度上刺激了日本军阀的侵略胃口，为了给自己壮胆并增加自身的力量，日本迫不及待地欲加入德意军事同盟。德国为迫使美国放弃英国，也急需拉日本入伙，想让美国东西不能兼顾。于是，一个德意日三国轴心同盟便在急切磋商中决定成立了。在这个世界三大法西斯国家"轴心同盟条约"签字前，德国外长里宾特洛甫忽发奇想，要让中国蒋介石政府也加入这个条约，借此来化解中日战争，拉中国下水，让中日合力为德国的全球战略服务[62]。这一建议立即遭到日本的坚决反对，同时在中国国内，以中国共产党为代表的力量也坚决揭露了这一阴谋的实质是"要发动一场新的反共运动，并以之作为对日投降之理由"。

《德日意军事同盟条约》于1940年9月27日正式签订。按照日本的意愿，该条约声称"德意志和意大利承认并尊重日本在大东亚建立新秩序的领导权"；"三国并承允，如果三缔约国中之一，受到目前不在欧洲战争或中、日冲突中的一国攻击时，应以一切政治、经济和军事手段相援助"。中国政府对这份同盟条约的内容极为震惊，认为它标志着德国公然支持日本的侵华战争，直接摧毁了中德关系的最后基础，因此被迫作出了强烈反应。9月29日，中国国民政府即分致德、意政府抗议书，指责德、意两国蔑视国际法律与国际平等原则，助长日本对华侵略，并指出："将来德、意实行上述协定之规定而中国蒙受危险或损害时，中国政府保留其适当行动之权。"[63]

中德之间貌似好转的双边关系经此一沉重打击之后，再也无回缓之余地了。1940年秋，中国派出与德有旧谊的桂永清出任驻德武官，企图向德方说明同日本结盟对德国利益之危害，但德方已听不进去。同年11月间，里宾特洛甫出面"调停中日关系"，但这次德方的立场完全是与日本站在一边了，这次"调停"再也不是中立的，而是饱含了帮助日本压迫中国屈服的意图，因而当然遭到中方的拒绝。11月21日，蒋介石在给德方的答复中提出：调停须以日本撤出全部侵华军队为议和前提，并称："德方当知日本控制中国后，对德终属无利而且有害；反之，中国之独立与主权仍能维持，则将来德国对华之经济发展，自属无可限量"，希望德国政府在关键时刻"审慎考虑"其远东政策[64]。德国方面认为蒋介石的答复拒绝了同日本议和，因而表示不再出面调停中日关系。

从此以后，在重庆政府内部，要求彻底对德绝交的呼声越来越高。过去曾主张"灵活对德"的朱家骅，也于10月5日上书蒋介石，提议："即行召回驻德大使，对德外交不妨停止进行，以表示我国正当之态度与自重之精神。此事关系立国之本。"他认为"我对德每次改变，均抱忍让态度，可谓仁至义尽，此次若则仍守成规，不特反遭德国鄙视，对英美乃至苏俄博取同情援助亦有影响"。"德人性情崇拜英雄，吾人对其无表示，或遭鄙视，若严申自重之立场，则精神所寄，德人反致钦敬"[65]。

中国在国际上与美英苏反法西斯同盟越来越近，与德方关系越来越远，实际上已处在两个敌对阵营之中，大势所趋，双方已不可能再有改善关系的任何机会与可能了。

"政治是不讲信誉和良心的"

中德关系虽然已无起死回生之希望，但仍维持着不死不活的表面关系，而最后导致中德断交的则是德国对中国主权的最直接的根本性破坏——德国承认日本扶植的傀儡、南京汪精卫伪政府。

1938年底，在日本人的精心拉拢策划之下，国民党副总裁汪精卫从重庆出逃，叛国投敌，投入了日本怀抱。由于汪精卫在中国国民党中的历史及其政治领袖地位，日本人认为他足以与蒋介石抗衡，于是决定扶持他上台，组建伪"中央政府"，公开宣称继承国民党党统、政统，动摇重庆政府的地位，实行"以华制华"的"政治战"。

1939年8月，汪精卫在上海搜罗国民党内亲日分子以及南北傀儡政权大小汉奸，召开了汪派"国民党六大"，决定公开进行筹建伪中央政府的工作。

蒋介石重庆政府面对这一形势，意识到汪伪政权一旦成立，很可能在国际上造成不良影响，一向与日本关系密切的德国、意大利等国家更可能加以公开承认，因此，不能不作未雨绸缪之计。

10月10日，国民政府发表宣言，指出："……中华民国惟国民政府依法总揽治权，对内公布法令，对外缔结条约，主权完整，不容破坏，倘有汉奸集团傀儡组织僭窃名义，擅发文告，或竟与任何国家订立文件，任在何时，概不承认。"10月13日，国民政府将这份宣言以书面照会形式，递交包括德国在内的各国驻重庆使馆，并且强调指出："……伪组织为虎作伥，实为中国全国人民所共弃，如有任何国家，予以承认，中国政府及人民，即不得不视为非友好行为。"[66]

1940年1月8日，意大利政府宣布，将承认行将出笼的汪伪"南京政府"，重庆政府担心德国政府也步意大利之后尘，急电驻德大使向德方外交部质询。德方回复说：对此尚未作出决定，何况汪政府尚未正式成立，甚至最近也不一定能成立起来[67]。这一回复虽不明确，但总算让重庆能够暂时松了一口气。

1940年3月30日，汪伪政府在南京上演了"还都"丑剧，中国土地上由此出现了一个由日本一手扶植操纵的最大的汉奸政权。汪伪政府成立当天，重庆国民政府便发布外交照会给驻渝各国使节，称汪伪"纯为日本军阀所制造与控制的傀儡"，要求各国不要对之作法律或事实上之承认，"无论任何行为涉及任何方式之承认，既属违背国际公法与条约，自应视为对中国民族最不友谊之行为，而承认者应负因是所发生结果之全责"[68]。

在以后相当的一段时间内，由于汪伪之出台被全中国人民所鄙视、唾弃，并未能对重庆政权造成冲击瓦解作用，令其日本主子十分失望，甚至连表面的"外交承认"手续也没有履行。因此，德国政府对汪伪的态度也很冷淡，德国报刊很少报导汪伪的消息，更谈不上什么外交承认。就连驻华德国外交官也要求其政府不要理睬汪政权。

1940年9月初，德国驻上海领事馆人员在给国内的报告中曾提出下列意见：（一）日本人的"东亚新秩序建设"毫无成就；（二）中国军民仍然服从并忠于重庆政府；（三）重庆政府对德不计旧恶，仍欲恢复易货关系；（四）汪政府为日本傀儡，毫无人格力量，且受日本控制甚严，德国政府千万不要上当，承认它；（五）日本在国际上牵制英美的力量甚微小；（六）蒋政府决不会与苏联结盟[69]。

11月4日，中国驻德大使陈介向国内报告说，德方对承认汪伪事十分慎重，不会立即行动。桂永清则电告重庆说："日前据戈林将军亲信密告，戈林……大骂里宾特洛甫不已，批评中国对德为'三年睡眠外交'，并表示不强迫中国言和，维持中德好感。建议职如有未尽意见，可用书面向戈林陈述，以保联系。"[70]当然这是戈林与里宾特洛甫的内部权力争斗产生的意见分歧，并不说明戈林的"对华友好"。

但日本却对德方不断加压，想利用德国承认汪伪这张牌，再次压迫中国政府与日本谈和洽降。

11月11日，德国外长里宾特洛甫按照日方的意旨召见了中国大使陈介，他表示："德意日三国协约，目的在缩短战事，早树和平……因此推想欧洲以外之大陆，而注念及远东问题，拟以个人意见探询阁下，或请转达贵政府，但须预先郑重声明：一、未受中日政府任何方面请托；二、决非德国政府自愿调停，唯以中日战事已逾三年，德国立场可以质定。在四年前英已蓄志亡德，德联强国对抗，以此与日本交谊增密。然本人及政府对中国，尤其经济上关系始终保持友谊，绝未与中国立敌对地位，并甚钦佩蒋委员长之英勇与历来对德好意。无如大势所趋，惟强是重，不得不侧重亲日。此在中国或引为不满，在德国实势逼使然。近闻日自新内阁成立后，亟图解决中日问题，已拟于近日内承认南京政府。日如实现，意德因于同盟关系，亦必随之，他国或尚有继起者。此于中国抗战，恐益加困难。于中德关系，亦虑启影响。诚恐委员长无论如何主张抗战到底，或仍以英有援助能力，故将国际趋势尽情为阁下一言。倘阁下认为有和解可能，则请转达蒋委员长及贵政府加以考虑，以免误此最后时机。余已声明，并非自愿调停，亦非做何建议。即领袖本人，亦无此意。倘双方以此为请，自不敢告劳。"对此，陈介回答说："贵部长盛意良感，当即据以电呈。在未奉训令以前，恕难遽有表示。就个人所知，我国为生存与主权而抗战，非达此目的，恐难言和平。前陶大使奉令调停时，我委员长即以日军完全退出为先决条件，今日当仍如前说。倘日军未能放弃占领内地敌军地带及沿江沿海口岸，则终久未能和平。"[71]

11月21日，蒋介石在得悉有关报告后，指令陈介回复德方："汪逆早为国人共弃，绝无任何效能，其伪组织如果被他国承认，更使中日战争永无解决之期而已。"[72]孔祥熙同时电令陈介在柏林展开活动，阻止德方承认汪伪。

此时中方的对德外交方针是："今德既与我之敌人结合，无从再与亲善，否则反被轻视。唯在外交关系未绝以前，一切行动言论自当出以谨慎，不必恶意攻击，即稍予周旋，使彼仍能为工作之掩护并使英美稍有戒心，促其进而援我，亦无不可。总之，吾人处处须严正我国立场。"[73]

1941年6月22日，德国发动了策划已久的"巴巴罗沙"（Fall Barbarossa）行动，向苏联开始大举进攻。为此，德国政府急需日本在远东予以战略配合，而日本则趁机提出以德方承认汪伪为条件，并与重庆政府彻底断绝关系。"德国为断绝英美援俄计，将于七月初承认汪逆，满足日本的要求，逼迫日本扯碎'日俄中立条约'"[74]。6月28日，陈介大使约见德外交部魏茨泽克，责问其承认汪伪政权一事。魏茨泽克吞吞吐吐，"未肯明认"，但他又赖称一次世界大战时中国曾主动对德宣战，陈大使立即说明当时"性质与现实迥然不同，且国民政府在南方曾极力反对此事"。陈大使进一步说我方"数年来对德已万分容忍，无非为百年大计，万望勿亲承认此叛逆之傀儡，强我走绝交一途"。魏氏答应上报，同时他又表示，即使承认汪伪，德"外长业已决定并拟将在渝机关不动，而令上海总领事兼驻伪政府代办"[75]。德方要求中方"体谅"德国"不得不暂行利用日本的苦衷，并希望中国不与绝交，纵使绝交亦愿暗中互通声气"[76]。29日，陈大使电告国内"承认汪伪事确闻已定7月1日发表"[77]，"顷闻其发表形式，将由外长电汪，承认汪在南京领导之国民政府，在短期间内与生外交关系，不提重庆一字，并嘱新闻界弗攻击我方"。"对我德不无歉意，意国将同时发表。此外同盟内各国亦将继起"[78]。日本驻德大使馆为汪伪驻德外交机构之开张包揽了全部准备工作，"日大使馆已为汪逆印刷传单，切实准备接收使馆及逼我留学生侨民于7月底换伪护照，并曾派员送信约陈大使密谈"，"劝告陈大使继续留德为汪逆工作，以侮辱我国"，"大使一笑置之不理"[79]。

就这样，蒋介石国民政府与德国保持了多年的亲密友好关系，经过多次反复曲折，终于到了山穷水尽的最后关头，尽管中方为挽救双边关系竭尽忍让妥协之能事，但由于纳粹德国的全球战略需要，他们最终选择了日本而抛弃了中国。

希特勒曾在托马思对其背弃中国表示异议时，颇为自鸣得意地说："在政治中是不讲信誉和良心的……必要时可以撕毁一切。"[80]

中德两国已到了分道扬镳、进入各自阵营、变友为敌的最后时刻。

【注】

[1] 此为1938年2月5日纳粹党报《人民观察家报》报导希特勒改组政府成功新闻的大幅标题。

[2] 按德国陆军传统，高级军官不许与出身卑微的女子结婚，柏龙白前妻病死后，他与其女秘书暗恋并在1937年底秘密结婚，由于该女出身不甚"清白"，引起陆军总司令佛里奇（von Fritsch）等人不满，前往希特勒处"告状"，希特勒趁机下手，将柏免职。

[3] 程天放：《使德回忆——德政府局部改组与承认伪满》，见（台）《传记文学》第七卷第四期，第25页。

[4] 同上出处，第26页。

[5] 张水木：《对日抗战期间的中德关系》，见（台）《近代中国》第三十五期，第538页。

[6] 吴景平：《从胶澳被占到科尔访华——中德关系1861-1992》，第191页。

[7] 同上出处，第191页。

[8] 程天放：《使德回忆——德政府局部改组与承认伪满》，见（台）《传记文学》第七卷第四期，第26页。

[9] 吴景平：《从胶澳被占到科尔访华——中德关系1861-1992》，第192页。

[10] 程天放：《使德回忆——德政府局部改组与承认伪满》，见（台）《传记文学》第七卷第四期，第27~28页。

[11] （台）《中华民国重要史料初编》第六编（一），第158~159页。

[12] （台）《中华民国重要史料初编》第三编（二），第670页。

[13] 吴景平：《从胶澳被占到科尔访华——中德关系1861-1992》，第194页。

[14] 同上出处，第194页。

[15] 程天放：《使德回忆——柏林最后五个月》，见（台）《传记文学》第七卷第六期，第29页。

[16] （台）《中华民国重要史料初编》第三编（二），第685页。

[17] 同上出处，第 686 页。

[18] 程天放：《使德回忆——柏林最后五个月》，见（台）《传记文学》第七卷第六期，第 30 页。

[19] （台）《中华民国重要史料初编》第三编（二），第 688 页。

[20] 辛达谟：《法尔根豪森将军回忆中的蒋委员长与中国（1934~1938）》，见（台）《传记文学》第十九卷第五期，第 46~47 页。

[21] 程天放：《使德回忆——柏林最后五个月》，见（台）《传记文学》第七卷第六期，第 34 页。

[22] 同上出处。

[23] 《中德外交密档（1927~1947）》，第 30 页，二史馆馆藏档案 卅（2）489（3）。

[24] 《柏林合步楼来电》（1938 年 7 月 27 日），见《中德外交密档》，第 31 页。

[25] 同上出处。

[26] 二史馆馆藏档案：《克兰致翁文灏函》（1938 年 8 月 10 日）二八（2）2101。

[27] 吴景平：《从胶澳被占到科尔访华——中德关系 1861–1992》，第 203 页。

[28] 《齐焌致蒋介石报告》（1938 年 10 月 10 日），载《中华民国重要史料初编——对日抗战时期》第三编（战时外交）（二），第 714~717 页。

[29] （台）《中华民国重要史料初编》第三编（战时外交）（二），第 714~716 页。

[30] 华盛顿国家档案馆藏档：T–120，Ser7072，roll3185，E526556《劳腾施拉格尔致德国外交部》（1938 年 11 月 22 日），见柯伟林：《蒋介石政府与纳粹德国》，第 293、393 页。

[31] 柯伟林：《蒋介石政府与纳粹德国》，第 295 页。

[32] 《总统府机要档案》，见（台）《中华民国重要史料初编》第三编，第 689~690 页。

[33] 柯伟林：《蒋介石政府与纳粹德国》，第 293 页。

[34] 二史馆藏档案：《孔令侃关于德方与华北伪政权订立易货协定致孔祥熙电》（1938 年 12 月 2 日）三一八（2）489（3），见《中德外交密档》，第 58 页。

[35] 同上出处，第 59 页。

[36] 《财政部为日德密订商约事致贸易委员会电》（1939 年 2 月 28 日），同上出处，第 59 页。

[37] 罗辛格：《远东与欧洲新秩序》，第 358 页，转引自柯伟林：《蒋介石政府与纳粹德国》，第 287 页。

[38] 贝弗莉·考西：《1918~1941 年德国对华政策》，第 360 页，转引自柯伟林：《蒋介石政府与纳粹德国》，第 288 页。

[39] 恩斯特·普雷塞森（Ernst L.Presseisen）：《德国与日本：1933 年~1941 年的极权主义外交研究》（纽约，1969 年版），第 218 页，转引自柯伟林：《蒋介石政府与纳粹德国》，第 292 页。

[40] 华盛顿国家档案馆：T–120，Ser，7072，roll 3185，E526477《劳腾施拉格尔致德外交部》（1938 年 7 月 10 日），转引自柯伟林：《蒋介石政府与纳粹德国》，第 288、391 页。

[41] 《德国外交政策文件》D 辑第一册 No.588，第 867~868 页。《里宾特洛甫与日本大使外五会谈

备忘录》（1938 年 5 月 20 日），见柯伟林：《蒋介石政府与纳粹德国》，第 289、391 页。

[42]　《中德外交密档》，第 60~62 页，二史馆藏档案九 79。

[43]　柯伟林：《蒋介石政府与纳粹德国》，第 296 页。

[44]　《1918~1941 年德国对华政策》，第 367 页，转引自柯伟林：《蒋介石政府与纳粹德国》，第 296、394 页。

[45]　二史馆馆藏档案：《克兰致蒋介石、翁文灏函》廿八（2）2101。

[46]　《陈绍宽致蒋介石电》（1942 年 1 月 4 日），见《陈绍宽文集》，第 292 页。

[47]　《德国外交政策文件》D 辑第八册 No.201《克诺尔（Knoll）备忘录》（1939 年 10 月 5 日），见柯伟林书，第 296、394 页。

[48]　同上出处，第 481 页，No.368，《里特尔备忘录》（1939 年 11 月 17 日）。

[49]　二史馆馆藏档案：《蒋介石为保护德方驻渝代表韦尔纳致翁文灏代电》（1942 年 1 月 12 日）廿八（2）3637，见《中德外交密档》，第 91 页。

[50]　吴景平：《从胶澳被占到科尔访华——中德关系 1861–1992》，第 200~201 页。

[51]　同上出处，第 208 页。

[52]　《中华民国重要史料初编——对日抗战时期》第三编（二），第 693 页。

[53]　朱家骅：《复丁文渊电说明对德外交之立场》（1940 年 7 月 3 日），见（台）中央研究院藏《中德文化协会档案》（三）。

[54]　《中华民国重要史料初编——对日抗战时期》第三编（战时外交）（二）第 696 页。

[55]　马丁：《第二次世界大战期间的和平倡议与强权政治》，第 413 页。

[56]　（台）《中华民国重要史料初编》第三编（二），第 694 页。

[57]　《朱家骅先生言论集》（台北，1977 年 5 月版），第 657~659 页。

[58]　朱家骅：《签呈总裁条陈加强对德外交意见》（1940 年 7 月 21 日），见（台）中央研究院藏《中德文化协会档案》（三）。

[59]　《朱家骅复吴绍澍电解释对德外交意见》（1940 年 11 月 22 日），见（台）中央研究院藏《中德文化协会档案》（三）。

[60]　同上出处。

[61]　同上出处。

[62]　马丁：《第二次世界大战期间的和平倡议与强权政治》，第 419 页。

[63]　（台）《中华民国重要史料初编》第三编（二），第 697 页。

[64]　同上出处，第 700~701 页。

[65]　朱家骅：《德意日签订公约后签请总裁召回驻德大使》（1940 年 10 月 5 日），见（台）中央研究院藏《中德文化协会档案》（三）。

[66] （台）《中华民国重要史料初编》第六编（二），第 415 页。

[67] 《德国外交政策文件》D 辑第八册（英国政府文书局，伦敦 1954 年版），第 689 页。

[68] （台）《中华民国重要史料初编》第六编（二），第 416 页。

[69] 同上出处，第 418 页。

[70] 二史馆馆藏档案：《桂永清致蒋介石电》（1940 年 10 月 12 日）七六二 1662,见《中德外交密档》，第 64 页。

[71] 二史馆馆藏档案：《陈介致蒋介石电》（1940 年 11 月 11 日）七六二 1662,见《中德外交密档》，第 65~66 页。

[72] （台）《中华民国重要史料初编》第三编（二），第 701 页。

[73] 《朱家骅复吴绍澍电解释对德外交意见》（1940 年 11 月 22 日），（台）中央研究院藏《中德文化协会档案》(三）。

[74] 二史馆馆藏档案：《桂永清致蒋介石电》（1941 年 6 月 27 日）七六二 1662,《中德外交密档》，第 68 页。

[75] 《陈介致蒋介石电》（1941 年 6 月 28 日），同上出处，第 69 页。

[76] 二史馆馆藏档案：《桂永清致蒋介石电》（1941 年 6 月 27 日）七六二 1662,《中德外交密档》，第 68 页。

[77] 《陈介致蒋介石电》（1941 年 6 月 29 日），第 68 页。

[78] 二史馆馆藏档案：《陈介致蒋介石电》（1941 年 6 月 30 日），七六二 1662,《中德外交密档》，第 70 页。

[79] 二史馆馆藏档案：《桂永清致蒋介石电》（1941 年 7 月 2 日、7 月 7 日）七六二 16,《中德外交密档》，第 70~71 页。

[80] 吴景平：《从胶澳被占到科尔访华——中德关系 1861–1992》，第 213 页。

中德断交与中国对德宣战

1941年7月1日，德国承认汪伪傀儡政权。翌日，国民政府于重庆发表对德断交宣言：

"德义两国政府竟已承认南京伪组织，是其侵略政策已推及远东，且又充分证明纳粹德国与法西斯义大利已与中国之敌人同恶共济，该两国政府明知南京伪组织为日本军阀一手造成，乃竟加以承认，实为加于中国之重大侮辱，且不惜自弃其所享中国政府与人民一切友谊。

两轴心国家此举愈足证实世界侵略之恶势力已结成集团，彼专事摧残人类文明……中国在此反侵略集团中……对于维持国际信义一贯之努力，均甚无愧。今后尤必与各友邦尽量合作，继续奋斗，以期终达吾人共同之使命。中国政府对于任何国家承认伪组织之举，早经一再声明态度，兹特正式宣告，中国与德义二国断绝外交关系。"[1]

表面上去看这个断交宣言，似乎德国承认汪伪傀儡政权是中德断交的主要原因。其实，中德断交是中德两国迥乎不同的既定国策发生矛盾且步步升级的必然结果，承认汪伪问题不过是断交的导火线而已。

就德国方面而言，重整军备，称霸全球，重返世界大国地位，一直是纳粹政权的既定国策。植根于这种既定国策之下，德国在远东必须与中国和日本同时保持良好的双边关系：一方面，德国需要重整军备所必需的中国战略原料，因此与中国合作；另一方面，为实现称霸全球的战略目标，德国须要与中国的宿敌日本结盟，以便利用日本在远东牵制美英和苏联。但是，中日战争正式爆发后，德国已不可能同时与中日两国保持良好的双边关系，"鱼"和"熊掌"之间，迟早终须做出选择。两害相权取其轻，随着世界大战的日益临近，日本已成为轴心国战车上不可分割的一部分，在势利自私的纳粹外交政策中，军事力量薄弱的中国自然迟早都会成为不惜抛弃的

"鱼"。毕竟，与日本在德国全球战略中所起的作用相比，中国市场与原料之供应效用实在只能退居第二位。

就中国方面而言，抗日战争爆发后，孤立日本和争取外援已成为外交政策的主题。毫无疑问，战前与中国关系相当密切的德国是中国争取的对象之一。然而，德国发起《反共产国际协定》与日本结盟的现实，不能不使中国对德国抱有戒备之心，中国已不可能将德国视作最可信赖的国际伙伴。事实上，自抗战开始，国民政府的外交重点已是在美不在德。1938年6月9日，蒋介石在回顾抗战初期的外交方针时曾经指出："对英、美应有积极信赖之方案提出，应运用美英之力，以解决中日问题；对俄应与之联络，对德应不即不离。"[2]但是，与国民政府的期望相反，美英当局对中国人民的反侵略战争采取了置身事外的冷漠的观望态度，倒是已与中国的敌人日本结盟的德国仍在按照战前达成的有关协议，继续向中国提供军火及军事设备，在客观上给中国抗战以很大的帮助。1938年以后，迫于日本的压力，德国做出了诸如召回在华顾问、拒收中国军事留学生、禁止军火输华、承认伪满及与日本结成军事同盟等一系列不友好的举动，中德双边关系逐渐恶化，但中德两国在经济、军事方面的合作仍在秘密进行。对于中国抗战来说，德国尚有"余热"可资利用。抱定以争取外援为唯一外交目的的国民政府，对德国上述种种不友好举动遂采取了能忍则忍的克制态度，即使是承认伪满这类严重有损双边关系的恶性事件，亦仅止于书面抗议。

1941年前后，世界格局已日益明显地演化为相互对峙的两大军事集团，英美当局逐渐加强了对中国抗战的援助。中美桐油借款、华锡借款、钨砂借款、金属借款及两次平准基金借款、中英平准汇总基金借款、中英新平准基金借款及两次信用借款的相继签订，标志着中国孤军抗日的局面有所改变，也为中国政府放弃德国提供了可能——中国已没有必要再对德国忍气吞声了。

1941年6月，苏德战争爆发。一方面，中国已经没有可能再从在战争泥淖中越陷越深的德国手里得到援助，至7月1日两国断交之时，双方易货贸易已彻底中止，德国军火不再输华。据戈林自己的估计，德方为此将损失1亿马克的军火交易额，而实际损失则高达2.82亿马克[3]。德国为了他的"全球政治战略"也付了巨大的经济代价。对中国抗战而言，德国可资利用价值已经基本消失。另一方面，为了在远东牵制苏联，德国急转亲日，已经无可挽回。在这种情况下，一旦德国再做出中国忍无可忍的不友好举动，双边关系势必要完全破裂。

德国承认汪伪傀儡政权，正是中方忍无可忍，并最终导致中德断交的导火线。在此必须强调，蒋介石政府对待伪满国和汪伪傀儡政权的态度是不同的。首先，伪满洲国的"统治者"溥仪只知复辟，毫无声誉和号召力可言，日本扶植前清废帝粉墨登场，可谓司马昭之心，路人皆知。但汪精卫却不同，汪氏与蒋介石明争暗斗，历有年所，他一向自诩为"国民党的政治领袖"、"孙中山的继承者"，在国民党内有一大批拥护者。汪氏打着"解救沦陷区受苦受难同胞"、"拯救中华民族"的幌子在南京登台，能够迷惑一些人，对蒋介石政权是个大威胁。其次，所谓"满洲帝国"仅仅局限于东北一隅，完全是一个地方性的伪政权。况且，东北原来一直是奉系军阀的地盘，即使1929年12月29日张学良"易帜"以后，东北仍然是自成一体，蒋介石政府事实上并没有真正统治过东北。在蒋介石的心目中，丢掉东北，并不能动摇他对全国的统治。但是，汪精卫傀儡政权却大为不同。他将"首都"设在蒋介石的老巢南京，又自称为"中国唯一合法的中央政府"。而作为一个主权国家，只能有一个中央政府存在，很明显，承认汪精卫傀儡政权，即是对重庆国民政府的否定与抛弃，一旦德伪建立正式的"邦交"关系，蒋介石政府只能毫不犹豫地与德国断绝外交关系。

就德国方面来说，不知是他们觉得太对不起中国还是为了别的什么原因，对于中方宣布对德断交，他们表示了"十分真诚的惋惜"态度[4]。双方断交的次日，一位神秘的德国使者卜郎克博士（Dr.Erwin Plank）拜访了中国驻德大使馆，向陈介大使转达了来自德国最高领导层的一个要求：希望中方留下一位馆员在柏林，"不要完全断绝中德联系"。对于这一位留守人，

"一切的安全与生活条件，由德方完全保证"。如果柏林遭到敌机轰炸，德国政府将负责把他送到瑞士安全区。以上诸点据称已经得到纳粹第二号人物"戈林元帅的完全保证"[5]。由此看来，戈林似乎也在为自己留一条后路了。

对于德方的这种表示，中国政府这次不再积极响应了。重庆方面已下决心投入英美反法西斯阵线，外交部电令我国驻德大使馆全体成员克期回国，不准遗留一人在德国[6]。

1941年12月7日，日军偷袭珍珠港，美国被迫卷入第二次世界大战。9日，在经与美国政府紧急磋商后，中国政府同时对日、德、意三国宣战。对德意宣战布告是以国民政府主席林森的名义发布的。布告云：

"自去年9月德、义与日本订立三国同盟以来，三国显然成一侵略集团。德义两国始则承认伪满，继复承认南京伪组织，中国政府业经正式宣布与该两国断绝外交关系。最近，德与日本竟扩大其侵略行动，破坏全太平洋之和平，此实为国际正义之蟊贼，人类文明之公敌，中国政府与人民对此碍难再予容忍。兹正式宣布，自中华民国30年12月9日12时起，中国对德意志、义大利两国立于战争地位，所有一切条约、协定、合同有涉及中德或中义之关系者，一律废止。特此布告。"[7]

这是1917年以后，中国第二次对德宣战。

与上次对德宣战不同的是，1917年中国加入协约国对德宣战，纯粹是段祺瑞政府的政治策略，"参战"云云，有滥竽充数的嫌疑，第二帝国并没因为中国参战而感到压力增大[8]。但是，1941年的中国对德宣战却不同。此时中国已是世界反法西斯战场上的一支重要力量，中国虽没与德国在战场面对面地展开厮杀，但是，中国牵制着德国的盟国日本的陆军主力，中国抗战的成败对整个世界反法西斯战局影响甚大。

中德断交宣战后，中国方面停止了对德战略原料的供应，德国战略原料储备尤其是钨的储藏量急剧下降。1943年11月，德国经济部长阿尔贝特·施佩尔（Albert Speer）向希特勒报告说，由于中国停止向德国出口钨砂，德国国内存钨将最多只能维持10个月左右。对此德国军方的反应不难推想。其后，在纳粹德国垂死挣扎的最后岁月，有人又想到了中国，并希冀重新恢复与中国的易货贸易，冀通过在华的德国商行，向中国购买钨砂，用黄金支付。然而，时势已非，昔日的在华德国公司早已成为德国强权政策的牺牲品，且中国亦早已将纳粹政权视作"人类文明之公敌"，所谓恢复与中国的易货贸易云云，不过是痴人说梦而已。希特勒一手断送了中德邦交，此时此刻，他是否在内心深处感到几分后悔，这种黄金难赎的后悔，正是他自己亲手种下的恶果。

"两国交兵，不斩来使"为中国的千秋古训。中德断交后，中国政府在协助德使撤退与保护德侨方面所作的努力，充分表现了中华民族的美德与对国际公法的尊重。对比美日开战后美国政府将在美日侨押为人质之举，中国人的善良与人道在此得以充分体现。

中德断交时，德国驻华机构主要有两处，一为驻渝大使馆，一为驻滇办事处。1941年7月中，国民政府外交部拟定了《德意驻渝大使馆人员撤退办法大纲》，规定：德国大使馆工作人员一律由镇南关出境，撤退路线为："（甲）重庆至桂林（航空），桂林至柳州（铁路），柳州至镇南关（电船）；（乙）重庆至河池（公路），河池至柳州（铁路），柳州至南宁（公路），南宁至镇南关（电船）。"其中，"使馆人员依甲项路线撤退，行李依乙项撤退。"[9]至于德国使馆驻滇办事处，则按昆明—贵阳—河池（公路）—柳州—南宁—镇南关之路线撤离。

中德断交时，在华德侨总人数，当在3,800人以内[10]。他们大部分均生活在沦陷区，而滞留大后方的德侨则主要为欧亚航空公司、合步楼公司职员及部分商人与传教士。8月12日，外交部通电后方各省，要求各地军政机关保护德侨的合法权益。"所有在华德意侨民，希即妥为保护，勿令任何人民对于各该国侨民及财产有任何不当行为"[11]。"嗣后德意侨民如来申请内地游历，应每次电部核查后再行办理，惟原驻内地者，如旧照签订时效已满，请予续签，而不往他处时，可准照签"。[12]

对于希望返国的德侨，中国政府亦给予了种种方便。1941年8月20日，欧亚航空公司顾问舒孟（Paul Schmann）等第一批德侨由昆经贵、桂、柳等地自镇南关出境。9月15日，霍尔兹（Hunt Holtz，汉莎航空公司驻华代表）、李伯特（Maria Lebedew）、葛德（Detlet Kuhart）、马丁（William Martin，欧亚航空公司检储股顾问）等第二批德侨，亦取道贵阳、柳州等地，由镇南关出境。1942年春，又有数批德侨相继离境。为了使德侨安全、迅速地从中国撤离，国民政府外交部分咨军委会运输统治局、交通部、广西、湖南、云南省政府、海关总署等机关，为德侨提供行李免税、令饬警员随车保护等优待政策。

中国政府在中德断交后遣返德国驻华外交人员及德侨过程中所表现出的遵守国际公法、宽大为怀的人道主义精神，赢得了德国人民的称赞。在云南传教多年、中德断交后安全返德的德籍传教士乐碧玺（Robisch Johann）等即曾致书国民政府，赞扬中国是一个言而有信的礼仪之邦。

中德虽然已经断交，但彼此的联系并未全部中断，至少，在重庆双方还保留着最后一条线——韦尔纳（L·Werner）。这是一个非常有趣且值得注意的现象，证明双方都在留有余地。

1926年，年仅26岁的韦尔纳来华经商。经过十余年的孜孜奋斗，1938年，韦氏爬上合步楼公司驻香港办事处主任的宝座，成为德国工商界响当当的人物。翌年，韦氏调任合步楼公司驻渝代表，更成为该公司中国业务的实际负责人。韦氏旅华，历有年所，对中国式的办事方式与人际关系十分熟悉，在中国政府官员们的印象中，他既不似克兰那样奸猾，亦不像易嘉伟那般耿介，是一个不错的合作伙伴，孔祥熙、翁文灏、钱昌照、何应钦等与他有着良好的私人情谊。德国政府派他做最后的线人，十分恰当。

中德断交后不久，合步楼公司董事托马思将军、"戈林四年计划"代表（戈林公司总经理）佛斯、合步楼公司总经理克拉爱等向适在柏林的中国行政院秘书齐焌表示，德国政府希望维持合步楼公司现状，保留该公司与中国政府之间的既有合作。齐焌认为，中德既已断交，此项合作当无继续保留之可能，但他答应向中国方面转达德方的要求。托马斯等遂要求齐氏返国后向孔祥熙、翁文灏等转达四点声明：

（一）中国政府如以为不便继续正式维持合步楼名义，拟请中国政府准该公司目前驻渝代表韦尔纳以商人名义驻渝，以备将来万一交涉之用；

（二）由该公司负责联络各有关厂家捐款，以维持中国留德学生用费，并介绍工作。同时，希望中国政府仍给韦尔纳之生活用费，此款将来由合步楼主管之货物交换账内结算；

（三）希望中国政府对韦尔纳及其家庭予以保护；

（四）（极机密）戈林公司所属之捷克斯克达兵工厂代表原拟经济（南）来渝接洽，现因绝交，只得暂留上海，必要时亦可予韦尔纳以协助。[13]

由此不难看出，托马思、克拉爱等十分希望中德两国在绝交后仍保持必要的联系，所谓由合步楼公司联络德国厂商资助中国留德学生云云，不过是为韦尔纳留渝提供条件罢了。

1941年12月9日中国对德宣战后，部分滞留德侨一度非常恐慌。由于"留渝"问题迟迟没有得到中国政府的明确答复，且个人积蓄行将告罄，出于家庭安全及"国家利益"的双重考虑，韦尔纳颇有心神不定之感。12月21日，透过好友齐焌，韦尔纳向中国政府表示了两点希望：

（一）予以安全保护，不致因夏季空袭增加威胁，不致因英俄之要求而被引渡；

（二）予以维持经费，将来由合步楼账内偿还，如不能办到，则请……护送赴粤。[14]

那么，中国政府是否同意韦尔纳"留渝"呢？据1942年1月12日蒋介石致翁文灏电记载：

资源委员会翁主任委勋鉴：据齐焌转呈德侨韦尔纳报告略称：自二十八年以来，即任德国合步楼公司驻渝代表，现该公司存款及个人薪金即将告尽，请予以维持经费，将来由合步楼账内偿还，并予以安全保护，如不能办到则请护送至粤等情。所请维持经费、予以安全各节，可予通融办理，即希

与其洽办为要……[15]

显然，蒋介石同意韦尔纳留在重庆——他亦不希望在中德断交后中断与德方的所有联系。事实上，在整个抗日战争期间，韦尔纳一直住在重庆，他的生活费也一直由中国财政部长孔祥熙提供。[16]

韦尔纳在战时重庆到底扮演了什么角色，由于案牍阙略，吾人不便妄断。但是，毫无疑问，韦尔纳并不是一个普通的德国侨民，他有着"联络人"的特殊身份，而韦氏留渝这件事本身亦足以说明中德断交后双方仍存在着轻度的"藕断丝连"。

蒋介石资助推翻希特勒的行动

德国顾问回国之后，中德两国的交往仍未完全切断。1940年7月，曾参与易货合同谈判的军事委员会秘书、德文翻译齐焌和新驻德国使馆武官桂永清一起被蒋介石派往德国，以"经济专员"的名义开展活动。他们本意是要与德国军事、经济各界名流保持联系，让他们继续支持中国的抗战，却不意因此而结识了德国内部一批反纳粹人士，更由此卷入了推翻希特勒的活动中。

当时，与齐焌关系密切的反纳粹"三人组合"主要是军火商人克兰、内阁部长沙赫特和德国国防经济厅厅长托马思。这三人都主张对华友好，反对希特勒的全球扩张政策。尤其是托马思，他有一定的军界背景，是反对希特勒的中坚力量。他们向齐焌透露准备于1941年策动反对希特勒的行动。鉴于欧洲反法西斯国家对他们的立场仍持怀疑，他们很希望得到中国政府的支持，甚至提出要蒋介石派宋子文从美国到瑞士商谈合作，并给予他们资助。

1941年初，蒋介石准备召回齐焌，但驻德大使陈介却不愿放人。他致电蒋介石认为：数月以来，齐焌在与各方面的联络上对他有很大的帮助。如果急速召回齐焌，恐怕引来德方猜疑，也使同情我方的德国经济界感到绝望。在这一重要的时期，希望暂缓召齐焌回国为宜。蒋介石同意了他的请求，齐焕遂得以继续留在德国。

在以后几个月内，齐焕经过进一步的了解，摸清了德国内部反对希特勒的主要人物和派别，获悉了他们一些机密内情，得知德国国防军内有10余位元帅都对当局都怀有不满，德军中反希特勒的力量已经呼之欲出。托马思"三人组"希望能通过蒋介石向英美两国沟通，表明其立场与愿望，得到支持与援助。

在反纳粹人士与中国密切接触时，德国政府却于7月1日宣布承认汪伪，使中德两国关系更加雪上加霜。反希特勒的诸人对此深表遗憾，并对齐焕表示将继续努力维持德中既有的友好关系。

齐焕来前往纽约，向受蒋介石之命主持中国外交的宋子文做了汇报，随后于10月回到重庆面见蒋介石，并将所了解的情况写成3份机密报告送呈。报告中称："反纳粹力量筹划已久，实力甚巨，并有军部和经济界为其后盾。而德国人对委座十分信任，希望能代为向英美两国沟通，获得相关保证。一切顺利的话，则准备在秋季发动政变。"齐焕带回的德国有关反纳粹力量的情报十分重要，但是蒋介石一直在犹豫是否要直接卷入反对希特勒活动？此时他尚摸不清英美对德国内部这股力量到底是持什么态度，因此也不能轻易做出任何决定。

1941年12月7日，日本为了夺取太平洋上的制空海权，发动了对珍珠港的偷袭。战报传到蒋介石府邸的时候，蒋介石立马意识到了这意味着什么：不但中国的抗战有了胜利的希望，对德悬而不决的态度也终于能有抉择了。这次战争也使得德国反纳粹人士预见到了希特勒扩张政策最后注定是要失败的，此后他们数次致电齐焕，迫切地希望早日获得"谅解"，希望中方给予经济支持，以便其实施反希特勒的行动。

权衡利弊之后，蒋介石最后终于在1942年1月做出决策，派齐焕赴瑞士协助发动德国军队反对希特勒，同时将有关计划报告给了美国总统罗斯福。1942年3月，齐焕奉命前往瑞士开始工作，将获取的各种情报发回重庆。

在德国方面，德军发动侵苏战争后初期进展顺利，但由于受到苏联军队的顽强抵抗，逐渐失去了有利的态势。希特勒对此不但不反省，反而草率地罢免了一批高级将领的职务，由自己兼任陆军总司令，这导致德军将领层内与他的矛盾激化，双方起而争执，后来通过斗争，希特勒被迫让出了部分既得军权。而在战争面临失败的阴影下，德国民众对希特勒及纳粹的信仰也逐渐瓦解，加上希特勒恐怖政策的执行，国内工商业呈现出一片萧条，国民愤懑。反纳粹人士则积极活动，暗中布置对希特勒的刺杀行动，希望尽快举事。

在国际关系方面，齐焌也获取了相当重要的情报。当时，英美方面拟出的战后对德处置条件开价很苛刻，类似于殖民地待遇。而德国反纳粹势力则希望在推翻希特勒、消灭纳粹党之后，早日改革德国内政，在国际上获得平等的地位。齐焌在发给宋子文的电报中称：如果英美坚持原有的条件，那么未来的德国有宁愿与苏俄彻底合作也不愿沦为英美殖民地之可能，这是英美等国应予注意的。

另外，齐焌还了解到，希特勒已经决定在来年春天继续对苏联采取新的进攻态势，并将矛头直指苏联首都莫斯科，企图一举击溃苏联，此后再分兵援助墨索里尼。而德军中的反纳粹势力则认为，德军进攻苏联必遭挫折，届时形势混乱，便是他们举事的最佳时机。

蒋介石接到齐焌的电报后，立即将情况转告给了当时正在白宫访问的宋美龄，要她婉转地转告罗斯福总统，请其加以注意。"顷委座致夫人电，大意如下：据报，最近纳粹对内宣传，常以英美最近战况政策之种种表示，与前年大西洋宪章日形歧异，致使德国各方深恐如此条件投降，英美长期解除德国军备，监视教育，并主接防德国地方行政等，致一般愿早日推翻希特拉者，故踌躇不前……"[17]与此同时，他采取了一些实际的行动。

1943年4月7日，宋子文奉命通过齐焌秘密地向克兰汇出了一笔钱款，并在电报中嘱咐："兹汇美金3万元计合瑞士法郎12万9千元，收到后，希秘密设法交克兰，最好取出钞票，分次交给，以免外间注意。"[18] 4月16日，齐焌将来自克兰的复电转给宋子文，其中说道："克兰嘱呈如下：钧座鼎力协助，特殊费神，无任感谢！深知办理款事异常困难，兹承高谊优待，铭感其中。实因进行要事，需款孔殷，否则不敢有扰。收据自当遵照来电签妥交齐君矣，克兰敬候。齐焌按：此次又劳清神，克君感仰至深。款已到，决遵示用极妥密办法分批拨给不误。"[19]

在宋子文的档案中，还可以发现另一些中方对克兰等人提供资助的记录，其目的则是"因进行要事"，而这些钱款的支出事关重大，必然是得到了蒋介石的授意。由此，中国元首资助了推翻希特勒纳粹统治的行动，基本情况已经得以证实。对比几年前蒋介石与希特勒之间的热烈的"友好"与"情谊"，我们只能说这再次验证了希特勒的"名言"："政治是不讲良心的"！

托马思、克兰等人最初是希望在国内外的压力下，迫使希特勒下台，但是他们很快意识到希特勒不可能自行离去，而策动暗杀的效果会更明显。于是，他们便设计了一连串对希特勒暗杀的计划并付诸实行。据有关资料显示，反纳粹分子对希特勒进行了6次以上的暗杀，然而都没有成功。有一次，他们在希特勒的飞机上放置了一颗定时炸弹，但这颗炸弹竟然没有爆炸，而其中1944年7月20日由反纳粹人士发动的"狼窝事件"，恐怕是对希特勒的最具威胁的一次刺杀行动了。可是就在这次行动中，安放在会议桌边上的定时炸弹却因临时被不知情的人挪位，仅使希特勒受了点轻伤。结果希特勒迅速部署了清洗与反击，在半天内平息了这次政变，反纳粹人士为此付出了惨重的代价，被处死4980人，逮捕7000人。托马思、沙赫特以及与蒋介石关系甚好的最后一任来华总顾问法肯豪森也赫然在被捕之列。

托马思、沙赫特等人被捕后，被关入意大利监狱中待死。1945年5月4日，因为盟军先头部队的突然开到，他们成为美军的俘虏。蒋介石得知有关情形后，随即致电宋子文，要他设法向美军部交涉："据报：纽约时报七日通讯社消息：美军在义大利俘虏法肯豪森、托马斯及沙赫特等人，如此消息果确切，应设法与美军部交涉，由中国保证其为联合国家最同情之德人，且与我联合国甚多之协助，因彼等早已在其国内独持异议，作推翻希特拉运动之至要分子也。何处？请酌。中正。辰感。"[20]由于材料的缺乏，我们还不能完全了解蒋介石与宋子文对此事的后续处理情况，但是综合以上各方面情况来看，蒋介石对德国的反纳粹活动知之甚详，并且提供过资助，这些都是可以肯定的。

"三人组"之一的克兰，因为之前避居瑞士，因此逃过了纳粹的逮捕。1944年12月28日，克兰通过齐焌致电向蒋介石祝贺新年，电称："元旦在即，谨此恭贺。敬祝政躬康泰！并热望中国民族自由战争早获胜利。鄙人惟愿意忠诚不懈，贯彻始终，追随左右，以期有益于中国。"[21]可见，在政变失败之后，克兰仍和蒋介石保持着联系并有所活动。

虽然德国内部反对纳粹的活动最终并没有成功，但是在当时无比艰难的抗战局面中，蒋介石还能主动分身参与到欧洲战局和德国内部反纳粹行动中去，这在当时国际关系和中德关系史上也算是一件具有重要意义的事情，他说明了蒋介石与希特勒关系的根本改变。

纳粹德国与汪伪政权的关系

1940年3月29日，日本卵翼下的汪伪政权在南京成立后，就德国政府而言，抛弃重庆政府纵然有许多的不情愿，但是承认汪伪政权是服从于全球战略方针势在必行之举。于是，纳粹德国开始了他们与汪政权的无聊的外交。从这个角度来讲，德汪"建交"，真正的赢家是日本人。

德国承认汪伪政权是为了把日本紧紧地捆绑在轴心国的战车上，而汪伪政权也只能是看着日本的脸色行事。两者之间既不是对等的国家关系，也就缺乏实质的外交基础。因此，自1941年德国与汪伪政权建交，至1945年5月德国无条件投降，德汪之间虽然存在表面上的外交联系，但是始终没有实质的交流和进展。

为了使得德汪关系在表面上能够正常化，德国驻伪大使馆提议定期在双方国家庆典日，由两国元首交换庆祝电文，汪伪政府应在每年4月12日希特勒生辰致电视贺，而德国政府也应与10月10日向汪伪政府主席致贺，并形成了规定。汪伪外交部对此表示同意。[22]

德、意、日三国轴心正式形成以后，为了扩大影响，三国决定让各自扶植的傀儡政权也参加该协定。1939年伪满洲国加入《反共产国际协定》，汪伪政府成立后，参加《反共产国际协定》也被提上了议事日程。

1941年11月，反共产国际协定期满，德、意、日三国决定将有效期再延长5年。25日下午3时，德国驻汪伪大使代办飞师尔、日本驻伪公使日高、意大利驻伪大使戴礼尼等同往汪伪外交部，正式向伪外交部长褚民谊发出"邀请"，"要求"汪伪政权加入国际防共协定。褚民谊"当即……予以赞同"[23]，"声明中华民国乐于参加该协定"，并于当日签署协定，并表示"深望对于贵国暨义日两国以及其他参加该协定国家之邦交，从此愈加密切"[24]。同日，纳粹外长里宾特洛甫也给褚民谊回了一个官样贺电，称："关于贵国政府决定参加国际防共协定，谨向贵部长阁下驰电申贺，是足以证明贵国政府为反对共产主义而奋斗，即在贵国国旗上已能使人明了，余对于贵国决定加入建设新秩序国家之阵营尤表万分欣慰。"[25]

同日，汪伪驻德大使代办李芳出席了在柏林举行的国际防共协定延长期限议定书签字仪式，并代表汪伪当局在议定书上签字。

希特勒当日还煞有介事地给汪精卫发去一份贺电，表示"谨以至诚之意，敬祝贵主席政躬安康及贵国国运昌隆"[26]。

参加国际防共协定，是汪伪当局第一次"正式登上"国际舞台，汪精卫、褚民谊之流利用这次机会极力宣传伪政权，各种形式的"联谊会"、"谈话会"、"庆祝会"此起彼伏，热闹了很长一段时间。

汪伪各驻外"使节"也不甘落后，纷纷利用一切可以利用的机会，借题发挥，积极为傀儡政权寻求国际生存的空间。汪伪驻伪满特命全权大使廉隅就曾在伪满举行的"庆祝国际防共协定延长期限议定书签字晚餐会"上宣称："此次日德意防共协定延展之日，我国亦同时在欧洲友邦德国柏林参加协定，一方以显示我国民政府政纲之着着实现，一方以反映我国民政府在国际间之地位日益向上而巩固，从此欧亚防共纽带日趋紧张，对于世界主体之和平有伟大之贡献，吾人实不胜其庆幸也。"[27]

1941年12月7日，日军偷袭珍珠港，太平洋战争爆发。日本正式向美、英宣战后，美英两国也于9日对日宣战，蒋介石一直企盼的与美英共同对日作战的愿望终于实现。重庆国民政府也随即正式对日本及德意宣战。

作为日本的傀儡，汪精卫也立即发表了"站队"声明，宣布支持日本，"决定与日本同甘共苦，本确乎不拔之精神，临此难局"[28]。此后，汪精卫一再鼓吹不惜一切支持大东亚战争，并在次年5月亲往长春，对"满洲国"进行"国事访问"，以表示与伪满团结一致协助日本。接着，汪伪政权向日本提出对英美宣战。但日本一方面担心汪精卫要求参战，是为了借机获得英美在上海等地的权益，另一方面也担心因为其参战而引起中国民心的背离，因此迟迟未做出允许的决定。[29]

1942年1月1日，美、苏、英、中在华盛顿签署《联合国家宣言》，第二天，澳大利亚、比利时、加拿大等22个国家也在宣言上签字，表示赞同《大西洋宪章》的宗旨和原则，各签字国保证使用其全部的经济和军事资源对法西斯三国及其仆从国家作战，保证不同敌国单独缔结停战协定或合约。宣言的签订，标志着世界反法西斯联盟的最后形成。

到1942年，轴心国已经逐渐丧失了在地中海的制海权，德军虽然攻到埃及的阿拉曼，但战线过长，已成强弩之末；他们在苏联战场也遇到了最顽强的抵抗，尤其是下半年的斯大林格勒会战更成为苏德战场乃至第二次世界大战的转折点，吹响了轴心国失败的前奏曲。

而日本在太平洋战场也诸事不顺，渐露败相。1942年12月8日，太平洋战争爆发一周年，汪精卫再度发表与日本"同生共死"之声明。为了挽回败局，日本御前会议乃于12月21日，作出了《为完成大东亚战争处理对华问题的根本方针》的决定，准备加强伪政权的政治力量。

同月19日，汪精卫东渡日本，与日本天皇、首相等"就完遂战争及实施共荣建设诸问题作重要协商"。1943年1月9日，在征得日本的同意后，伪中央政治委员会临时会议通过向英美宣战案，随后汪伪当局发布了一个由"国民政府主席"及"五院院长"联署的冗长的参战布告：

"前年十二月八日大东亚战争发动之始，国民政府根据中日基本关系条约之精神，声明决与友邦日本同甘共苦。自是以来，着手新国民运动，从事保障治安，改善民生，期于增进国力，协助大东亚战争之完遂。乃英美等国……竟勾引渝方分子，参加所谓英美战线，出兵缅甸，以东亚人残杀东亚人。最近因其暴力已次第为友邦日本陆海空军所击破，侵略东亚之根据地亦已丧失，乃益逞狡谋，且嫉视国民政府统治区域之和平发展，唆使渝方分子不断侵扰，以阻挠各种建设之进行，并径以美国飞机，藉渝方为根据地，向我武汉、广州等处，屡施轰炸，残害平民。在渝方分子，甘受英美驱使，躬为东亚叛逆，固属可耻，而英美对于东亚处心积虑，尽其挑拨离间之能事，以图遂其最后并吞之欲，尤为东亚民族所当同仇敌忾。国民政府为此宣告，自今日起，对英、美处于战争状态，当悉其全力，与友邦日本协力，一扫英、美之残暴，以谋中国之复兴，东亚之解放。满泰两国，夙敦友好，对于东亚共荣，尤具同心，今后当益谋提携，以期共同建设以道义为基础之东亚新秩序。德、意诸友邦，数年以来，在西方与英美势力周旋，迭获胜利之光荣，我国今兹参加大东亚战争，当相与呼应，以期对于世界全体之公正新秩序有所贡献。凡我国民，当知此为实现国父大亚洲主义之唯一时机，中华民国之复兴，大东亚共荣建设之实现，世界全体正义和平之获得，胥系于此……" [30]

1月底，里宾特洛甫致电汪精卫："德国政府诚挚热烈地祝贺中国国民政府加入德日意及其联盟国的作战阵线，与反对和平的英美等国开战。德国政府十分满意地欢迎你们的决定。我们政府认为，中国之参战，必将为我们共同的胜利及建立一个公正的新世界作出贡献，从而达成在欧洲及东亚改变世界格局的最后目的。" [31]

汪精卫政府向英美"宣战"后，只是在政治上成立以汪精卫为主席的"最高国防会议"，作为战时最高权力机构。在经济上，改组全国经济委员会，并先后成立全国商业统制总会、物资统制审议委员会、物资调查委员会三大机构，严厉实行物资统制政策，征收战略物资，以满足日军在太平洋战场上的需要。在思想文化上，制订《战时文化宣传政策基本纲要》，提出要"确立文化宣传总体制"，以"担负大东亚战争中文化战思想战之任务"。汪伪政府完全被纳入日本提出的所谓"战时体制"。汪伪在这种"战时体制"下，重新调整了其政治经济政策，但他们没有也不可能出兵对英美作战。

而德汪之间的联系就仅限于上述外交辞令，做一下所谓表面功夫。汪伪政权虽然为"战时体制"进行了调整，但是其主要目的却是为了更好地服务于自己的日本主子，因此对日本的同盟德国的贡献充其量只是躲在日本后头的一个"拉拉队员"而已，没有任何的实质帮助，无法挽回轴心国在世界战场上的败局。

太平洋战争爆发后，日汪之间还上演了一出"收回"租界和"撤废"治外法权的闹剧。它是在太平洋战争后期日本在军事上败象已露的背景下开展的，既是日本调整对汪关系，"强化"汪伪政府，推行对华"新政策"的重要内容之一，又是汪伪政府煞费苦心，改善自我形象、调整对日关系的重要尝试[32]。

1943年1月9日，在汪伪当局宣布参战的两个小时后，汪精卫与日本驻汪伪大使重光葵签订了《中日两国关于交还租界及撤废治外法权之协定》。《协定》规定："日本政府应将日本国在中华民国之内现今所有专管租界"、公共租界及北京使馆区行政权交还中国，并放弃在华的治外法权。汪伪当局则承诺："中华民国政府应随日本之撤废治外法权而开放其领域，使日本臣民得居住营业，且对于日本臣民不予以较中华民国国民为不利益之待遇……关于日本臣民之居住营业及福祉等至少应维持向来之程度"[33]。

3月30日上午10时，日汪在其下辖各地租界举行了交接仪式。

在日本的斡旋下，意大利及德国控制下的法国、西班牙、瑞典、丹麦等亦与汪伪当局达成妥协，愿意放弃在华租界。3月30日，在北京使馆区正式举行了"租界交还仪式"。其后，厦、沪公共租界及其他租界亦相继完成交接手续。

在交涉收回租界的同时，1944年内，日伪之间又签订了一系列"协定"，规定日本"完全放弃在华治外法权"。意、法、西、瑞、丹等国亦纷纷与汪伪当局展开"磋商"，并于该年间达成一系列协议，宣布放弃在华治外法权。

汪伪收回租界、撤废治外法权的"努力"沸沸扬扬，闹腾了两年，伪《申报》主笔樊仲云曾撰文称："我国数十年来上下努力以期实施者，今竟因友邦之实践诺言而满足，实使吾人于庆幸之余，而感到无限兴奋者也。"[34]

本来，在汪伪当局"收回"租界撤废治外法权的过程中，德国只是一个旁观者，因为早在1921年签订《中德新约》中，德国已经声明放弃在华的一切权利，因而德国在华早已无租界及治外法权可言放弃。

但是，看到汪伪和意、法、西、瑞等国热闹地进行多边交涉，德国似乎感受到了一种无由的寂寞，不甘遭受冷落的德国也跟风而来。1943年4月，驻汪大使韦尔曼照会汪伪外交部，要求德伪之间就中国收回租界撤废治外法权一事做与日、意等国"同样之换文"。韦尔曼提议，换文可照这样的步骤进行，即"由德国驻华大使馆照会本部（汪伪外交部）声言，如中国政府担任保护德国政府及人民向来享受之权利义务，则德国愿将鼓浪屿及上海公共租界之行政权交还中国，而由本部照复同意"。韦尔曼还在照会中称，"德国对于上述两租界之行政权迄未放弃，即日方亦承认此项权利依旧存在"。[35]

韦尔曼以《中德新约》中德方并未指名道姓地保证放弃上海、厦门公共租界为由，声称德国"迄未放弃"在这两个公共租界应享受的权利。但是按"该条约之精神，德国不啻已将从前所享受之非法权利完全予以放弃，彼既取消治外法权，则皮之不存，毛将焉附，其人民在租界之特权自无从存在"，从国际法的角度来看，德汪之间的换文完全没有必要，褚民谊对韦尔曼的无理要求完全可以不予理睬。

但是，傀儡政权一向是奴颜婢膝的。褚民谊在致汪精卫的呈中称："就我国立场言之，似无与之换文之必要，但中德两国系属友好之邦，而在此次大战中，又处于同一阵营，苟无损于我国主权之处，雅不欲峻词拒绝，致碍邦交"。基于此，在获得汪精卫同意后，褚民谊立即复照韦尔曼表示同意换文，但他要求韦尔曼修改换文文稿。

褚民谊在复照德使的同时，也为此走访了日本驻伪大使馆。日使表示："德国此项行政权已不复存在。"日使的态度使褚民谊吃了一颗定心丸。

其后，韦尔曼表示，可以不提"租界行政权"，但仍坚持换文文稿中必须有维持德方"向来享受之权利利益"一语。然而事实是，自汪伪政权粉墨登场以来，在华德人根本不肯履行他们应尽的义务，应缴捐税也"分文未缴"。而且对于德侨的种种非法行径，德国驻伪大使馆不仅不予制止，反而"多方为之辩护"，视为"向来应享受之权利"。如果按照韦尔曼的要求，在换文中以书面形式写明"维持德方向来享受之权利"的要求，岂非正是承认"德国在华人民历来所享受之非法权利？从此，德国人民可用不纳税，即在日本、义、法等国人民课税之后，彼仍得置身事外"[36]。褚民谊自然不能接受。

未几，韦尔曼表示愿意将"向来享受之权利利益"改为"现有权利利益"，但褚民谊仍表示不能接受。在褚民谊看来，这是换汤不换药，"其弊仍如前同，并未消减"，即以课税问题而论，在华德商拒绝纳税，正是他们自认的所谓"现有权利利益"。

1943年12月，在日本驻伪大使馆的斡旋下，褚、韦长达8个月的拉锯式的交涉终于有了结果：韦尔曼表示愿意将"向来享受之权利利益"一语删除，"与日本等国采同一办法"。同月，德汪之间完成"换文"手续。德国驻伪大使韦尔曼之换文照会称："鉴于因大东亚战争而在中国发生之完全新局势，又鉴于中国收回前北京使馆区、上海与厦门（鼓浪屿）公共租界及其他各地前外国租界行政权之事实，本大使敬知照贵部长，德国政府希望贵国国民政府依照现在合法之地位，尤以平等互惠原则为基础之现行中德条约，对于德国政府、德国人民及商业团体之权利利益，如关于居住、职业、地产及不动产等，加以尊重及保护一节予以证实。"褚民谊则复照称："本部长兹以国民政府名义对于上述一节，予以证实。"[37]

在褚民谊和韦尔曼长达8个月的"收回"租界、"撤废"治外法权的交涉过程中，德方处处强词夺理，企图乘机攫取权利。

早在德汪尚未"建交"前，1940年6月，德国驻沪总领事飞师尔即已向汪伪当局提出过所谓"待遇不公"的问题。德汪正式"建交"后，1942年2月，驻汪伪总领事吉浦利又正式向汪伪外交部欧洲司司长张剑初提出，"德国……希望其在华侨民之待遇不较任何国家侨民为差"[38]。可见，德国在华政策一直是以谋求最大特权及利益为主的，韦尔曼在"换文"交涉过程中念念不忘想维持德国"向来享受之权利利益"，不过是其霸权主义外交政策的继续罢了。

1945年5月8日，德国战败，宣布无条件向盟国投降。

德国投降后的第4天，日本宣布废除《国际防共协定》。作为日本的应声虫，汪伪"外交部"亦发表声明，"与日本政府采取同样措置"[39]。

5月16日，伪外交部长李圣武照会德国驻伪大使馆，宣布对德伪"邦交"、德国在华侨民及在华利益等"采取必要措置"。照会称：

"……因鉴于最近在欧洲发生之事态，对于德国在华官民决定采取如下之措置：

一、外交官及领事官

（一）禁止收发明码电报；

（二）日常生活，除旅行为许可制外，不设其他限制，至与德国以外人民之往来，应自行限制之。

二、一般在华侨民

采取向来之措置，唯与德国以外人民之往来，应自行限制之。

三、权益

对公有财产及一切权益，概不加以任何变更，私有财产、大使馆、领事馆、一般在华侨民有法人资产之措置，概不加任何变更。"[40]

所谓今非昔比，轴心国土崩瓦解，盟谊不再，日伪当局虽未公开宣称战败的德国为敌国，但自上述照会观之，日伪对于德国的态度已去敌国相差无几。当盟国扶持下的德国邓尼茨元帅登场后，汪伪与德国的关系更是江河日下。6月18日，汪伪外交部通知德国驻伪大使馆：

"兹对于德国在华官民及权益之措置，更改补充如下：

一、大使馆及领事馆停止执行职务，惟关于保护在华侨民之事务仍得执行之；

二、经检查后，得收发明码电报，惟仅限于上述关于保护在华侨民内之事务，及限于大东亚区域内行之。"[41]

根据以上规定，同年7月11日，德国驻伪大使馆、领事馆等一律撤销，另于南京、北京、上海、天津、汉口、广州、青岛、芝罘等地设置"德国事务局"，内中设于南京者称"德国驻京事务局"，为其他各地"事务局"之上级机构。"事务局"的职责，仅限于办理侨务[42]，系属"侨民团体性质"[43]。

想数年前德伪正式建交时，汪伪对德这个率先承认自己的欧洲大国可谓感激涕零，卑躬屈膝，德国人在汪伪统治区自是趾高气扬，好不得意。然而，数年后德国战败，受日本人指使的汪伪当局与德国的关系已走到绝交的边缘，昔日在汪伪治下各地得意非凡，自以为是优等民族的德侨顿觉栗栗自危，不可终日。在汪伪政权寿终正寝前的数月中，上海、青岛等地日韩浪人加害德侨的事件屡有发生。为了保护本国同胞，德国驻京事务局曾使出包括贿赂汪伪官员、向汪伪当局捐献大批物资联络感情在内的浑身解数[44]。然而，今非昔比，战败、残破不堪的德国已不再是汪伪当局眼中的大国，捐献可以照单全收，但德伪关系却不可能有任何好转。

1945年8月15日，日本宣布无条件投降，世界反法西斯战争取得最后胜利。第二日，汪伪政权也随之土崩瓦解。德汪关系至此归入历史。

战后中德复交的努力

1945年5月8日，纳粹德国宣布无条件投降，盟国底定欧陆。这时在远东，日本侵略军却仍在作困兽之斗，中国仍处于抗战阵营与日伪政权相互对峙之中。

1945年8月15日，日本宣布无条件投降，中国人民的反侵略战争取得了最后胜利。其时，德国仍处于美、英、法、苏四国占领管制之下，无独立自主的外交可言，中断多年的中德关系，一时仍无法走上正轨。

1945年秋，占领德国的美、英、苏、法四国邀请曾经参加对德意日轴心国作战的15个国家派遣军事代表团进驻德国，以便加强盟国间的联系，并协调对德管制政策。作为战后"四强"之一，中国国民政府于同年9月亦收到了邀请书。翌年1月，以前任驻德武官桂永清为团长的中国军事代表团赴德，并于柏林设置办公处。

1946年至1949年间，各国驻德军事代表团就惩治德国侵略及战后德国重建等问题展开了激烈的争吵。秉承国民政府旨意，桂永清代表团向美英苏法诸国阐述了中国在这些问题上的基本态度。

中国对待惩治德国的基本态度，可以由国民政府军事委员会、外交部等机关会同拟定的《对德和平条约我国所拟条约草案》有关条文中窥见大概。这个草案，是中国驻德军事代表团处理战后对德事务的基本准则。

《对德和平条约我国所拟条约草案》共计九条，它对德国提出了三点要求：

1．承认废除1941年12月9日以前中德两国间签订的所有条约、协定及合同等；

2．归还"1900至1901年德国军队由中国取去及此后德人在中国境内擅取之所有古物及文化艺术品"；

3．承担战争期间中国政府收容德侨费用，承认中国政府对在华德产之接收，赔偿"在德国境内或他国领土内中国官民因德国陆上、海上及空中侵略所受之一切损失及损害"。[45]

以上三点，俱为国际公法所允许的最基本的要求。中国政府对曾经在抗战最艰苦的日子里屡屡伤害国人感情，并最终抛弃中国投向日本的德国并无落井下石的打算，中华民族宽宏大量以德报怨的传统美德在此再次得到了体现。

尤有进者，中国不仅不打算落井下石、穷追深究，反而希望中德两国抛弃前嫌，尽快恢复中断已久的中德邦交。在驻德中国军事代表团的努力下，1947年至1949年间，中国政府恢复了部分驻德的外事机构，[46]为中德关系重新起步做了一些必要的准备工作。

但是，由于在重建新德国问题上，美、英、法等西方资本主义国家和社会主义国家苏联之间存在着严重的分歧，新的德国政府一直没有能够建立起来，中国图谋重建中德关系的努力亦只能停留在等待中。直到1949年5月23日，在由英、美、法控制的德国西部地区，才正式成立了德意志联邦共和国。斯时，国民党政权已是大厦将倾，当局者们虽曾有承认联邦德国的打算，然而，时势已非，面对焦头烂额的国内战争局势，中德复交问题已经无暇顾及了。

同年10月1日，中华人民共和国政府在北京成立，毛泽东主席在天安门城楼上向全世界宣告："本政府为代表中华人民共和国全国人民的唯一合法政府，凡愿遵守平等、互利及互相尊重领土主权等项原则的任何外国政府，本政府均愿与之建立外交关系。"[47]10月7日，在苏联占领下的地区，成立了德意志民主共和国。同月底，人民中国与民主德国正式建立了外交关系。

中德关系的历史由此揭开了新的篇章。

【注】

[1]　（台）《中华民国重要史料初编——对日抗战时期》第三编（战时外交）（四），第703~704页。

[2]　张其钧：《党史概要》第三册，（台北）中央文物社，第973~974页。

[3]　J.P. 福克斯（John P.Fox）：《德国与远东危机》(1931~1938)(Gernany and Far Eastern Crisis)，第316页。

[4]　关德懋：《纳粹德国的人与事》，见（台）《传记文学》第二十卷第六期，第59页。

[5]　同上出处，第59页。

[6]　同上出处，第60页。

[7]   二史馆馆藏档案：《行政院训令》三（2）2047，见《中德外交密档》，第72~73页。

[8]   张水木：《德国官方档案与中德关系研究》，第13页，（台）中华民国史专题第二届讨论会论文（1993年9月）。

[9]   二史馆馆藏档案：《德意驻渝大使馆人员撤退办法大纲》十八1475，《中德外交密档》，第73页。

[10]   据日本外务省通商局调查，1940年时，在华德人总数为3，811人（含香港，不包括东北）（参见二史馆馆藏档案《德国在华经济势力调查》二〇二四（2）59），由于中国战局日趋严峻，翌年7月，中德断交时，德国在华侨民当是有减无增。

[11]   二史馆馆藏档案：《云南省政府训令》，秘外字第六五号，廿八（2）3637，《中德外交密档》，第76~77页。

[12]   同上出处。

[13]   二史馆馆藏档案：《齐焌关于中德断交后合步楼公司处理问题之签呈》（1941年12月1日）廿八（2）3637，《中德外交密档》，第88页。

[14]   二史馆馆藏档案：《齐焌致翁文灏签呈》（1941年12月21日）廿八（2）3637，《中德外交密档》，第88页。

[15]   二史馆馆藏档案：《蒋介石致翁文灏电》（1942年1月12日）廿A（2）3637，《中德外交密档》，第91页。

[16]   参见柯伟林：《蒋介石政府与纳粹德国》，第289页。

[17]   《古达程致宋子文密电》（1943年4月19日），[美]斯坦福大学胡佛研究院档案馆藏，"宋子文往来密电稿"，1943年4月。

[18]   《宋子文致齐焌密电》（1943年4月7日），[美]斯坦福大学胡佛研究院档案馆藏，"宋子文往来密电稿"，1943年4月。

[19]   《克兰复宋子文密电》（1943年4月16日），[美]斯坦福大学胡佛研究院档案馆藏，"宋子文往来密电稿"，1943年4月。

[20]   《蒋介石致宋子文密电》（1945年5月15日），[美]斯坦福大学胡佛研究院档案馆藏，"宋子文往来密电稿"，1945年5月。

[21]   《克兰致蒋介石电》（1944年12月28日），[美]斯坦福大学胡佛研究院档案馆藏，"宋子文往来密电稿"，1944年12月。

[22]   《德国大使馆为定期互相致贺事致汪伪外交部节略》（1942年4月12日）《中德外交密档》，第514－515页。

[23]   《褚民谊致汪精卫呈》（1941年11月25日），《中德外交密档》第510页。

[24]   《褚民谊致里宾特洛甫电》（1941年11月25日），《中德外交密档》第505页。

[25]   《里宾特洛甫致褚民谊电》（1941年11月25日），《中德外交密档》第507页。

[26] 《希特勒致汪精卫电（1941年11月25日）》，《中德外交密档》第506页。

[27] 《廉隅致褚民谊呈》（1941年12月3日），《中德外交密档》第510页。

[28] 《对大东亚战争之声明（1941年12月7日）》，中央档案馆编《汪伪政权》，中华书局2004年版，第810页。

[29] 参见白寿彝主编：《中国通史》第十二卷（近代后编）（上册），上海人民出版社1993年版。

[30] 《伪国民政府训令（1943年1月12日）》，中央档案馆编《汪伪政权》．中华书局2004年版，第868页。

[31] 《里宾特洛甫致汪精卫函》，《中德外交密档》第515页。

[32] 石源华：《汪伪政府"收回"租界及"撤废"治外法权述论》，载《复旦学报》（社会科学版），2004年第5期。

[33] 《汪日关于交还租界及撤废治外法权之协定》，中央档案馆编《汪伪政权》，中华书局2004年版，第871—872页。

[34] 《申报年鉴》1944年，第502页。

[35] 马振犊、戚如高：《友乎？敌乎？德国与中国抗战》，第373—374页。

[36] 《褚民谊致汪精卫呈》（1944年1月），《中德外交密档》第518页。

[37] 《褚民谊致汪精卫呈》（1943年12月），《中德外交密档》第516页。

[38] 二史馆馆藏档案《汪伪外交部欧洲司司长张剑初与德国驻伪总领事吉浦利会谈纪录》（1942年2月21日），《中德外交密档》，第513页。

[39] 二史馆馆藏档案：《汪伪外交部致日本大使馆节略》二〇六02123，《中德外交密档》，第519页。

[40] 二史馆馆藏档案：《汪伪外交部致德国大使馆照会节略》（1945年5月16日）二〇六2123，《中德外交密档》，第520页。

[41] 同上出处。

[42] 二史馆馆藏档案：《德国驻京事务局致汪伪外交部电》（1945年7月11日）二〇六2123。该电称："外交部于本年6月18日致德国大使馆节略业经阅悉，兹为办理德国在华侨民事务，除在南京设立德国驻京事务局外，余如北京、上海、天津、汉口、广州、青岛、芝罘各处，均设德国事务局"见《中德外交密档》第521页。

[43] 二史馆馆藏档案：《徐位致李圣武签呈》二〇六2125，同前书出处，第522页。

[44] 德国驻京事务局向汪伪行政院赠送大批广播器材，就是一例，参见二史馆馆藏档案二〇八2125，《中德外交密档》，第521~522页。

[45] 二史馆馆藏档案：《对德和平条约我国拟提条约草案》十八1441，《中德外交密档》，第97~101页。

[46] 例如，驻德军事代表团曾与英方协商，并征得英国政府同意后，于1947年春恢复了中国驻

汉堡领事馆，并于柏林中国旧大使馆设置领事事务处。又如，经与美方协商，中国在斯图加特设置了总领事馆。

[47] 《中华人民共和国对外关系文件集》第一集，世界知识出版社 1957 年版，第 5 页。

附　录

人名表

中方

孔令侃　字刚父，中央信托局理事，孔祥熙之子

孔祥熙　字庸之，行政院副院长兼财政部长

王文宣　军政部军务司司长

王占祺　外交部驻滇特派员

王守章　合步楼借款合同谈判中方代表

王受龄　军事参议院谘议

王观洲　军政部参事

何应钦　字敬之，军政部长

吴方智　行政院秘书

吴兆洪　资源委员会主任秘书

吴鼎昌　军事委员会第四部部长

宋子良　中国航空器材制造厂董事

李　傥　财政部国库司司长

李宗仁　字德邻，广西地方实力派领袖，第四集团军总司令

李祖冰　中德易货审核委员会委员

李景枞　字星五，欧亚航空公司总经理

李耀煌　中央信托局副经理

俞大维　军政部兵工署署长

韦焕章　伪满外务局长官

凌其瀚　外交部参事

凌宪扬　中央信托局副总经理

孙　拯　字恭度，资源委员会统计处少将处长

徐　堪　字可亭，财政部次长

徐培根　兵工署机械司司长

徐道邻　名审交，行政院参议

桂永清　字率真，驻德大使馆武官

翁文灏　字咏霓，行政院秘书长

张　度　字纳川，中央信托局副局长

张　群　字岳军，外交部部长

张平群　行政院秘书

张任民　桂系第四集团军参谋长

张炎德　欧亚航空公司董事

梁　诚　驻德大使（1910 年 7 月 ~1912 年 11 月）

盛　昇　字苹丞，中央信托局香港分局局长

庄　权　兵工署技术司炮科科长

许建屏　字性初，财政部秘书

郭子勋　资源委员会国外事务所副所长

陈　介　字庶青，驻德大使（1938 年 9 月 ~1941 年 7 月）

陈　常　字公宪，外交部驻云南特派员公署秘书

陈　仪　字公侠，军政部兵工署署长（1932 年）

陈布雷　字彦及，军委会委员长侍从室第二处主任

陈立廷　行政院秘书

陈庆云　中国航空器材制造厂董事

陈济棠　字伯南，广东地方实力派领袖，第一集团军总司令

麦佐衡　中央信托局经理

汤良礼　汪伪外交部特派大使

程天放　驻德大使（1936 年 1 月 ~1938 年 6 月）

程义法　资源委员会专员

黄　郛　驻德大使（1926 年 11 月）（未到任）

黄伯樵　资源委员会国外事务所所长

廉　隅　汪伪驻伪满大使

叶琢堂　字瑜，中央信托局局长

邹　琳　字玉林，财政部次长

褚民谊　汪伪外交部部长（1940 年 3 月 ~12 月，1941 年 10 月 ~1945 年 4 月）

赵季言　中央信托局副局长

齐　焌　军事委员会秘书，德文翻译

刘文岛　驻德大使（1931 年 12 月 ~1933 年 9 月）

刘崇杰　驻德大使（1933年9月~1935年6月）

蒋作宾　驻德大使（1929年1月~1931年3月）

蔡士崇　中国航空器材制造厂董事

郑介民　参谋本部上校参谋（1932年）

卢作孚　交通部次长

卢维溥　中国航空机身及飞机制造厂董事

钱昌照　字乙藜，资源委员会副主任委员

龙　云　云南省政府主席

缪培南　粤系第一集团军参谋长

聂光堃　中德易货审核委员会委员

颜惠庆　驻德大使（1913年4月~1917年7月）

魏汉乔　训练总监部中校译述

谭伯羽　名翊，驻德大使馆商务参赞

关德懋　行政院秘书，德文翻译

顾　振　合步楼借款合同谈判中方代表，访德代表团团长

顾谦吉　资源委员会专员

德方

卜尔熙（Borch）德国驻华使节（1920年~1921年）（1928年~1931年）

戈林（Hermann GÖring）德国元帅，航空部长兼普鲁士总理

戈培尔（Paul Joseph Goebbels）纳粹党宣传部长

方德肯（Decken）国防部少将

牛赖特（Konstantin von Neurath）德国外交部长（1938年2月前）

古希贤（Franz Siebert）驻济南总领事

史太邱（Walter Streccius）蒋介石侍从顾问，军事顾问

史特莱斯曼（Gustav Stresemann）德国总理、后任外交部长（1923年、1923年~1929年）

托马思（Georg Thomas）德国国防部国防经济厅厅长

佛德（Hellmuth Woidt）纳粹党对华经济顾问，合步楼公司专员

佛利德堡（Friedeburg）德国国防部海军中将

佛采尔（Georg Wetzell）德国军事总顾问（1930年~1934年）

克兰（Hans Klein）德国商人，对华贸易"德国政府代表"

克里拜尔（Hermann Kriebell）代理德国军事顾问团长（1929年~1930年），德国驻上海总领事（1934年后）

克鲁马赫（Kurt Krummacher）德国军事顾问

希姆莱（Heinrich Himmler）德国纳粹秘密警察头目

希特勒（Adolf Hitler）德国元首兼总理

李德（Otto Braun）苏联红军总参谋部情报部派遣中国情报人员，"共产国际派驻中央苏区军事顾问"

沙赫特（Hjalmar Schacht）德国经济部长兼国家银行总裁

狄克逊（Herbert von Dirksen）德国驻日大使

贝楼（Buelow）德外交部副部长

辛慈（Hintze）德国驻华使节（1915年~1917年）

里宾特洛甫（Joachim von Ribbentrop）德国驻英大使，1938年2月起任德国外交部长

波伦（Krupp von Boben）克虏伯公司董事长

易嘉伟（Walter Eckert）德国驻华贸易代表

林德曼（Lindemann）德国驻中国华北、广东军事顾问

法肯豪森（Alexander von Falkenhausen）德国军事总顾问（1935年~1938年）

阿登柏（Felix Altenburg）德国驻广州总领事

哈豪森（Haxthausen）德国驻华使节（1911年~1914年）

柏龙白（Werner von Blomberg）德国国防部长（又译"布隆堡"）

柏礼师（Eckard Briest）德国驻广州副领事

迪尔（Thiel）德国驻上海总领事（1927年）

韦尔纳（L.Werner）中德断交后合步楼公司驻渝代表

飞师尔（Martin Fischer）德国驻上海总领事，后任驻汪伪"大使馆代办"

库万特·普莱（Curt Preu）德军上校，塞克特第一次访华随行助手，后任克兰在合步楼公司的代表、公司经理。又译"白罗"

海因里希·罗伊（亨利36世）（Prinz Heinrich von Reuss36）前普鲁士王子，合步楼公司股东，克兰派驻德国合步楼公司代表

马契奥斯（Conrad Matschoss）德国工程师学会主席

毕德（Bidder）德国驻华大使馆代办（1938年6月以后）

毕格曼（Werner Brinkmann）在华军事顾问团驻柏林联络人

陶德曼（Oskar P.Trautmann）德外交部亚洲司司长，1931年来华任公使，1935年2月~1938年6月任大使。

麦根森（Erich von Mackenson）德外交部国务秘书（副部长）

博邺（Boye）德国驻华使节（1921 年 ~1928 年）

莱谢劳（Walter von Reichenau）德国国防部炮兵上将

开卜勒（Wilhelm Keppler）合步楼公司董事

开特勒（Wilhelm Keitel）德国国防部军务厅厅长

冯克（Walter Funk）德国经济部长（1937 年 9 月后）

塞克特（Hans von Seeckt）前国防军总司令，德国赴华军事总顾问（1934 年 ~1935 年）

奥特（Eugen von Ott）德国驻日大使馆武官

奥托·克朴（Otto Kiep）1936 年德国远东经济考察团团长

奥托·俄普夫（Otto Wolff）奥托俄普夫公司总裁

爱尔哈德（Ehrhardt）德国国防部参议

维德曼（Weidemann）美最时洋行总经理

鲁登道夫（Erich von Ludendorff）德国退役将军，曾推荐鲍尔、佛采尔等人来华

黎思（Liese）德国国防部兵工署署长

兴登堡（Paul von Hindenburg）德国元帅，总统（1925 年 4 月—— 1934 年 8 月）

赖士（Rasch）中德合办航空机身及发动机制造厂董事

霍尔兹（Holtz）汉莎航空公司驻华代表

鲍尔（Max Hermann Bauer）德国防部上校，赴华德国军事总顾问（1926~1929 年）

魏茨泽克（Ernst von Weizsaecker）德国外交部国务秘书（副部长）

组织机构名称

卜福尔炮厂（Bofors）

工业产品贸易公司（Handelsgesellschaft für Jndustrielle Produkte）

合步楼公司（Hapro）

西门子公司（Siemens）

克虏伯公司（Friedrich Krupp AG）

法本化学公司（I.G.Farbenindustrie AG）

容克飞机制造公司（Junkers Flugzeugwerke）

纳粹党冲锋队（SA）（Sturmabteilung）

纳粹党党卫军（SS）（Schutzstaffel）

喜望钢铁公司（Gute Hoffnungsh ü tte）

盖世太保（Gestapo）

魏玛政府（Weimar）

德国驻华使节表

哈豪森（Haxthausen）1911 年 ~1914 年

辛慈（Hintze）1915 年 ~1917 年

卜尔熙（Borch）1920 年 ~1921 年

博邺（Boye）1921 年 ~1928 年

卜尔熙（Borch）1928 年 ~1931 年

陶德曼（Trautmann）1931 年 ~1938 年（1935 年 5 月 22 日升格为首任驻华大使）

中国驻德使节表

梁　诚　1910 年 7 月 ~1912 年 11 月

颜惠庆　1913 年 4 月 ~1917 年 7 月

魏宸组　1921 年 7 月 ~1926 年

黄　郛　1926 年 11 月（未到任）

蒋作宾　1929 年 1 月 ~1931 年 3 月

刘文岛　1931 年 12 月 ~1933 年 9 月

刘崇杰　1933 年 9 月 ~1935 年 6 月

程天放　1936 年 1 月 ~1938 年 6 月（1935 年 6 月 29 日升格为首任驻德大使）

陈　介　1938 年 9 月 ~1941 年 7 月